ANNWYL KATE — ANNWYL SAUNDERS

Gohebiaeth 1923—1983

Annwyl Kate, Annwyl Saunders

Gohebiaeth 1923—1983

Golygwyd gan
DAFYDD IFANS

LLYFRGELL GENEDLAETHOL CYMRU
ABERYSTWYTH
1992

Argraffiad cyntaf — Awst 1992

ⓗ Llythyrau Kate Roberts — Plaid Cymru

ⓗ Llythyrau Saunders Lewis — Mair Saunders

ⓗ Y Rhagymadrodd a'r nodiadau — Llyfrgell Genedlaethol Cymru

ISBN 0—907158—57—9

Dymuna'r cyhoeddwyr gydnabod iddynt dderbyn nawdd tuag at gynhyrchu'r gyfrol hon gan TAC — Teledwyr Annibynnol Cymru.

Mae cofnod catalogio'r gyfrol hon ar gael gan y Llyfrgell Brydeinig.

Argraffwyd gan Wasg Llyfrgell Genedlaethol Cymru, Aberystwyth, Dyfed.

CYNNWYS

DARLUNIAU

Wyneb-ddalen — Kate Roberts a Saunders Lewis
yn Ysgol Haf y Blaid yn Llangollen, 1927.

1a Kate Roberts yn ifanc.

1b Kate Roberts gydag un o ddosbarthiadau Ysgol Ramadeg y Merched, Aberdâr.

2   Saunders Lewis ar falconi ei gartref, 9 St. Peter's Road, Newton, Y Mwmbwls.

3   Ysgol Haf y Blaid, Llangollen, 1927.

4   Ysgol Haf y Blaid, Llandeilo, 1928.

5   Y Cilgwyn, Dinbych, cartref Kate Roberts rhwng 1935 a 1985.

6   158 Westbourne Road, Penarth, cartref Saunders Lewis rhwng 1952 a 1985.

7   Manylion o'r *Radio Times* am ddwy raglen a ddarlledwyd yn 1954: "Siwan",
    Saunders Lewis (Dydd Gŵyl Dewi); a "Y Cynddrws", Kate Roberts (25 Mai).

8   Kate Roberts a Gwilym R Jones yn Swyddfa'r *Faner*, Hydref 1954.

9   Llythyr yn llaw Kate Roberts (LlGC 22723D, f. 57).

10 Llythyr yn llaw Saunders Lewis (Papurau Kate Roberts 58).

11 Morris T Williams, gŵr Kate Roberts.

12 Saunders Lewis, Mrs Margaret Lewis a Chymro'r ci, tu allan i'r Hen Dŷ,
    Aber-mad, 1937.

13 Kate Roberts gyda'i chi, Tos, Nadolig 1948.

14 Saunders Lewis wrth ei ddesg yn 1962, adeg llunio'r ddarlith radio, *Tynged yr
    Iaith*.

15 Kate Roberts a'i hail gi, Bob, yng ngardd Y Cilgwyn, gyda bryniau Dyffryn Clwyd
    yn y cefndir.

16 Saunders Lewis mewn derbyniad i'w anrhydeddu yng Nghaerdydd, 15 Mawrth
    1973, pan gyflwynwyd copi o'r gyfrol *Presenting Saunders Lewis* iddo.

RHAGAIR

Cyhoeddir yma yr holl lythyrau sydd wedi goroesi o'r gohebu a fu rhwng Kate Roberts a Saunders Lewis. Fe sylwir bod bylchau yn yr ohebiaeth o bryd i'w gilydd, gan i Kate Roberts fod yn fwy gofalus wrth ddiogelu llythyrau Saunders Lewis nag fel arall. Penderfynwyd, gyhyd ag yr oedd hynny'n bosibl, i atgynhyrchu'r llythyrau fel ag yr oeddent. Golyga hyn na fu ymyrryd golygyddol ar yr orgraff a'r gystrawen, heblaw pan oedd gwir angen gwneud hynny er mwyn eglurder. Yn achos yr atalnodi, fe ddefnyddiwyd mwy o ryddid wrth addasu, er mwyn llunio cyfrol lefn, ddarllenadwy, gan fod tuedd wrth ohebu i atalnodi'n esgeulus. Cysonwyd teitlau llyfrau a chyhoeddiadau eraill trwy eu hatgynhyrchu mewn print italig a gwnaethpwyd yr un peth gyda geiriau a dyfyniadau mewn ieithoedd estron. Dangosir yr ychydig fylchau yn y testun, y barnwyd eu bod yn angenrheidiol, trwy gynnwys tri dot. Hyderir nad oes dim yn y testun hwn o'r ohebiaeth a fydd yn peri gofid i neb.

Dymunaf ddiolch i'r Llyfrgellydd Cenedlaethol, Dr Brynley F Roberts, am fy ngwahodd i ymgymryd â'r dasg hon fel rhan o'm dyletswyddau yn y Llyfrgell Genedlaethol, ac i Mr Daniel Huws, Ceidwad y Llawysgrifau, am bob cefnogaeth ac anogaeth gyda'r gwaith, am ddarllen drafft y rhagymadrodd, ac am nifer o awgrymiadau gwerthfawr. Mae fy niolch yn fawr i Mrs Mair Saunders am ei chydweithrediad parod ac am lawer cymwynas, yn olrhain gwybodaeth deuluol ac yn rhoi benthyg lluniau. Yn yr un modd, bu Mrs Catrin Williams, Tregarth, yn hael iawn ei chymorth gyda gwybodaeth am deulu ei modryb, Kate Roberts. Hoffwn gydnabod hefyd gymorth a chyngor yr Athro R Geraint Gruffydd, yn rhinwedd ei swydd yn esgutor llenyddol i Saunders Lewis ac am ei atebion parod i bob ymholiad o'm heiddo. Diolch hefyd i Mr Dafydd Williams, ar ran Plaid Cymru, perchennog hawlfraint Kate Roberts, am hwyluso'r fenter trwy ei gydweithrediad yntau.

O blith fy nghydweithwyr yn Llyfrgell Genedlaethol Cymru, rhaid imi dalu diolch arbennig i'r canlynol: Mrs Siân Eleri Evans am gysodi'r testun gyda'r trylwyredd sy'n nodweddiadol ohoni , a Mrs Ann Evans am gysodi'r mynegai yn yr un modd; Mr Philip Wyn Davies am ei waith manwl yn darllen y proflenni ac am fy nghadw rhag ambell gam gwag — mae'r gyfrol wedi elwa llawer o dderbyn ei awgrymiadau; Mr Huw Ceiriog Jones am ei gyngor a'i gymorth parod wrth baratoi'r gyfrol ar gyfer y wasg; Mr Ambrose Roberts, Mr David Eldridge, Mr Alan Thomas a Mr Michael Binks, am eu gofal arbennig wrth gynllunio ac argraffu'r gwaith; Mrs Enid Jones am baratoi disgiau ar gyfer y wasg; Ms Lea Speake a Mr Jonathan Bell am eu gwaith yn paratoi'r lluniau; a Mr Geraint Wyn Parry am ofalu am agweddau masnachol y gyfrol. Hoffwn nodi fy niolch arbennig hefyd i Miss Menna Phillips, Dr Ceridwen Lloyd-Morgan a Dr Huw Walters am awgrymu nifer o'r cyfeiriadau llyfryddol a chyfeiriadol y bûm ar eu trywydd.

O'r tu allan i'r Llyfrgell, derbyniais wybodaeth a llawer cyngor gan y Prifeirdd Mathonwy Hughes a Gwilym R Jones, yr Athro Emeritws Dafydd Jenkins, yr Athro Emeritws R M Jones, a Dr D Tecwyn Lloyd, ac yr wyf yn wir ddiolchgar iddynt bob un. Diolch hefyd i Mr Elwyn Ioan am ddylunio'r siaced lwch. Hoffwn dalu diolch arbennig i Rhiannon, fy ngwraig, am ei chyngor a'i chefnogaeth imi yn ystod y cyfnod y bûm yn paratoi'r gyfrol hon.

Derbyniais wybodaeth trwy law y cyfeillion canlynol ac yr wyf yn dra diolchgar iddynt oll: Mr Hedd ap Emlyn, Llyfrgell Clwyd; Mr W Tudor Barnes; Mrs Eirionedd Baskerville; Mr Gareth Bevan a Staff *Geiriadur Prifysgol Cymru*; Ms Lis Collins, BBC Cymru; Mr Brian Dafis; Mr Alun Eirug Davies a Mr Elgan Philip Davies, Llyfrgell Hugh Owen, CPC Aberystwyth; Miss Hawys Davies; Dr John Davies; Mr John Meirion Davies, Y Coleg Normal, Bangor; Mrs Mary Davies; Mr Raymond B Davies; Mrs Mari Ellis; Mr John Emyr; Mr Emlyn Evans, Bethesda; Mrs Ann Goddard, BBC Cymru; Mrs Beryl H Griffiths; yr Athro Emeritws J Gwyn Griffiths; Dr Rhidian Griffiths; Mr Robat Gruffudd; Mrs Nia Henson; Mr E Wyn James; Dr M Auronwy James; yr Athro Emeritws A O H Jarman; Mrs Non Jenkins; yr Athro Bedwyr Lewis Jones; Miss Bessie M Jones, Waunfawr; Mrs Beti Jones; Mrs Clarice Jones, Hen Golwyn; Mr Derwyn Jones, Mochdre; Mr Glyn Saunders Jones; Mrs Jane Jones, Aber-arth; Mrs Jean M Jones; Mr John Graham Jones; Mr Tegwyn Jones; Mr E D Jones-Evans, Y Drenewydd; Miss Ann Lewis, Aber-arth; Mr Keith Lewis; Miss M Gwyneth Lewis; Mr R W McDonald; Mr E G Millward; yr Athro D Llwyd Morgan; Mr Wynn Morris, Caerdydd; Mr B G Owens; y Fonesig Enid Parry; Mr Glyn Parry; Mrs Hilary Peters; Mrs Joan Rees, Bangor; Ms Meinir Rees, BBC Cymru; Dr Dafydd Roberts, Llanberis; Mr John Roberts, Y Groeslon; Dr Manon Wyn Roberts; Mr O E Roberts; Mr Tomos Roberts, CPGC, Bangor; Dr John Rowlands; Dr Ceinwen H Thomas; Mr John Watts-Williams; Mr Gwilym Gwynne Williams, Aberdâr; Mr Llion Williams, Bangor; Miss Olwen Williams, Llanelli, a'r Parchedig W I Cynwil Williams, Caerdydd.

Defnyddir y lluniau trwy ganiatâd neu drwy gydweithrediad caredig y canlynol:
BBC, rhifau 7 ac 8.
Jane Bown (*The Observer*), llun SL ar y siaced lwch.
Cyngor Celfyddydau Cymru, llun KR ar y siaced lwch, rhifau 6 ac 16.
Marian Delyth, rhif 6.
Gwasanaeth Archifau Gwynedd, y wyneb-ddalen a rhif 3.
Llyfrgell Genedlaethol Cymru, rhifau 1, 8, 9, 10, 11, 13 a 15.
Plaid Cymru, rhifau 3 a 4.
Mrs Mair Saunders, rhifau 2 a 12.
Uned Graffeg Cyfryngol, Cyngor Sir Clwyd, rhif 5.
Western Mail, rhif 14.
Methwyd ag olrhain perchennog hawlfraint rhif 15.

Dafydd Ifans   *Calan Mai 1992.*

RHAGYMADRODD

Bu 1985 yn flwyddyn golledus iawn i'r byd llenyddol Cymraeg. Ymhlith y rhai a gollwyd y flwyddyn honno yr oedd dau o'r cewri, dau a fuasai'n gyfeillion dros gyfnod o drigain mlynedd. Yr oedd Kate Roberts yn bedair ar ddeg a phedwar ugain mlwydd oed pan fu farw ar y pedwerydd o Ebrill, a Saunders Lewis o fewn mis i fod yn ddeuddeg a phedwar ugain oed pan fu yntau farw ar Fedi'r cyntaf.

Hanes y llythyrau

Yn dilyn ei marwolaeth, fe ddaeth casgliad helaeth o bapurau a llawysgrifau Kate Roberts yn eiddo i'r Llyfrgell Genedlaethol trwy gymynrodd. Mewn cymhariaeth, bechan oedd yr archif a gadwyd gan Saunders Lewis. Yr oedd "y brenin", chwedl Lewis Valentine, wedi chwynnu ei archif yn llym. Dihidlwyd ei bapurau ganddo'n ofalus i adael y trysorau'n unig: llythyrau David Jones, yr arlunydd; llawysgrifau a theipysgrifau rhai o'i ddramâu; a llythyrau ambell gyfaill cefnogol fel Robert Williams Parry a'i gydymgyrchwyr D J a Valentine. Yno hefyd yr oedd cyfres o lythyrau oddi wrth Kate Roberts, ac ymhlith ei harchif hithau yr oedd ei lythyrau yntau ati hi. Oherwydd hyn, gellir atgynhyrchu dwy ochr yr ohebiaeth yn weddol gyfan, o'i dechreuadau yn 1923 hyd y llythyr crynedig olaf yn 1983.

Yr oedd y llythyrau dan sylw wedi bod dan glo yn y Llyfrgell Genedlaethol am rai blynyddoedd cyn marwolaeth y ddau awdur. Ar adnau y cyflwynodd Kate Roberts y llythyrau a oedd yn ei meddiant hi i'r Llyfrgell yn y lle cyntaf. Trosglwyddwyd y mwyafrif ohonynt, yn dyddio o'r cyfnod 1923—72, yn 1973, gydag ychwanegiadau yn 1977 ac 1978. Nid oedd yr ohebiaeth i'w rhyddhau i'r cyhoedd ar y pryd. Ychwanegwyd atynt a throi'r cyfan yn gymynrodd trwy ewyllys yr awdures yn dilyn ei marwolaeth yn Ebrill 1985.[1] Rhestrwyd llythyrau Saunders Lewis ati, ynghyd â chrynodeb o'u cynnwys, yn *Papurau Kate Roberts*, cyfrol I — rhestr ddisgrifiadol a baratowyd yn Llyfrgell Genedlaethol Cymru ac a ymddangosodd yn 1990. Dangosir rhif y llythyr yng nghasgliad Papurau Kate Roberts ar ddiwedd y llythyrau perthnasol yn yr argraffiad hwn.

Cyflwynodd Saunders Lewis y llythyrau a feddai ef yn rhodd i'r Llyfrgell ar ddau achlysur gwahanol, sef yn 1980 ac 1984, gyda'r amod nad oedd y llythyrau i'w dangos i'r cyhoedd yn ystod ei fywyd ef.[2] Erbyn hyn fe drefnwyd llythyrau Kate Roberts at Saunders Lewis yn gyfrol a'i gosod ym mhrif gyfres llawysgrifau'r Llyfrgell Genedlaethol, sef LlGC 22723D. Nodir y rhifau ffolio o fewn y gyfrol hon ar ddiwedd y llythyrau perthnasol.

---

[1] Gweler Llyfrgell Genedlaethol Cymru, *Adroddiad Blynyddol 1972—73*, t. 73; *Adroddiad Blynyddol 1977—78*, t. 75; *Adroddiad Blynyddol 1978—79*, t. 83; ac *Adroddiad Blynyddol 1984—85*, t. 33.

[2] Gweler Llyfrgell Genedlaethol Cymru, *Adroddiad Blynyddol 1980—81*, t. 50; ac *Adroddiad Blynyddol 1984—85*, t. 36.

Cydnabod dawn Kate Roberts

Mae'r llythyr cyntaf yn yr ohebiaeth yn garreg sylfaen y berthynas a roes fod i'r ohebiaeth. Yn y llythyr, dyddiedig 20 Ionawr 1923, y mae Saunders Lewis yn cydnabod dawn Kate Roberts ac yn dweud fel y bu iddo sylwi, o ddarllen ei gwaith, ei bod yn tyfu'n gyflym yn feistres ar ffurf y stori fer wrth i'r elfen foesol leihau ac wrth i gelfyddyd, sylwgarwch a hoffter at fywyd ennill eu lle fwyfwy yn ei gwaith. Ychwanega ei fod yn gobeithio ei gweld yn tyfu tu hwnt i bawb "yn wir artist, y prinnaf peth yng Nghymru." Adleisir neges y llythyr hwn nifer o weithiau o fewn yr ohebiaeth wrth i Saunders Lewis atgoffa Kate Roberts mai ef oedd y beirniad cyntaf i gydnabod ei dawn. Ymhen dwy flynedd yn unig wedi'r llythyr cyntaf, yn 1925, mae ei ddarganfyddiad yn destun rhyfeddod iddo:

> Y peth sy'n destun balchder i mi yw fy mod yn fore wedi sylweddoli bod athrylith yn eich gwaith a'm bod i wedi dweud hynny nes galw sylw at y peth o'r diwedd gan eraill. Wedi'r cwbl, ni all beirniad neu gritig wneud dim yn well na hynny yn ei oes.[1]

Tebyg iawn yw'r traw yn 1928 wrth ymateb i gais am ragair i'r gyfrol *Rhigolau Bywyd a storïau eraill*:

> . . . fel rheol er mwyn helpu gwaith awdur gwan y gofynnir am ragair gan awdur enwog. Eich method chi yw ceisio enwogi *notum per ignotius!* Yr ydych yn fwy na mi, Miss Roberts, yr ydych yn artist ac yn athrylith; y mae eich gwaith hefyd wedi ei gydnabod bellach. Amheuaf felly a fyddai rhagair gennyf i yn fuddiol i chwi.[2]

ac yn 1932, ceir Saunders Lewis yn ymateb yn chwareus, wrth geisio wfftio'r syniad ei fod yn feistr llenyddol arni:

> Ni fynnwn fy ngalw yn feistr llenyddol i chwi. Y cwbl a wneuthum oedd adnabod eich athrylith yn weddol gynnar. Nid oedd hynny'n gamp fawr, canys chwedl Tudur Aled:
>
> > Hysbys y dengys y dull
> > O ba urdd bo ei harddull.[3]

"Annwyl Kate", "Annwyl Saunders",

Datblyga'r ohebiaeth o'r cydnabod doniau cyntaf hwn i fod yn drafodaeth oes ar gynnyrch llenyddol ei gilydd, y naill fel y llall yn annog ei gilydd ymlaen o gyfrol i gyfrol ac o un anrhydedd i'r llall. Nodwedd o ddatblygiad y berthynas lythyrol hon yw'r newid a welir dros gyfnod o flynyddoedd yn y ffordd y cyferchir y naill a'r llall. O 1923 hyd ei phriodas yn Rhagfyr 1928, ceir cyfarchiad ffurfiol — Miss Roberts a Mr Lewis — yn unol â dull yr oes honno. Yna, yn dilyn priodas Kate Roberts a Morris Williams yn Rhagfyr 1928, ceir y sylw canlynol gan Saunders Lewis ar ddechrau llythyr:

---

[1] Llythyr rhif **9**, dyddiedig 5 Ebrill 1925, t. 9.
[2] Rhif **30**, 15 Mai 1928, t. 38.
[3] Rhif **68**, 1 Mehefin 1932, t. 91.

Pan welaf chi mi fyddaf yn ddigon parchus ohonoch i ddweud Mrs Williams, ond gan nad KR yw eich enw cyfreithiol mwyach, mi fyddaf innau yn ddigon hyf i'ch cyfarch wrth eich enw llenyddol (heb y "Miss") mewn llythyrau, ond gan eich atgofio hefyd fod gennyf innau enw llenyddol.[1]

Ac yna wedi marwolaeth Morris Williams ar ddechrau 1946, y mae'r cyfarchiad yn newid eto. O hynny ymlaen, "Annwyl Kate", "Annwyl Saunders", yw'r ddau gyfarchiad, fel y dengys teitl y gyfrol hon.

Sefydlu gyrfa lenyddol Kate Roberts

Ar ddechrau ei gyrfa lenyddol gwelir Kate Roberts yn cael anhawster i'w sefydlu ei hun yn awdures, a hynny i raddau helaeth am nad oedd beirniaid llenyddol yr oes, ar y cyfan, yn adnabod nac yn cydnabod ffurf y stori fer. Prawf o hyn yw'r adolygiad dienw ar y stori "Newid Byd" a ymddangosodd yn *Yr Efrydydd* yn Ionawr 1923, lle gelwir y gwaith yn "stori fach", "chwedl" a "nofelig" o fewn yr un paragraff. Ergyd arall iddi oedd y ffaith i dair stori o'i heiddo gyrraedd gwaelod yr ail ddosbarth mewn cystadleuaeth yn Eisteddfod Genedlaethol Caernarfon 1921. Nid oedd goreuon y gystadleuaeth honno yn haeddu gwell cyfrwng i'w cyhoeddi ynddo nag *Almanac y Miloedd*.

Oni bai am gefnogaeth W J Gruffydd wrth feirniadu mewn eisteddfod ym Manceinion pan osodwyd dwy stori gan Kate Roberts yn gydradd orau, buasai wedi rhoi'r ffidil yn y to. Y gefnogaeth honno ynghyd â llythyr cyntaf Saunders Lewis ati a fu'n sbardun iddi ddal ati. Anogwyd hi gan Saunders Lewis i anfon ei chynnyrch at W J Gruffydd i'w ymgorffori yn *Y Llenor*, y cylchgrawn llenyddol newydd a oedd eisoes wedi llwyddo i'w sefydlu ei hun yn gyhoeddiad arloesol a safonol: "Pe bawn i yn olygydd *Y Llenor*, byddai stori gennych ym mhob rhifyn, a llyfr ohonynt yn ddigon buan."[2] Petrus braidd oedd Kate Roberts o ymateb i'r awgrym hwn: "Nid wyf yn hoffi anfon stori i'r *Llenor* heb fy ngofyn rywsut. Nid wyf yn hoffi gwthio dim ar neb."[3] Ond pan ddaeth gwahoddiad gan W J Gruffydd ymhen y rhawg ym Mawrth 1923, yn dilyn cymhelliad personol gan Saunders Lewis o bosibl (er na ddywedir hynny), mae Kate Roberts yn ymateb ar ei hunion gan anfon stori "Y Llythyr" i'w chyhoeddi yn rhifyn Haf 1923. O hynny hyd 1933, *Y Llenor* a fu magwrfa'r storïau a gasglwyd ynghyd ar gyfer *O Gors y Bryniau* (1925), *Rhigolau Bywyd* (1929) a *Ffair Gaeaf* (1937). Fodd bynnag fe ymddengys fod brwdfrydedd W J Gruffydd dros gyhoeddi ei gwaith yn dechrau pylu erbyn 1933:

> Fe anfonais at olygydd *Y Llenor* yn yr Hydref i ddweud y cai stori gennyf erbyn rhifyn y gaeaf os hoffai. Cefais air yn ol yn dweud bod ganddo ddigon ar gyfer y rhifyn hwnnw. Anfonais wedyn fis yn ol i ddweud y cai un erbyn rhifyn y gwanwyn os dymunai. Ond ni chefais ateb . . . nid wyf yn hoffi gadael *Y Llenor* gan mai ef yw'r unig gylchgrawn llenyddol pur yn Gymraeg.[4]

---

[1] Rhif **39**, 11 Ionawr 1929, t. 53.
[2] Rhif **1**, 20 Ionawr 1923, t. 1.
[3] Rhif **2**, 23 Ionawr 1923, t. 2.
[4] Rhif **75**, 2 Chwefror 1933, tt. 99–100.

Y stori olaf i'w chyhoeddi yn *Y Llenor* oedd "Y Cwilt" yn 1936. Dysgwn o lythyr a anfonodd Kate Roberts yn 1963 sut y bu iddi golli parch at W J Gruffydd ac iddi ymdynghedu'n bendant o 1943 ymlaen na fyddai'n cyfrannu fyth eto i'r *Llenor*, yn dilyn ymadawiad W J Gruffydd â'r Blaid Genedlaethol, pan wrthwynebodd Saunders Lewis yn Etholiad y Brifysgol yn enw'r Blaid Ryddfrydol:

> Yr wyf fi yn dal i gredu o hyd mai'r anffawd fwyaf a ddaeth i ran y Blaid oedd dewis W J Gruffydd yn llywydd iddi tra fuoch chi yn y carchar, ac i'r dyn hwnnw wedyn ddyfod allan yn eich erbyn chwi yn Etholiad y Brifysgol. Ond mae un peth fydd yn rhoi boddhad i mi ynglŷn â hynny, sef na wnaeth DJ, Bob Parry na minnau byth ysgrifennu i'r *Llenor* wedyn, a hynny heb i'r un ohonom ein tri ymgynghori â'n gilydd. Ni sylwodd fawr neb ar hynny. 'Dwn i ddim a wnaeth y golygydd ei hun.[1]

Cymhellion awduron

Pan ofynnodd Kate Roberts i Saunders Lewis am ei farn ar lawysgrif *Deian a Loli* yn Hydref 1923, mae'n ymateb trwy ganmol y gwaith oherwydd ei fod yn llawn o eiriau byw sir Gaernarfon a bod cynildeb crefft y stori fer yn gryfder yn y dull y disgrifir cymeriadau. Ond, ar yr un pryd, y mae'n rhybuddio Kate Roberts na ddylai barhau i ysgrifennu ar gyfer plant:

> Nid dyma eich gwir elfen. Y mae ôl un yn *mynnu*, yn *ceisio*, ac felly un yn treisio arni hi ei hun wrth ysgrifennu, yn eglur i mi yn y gwaith.[2]

Y perygl wrth ysgrifennu ar gyfer plant, meddai, yw bod dipyn yn anonest a pheidio ag ysgrifennu â'r holl galon a'r holl feddwl a heb hynny "ni ellir byth waith cwbl dda."

Cytunai Kate Roberts â'r feirniadaeth hon a chyfaddefai nad ysgrifennu i blant oedd ei gwir ddawn a'i bod yn ymwybodol fod ôl ymdrech ar y gwaith. Yn wir, â gam ymhellach trwy honni bod ôl ymdrech ar bob un o'i storïau, a'i bod yn methu â disgrifio manylion, "y peth sydd mor gryf yn storïau Katherine Mansfield." Esbonia mai dau reswm sydd ganddi dros ysgrifennu — y cyntaf yw oherwydd iddi addo storïau i ryw olygydd neu'i gilydd, a'r ail reswm yw'r ffaith y byddai bywyd iddi yn athrawes Gymraeg yn Ysgol Ramadeg y Merched, Aberdâr, yn annioddefol oni bai am ei gwaith creadigol fin nos, er bod gwaith ysgol yn lladd pob dyhead ynddi i ysgrifennu:

> Adref yn Rhosgadfan y teimlaf fi y medrwn ysgrifennu er mwyn ysgrifennu. Wrth edrych o'n ty ni ar yr haul . . . wrth glywed chwerthin chwarelwyr . . . ac wrth weled tristwch bro . . . teimlaf fod yna rywbeth i ysgrifennu amdano wedi'r cwbl.[3]

---

[1] Rhif **180**, 9 Mai 1963, t. 195.
[2] Rhif **5**, [Hydref 1923], t. 4.
[3] Rhif **6**, 11 Hydref 1923, t. 6.

Mae Saunders Lewis yn ymateb i'r llythyr hwn trwy ddadansoddi cymhellion arferol awduron dros ysgrifennu. Y cyntaf yw er mwyn ennill arian, a'r ail yw er mwyn derbyn cydnabyddiaeth, edmygedd a thipyn o hunanfoddhad. Yng Nghymru, fodd bynnag, nid oedd y cymhelliad cyntaf yn bosibl:

> Y cynnyrch, y diwedd, y gwaith a grewyd, hwnnw a fernir. Wrth ei waith y mae barnu artist, nid wrth ei gymhellion . . . Dyma i chwi gymhellion ddigon — bod dwsin a mwy ohonom ni yn darllen popeth o'ch gwaith ac yn gwybod amdanoch, a bod y cydymdeimlad a'r cyfeillgarwch a enillasoch drwy eich gwaith yn creu byd ehangach nag Aber Dar i chi . . .[1]

Gwelwn Saunders Lewis yn fawr ei gefnogaeth i'w gwaith drwy gydol y dauddegau. Enghraifft loyw o'r gefnogaeth hon iddi oedd y ganmoliaeth a dderbyniodd ganddo yn y llyfryn *An Introduction to Contemporary Welsh Literature* (1926) ac yn dilyn y cyhoeddiad hwnnw cawn Kate Roberts yn lleisio'r cyfaddefiad, "Mae fy nlêd yn fwy i chwi na neb arall yng Nghymru."[2] Nid oedd dim i sefyll yn ffordd ei dawn ym marn Saunders Lewis. Er gwaetha'r ffaith mai ef oedd golygydd *Y Ddraig Goch* a bod Kate Roberts yn golofnydd cyson a dibynadwy, ac er mai ef oedd Llywydd y Blaid Genedlaethol a bod Kate Roberts yn amlwg gyda'r gwaith o sefydlu canghennau newydd yng nghymoedd y De, eto i gyd fe gawn Saunders Lewis yn ei siarsio i beidio â cholli golwg ar ei llenydda:

> . . . peidiwch â gadael i'r Blaid gymryd eich holl hamdden. (Peth go od i lywydd y Blaid ei ddwryd mi wn, ond nid yw'r llenor ynof wedi marw yn y *politician* eto). Rhaid i chi orffen y nofel, a nofelau eraill wedyn. Y mae hynny'n llawn cystal gwaith yn y pen draw i'r Blaid ei hun ag yw sefydlu cangen.[3]

Ymglywed â'r gorffennol

Y mae'n ymddangos yng nghwrs yr ohebiaeth mai un o'r cymhellion cryfaf a oedd gan Kate Roberts dros ysgrifennu oedd rhyw ymglywed â'r gorffennol. Dywed, er enghraifft yn 1928 wrth drafod ei hysgrif "Caeau" yn *Y Llenor*, mai rhyw hiraeth am ei hieuenctid neu ei phlentyndod a wnaeth iddi lunio'r ysgrif. Dywed wedyn yn 1942, wrth glywed bod mam Prosser Rhys ar ei gwely angau:

> . . . mae colli hen bobl y dyddiau hyn yn golli oes na welwn byth mohoni eto. Ni fedraf i wneud dim ond edrych i'r gorffennol.[4]

Ond nid oedd yr edrych hwn i'r gorffennol yn dod i ben gyda'i hatgofion cynharaf hi, yr oedd yn ymestyn yn ôl i blentyndod ei rhieni, i fywydau ei theidiau a'i neiniau, ac i'r canrifoedd cyn hynny:

[1] Rhif **7**, 16 Hydref 1923, tt. 7—8.
[2] Rhif **10**, 10 Hydref [1926], t. 10.
[3] Rhif **11**, 10 Hydref 1926, t. 13.
[4] Rhif **105**, 18 Medi 1942, t. 131.

Ac eto ar ambell brynhawn tawel, wrth eistedd wrth y tân yma a'm wyneb tua'r Gogledd, byddaf yn clywed griddfannau fy nhad cyn marw, a byddaf yn meddwl ac yn meddwl, meddwl amdano wedi gweithio'n galed ar hyd ei oes, wedi yfed o gwpanau chwerwaf bywyd, wedi cael llawer o hwyl hefyd, ac yn gorfod dioddef yr holl ing Angau wedyn. A byddaf yn meddwl am ei dad a'i fam yntau wedyn — hwy wedi dioddef mwy, a'u tad a'u mam hwythau wedi dioddef mwy wedyn mae'n debyg; a dyma finnau i lawr yma, yn etifedd hwnyna i gyd.[1]

Cyfleu'r dioddefaint hwn yw un o'r prif elfennau yn ei gwaith. Y mae'n uniaethu gyda dioddefaint ei hynafiaid. Pan oedd amgylchiadau anodd yn bygwth Gwasg Gee yn 1950 ei hymateb greddfol yw'r sylw Beiblaidd ei naws, "Felly y bu i'n tadau o'n blaen" (t. 156). Pan geir cyfeiriad at farwolaeth ei mam fe'i gwêl yn sumbol o ddifflaniad cymdeithas gymdogol uniaith Gymraeg a drigai mewn pump ar hugain o dyddynnod bychain o gwmpas capel Rhosgadfan:

Maent i gyd wedi mynd erbyn heddiw, a mam oedd yr olaf ohonynt. Mae'r syniad yn rhy drist i feddwl amdano, yn enwedig mewn byd creulon, anniwylliedig fel y sydd heddiw. Teimlaf weithiau mai dim ond fy mhlentyndod sy'n ffaith, mai breuddwyd yw gweddill fy einioes.[2]

O ystyried yr ymlyniad hwn wrth y gorffennol, y mae ymddangosiad *Y Lôn Wen* felly ar ddiwedd 1960 yn ddigwyddiad o bwys. Nid ysgrifennu ei hatgofion oedd y bwriad fel y dengys ei hymateb i ganmoliaeth Saunders Lewis, ond ceisio darlunio'r dylanwadau a'i gorfododd i ysgrifennu. Wrth gollfarnu rhai o'r beirniaid llenyddol ifainc a oedd wedi methu â gwerthfawrogi pwrpas y gyfrol, dywed:

Pobl ieuainc ddiwreiddiau yw'r lleill, ac nid yw'r gorffennol yn bwysig iddynt o gwbl. Y mae'n golygu popeth i mi, ac yr oedd i'm rhieni.[3]

Nid hanesion a digwyddiadau'r gorffennol yn unig a oedd yn bwysig iddi, ond yno hefyd yr oedd ystorfa'r iaith a ddefnyddid ganddi. "Dim diolch i mi fod fy Nghymraeg yr hyn ydyw. Mae fy nghlustiau yn ei glywed o'r gorffennol pell."[4] Yn yr un llythyr mae'n sôn am yr awydd a ddôi drosti i feichio crïo bob tro y gwelai lun "Glasynys" yn *Radio Times* yr wythnos honno — "Mae'n debyg mai gormod o'm gorffennol oedd yn dyfod yn ôl i mi," meddai.

"Suntur a Chlai"

O blith yr holl ymdriniaethau â llyfrau o waith Kate Roberts yn yr ohebiaeth hon, yr ymdriniaeth fanylaf yw ymateb Saunders Lewis wedi iddo ddarllen drafft cynnar *Traed mewn Cyffion* neu "Suntur a Chlai", fel y safai'r teitl gwreiddiol yn 1934. Yr oedd ganddo bedwar rheswm pendant dros feirniadu'r nofel. Teimlai fod ynddi ormod o sôn am

---

[1] Rhif **66**, 20 Mawrth 1932, t. 88.
[2] Rhif **112**, 22 Chwefror 1944, t. 136.
[3] Rhif **178**, 8 Mawrth 1961, t. 191.
[4] Rhif **183**, 23 Mehefin 1964, t. 200.

ysgol a choleg, yr oedd yna dipyn o ailadrodd yr un hanes ag a geid yn *Laura Jones;* tybiai fod y bywyd a ddisgrifid ganddi yn y nofel yn ymddangos yn undonog iawn, a chredai ei bod wedi gwrthod ymdrin â phrofiad ysbrydol y cymeriadau. Ar ben hynny, teimlai Saunders Lewis nad oedd Kate Roberts wedi cael yr un afael ar grefft y nofel â'r afael sicr a oedd ganddi ar grefft y stori fer:

> . . . mi fentraf gyfaddef nad wyf i'n meddwl cyn uched o'r nofel ag y meddyliaf o'r straeon yn *Rhigolau Bywyd.* Yn y straeon mi gaf angerdd a chywasgiad nerth mewn meddwl ac ymadrodd sy'n briod ddawn gennych . . . Ac eto, wedi darllen y cwbl, mi deimlwn fod darn mawr o fywyd ac o brofiad wedi ei gyfleu imi. . . . Y mae llawer iawn o fyw a llawer o fyfyrio wedi mynd i mewn i'r nofel . . .[1]

Yn naturiol, ymateb cymysg a gafodd y feirniadaeth hon gan Kate Roberts. Tra'n cydnabod bod beiau ar y nofel o safbwynt crefft a thechneg, y mae hi'n ffyrnig iawn ei gwrthwynebiad i'r feirniadaeth ar ansawdd bywyd y chwarelwyr a'u crefydd:

> . . . mae'n amhosibl inni gydweld ar y pen hwn. Oherwydd (a) nad yw ein hagwedd at grefydd yr un (b) nad yw ein hadnabyddiaeth o Gymru yr un.[2]

Â rhagddi i ddweud nad gwrthod wynebu'r agwedd grefyddol ar ei chymeriadau a wnaeth — ei bwriad oedd ysgrifennu nofel am bobl yn byw ar yr wyneb yn ysbrydol:

> Yr oedd yna haen o grefyddolder yma, ond yr oedd yna haen letach, os rhywbeth, o baganiaeth . . . A gwn am bobl Rhosgadfan (nid Rhostryfan os gwelwch yn dda) mai paganiaid yw'r mwyafrif ohonynt wrth natur ond eu bod yn mynd i'r capel o ran arfer. Ni wnaeth Diwygiad 1904—5 fawr argraff yno.[3]

Y mae'n amharod iawn i oddef unrhyw feirniadaeth gan Saunders Lewis ar fywyd y chwarelwr gan ei fod ef "yn gwbl ddieithr i'w bywyd ac i fywyd gweithwyr yn gyffredinol." Esbonia bwysigrwydd addysg i'r chwarelwr fel modd i wella ei gyflwr economaidd. Sicrwydd cyflog sydd yn gyrru'r chwarelwyr i geisio addysg i'w plant a'u cefnogi i fynd yn athrawon, er mwyn iddynt brofi diogelwch ariannol mewn ffordd na wnaethant hwy eu hunain:

> Ond ni wyddoch ddim am fywyd un dosbarth o bobl yn fwy na'i gilydd am na ddigwyddodd ichwi fod yn un ohonynt na'ch magu yng Nghymru. Dim ond edrych o'r tu allan y buoch erioed. Nid af i awgrymu fel golygydd *Y Llenor* mai eich bai yw hynny. Eich anffawd ydyw'n hytrach, ac anffawd fawr i chwi fel beirniad ar lenyddiaeth Gymraeg ac fel gwleidydd Cymreig . . .[4]

---

[1]   Rhif **84**, 25 Rhagfyr 1934, t. 108.
[2]   Rhif **85**, 28 Rhagfyr 1934, t. 110.
[3]   *Ibid.*
[4]   *Ibid.*, t. 111.

Y ddau ohebydd yn anghydweld

Nid hwn oedd y tro cyntaf na'r olaf i Kate Roberts ymosod yn ddidostur ar ei chefnogwr. Yn 1929, er enghraifft, pan oedd Kate Roberts yn gofalu am y gyfres "Colofn y Merched" yn *Y Ddraig Goch* a Saunders Lewis yn olygydd, cafodd achos i'w feirniadu am gynnwys erthygl Tegwen Clee, "Merched Llydaw", i lanw dalen wag yn y papur a hithau yn crafu am ddeunydd addas ar gyfer ei cholofn:

> Dyma fi, fis ar ol mis, yn crafangio am rywbeth i'w ddywedyd a hynny drwy lawer o anawsterau a'm celfyddyd i fy hun yn dioddef.[1]

Wrth ymateb i'w syniadau ynglŷn â'r iaith yn dilyn darlith *Tynged yr Iaith*, y mae Kate Roberts yn ddigon llym ei sylwadau:

> Prif werth eich darlith oedd ein dychryn a'n deffro. Ond mae arnaf ofn eich bod yn byw ormod y tu allan i'r bywyd Cymreig (os caf ddweud hynny) i wybod â pha fath bobl y mae'n rhaid delio os am achub yr iaith Gymraeg.[2]

Nid oedd Saunders Lewis, yntau, yn hwyrfrydig i amddiffyn ei hun wedi ymosodiadau o'r fath. Prysura i gywiro Kate Roberts pan gaiff ei gyhuddo o ysgrifennu yn nawddogol at ei gŵr, Morris T Williams, yn 1934 (t. 107), ac yna eto, yn 1938, cawn Saunders Lewis yn beirniadu Kate Roberts am iddi ymyrryd â chynnwys y *Welsh Nationalist* a hynny yn rhinwedd ei sefyllfa o fod yn gydberchennog ar y wasg a argraffai'r papur:

> Yn awr, mewn tegwch, Kate, dyma'r ail waith i chwi ymyrryd ag erthyglau oedd i ymddangos yn y *Nationalist* . . . Y pwynt gennyf i yw eich bod chwi, drwy ein bod ni yn rhoi'r gwaith printio i'ch cwmni chwi, yn ceisio atal, *fel printiwr*, rai pethau rhag ymddangos. A wnewch chwi ystyried yn bwyllog, a ydyw hynny'n iawn?[3]

Wedi un o'r achlysuron hyn o anghydfod y cawn Saunders Lewis yn haeru bod "arwain mudiad politicaidd a chadw cyfeillion bron iawn yn amhosibl." Try'r anghydfod yn gymod wrth i Saunders Lewis fynd rhagddo i gyfaddef:

> Ond yr ydych chwi'n perthyn i'm cyfnod cynnar amholiticaidd i, pan nad oedd ond crefft llenyddiaeth yn llenwi ein bryd, a byw a beirniadu a bwriadu yn nefoedd gennym, ac oblegid hynny mae gennych o hyd ryw afael arnaf na fedraf ddim ymddatod oddi wrthi er popeth — rhaid fy mod i wedi colli fy nghalon i chwi rywdro, neu, myn cebyst, nid eisteddwn ar brynhawn teg i grefu eich maddeuant fel hyn.[4]

---

[1] Rhif **44**, 15 Gorffennaf 1929, t. 58.
[2] Rhif **180**, 9 Mai 1963, t. 194.
[3] Rhif **97**, 29 Ebrill 1938, t. 122.
[4] Rhif **83**, 15 Medi 1934, t.107.

Priodas Kate Roberts a Morris T Williams

Os mai cellwair yr oedd Saunders Lewis wrth sôn am golli ei galon i Kate Roberts, nid felly yr oedd hi yn hanes Morris T Williams. Dechreuodd ei gyfeillgarwch ef a Kate yn Ysgol Haf Machynlleth fis Awst 1926, ac erbyn Hydref 1927 syrthiasant "i'r pwll hwnnw sy'n ddyfnach na chyfeillgarwch." Wrth ysgrifennu at Saunders Lewis i ddiolch iddo am ei sylwadau calonogol o glywed y newydd eu bod am briodi, dywed Kate Roberts:

> Ni wn ym mha le yr wyf na beth a wnaf y dyddiau hyn. Cerddaf fel pe bawn mewn breuddwyd . . . Gwn y geilw'r byd ni'n ffyliaid. Ond nid yw'n wahaniaeth gennym ein dau. Ni ddeuthom i'r penderfyniad hwn heb edrych ar y cwestiwn o bob cyfeiriad. Mae gwahaniaeth mawr yn ein hoed — agos i ddeng mlynedd — a hynny ar yr ochr anghywir, a gwahaniaeth mewn pethau eraill y gesyd y byd fawr bris arnynt. Ond diolch byth, nid ydym ni o'r byd, y byd hwnnw, beth bynnag, ac o'm rhan fy hun nid yw'n wahaniaeth gennyf beth a ddywed neb ond fy nghyfeillion.[1]

Wrth ei llongyfarch y mae Saunders Lewis yn ychwanegu:

> Y mae unrhyw beth a ddigwyddo i chi yn bwysig iawn gennyf ac yn fy nghyffwrdd yn agos ac yn ddwfn iawn. Cael eich adnabod a fu un o freintiau fy mywyd, ac wedi i chi briodi mi obeithiaf gael cadw'r fraint a'ch adnabod yn fwy.[2]

Awgryma Saunders Lewis y dylai Kate Roberts a Morris Williams briodi mewn eglwys a'i hymateb i hynny yw y byddai'n dda ganddi fedru magu digon o wroldeb i wneud y fath beth. Crybwylla fod ystyried priodi yn fwrn arni, boed mewn swyddfa cofrestrydd neu eglwys, ac fe'i cyffelyba ei hun i'r cymeriad Sue Bridehead yn nofel Thomas Hardy, *Jude the Obscure*, merch ag arni ofn priodi:

> Credaf ei fod yn greulondeb gwneuthur i ddau berson yn eu llawn faint a'u synnwyr adrodd truth ar ol dyn arall fel plant. Pam na wnai'r tro i ddau fynd i swyddfa a dwedyd bod arnynt eisieu byw efo'i gilydd, ac arwyddo papur er mwyn cyfraith gwlad?[3]

Mewn cyd-destun tebyg cawn olwg fanylach ar farn Kate Roberts am briodas wedi iddi briodi yn Eglwys Llanilltud Fawr adeg y Nadolig 1928:

> Nid wyf fi na Morus yn credu mewn priodi, ond credwn mewn 'byw tali' . . . Eithr, er mwyn tawelwch, bwriadasom mai gwell oedd mynd trwy'r seremoni. Nid oes gennyf ddim yn erbyn y seremoni. Buaswn yn ddigon bodlon mynd drwy hwnnw i fyw tali — ond y rhwymo cyfreithiol yna sy'n ofnadwy. Meddwl bod y gyfraith yn rhoi ei phig i mewn, mewn peth sydd a wnelo a chalonnau dau berson.[4]

---

[1] Rhif **25**, 8 Rhagfyr 1927, t. 30.
[2] Rhif **24**, 5 Rhagfyr 1927, t. 30.
[3] Rhif **35**, 23 Tachwedd 1928, t. 49.
[4] Rhif **57**, 12 Ionawr 1931, t. 72.

Beth bynnag am briodi, yr oedd y cyflwr o fod yn briod yn ddymunol iawn ganddi a dywed Kate Roberts ei bod yn falch iddi wrando ar awgrym Saunders Lewis a phriodi mewn eglwys. Wrth ystyried ei chymdogaeth a'i chartref newydd yn Rhiwbeina, dywed: "Hyd yn hyn Morus yw Rhiwbeina i mi, a gallaf ddywedyd ei fod yn lle braf iawn."[1] Dywed mewn man arall nad oedd arni eisiau dim ond yr un bodlonrwydd ag a oedd yn eiddo i'w rhieni yn eu hen ddyddiau. Wrth ddychwelyd yn ôl i Riwbeina wedi cyfnod gyda'i rhieni yn Rhosgadfan, dywed:

> . . . ond rhaid imi fynd at fy mhriod. Yr wyf yn hapus wrth feddwl am fynd ato, oblegid gwn fod llawenydd yn fy aros, y llawenydd hwnnw a ddaw o garu a chael fy ngharu.[2]

Catrin Roberts, mam Kate Roberts

O grybwyll eu rhieni, y mae'n anodd peidio â nodi'r edmygedd mawr iawn a oedd gan Kate Roberts o'i mam, Catrin Roberts. "Nid oes hafal i mam," meddai yn 1931, wrth honni nad oedd gwaith tŷ yn broblem iddi. "Mae ganddi freichiau iawn i bob dim, i olchi, i smwddio, i wneud menyn, i weini ar y claf, i bobi, i bob dim . . . Y mae ynddi'r fath sicrwydd a chadernid, yn gorfforol a meddyliol. Ni chred mewn bywyd ar ol hwn ac nid yw'n grefyddol . . . Pan oeddem ni gartre'r Nadolig, meddai hi, 'Yr ydw i wedi mynd drwy bob dim ond marw, a rhaid imi fynd drwy hynny'" (t. 74). A phan ddaeth angau heibio iddi yn 1944 fe ddioddefodd y cwbl heb gwyno dim. Yr oedd ei meddwl yn chwim a gwên ar ei hwyneb hyd y diwedd. "Gweithiodd yn galed drwy oes faith, helbulus," meddai Kate Roberts wedi iddi farw, "a'r peth a saif amlycaf i mi drwy'r cwbl yw ei charedigrwydd a'i hysbryd hollol ddi-hunan" (t. 136).

Syniadau Kate Roberts am grefydd

Y mae'r cyfaddefiad ynglŷn â daliadau crefyddol ei mam, ynghyd â syniadau annisgwyl Kate Roberts ynglŷn â phriodas, yn arwain yn naturiol at ddaliadau crefyddol Kate Roberts ei hunan, fel y'u hamlygir yn yr ohebiaeth hon.

Awgrymwyd gan Kate Roberts mai cymdeithas o gapelwyr o ran traddodiad, yn hytrach nag o argyhoeddiad personol, oedd ardalwyr Rhosgadfan, ar y cyfan, yn ystod ei phlentyndod a'i hieuenctid. Y mae'n ddiddorol sylwi sut y bu iddi hi, wedi pum mlynedd yn Aberdâr, dynnu ei thocyn aelodaeth o gapel Bethania, Aberdâr, yn 1923, ac na fu iddi ymgysylltu â chapel wedyn yn ystod gweddill ei harhosiad yn y De. Mewn llythyr a anfonwyd ati gan gyn-weinidog y capel, y Parchedig William Davies (Bootle), y down i wybod iddi gymryd y cam hwn.[3] Yn ei lythyr, fe ddywed William Davies ei fod yn drist iawn o glywed am benderfyniad Kate Roberts i adael Bethania ac y mae'n ceisio dirnad ei rhesymau dros gymryd y fath benderfyniad. Â rhagddo i geisio esbonio'r

---

[1] Rhif **41**, 17 Mawrth 1929, t. 55
[2] Rhif **38**, 9 Ionawr 1929, t. 52.
[3] Papurau Kate Roberts 59.

gwahaniaeth iddi rhwng crefydd gyfundrefnol a chrefydd yr ysbryd. Ni chadwyd ymateb Kate Roberts i'r llythyr hwn, ond mewn llythyr pellach gan William Davies, dyddiedig 19 Mawrth 1923, y mae'n amlwg fod Kate Roberts wedi ymateb yn eithaf chwyrn i'w lythyr, oherwydd fe'i cawn yn ymddiheuro iddi am roi argraff o ddiffyg cydymdeimlad â hi. Dywed iddo ef brofi llawer cyfnod o wae; er hynny gwelodd mai da oedd Duw yn rhoi Crist drosto, a rhaid felly fod popeth a wna Duw yn dda.[1]

Y mae gwybod am y digwyddiad hwn yn gymorth i ddeall rhai o'r sylwadau a wneir yn yr ohebiaeth hon ynglŷn â safbwynt crefyddol Kate Roberts, yn enwedig yn y blynyddoedd cynnar a dreuliwyd ganddi yn Ne Cymru. Yn ystod y cyfnod hwnnw y mae Saunders Lewis yn ei chymryd, ar ei gair, yn anffyddwraig a chawn gyfeiriadau at "i bagan o'ch bath chi" (t. 4), "Petaech yn Gristion mi ofynnwn i chwi weddïo drosof . . . " (t. 85), a "Mae'ch paganiaeth chwi yn fwy Cristnogol na phregethau Moelwyn Hughes, er na wn i a ydyw dweud hynny yn siom i chi!" (tt. 105—6).

Ni fu Kate Roberts a Morris Williams yn mynychu addoldy yn ystod cyfnod Rhiwbeina a chawn Kate Roberts yn ymhyfrydu yn y ffaith nad oedd neb yn eu blino ynglŷn â chrefydd, yn dilyn ei phriodas, nac yn pwyso arni i fynd i'r capel, "Onid wyf yn lwcus?" (t. 52). Fe barhaodd y sefyllfa honno tan 16 Mawrth 1929:

> Hyd ddoe, tybiem ein bod yn hollol ddiogel oddiwrth ymyriad crefydd yma. Ond fe aeth Morus i'r ardd i weithio a tharawodd sgwrs a Chymry sy'n byw gefn-gefn a ni — a gofynnodd y gwr inni fyned i'r Ysgol Sul! Dyna beth sy i gael am weithio ar brynhawn Sadwrn! A heddyw fe aeth Morus i'r ardd i lifio coed![2]

Yn yr ymdriniaeth lythyrol ar "Suntur a Chlai" y gwelir y safbwynt hwn gliriaf a llymaf:

> Petaswn i'n mynd i ysgrifennu nofel am fywyd crefyddol mi wnawn fy ngwron yn anffyddiwr ac fe ymosodwn ar grefydd ym mhob ffurf arni. Mae'n gas gan fy enaid Gristionogaeth. Yr wyf yn caru rhai Cristnogion ond am grefydd, credaf mai hi sydd yn gyfrifol bod y fath drefn ar y byd heddiw . . . Pan ddaeth rhywun i'n ty ni i gasglu at y genhadaeth rywdro, fe ddywedodd mam na roi hi ddim at wneud pobl yn fwy anhapus nag oeddynt . . . mi fuasai'n well gennyf i weld mwy o hapusrwydd yn y byd heddiw.[3]

Wedi i Kate Roberts a Morris Williams symud i Ddinbych fe ddychwelasant i fyd y capel gan fynychu'r capel Bedyddwyr i ddechrau cyn ymgartrefu'n derfynol yn y Capel Mawr (MC), lle y daeth Kate Roberts, ymhen amser, yn athrawes ar ddosbarth Ysgol Sul llewyrchus.

Gwelir y newid yn digwydd o dipyn i beth yn yr ohebiaeth. Yn 1941, er enghraifft, wedi i Kate Roberts ddweud y gallai bob amser fynd yn forwyn petai amgylchiadau ariannol yn mynd yn drech na hwy, fe geir Saunders Lewis yn ymateb trwy ddweud:

---

[1] Papurau Kate Roberts 62.
[2] Rhif **41**, 17 Mawrth 1929, t. 55.
[3] Rhif **85**, 28 Rhagfyr 1934, t. 110.

'Wn i ddim a ydych chwi wedi dyfod yn ôl at Gristnogaeth yn eich argyhoeddiad neu beidio, ond ni ddigiwch wrthyf am ddweud mai mewn geiriau fel yna y gwelaf i arwriaeth a nerth ac ieuenctid diddarfod y traddodiad Cristnogol Cymreig.[1]

Erbyn 1950 y mae'r gair "ffawd" wedi diflannu o eirfa Kate Roberts ac fe'i ceir yn sôn am "ragluniaeth" (t. 160). Er gwaethaf y newid agwedd at grefydd yn y blynyddoedd diweddar, fe gyfeddyf Kate Roberts, wrth ddisgrifio'r profiad o gymryd rhan mewn rhaglen radio grefyddol yn 1965, nad oedd trafod ei chredo yn gyhoeddus yn dod yn rhwydd iddi:

Ni ellwch goelio faint a gostiodd i mi gymryd rhan yn y rhaglen honno, oblegid daw rhyw swildod drosof wrth sôn am faterion crefydd yn gyhoeddus. Byddaf yn chwysu bob amser wrth feddwl am wneud, er pan oeddwn yn blentyn ac yn crïo yn fy ngwely yn y nos wrth feddwl bod tragwyddoldeb mor hir.[2]

Gweithiau diweddar Kate Roberts

Y llyfr cyntaf i'w gyhoeddi yng nghyfnod Dinbych, yn dilyn marwolaeth Morris T Williams, oedd *Stryd y Glep* (1949). Mae Saunders Lewis yn ymateb yn frwd i'r gyfrol gan alw'r nofelig yn gampwaith:

Bendith arnoch, yr ydych wedi cyrraedd yr hyn y bûm yn dyheu am i chwi ei gyrraedd — ymhell y tu hwnt i'r holl straeon blaenorol, i ddeall dyfnach . . . Oh, yr ydwy'i wedi glân feddwi ar y stori; o'r diwedd dyma ddyfnder seicolegol ac aeddfedrwydd nofelydd mawr yn y Gymraeg. Diolch amdanoch.[3]

Dysgwn mai trwy lawer o boen a gofid y llwyddodd Kate Roberts i lunio'r gyfrol. Llyncai dabledi i roi ynni iddi er mwyn aros ar ei thraed yn ysgrifennu tan ddau a thri o'r gloch y bore, a hynny o fis Hydref hyd y mis Ionawr canlynol. "Ond ni wnaf hynny byth eto," meddai wedi dysgu ei gwers (t. 156).

Pan ymddangosodd *Te yn y Grug* yn 1959 fe ddisgrifir y gwaith gan yr awdures fel a ganlyn:

Rhyw storïau a ddaeth o'm hisymwybod oedd y rhai yna, a theimlaf eu bod yn nes i lên gwerin na dim a sgrifennais. Credaf mai anfantais fawr yw culni fy nefnydd — ni allaf fi ysgrifennu ond am y bywyd yna. Mae'n rhaid imi gael teimlo a synhwyro pob dim cyn y medraf ei ddisgrifio.[4]

---

[1] Rhif **103**, 21 Ebrill 1941, t. 129.
[2] Rhif **190**, 9 Medi 1965, t. 208.
[3] Rhif **131**, 27 Ebrill 1949, tt. 149–50.
[4] Rhif **176**, 7 Hydref 1959, t. 190.

xxii

Ceir ymateb brwdfrydig gan Saunders Lewis yn Chwefror 1961, yn dilyn ymddangosiad *Y Lôn Wen*. Fe'i disgrifia ei hun fel un o'r miloedd sydd wedi dotio ar y llyfr gan ychwanegu'r sylw cofiadwy: "Mi fedrwch sgrifennu, wraig dda." (t. 191). Yr oedd ef wedi cymell Kate Roberts i lunio cyfrol o'r fath mor bell yn ôl ag 1948: " . . . cofio sy'n rhoi grym angerdd yn eich gwaith erioed ac felly byddai cyfrol o'r fath yn help i chwithau ac fe fyddai'n ddarn mawr o lenyddiaeth ac o hanes cymdeithasol" (t. 145).

O hynny hyd ddiwedd ei gyrfa, y mae Saunders Lewis yn tueddu i ganmol ei gwaith yn anfeirniadol. Er hynny, y mae'n ddi-ddadl fod Kate Roberts yn mawr brisio ac wedi dod i ddisgwyl sylwadau canmoliaethus ganddo. Meddai hi ym mis Mai 1964:

> Wel, diolch yn fawr i chi am sgwennu. Ychydig iawn o eiriau canmol a geir y dyddiau hyn; mae pawb yn eich bwrw yn ganiatáol. 'O . . . ia, yr hen K.R., mae hi'n dal i rygnu sgwennu.' A diolch i chi am fod yn wahanol.[1]

Dylanwadau llenyddol ar Kate Roberts

Profa'r ohebiaeth hon yn ffynhonnell ddi-ail o wybodaeth am y dylanwadau llenyddol a fu ar Kate Roberts, yn arbennig trwy sylwi ar yr awduron a enwir ganddi, yn ogystal â'r rhai y mae Saunders Lewis yn ei chymell i'w darllen a'u hefelychu. Yn fuan yn yr ohebiaeth, yn Hydref 1923, gofyn Saunders Lewis iddi a fu iddi ddarllen Maupassant a gwaith Katherine Mansfield — "Yr unig un yn Saesneg sy'n werth ei darllen yn y stori fer" (t. 4). "Do", meddai Kate Roberts am Katherine Mansfield, "fe ddarllenais un gyfrol o'i heiddo, a theimlais fy mod tua'r un faint a thair ceiniog wen. Y hi yn anad neb a wnaeth imi deimlo nad oes gennyf y syniad lleiaf beth yw stori fer. Ni wn pwy yw fy meistri. Edmygaf gryn lawer o bobl, ond mae f'edmygedd o rai yn llai heddyw nag ydoedd. O'Henry er enghraifft; er mae'n rhaid imi gydnabod, mae ei *Furnished Room* yn gafael ynof o hyd".[2]

Â rhagddi i nodi ei hoffter o waith Lennard Merrick a Jane Barlow. Y mae'r hoffter hwn o waith Jane Barlow yn ddiddorol iawn gan ei bod yn debyg iawn i Kate Roberts mewn nifer o ffyrdd, yn disgrifio bywyd cefn gwlad Iwerddon, yn ei chydymdeimlad mawr â'r mudiad cenedlaethol yn y wlad honno, ac yn ei defnydd o dafodiaith:

> Y hi, yn ei *By Beach and Bogland,* a ddangosodd imi'n gyntaf y gellid rhywbeth o'r stori fer yng Nghymru. Fy syniad i cyn hynny oedd bod bywyd yng Nghymru mor ddiddigwydd a digyffro, fel na ellid ysgrifennu dim yn y gangen yma.[3]

Wedi nodi ei hedmygedd o'r awduron hynny, y mae Kate Roberts yn dychwelyd at Katherine Mansfield gan ychwanegu: "Ond teifl Katherine Mansfield hwy oll i'r cysgod" (t. 6). Crybwyllir ei bod nid yn unig yn darllen, ond yn astudio storïau Tsiecoff — "eu darllen yn fanwl, mynd drostynt drachefn a thrachefn, a daw cywilydd i'm hwyneb wrth feddwl imi fod mor haerllug a chyhoeddi llyfr a'i alw yn gyfrol o storiau byrion".[4]

---

[1] Rhif **182**, 19 Mai 1964, t. 198.
[2] Rhif **6**, 11 Hydref 1923, tt. 5—6.
[3] *Ibid.*, t. 6.
[4] Rhif **14**, 11 Chwefror 1927, t. 17.

Gwelwn fod Kate Roberts yn darllen llawer o ddramâu Saesneg yn ystod y cyfnod cynnar. Sonia am dair — *Madras House, Hassan* a *Paolo & Francesca* — mewn llythyr yn 1927 ac yna'n ddiweddarach, ar ôl bod yn darllen dramâu poblogaidd Lloegr rhwng 1934 a 1936, y mae'n synnu o weld eu bod yn "bethau mor ysgeifn… a gweld mor bwdr oedd bywyd y deunydd crai i ddramâu yn Lloegr. Maent fel yslywennod" (t. 131). Ymhlith awduron eraill a enwir ganddi y mae William de Morgan a'r Dywysoges Bibesco (t. 35), Rose Macaulay (t. 42) ac Arnold Bennett (t. 47). Crybwylla *Islanders* Peadar O'Donnell (t. 112) ac y mae'n frwd iawn dros nofel Mary Webb, *Precious Bane* (t. 79).

Pan ddywed wrth Saunders Lewis ei bod yn poeni nad yw'n ddigon hyddysg yn llenyddiaeth Lloegr, ei ymateb yw: "Nid wyf i'n meddwl y dylech chwi ofidio dim na ddarllen'soch yr holl Saeson pwysig llenyddol; peth drwg i awdur creadigol yw darllen gormod. Darllen y pethau sy'n rhoi maeth iddo a ddylai'r creadigol."[1] Er dweud hynny, y mae'n ei hannog i ddarllen *Pride and Prejudice* Jane Austen ac yn anfon copi o lyfr Henry James *The Awkward Age* iddi'n rhodd.

Saunders Lewis y gwleidydd

O ddarllen yr ohebiaeth hon cawn ddarlun pur gyflawn o Saunders Lewis y gwleidydd, er hwyrach mai gwleidydd anfoddog ydoedd ar y cyfan. Fe'i cofir fel un o sefydlwyr y Blaid Genedlaethol ym Mhwllheli yn 1925, yn Llywydd y blaid honno o 1926 hyd 1939, ac yn olygydd *Y Ddraig Goch* dros ran helaeth o'r cyfnod hwnnw hefyd. Y mae'n amlwg nad oedd Saunders Lewis yn mwynhau'r amlygrwydd a ddôi yn sgil bod yn Llywydd. Achwyna yn 1928 fod ei waith politicaidd yn dwyn gormod o sylw ac nad oedd yn croesawu'r sylw hwnnw:

> Y mae fy ngwaith politicaidd gyda'r Blaid yn fy ngorfodi i i fod yn amlwg yn aml, ac yn dwyn imi enw a rhyw fath o bwysigrwydd a sylw gyda'r werin bobl. Ofnaf hynny yn fawr, rhag iddo niweidio fy meddwl i.[2]

Ystyriai'r gwaith o olygu *Y Ddraig Goch* yn groes fisol a honno'n groes drom. Dywed amdano'i hun yn 1929: "Yn fuan iawn byddaf wedi darfod â llenyddiaeth, ni byddaf ond newyddiadurwr misol" (t. 64). Yr oedd ganddo ormod o heyrn yn y tân yn ystod y dauddegau a'r tridegau, yn ôl ei dystiolaeth ei hun, a phob haearn yn cael cam: " . . . nid oes dim a wnaf yn drwyadl, na'r Blaid, na'r *Ddraig*, na gwaith Coleg, na llyfrau llên, na bwyd a diogi, na gwaith gŵr a thad, na chyfeillgarwch. Yr unig beth a wnaf yn llwyr a da yw cysgu'r nos" (t. 65).

Yn rhinwedd y llywyddiaeth yr oedd galw arno i fynychu cyfarfodydd niferus i gyhoeddi neges cenedlaetholdeb ac i sefydlu canghennau newydd. Darllenwn ei hanes yn annerch cyfarfodydd yn Hirwaun (Mai 1927), Treharris (Tachwedd 1927), Cefncoedycymer (1931), Lerpwl (1932) a chyfarfod o'r di-waith yng Nglandŵr, Abertawe yn ystod 1932 hefyd. Nid oedd yn hoffi'r siarad cyhoeddus hwn, yn wir, methai â phenderfynu weithiau pa un ai tric i lenwi rhaglenni cymdeithasau'r gaeaf oedd y

---

[1] Rhif **134**, 9 Mehefin 1949, t. 153.
[2] Rhif **33**, 3 Hydref 1928, t. 45

gwahoddiadau neu amlygiadau o wir ddiddordeb yn y Blaid Genedlaethol. Er hynny yr oedd yn rheol ganddo dderbyn gwahoddiadau o'r fath i siarad dros y Blaid, oni bai bod rheswm da dros wrthod.

Tybiai ei bod yn amhosibl i siaradwr poblogaidd fod yn ddyn unplyg, a bod safle o'r fath yn angau i lenor. Aeth ymhellach na hynny yn 1923 trwy ddweud:

> Wyddoch chi, mae'n ffiaidd gennyf i siarad yn gyhoeddus . . . ni ddywedwn air yn dragywydd dros genedlaetholdeb na Chymraeg pedfai modd cadw'n fyw rywsut arall gwmni bach aristocrataidd Cymreig a gadwai lên a chelf yn ddiogel heb falio botwm am y werin daeogion. Ond gan nad oes digon ohonom eto, rhaid i ninnau beryglu ein celfyddyd a byw fel y gallom *"sous l'oeil des barbares"*.[1]

Ychydig o sôn sydd yn yr ohebiaeth am losgi'r Ysgol Fomio yn Llŷn ac y mae naws yr ychydig lythyrau o'r cyfnod hwn yn galonnog a chadarnhaol. Y mae'n amlwg fod Saunders Lewis wedi defnyddio ei amser yn Wormwood Scrubs yn adeiladol hefyd oherwydd dywed tua'r Nadolig 1937:

> Ond yr wyf yn awr am ddarllen straeon byrion Cervantes yn eu Sbaeneg gwreiddiol, gan imi gael crap ar Sbaeneg yn Wormwood Scrubs yn fy oriau hamdden yno.[2]

Erbyn diwedd yr Ail Ryfel Byd yr oedd Saunders Lewis wedi ymneilltuo o fywyd cyhoeddus y Blaid. Un rheswm dros wneud hynny oedd mesur o siom personol na fu i Blaid Cymru ddilyn yr arweiniad a roddwyd ym Mhenyberth. Yr oedd yr heddychiaeth a amlygwyd gan aelodau ifainc y Blaid yn ystod yr Ail Ryfel Byd yn anghydnaws â'i syniadau ef. Hynny, a'r ffaith iddo golli ei swydd yn Abertawe yn dilyn y carchariad, a'i gorfododd i ymddiswyddo o lywyddiaeth y Blaid yn 1939.

Y mae beirniadaeth Saunders Lewis o Blaid Cymru yn cynyddu wrth i'r blynyddoedd fynd heibio. Ar ddiwedd y pedwardegau, er enghraifft, cawn Saunders Lewis yn cwyno am lastwreiddiwch y Blaid:

> . . . ond dyna'r unig fudiad sydd gennym a rhaid glynu wrtho; byddai'n dywyll ar Gymru hebddo er mor ofalus barchus yw ei bropaganda. Gweld nad oedd obaith am i'r Blaid ddilyn esiampl y tân yn Llŷn a wnaeth i mi fynd allan o fywyd cyhoeddus yn llwyr — hynny a'r ffaith na allwn fforddio mwyach aros yn y llywyddiaeth. Mae'n od i mi fod dadlau ffyrnig ynghylch status gweriniaeth neu ddominiwn, sy'n bwnc hollol academig ac anymarferol hyd oni ddangoso'r Blaid fod ganddi ewyllys gwleidyddol a dychymyg i ddarganfod dulliau propaganda i hoelio sylw'r wlad ar ei nod.[3]

Erbyn y chwedegau yr iaith sydd yn mynd â sylw Saunders Lewis, yn ddigon naturiol, yn dilyn ei ddarlith radio *Tynged yr Iaith* (1962) a sefydlu Cymdeithas yr Iaith

---

[1] Rhif **4**, 18 Mawrth 1923, t. 4.
[2] Rhif **94**, 27 Rhagfyr 1937, t. 119.
[3] Rhif **133**, 9 Mai 1949, tt. 152–3.

Gymraeg o ganlyniad i draddodi'r ddarlith honno. Dadleuai Kate Roberts y dylid datgysylltu Plaid Cymru oddi wrth faterion yr iaith a'r diwylliant, ond i Saunders Lewis pwnc gwleidyddol oedd dyfodol yr iaith. "Mater politicaidd yw status a dyfodol yr iaith" meddai yn 1963, "a Phlaid Cymru a ddylai fod yn ymladd y frwydr hon drwy ei changhennau, a thrwy bolisi ymosodol di-ball i orfodi'r iaith ar yr awdurdodau lleol a swyddfeydd y llywodraeth yn yr ardaloedd Cymraeg. Ysywaeth, ymgeisio mewn etholiadau seneddol yw unig, neu agos at unig, bolisi Plaid Cymru, a rhaglen sosialaidd o fyrddau llywodraethol yw ei rhaglen."[1]

Wrth i'r chwedegau fynd rhagddynt, fe welir agwedd Saunders Lewis tuag at Blaid Cymru yn chwerwi — chwerwedd nid yn unig oherwydd y diffyg arweiniad a welai ar fater yr iaith, ond diflastod cynyddol hefyd oherwydd y gogwydd sosialaidd cyson. Wrth ysgrifennu yn 1968 y mae'r pellter rhyngddo a'r Blaid y bu'n un o'i sylfaenwyr yn llydan iawn. Mynegodd ei syndod nad oedd y to cyfoes o arweinwyr hyd yn oed yn gwybod mai peidio â mynd i senedd Llundain oedd polisi gwreiddiol y Blaid. "Y maent yn cael eu holl syniadau oddi wrth y papurau sosialaidd Saesneg. Sosialwyr Seisnig ydynt a hunan-lywodraeth i Gymru yn gwt i hynny. Dyna sy'n fy mhoeni i."[2]

Aelodau Cymdeithas yr Iaith Gymraeg oedd ei arwyr bellach a hwy oedd etifeddion y weledigaeth gynnar a gawsai ef, Kate Roberts, a'u tebyg: " . . . y mae dewrder bechgyn a merched ifainc Cymdeithas yr Iaith — er gwaethaf eu Cymraeg bratiog yn *Nhafod y Ddraig* — yn ennill fy edmygedd i'n llwyr. Nid cwbl ofer fu'n hymdrechion cynnar ninnau."[3]

Saunders Lewis yr awdur

Er mai'r rheswm gwaelodol dros gychwyn yr ohebiaeth oedd awydd Saunders Lewis i ganmol storïau Kate Roberts, nid oedd Kate Roberts, wrth ymateb i'r ganmoliaeth honno, yn brin o'i ganmol ef am ei waith creadigol yntau. Wrth ymateb i'r llythyr cyntaf un, er enghraifft, dywed Kate Roberts:

> Gadewch imi ddwedyd pa mor werthfawr gennyf yw eich ysgrifau campus yn *Y Llenor* a mannau eraill. Mwy o feirniadaeth o'r natur yna y sydd arnom ei eisieu yng Nghymru. Roedd hi wedi mynd — popeth Cymraeg yn dda — dim gwahaniaeth beth oedd ei ansawdd. Ond mae gwell golwg ar bethau yrwan efo phobl fel chwi a'r Athro WJG.[4]

Blodeuwedd

Y gwaith creadigol cyntaf y clywn sôn amdano yn yr ohebiaeth hon yw'r ddrama *Blodeuwedd*, a hynny ym mis Hydref 1923. Llawenhâi Saunders Lewis y byddai stori fer Kate Roberts, "Pryfocio", ac act gyntaf drama mewn barddoniaeth o'i eiddo ef, yn ymddangos yn yr un rhifyn o'r *Llenor*, sef rhifyn gaeaf 1923.

---

[1] Rhif **179**, 8 Mai 1963, t. 193.
[2] Rhif **204**, 18 Rhagfyr 1968, t. 226.
[3] Rhif **212**, 21 Mawrth 1973, t. 233.
[4] Rhif **2**, 23 Ionawr 1923, t. 2.

Â ymron i ddeng mlynedd heibio cyn y clywir mwy am ddatblygiad *Blodeuwedd,* ac yna ym mis Mai 1933, darllenwn: "A dyma sibrwd yn eich clust — darllenais ddwy act fy 'Mlodeuwedd' innau neithiwr, a synnais dipyn eu bod yn well nag a feddyliais. Os caf hamdden yr haf yma odid na cheisiaf eu gorffen hwy'n bedair act. Ond ni allaf hynny heb esgeuluso'r Blaid am dymor."[1]

Yr oedd hi'n 1948 ar Wasg Gee yn cyhoeddi'r ddrama, chwarter canrif wedi i'r act gyntaf ymddangos yn *Y Llenor.* Dywed y dramodydd, wrth gyflwyno'r ddrama i'w chyhoeddi, iddo arbrofi tipyn wrth lunio'r ddialog ar ei chyfer: "Ceisiais gymysgu iaith lafar a rhithmau llafar â'r iaith lenyddol fwy ym 'Mlodeuwedd' nag a fentraswn erioed o'r blaen".[2]

Monica

Cawn gyfeiriad at baratoi'r nofel *Monica* yn Nhachwedd 1928, wrth i Saunders Lewis ddiolch i Kate Roberts am anfon awgrymiadau ar sut i wella dialog un o'r penodau. Pan gyhoeddwyd y nofel adeg y Nadolig 1930 fe geir ymateb brwd iawn iddi gan Kate Roberts:

> Credaf ei bod yn nofel fawr iawn. Safasoch yn onest wyneb yn wyneb a dau gymeriad ac fe roisoch inni du mewn un ohonynt, beth bynnag, yn drwyadl. Mae'n nofel wedi ei gweithio allan yn alluog a dangosasoch yn eglur nad oedd yn bosibl fod diwedd arall i gymeriad nwydus . . . nid anghofiaf byth mo'r disgrifiad yna yn y bennod olaf, a'r gymhariaeth rhwng Monica a'r dyn wedi ei ddedfrydu. Mae'r bennod yna'n rhagorol, nid yn unig oblegid eich deall o eneideg dynes wedi ei dedfrydu i farw ond oblegid y ffordd y mynegasoch ef.[3]

Dychwel Kate Roberts fwy nag unwaith mewn llythyrau diweddarach i ganmol y nofel. "Fe fydd yn llyfr a ddarllenir gan lawer ond a brynir gan ychydig", meddai ddeuddydd wedi'r ymateb cyntaf, "Po fwyaf y meddyliaf i am *Fonica,* mwyaf yn y byd y gwelaf eich athrylith" (t. 75). Dychwel eto yn Ebrill 1931 at y nofel ac at ei thechneg yn fwyaf arbennig:

> Mae ei thechneg yn berffaith. Mae yna ddatblygiad naturiol o'r dechrau i'r diwedd, un peth yn codi oddiar y llall . . . nid oes ynddi ddim a ymddengys yn gyd-ddigwyddiad annaturiol. Er rhoi'r deunydd hwn yn llaw ambell awdur, fe wnaethai stomp ohono. Ond fe wnaethoch chwi ddarlun perffaith.[4]

Fe ymddengys fod Kate Roberts wedi taro'r hoelen ar ei phen wrth drafod techneg *Monica* oherwydd cyfeddyf Saunders Lewis iddo ymboeni llawer dros ffurf a chynllun y llyfr. Penderfynodd dri pheth ynglŷn â chynllun y nofel: 1) Nid oedd digwyddiadau allanol i fod yn bwysig, ond bod yr holl droeon critigal yn y meddwl, 2) yr oedd pob

---

[1] Rhif **77**, 17 Mai 1933, t. 101.
[2] Rhif **121**, 11 Mehefin 1948, t. 141.
[3] Rhif **57**, 12 Ionawr 1931, tt. 71–2.
[4] Rhif **60**, 3 Ebrill 1931, t. 79.

digwyddiad i godi'n naturiol o'r digwyddiad blaenorol, a 3) yr oedd yn amcanu llunio rhywbeth mor gyfan a pherffaith ei gynllun ag yw ail weledigaeth y Bardd Cwsg, a ystyrid ganddo yn gampwaith techneg adrodd stori (t. 80). Dywed hefyd am gynnwys y gyfrol: "nofel Gatholig hollol yw *Monica*, sef nofel am fywyd yn curo a maeddu dyn" (t. 77). Manyla Saunders Lewis hefyd ar hyd y gwaith gan ddadlau ei bod yn nofel fer, nid yn unig yn y dull Ffrengig neu Eidalaidd ond hefyd yn nhraddodiad clasuron Cymraeg tebyg i 'Breuddwyd Macsen', 'Breuddwyd Rhonabwy', y Bardd Cwsg a *Drych y Prif Oesoedd* (tt. 80–1).

Prysurdeb newyddiadurol — "Cwrs y Byd"

Fel y gwelwyd eisoes, câi Saunders Lewis anhawster mawr i neilltuo amser ar gyfer ysgrifennu'n greadigol ac yn feirniadol oherwydd y galwadau trwm ar ei amser o gyfeiriad y Blaid Genedlaethol a'r *Ddraig Goch*. Adeg Gŵyl Ddewi 1928, er enghraifft, cawn iddo gyfrannu i nifer o gyhoeddiadau Cymreig gan gynnwys *Yr Efrydydd, Y Ddraig Goch* a'r *Western Mail* (t. 33). Ymateb naturiol Kate Roberts i hyn yw pitïo na fyddai modd iddo ymddihatru o olygyddiaeth *Y Ddraig Goch* er mwyn neilltuo ei amser i ysgrifennu dramâu:

> Mae yn resyn mawr na fedrai rhywun arall wneuthur eich gwaith ynglyn a'r *Ddraig Goch*, er mwyn i chi gael sgrifennu llenyddiaeth tebig i 'Flodeuwedd'. Ac eto ni fedrwn eich hebgor o'r *Ddraig Goch*. Ni fedrai neb wneuthur y gwaith yna ond y chwi . . . Mae o'n drist meddwl mai'r rhai a fedrai ddarparu llenyddiaeth i Gymru sy'n gorfod ceisio achub ei henaid.[1]

Yr un yw'r sefyllfa yn 1930 pan gydnebydd Saunders Lewis ei amgylchiadau yn ddiamynedd: "Wrth gwrs, yr wyf wedi rhoi heibio sgrifennu llenyddiaeth ers tro bellach, ni wneuthum ddim ond *Y Ddraig* Ddiawl ers Nadolig" (t. 65). Erbyn 1933 y mae fel petai Saunders Lewis wedi dechrau dygymod â'r sefyllfa wrth iddo ymateb yn gellweirus: "Yr oeddwn innau gynt yn nofelydd — *et ego in Arcadia fui* — fel y gwn sut brofiad yw hynny; ac yn wir yr wyf yn lled-hyderu cael ail-gychwyn ar yrfa lenyddol wedi'r haf nesaf yma".[2]

O safbwynt gyrfa newyddiadurol Saunders Lewis, ei orchest yn ddi-os oedd y gyfres erthyglau "Cwrs y Byd" a luniwyd ganddo ar gyfer *Y Faner* rhwng Ionawr 1939 a Gorffennaf 1951, rhyw bum cant a thrigain o erthyglau i gyd. Dywed Kate Roberts am y golofn yn 1941: "Mae 'Cwrs y Byd' yn odidog, a'i ddylanwad yn fwy nag y credasoch erioed ei fod. Fy mhoen i ydyw eich bod yn cael cyn lleied am ei ysgrifennu".[3]

Cyfres 'Cwrs y Byd' a chyfraniadau tebyg a roddai awch ar *Y Faner* ac a wnaeth i Kate Roberts ganu clodydd y papur yn nyddiau tywyll 1941:

---

[1] Rhif **27**, 20 Mawrth 1928, t. 35.
[2] Rhif **80**, 17 Rhagfyr 1933, t. 104.
[3] Rhif **102**, 17 Ebrill 1941, t. 128.

Mor falch wyf o'r *Faner!* Mor falch o'i gweled yn sefyll allan fel gem pur yng nghanol sbwriel newyddiaduriaeth; ac o glywed ei llais clir, melys yng nghanol pob croch lafar radio.[1]

Wrth ymateb i'r ganmoliaeth uchod y mae Saunders Lewis yn cyfaddef ei fod yn cael pleser wrth baratoi'r gyfres ond bod y darllen angenrheidiol ar gyfer y fath ddisgyblaeth yn mynd â chymaint o'i amser fel nad oedd ganddo hamdden i dynnu ei feddwl "oddi wrth bethau politicaidd ac economaidd a'i osod ar lenyddiaeth a beirniadaeth lenyddol fel y dymunwn" (t. 130).

Yn 1950, wrth wynebu ar driniaeth lawfeddygol, fe ysgrifennodd Saunders Lewis at Kate Roberts i awgrymu y byddai ei gyfraniad rheolaidd i'r *Faner* yn llunio 'Cwrs y Byd' yn dod i ben. Wrth ymateb i'r newydd gyda thristwch fe ddywed Kate Roberts:

> . . . bu eich deng mlynedd o gyfraniad i'r *Faner* y peth gwychaf a fu erioed mewn newyddiaduraeth Gymraeg. Gwn y bydd *Y Faner* yn dlawd iawn wedi i chwi orffen . . . Mae bywyd yn fyr ar ei hwyaf a gallaf ddeall eich awydd chwi i frysio ysgrifennu'r pethau yr hoffech eu hysgrifennu.[2]

Dramâu diweddar

Cyhoeddwyd "Gan Bwyll" ac "Eisteddfod Bodran" ynghyd yn y gyfrol *Dwy Ddrama* (1952). Ym Mehefin 1951 ceir ychydig o hanes ysgrifennu "Gan Bwyll" gan Saunders Lewis:

> Yr wyf i'n bustachu i orffen trydedd act comedi i gwmni Garthewin. 'Wn i yn y byd sut lun sydd arni, ond mae hi wedi costio llawer o lafur a llawer cur pen imi. Ail-sgrifennais rai rhannau drosodd a throsodd, ac wedyn digalonni nes crïo neu regi wrth ddarllen y cais newydd.[3]

Erbyn gorffen y ddwy ddrama gallai Saunders Lewis dystio bod "Gan Bwyll" ac ail act "Eisteddfod Bodran":

> . . . yn gam ymlaen tuag at lunio arddull fyw a modern i farddoniaeth, a bod mwy o arbrofi ynddynt nag mewn dim a sgrifennais erioed cynt — er enghraifft y proestau a'r mesurau, a'r telynegion dramatig yn 'Gan Bwyll', nad oes raid i'r gwrandawyr yn y theatr sylwi mai telynegion ydynt. At hynny, ateb i gamddeall y beirniaid ar ystyr *Blodeuwedd* yw rhan bwysig o 'Gan Bwyll'.[4]

Wrth gyfeirio at berfformiad o 'Siwan' yng Ngŵyl Ddrama Garthewin yn 1954 fe ddywed y dramodydd:

---

[1] *Ibid.*
[2] Rhif **136**, 6 Ionawr 1950, t. 155.
[3] Rhif **145**, 20 Mehefin 1951, t. 166.
[4] Rhif **154**, 28 Gorffennaf 1952, tt. 172–3.

Gallaf ddweud un peth yn onest wir — mi *weithiais* yn galed iawn ar y ddrama, yn enwedig act III, oblegid dipyn o *tour de force* oedd mentro act olaf heb ddim i ddigwydd ynddi o gwbl ond dau'n siarad, ac yna mymryn o basiantri rhoi'r goron ar ei phen hi i gloi.[1]

Yn 1958 fe ymddangosodd y ddrama *Brad*. Ym mis Mai y flwyddyn honno fe gawn Saunders Lewis yn cywiro proflenni'r gyfrol ac yn achwyn nad oedd cywirwr proflenni salach nag ef yng Nghymru. Â rhagddo i esbonio paham fod gwallau ym mhob un o'i gyhoeddiadau oherwydd hyn:

> Mae'n debyg mai'r ffaith yw fod yn ddiflas gennyf ddarllen fy nramâu, maen' nhw'n fy siomi i ac yn fy nadrithio i, ac oblegid hynny ni fedraf eu cywiro gyda dim argyhoeddiad fod y gwaith yn werth ei wneud . . . Felly gyda'r ddrama hon, pan oeddwn i'n ei sgrifennu 'roeddwn i'n meddwl fod mawredd ynddi (o'r diwedd!), ond yn awr, wedi cywiro'r proflenni, nid wyf yn debyg o fynd i Lyn Ebwy.[2]

Cyfaddefodd Kate Roberts iddi hepian drwy ddarnau helaeth o'r ddrama *Brad* yn Eisteddfod Glynebwy trwy gyhoeddi'r wybodaeth honno yn ei dyddiadur yn *Y Faner* (gweler t. 187, nodyn 3 isod). Ymateb Saunders Lewis i'r datgeliad hwnnw oedd ei fod yn cydymdeimlo â hi!

Y mae'r drioleg *Excelsior, Cymru Fydd* a *Problemau Prifysgol* yn deillio o'r chwedegau ac yn perthyn i'w gilydd ym marn y dramodydd. Mynegodd ei ddymuniad i'w gweld yn cael eu cyhoeddi'n un gyfrol "gan eu bod yn trafod Cymru heddiw ac yn cloi fy ngwaith dramayddol" (t. 222). [Nid oedd hyn yn wir, fel y digwyddodd, gan i'r dramâu "Y Cyrnol Chabret" (1968), "Branwen" (1975), "Dwy Briodas Ann" (1975), "Cell y Grog" (1975) a "1938" (1978) ymddangos wedi hynny.] Yr oedd hyd yn oed yn ystyried talu ei hunan er mwyn gwireddu'r dymuniad o weld y tair drama yn ymddangos ynghyd, ond nid hynny a ddigwyddodd. Ar ôl ysgrifennu *Cymru Fydd* ar gyfer Eisteddfod Genedlaethol Y Bala 1967, meddai: "Mae'n amheus iawn gennyf a sgrifennaf i ddrama fyth eto" ond erbyn Ebrill 1968 fe gawn Kate Roberts yn ymateb i gopi cyfarch o *Problemau Prifysgol*:

> 'Rydw i wedi chwerthin a chwerthin yn ddistop, a diolch am rywbeth a wna i rywun chwerthin y dyddiau di-ddim yma, dyddiau pan mae digalondid fel llen dros fywyd, heb weledigaeth gan neb. Diolch yn fawr ichi am eich drama, mae hi'n odidog; nid dwli mohoni, os nad dwli ydyw'r gwir . . . Diolch yr wyf, nid yn unig am yr anrheg, ond am eich gweledigaeth ar ein bywyd. Yr ydym i gyd yn haeddu'r fflangell.[3]

---

[1] Rhif **166**, 25 Awst 1954, t. 181.

[2] Rhif **173**, 27 Mai 1958, t. 187; yr oedd "Brad" i'w pherfformio yn Eisteddfod Genedlaethol Glynebwy, 1958.

[3] Rhif **202**, 22 Ebrill 1968, tt. 224–5.

Dylanwadau llenyddol ar Saunders Lewis

Pan glywodd Saunders Lewis am hunanladdiad Virginia Woolf yn 1941 cydnebydd mai hi oedd un o'r unig ddau nofelydd Saesneg a ddarllenai yn gyson ac y ceisiai ddarllen popeth a gyhoeddid ganddi. Yr awdur arall oedd Aldous Huxley (t. 129). Erbyn 1952, fodd bynnag, nid yr un ffefrynnau a enwir. Wrth sôn am ailddarllen *Pride and Prejudice*, haera mai Jane Austen oedd yr unig nofelydd Saesneg heblaw Henry James y gallai ailddarllen ei waith dro ar ôl tro. Dywed ei fod yn mwynhau "dotio ar grefftwaith merched — chi a Jane Austen" (t. 171).

Mewn llythyr yn 1947, wrth iddo roi ychydig o'i hanes teuluol ac wrth ddisgrifio llyfrgell ei dad yn Lerpwl, cawn olwg ar rai o'i arferion darllen. Cynhwysai'r llyfrgell honno y clasuron Cymraeg, Saesneg a Lladin a llawer iawn o lyfrau ar athroniaeth. Dywed mai llyfrau Cymraeg a ddarllenai fwyaf yn dilyn magwraeth o'r fath a llyfrau Ffrangeg oedd ei ail hoffter, gyda rhyw hanner awr o Ladin bob dydd yn rheolaidd er mwyn cadw'r iaith honno'n llithrig a thrwy hynny llwyddai i ddarllen drwy waith Fyrsil bob blwyddyn. Er hynny dewisodd astudio Saesneg yn y Brifysgol yn Lerpwl gyda phwyslais arbennig ar weithiau Shakespeare a Coleridge — "y ddau y gweithiais ddyfalaf arnynt ddyddiau coleg" (tt. 137–8). Diddorol, yng nghyd-destun Lerpwl, yw nodi ei gyfeillgarwch â Dr Edward Glyn-Jones, meddyg a ysgrifennai farddoniaeth Saesneg, gan gynnwys un ddrama fydryddol (t. 36).

Ym myd beirniadaeth lenyddol y mae'n talu teyrnged i F R Leavis. Dywed yn 1949, " . . . ers pymtheg mlynedd o leiaf yr wyf wedi meddwl mai ef yw'r beirniad llenyddol gorau yn Lloegr ar hyn o bryd" (t. 147). Digon di-sut oedd y beirniaid llenyddol Cymraeg mewn cymhariaeth â rhywun o safle Leavis: "Nid oes gennyf i feddwl uchel o'r beirniaid llenyddol Cymraeg at ei gilydd. Nid ydynt, ond ambell un, yn darllen yn ddigon manwl a myfyrgar, ac ychydig o ddysgu iddynt sut i ddarllen a gawsant. Dyna'r pam y maent mor ddibynnol ar feirniadaeth lenyddol Saesneg."[1]

Saunders Lewis — gŵr a thad

Y mae llawer eitem ddiddorol o fewn yr ohebiaeth a ddyry ddarlun cyflawnach o Saunders Lewis y dyn, y gŵr a'r tad. Cyfeiriwyd eisoes at y fagwraeth a gafodd yn Lerpwl a chawn dipyn o hanes ei fodryb Ellen, chwaer ei fam a merch i'r Parchedig Owen Thomas, Lerpwl, a fu'n cadw tŷ i dad Saunders Lewis, Y Parchedig Lodwig Lewis, yn dilyn marwolaeth ei wraig yn 1900 ac fe symudodd hithau yn ei sgil i Abertawe ac yna i Gastell-nedd, lle y bu'r ddau farw yn eu tro.

Dysgwn nad oedd Saunders Lewis yn hoffi oerfel er yn blentyn (t. 170) a hwyrach mai'r atynfa at gynhesrwydd oedd un rheswm paham y dywedodd yn 1958 yr hoffai fynd i'r Eidal i orffen ei ddyddiau, "ond nid eiddo gŵr priod, a chanddo wyrion, ei ffordd!" (t. 187).

Cawn ambell hanesyn o blentyndod Mair, ei ferch, ynglŷn â'r dull o dreulio'r Nadolig, er enghraifft y cyfeiriad at Mair yn llunio doethion o glai yn 1937 (t. 120). Dro arall,

---

[1]   Rhif **133**, 9 Mai 1949, t. 152.

yn 1940, cawn hanes y teulu yn mynychu'r Offeren ganol nos yn Eglwys Gatholig Aberystwyth, yn brecwasta am 2.30 y bore bach, troi tua'r gwely am bedwar ac yna cael eu cinio Nadolig am chwech yr hwyr ac ymweld â'r theatr drannoeth y Nadolig i weld y ffars *Charlie's Aunt*. Digon diflas fu Nadolig 1952 i'r dramodydd, er hynny, gan y bu iddo dynnu ei ddannedd rai dyddiau ynghynt. Ni allai wneud dim ond sugno ychydig win i'w enau dolurus y flwyddyn honno (tt. 173–4).

Datgelir rhyrwfaint am yr hyn a gostiodd y Tân yn Llŷn iddo yn bersonol ac yn deuluol a sut yr effeithiodd hynny ar amgylchiadau ariannol y teulu:

> Ni fûm i erioed yn gyfoethog, ni fûm erioed yn dlawd — ond bu'n gyfyng braidd arnaf ar ôl 1937 am rai blynyddoedd, a dyna'r pam y mae gennyf deimladau cynnes tuag at *Y Faner*.[1]

Diweddglo

Ar ryw olwg, gyda dau awdur mor amlwg a phwysig â Kate Roberts a Saunders Lewis, nid oes angen cyfiawnhau nac amddiffyn y weithred o gyhoeddi eu gohebiaeth â'i gilydd. Yr ydym yn ffodus iawn fod y ddau, o'r dechrau cyntaf, wedi gweld yn dda i gadw llythyrau'r naill at y llall, ac wedi dewis eu diogelu, yn ddiarwybod i'w gilydd, yn y Llyfrgell Genedlaethol yn Aberystwyth.

Profa'r llythyrau yn ddrych disglair iawn o agweddau lawer ar fywyd llenyddol Cymru yn ystod rhan helaethaf yr ugeinfed ganrif. Cawn naratif gyson a llawn o'r prif ddigwyddiadau yng ngyrfa lenyddol dau o'n cewri. Yn ogystal, ac yn gefndir i'r cwbl, cawn olwg ar hanes y mudiad cenedlaethol yng Nghymru, o ddechreuadau'r Blaid Genedlaethol yn 1925 hyd at weithredu aelodau Cymdeithas yr Iaith yn dilyn darlith *Tynged yr Iaith* (1962).

Yr ydym yn cael y fraint o edrych i fywydau ac i feddyliau dau lenor creadigol — creaduriaid croendenau ar brydiau sy'n cael eu brifo'n rhwydd (t. 159). Dau unigolyn tra gwahanol ar sawl cyfrif, ond dau ag un peth amlwg yn gyffredin, sef dawn greadigol ddisglair o'r radd flaenaf.

Mewn llythyr yn 1937 dywed Saunders Lewis am lythyrau Kate Roberts " . . . nad oes gwell llythyrau chwaith, na diddanach" (t. 118). Wedi darllen yr ohebiaeth hon ar ei hyd, y mae'n sicr y bydd modd lledu'r sylw hwnnw i gwmpasu'r llythyrau i gyd, gan ystyried y cyfan yn un ohebiaeth wefreiddiol.

---

[1]   Rhif **137**, 12 Mawrth 1950, tt. 157–8.

BYRFODDAU

Y Bywgraffiadur	*Y Bywgraffiadur Cymreig hyd 1940* (Llundain, 1953).
Y Bywgraffiadur [2]	*Y Bywgraffiadur Cymreig 1941−1950* (Llundain, 1970).
Cydymaith	Meic Stephens (gol.), *Cydymaith i Lenyddiaeth Cymru* (Caerdydd, 1986).
DJW	D J Williams (1885−1970), Abergwaun.
D Tecwyn Lloyd, *JSL I*	D Tecwyn Lloyd, *John Saunders Lewis − Y Gyfrol Gyntaf* (Dinbych, 1988).
Derec Llwyd Morgan (gol.), *Bro a Bywyd*	Derec Llwyd Morgan (gol.), *Bro a Bywyd Kate Roberts* (Caerdydd, 1981).
Y Faner	*Baner ac Amserau Cymru.*
GJW	Griffith John Williams (1892−1963).
KR	Kate Roberts (1891−1985).
LlGC	Llyfrgell Genedlaethol Cymru, Aberystwyth.
Mair Saunders (gol.), *Bro a Bywyd*	Mair Saunders (gol.), *Bro a Bywyd Saunders Lewis 1893−1985* (Caerdydd, 1987).
MTW	Morris T Williams (1900−46).
RWP	Robert Williams Parry (1884−1956).
SL	Saunders Lewis (1893−1985).
WJG	W J Gruffydd (1881−1954).
W W Price	Mynegai Bywgraffyddol W W Price (Aberdâr), yn Llyfrgell Genedlaethol Cymru.

1 Ffynone Villas
Swansea
20 Ionawr 1923

Annwyl Miss Roberts,

Mi hoffwn gael dywedyd wrthych gymaint yw'r mwynhad a gaf o ddarllen eich straeon byr chwi. Y mae'r olaf "Newid Byd"[1] yn braw eich bod yn tyfu'n gyflym yn feistres ar y ffurf, ac y mae'n ddigon gwell na dim arall o'r fath a welais i yn Gymraeg. Yn un peth, y mae'r elfen foesol yn mynd yn llai yn eich gwaith, a chelfyddyd a sylwgarwch a hoffter at fywyd fel y mae, boed dda boed ddrwg, yn ennill arnoch fwyfwy, ac i mi dyna'r praw fod y gwir "stwff" ynoch, a'ch bod yn artist mewn difri. Pam na anfonwch stori i'r *Llenor* nesaf? Pe bawn i yn olygydd *Y Llenor*, byddai stori gennych ym mhob rhifyn, a llyfr ohonynt yn ddigon buan.

A dderbyniwch chwi hyn o deyrnged un sy'n gywir iawn yn eich cyfarch yn feistres, ac yn gobeithio eich gweled yn tyfu tu hwnt inni oll, yn wir artist, y prinnaf peth yng Nghymru.

Yr eiddoch yn bur iawn
Saunders Lewis

Kate Roberts 58

46 Wind St
Aber Dâr
23 Ionawr [1923]

Annwyl Mr Lewis,

Diolch yn fawr iawn i chwi am eich llythyr caredig. Y mae'n gysur mawr imi yn wyneb peth a ddigwyddodd yr wythnos ddiwaethaf. A welsoch chwi'r *Brython* diwaethaf? Wrth adolygu'r *Efrydydd* dywedir fy mod i wedi defnyddio "nofelig" i daflu llaid at Mr Lloyd George![2] Ceir pregeth hir ar y mater — defnyddio "chwedl" (yr eiddynt hwy eto) i

---

[1] Cyhoeddwyd y stori "Newid Byd" yn *Yr Efrydydd*, cyfrol III, rhif 2 (Ionawr 1923), tt. 39—42. Ailgyhoeddwyd y stori yng nghasgliad cyntaf KR, *O Gors y Bryniau* (Wrecsam, 1925), tt. 65—76. Nodir yno i'r stori gael ei hysgrifennu yn Hydref 1922. Mae'n ddiddorol sylwi bod KR yma, ac wrth gyhoeddi rhai o'i storïau cynnar eraill yn rhoi "Rhosgadfan ac Aberdar" wrth ei henw.

[2] Ymddangosodd yr adolygiad dienw ar *Yr Efrydydd* yn *Y Brython*, 18 Ionawr 1923, t. 2: "Mae yma hefyd 'Stori Fach' yn dwyn y teitl 'Newid Byd' gan Miss Kate Roberts, B.A., Aberdâr. Arddengys dalent i ysgrifennu chwedl, ac mae i'r stori amryw bwyntiau rhagorol. Ond mae iddi un peth ag y mae'n syn i'r awdures dalentog ei weithio i mewn i ddarn o lenyddiaeth o'r math yma, sef y cyfeiriad at 'spitch y Bychan', yr hyn yn ol 'William Gruffydd', a brofai bod yr areithiwr 'wedi troi ei gefn ar y werin'. Nid yw hyn ond defnyddio nofelig, ac mewn cyhoeddiad sydd â'i broffes i feithrin ysbryd eangfrydig a theg, i ymosod ar Mr. Lloyd George mewn ffordd hollol annheg. Yn sicr ddigon, ni enillir dim at effeithiolrwydd yr ymgais ardderchog sydd i'r Mudiad y mae'r *Efrydydd* yn organ mor alluog iddo drwy ollwng saethau fel hyn at ddyn cyhoeddus yn ei gymeriad politicaidd, a chan haeru'r hyn nad yw eto wedi ei brofi. Ond llithriad oedd gollwng y cyfeiriad iswael hwn i mewn ac mae'r rhifyn ar y cyfan yn gampus." Diddorol sylwi bod "spitch y Bychan" wedi troi'n "spitsh y Mawr" erbyn cyhoeddi'r stori yn *O Gors y Bryniau*.

ddifrio duw'r genedl! Gwarchod pawb! Dywedir bod y cylchgrawn yn dda ar y cyfan. Fy stori i sydd i gyfrif am yr anaddurn "ar y cyfan" mae'n debig. O fewn un paragraff gelwir hi'n dri enw — "Stori Fach" a'r ddau arall a nodais, ond dim unwaith yn "Stori Fer".

Gwrandewch eto. Anfonais dair stori fer i Eisteddfod Genedlaethol Caernarfon 1921. Gofynnid yno am dair gyda'i gilydd. Anfonais "Y Chwarel yn Galw'n Ol", "Prentisiad Huw", a'r "Man Geni". Daeth y tair yn olaf yn yr ail ddosbarth. Dywedai'r beirniad nad oeddynt storïau o gwbl, mai math ar lên oeddynt (Sylwch yn fanwl ar y "math ar").[1] Fel y gwyddoch, rhyddhawyd holl gyfansoddiadau Caernarfon oherwydd bod ar Gynan angen am "Fab y Bwthyn" i'w *Delyn y Nos*. Clywais ddwywaith - ac o lygad y ffynnon unwaith — i Huws a'i Fab wrthod y storiau byrion buddugol am eu bod yn rhy sal. Hawdd credu'r stori yna heddyw, oblegid mae'r tair yn — lle ddyliech chi? — yn *Almanac y Miloedd* o bobman.[2] Prynnwch hi, dwy geiniog a gyst. Nid oeddwn fodlon ar y feirniadaeth ac arhosais hyd amser gwell a beirniad gwell. Toc i chi, fe ddaeth Eisteddfod Manchester a'r Athro W J Gruffydd yn feirniad, ac anfonais y ddwy gyntaf yno. Barnodd yr athro y ddwy yn gydradd oreu, a dywedodd bethau calonogol iawn amdanynt. Fe roiswn fy ffidil yn to onibae am y calondid yna. Bu'r feirniadaeth honno'n fwy o spardun imi na dim arall.

Gwelwch felly pa mor galonogol eich llythyr imi'r bore. Ac mae cael hynyna gennych chwi yn fwy o werth na dim. Gadewch imi ddwedyd pa mor werthfawr gennyf yw eich ysgrifau campus yn *Y Llenor* a mannau eraill. Mwy o feirniadaeth o'r natur yna y sydd arnom ei eisieu yng Nghymru. Roedd hi wedi mynd — popeth Cymraeg yn dda — dim gwahaniaeth beth oedd ei ansawdd. Ond mae gwell golwg ar bethau yrwan efo phobl fel chwi a'r Athro WJG. Nid wyf yn hoffi anfon stori i'r *Llenor* heb fy ngofyn rywsut. Nid wyf yn hoffi gwthio dim ar neb. Mae gennyf ysgerbwd dwy stori yn fy mhen, a da gennyf ddwedyd eu bod am ddangos pethau fel y maent ac nid fel yr hoffem iddynt fod. Ond yr oedd yn rhaid i mi fod dipyn yn ara deg yn y dechrau. Mae un bai mawr ar "Newid Byd". Mae'n anghyfartal. Dylswn ddisgrifio'r dydd yn y Chwarel yn fanylach i gyfateb y rhan gyntaf. Gwnaeth gwr du'r wasg neu'r Gol wall ynddi *Magic* Slag" a roddais yng ngenau W Gruffydd a basic slag yn y paragraff o'i flaen.

Diolch yn fawr eto

Yn gywir

Kate Roberts

LlGC 22723D, ff. 1—2ᵛ

---

1   Y beirniad oedd R Dewi Williams, Clynnog Fawr (1874—1958), gw. *Cydymaith*, t. 633. Ysgrifennwyd "Y Man Geni" yn Ebrill 1921 a'i chyhoeddi yn *Cymru*, cyfrol LXIII (Hydref 1922), tt. 101—2. Ysgrifennwyd y ddwy stori arall ym mis Mai 1921; cyhoeddwyd "Prentisiad Huw" yn *Cymru*, cyfrol LXII (Ebrill 1922), tt. 135—8, a "Y Chwarel yn galw'n ôl" yn *Cymru*, cyfrol LXIII (Gorffennaf 1922), tt. 10—12. Ail-gyhoeddwyd y tair stori yn *O Gors y Bryniau* (Wrecsam, 1925), tt. 11—45. "Hiraeth" yw teitl "Y Chwarel yn galw'n ôl" yno.

2   Y buddugol oedd R Lloyd Jones, Trefor, Caernarfon. Cyhoeddwyd ei straeon ef: "Moch William Jones" 1918, "Gwerthu'r Fferm" 1919, a "Y Streic" 1920, yn *Almanac y Miloedd . . . 1923*, tt. [31]-[56].

46 Wind St
Aber Dâr
14 Mawrth [1923]

Annwyl Mr Lewis,

Fe ddaeth imi air oddiwrth Yr Athro W J Gruffydd fore Llun yn gofyn am stori, ac felly anfonais hi iddo ar ei hunion.[1] Yn rhyfedd iawn gorffenaswn y stori nos Sul ac yr oeddwn am ei hanfon i chwi nos Lun. Fe fuaswn wedi ei phostio i chwi nos Sul onibae ei bod yn tynnu am hanner nos arnaf yn ei gorffen. Diolch yn fawr i chwi am eich parodrwydd i'w hanfon drosof.

Mwynheais eich araith yma'n fawr iawn. Ac fe wnaeth pawb mi gredaf. Ergid dda iawn oedd honno am yr iaith "hyll gythreulig honno". Meddyliais fy mod yng nghanol chwarelwyr Arfon. Maent yn dduwiol ar y naw ffordd yma. Yn ddiweddarach ar y cyfarfod cododd Mr W R Wms BSc i siarad a dywedodd, "Ma fy Nghwmrag i yn hyll gythreulig". Ond ni fedr pobl Sir Forgannwg byth wneuthur cyfiawnder ag enwau'r ysbrydion coll, fel y medr pobl Sir Gaernarfon. Mae hanes eich araith yn *Yr Herald* heddyw, gyda chanmol garw iawn a dyfyniadau helaeth.[2]

Gresyn na chawsoch fwy o amser i siarad.

Diolch yn fawr am eich calonogtid ynglyn a'r stori.

Yr eiddoch yn gywir
Kate Roberts

LlGC 22723D, ff. 3—4ᵛ

1 Ffynone Villas
Abertawe
Bnawn Sul [18 Mawrth 1923]

Annwyl Miss Roberts,

Yr oeddwn i yng Nghaerdydd ddydd Gwener a gwelais W J Gruffydd yno, ac fe ddywedodd wrthyf ei fod newydd dderbyn stori gennych. Y mae'r *Llenor* nesaf oll eisys yn y wasg, ac felly yn rhifyn yr Haf yr ymddengys y gwaith. Y mae'n dda dros ben gen' i wybod y bydd y stori yn *Y Llenor*, — nid er eich mwyn chi, ond er mwyn *Y Llenor*. Ac nid hwyrach y bydd hyn hefyd yn beth cymorth i chwithau, oblegid y mae'n berigl bywyd yng Nghymru gadw cwmni drwg; yn wir, anodd iawn yw dianc rhagddo, ac ni allaf i lai na thybio mai pobl go ddrwg i fyw gyda hwy yw sgrifenwyr *Yr Efrydydd!*[3] Rhai go

---

[1] Cyfeiriad at y stori "Y Llythyr", *Y Llenor*, cyfrol II, rhif 2 (Haf 1923), tt. 86—9. Ailgyhoeddwyd "Y Llythyr" yn *O Gors y Bryniau*, tt. 76—86. Nodir yno i'r stori gael ei llunio ym mis Mawrth 1923.

[2] Cyfeiriad at araith Dydd Gŵyl Dewi a draddodwyd gan SL yn Aberdâr. Ceir adroddiad llawn am yr araith yn y golofn "Cwrs y Byd" yn *Yr Herald Cymraeg*, 13 Mawrth 1923, t. 4.

[3] *Yr Efrydydd* oedd cylchgrawn chwarterol Mudiad Cristnogol y Myfyrwyr. Ymddangosodd gyntaf yn 1920.

anwadal ac anwastad ym ninnau, wyr *Y Llenor*, ond mi gredaf rywsut fod *Y Llenor* yn lanach cwmni i bagan o'ch bath chi nag yw Undeb Cristnogol y byrfyfyrwyr, neu'r seiat *highbrow*.

Wyddoch chi, mae'n ffiaidd gennyf i siarad yn gyhoeddus. Y mae bod yn siaradwr poblogaidd yn amhosib i ddyn unplyg ac yn angeu i lenor. Ni byddaf i'n cael dim mwynhad o gwbl pan glywaf ganmol fy araith, ac ni ddywedwn air yn dragywydd dros genedlaetholdeb na Chymraeg pedfai modd cadw'n fyw rywsut arall gwmni bach aristocrataidd Cymreig a gadwai lên a chelf yn ddiogel heb falio botwm am y werin daeogion. Ond gan nad oes digon ohonom eto, rhaid i ninnau beryglu ein celfyddyd a byw fel y gallom *"sous l'oeil des barbares."*[1]

Wel, dyna fwy o'm cyffes nag a ddylwn ei roi mewn llythyr.

Fy nghofion goreu
Saunders Lewis

Kate Roberts 61

5

1 Ffynone Villas
Abertawe
[Hydref 1923]

F'Annwyl Miss Roberts,

Mi ddarllenais y stori y noson gyntaf y daeth.[2] Cael amser i sgrifennu oedd yr anhawster. Ond dyma hi'n nôs Sul, a chyfle. Gallwch, mi farnaf i, ei chyhoeddi'n ddiogel, ac y mae'n haeddu hynny. Y mae llawer iawn o'ch neilltuolrwydd arddull chwi ynddi, ac yn wir, hynny i mi yw ei diddordeb. Am a wn i, bydd hi oblegid hynny yn fwy diddorol i rai fel myfi nag i blant. Ac y mae'n llawn geiriau byw Sir Gaernarfon, peth sy'n hapus iawn. Mae arni olion amlwg crefftwr y stori fer. Cyfres o straeon byr yw hi yn hytrach nag un stori gyfan. Dyw hi ddim yn waeth am hyny, ac y mae cynhildeb y stori fer yn y disgrifio cymeriadau, peth sy'n gryfder yn eich gwaith.

Ond — nac ysgrifennwch ddim mwy i blant. Nid dyma eich gwir elfen. Y mae ôl un yn *mynnu*, yn *ceisio*, ac felly un yn treisio arni hi ei hun wrth ysgrifennu, yn eglur i mi yn y gwaith. Pwy yw eich meistri chi yn y stori fer? Maupassant? A ddarllenasoch chi erioed Katherine Mansfield?[3] Yr unig un yn Saesneg sy'n werth ei darllen yn y stori fer.

---

[1] "dan lygaid yr anwariaid".

[2] Cyfeiriad at y gyfrol *Deian a Loli* a gyhoeddwyd yn breifat gan yr awdures yn 1927, wedi ei hargraffu ar wasg William Lewis, Caerdydd.

[3] Katherine Mansfield (1888–1923) — ei henw iawn oedd Kathleen Mansfield Beauchamp. Cafodd ei geni yn Wellington, Seland Newydd. Bu'n briod ddwywaith, ei hail ŵr oedd John Middleton Murry. Mae'n enwog am ei storïau byrion, llawer ohonynt wedi eu seilio ar ei phlentyndod yn Seland Newydd, ac fe'i hystyrir yn awdur gwreiddiol ac arbrofol. Yr oedd hi yn edmygydd mawr o waith Tsiecoff a gwelwyd ei ddylanwad ar ei gwaith; hi oedd yr awdur cyntaf yn y byd llenyddol Saesneg i amlygu'r dylanwad hwn. Cyhoeddodd SL erthygl arni, "Katherine Mansfield a Bywyd yr Ysbryd", yn *Y Faner*, 28 Mehefin 1923, t. [5]. Cadwyd copi o gyfrol Ruth Elvish Mantz a J Middleton Murry, *The Life of Katherine Mansfield* (London, 1933), ymhlith llyfrau KR sydd ar gadw yn LlGC.

Y gwaith nesaf yw casglu eich straeon byr yn llyfr, a bydd hwnnw'n llyfr pwysig. Y perigl a welaf i (gallaf gamgymryd wrth gwrs) wrth i chwi sgrifennu i blant yw bod dipyn yn anonest, peidio ag ysgrifennu â'r holl galon a'r holl feddwl, ac heb hynny ni ellir byth waith cwbl dda. Ni allaf i ddim fy esbonio fy hun ddim gwell. Rhyw glywed y peth yn reddfol yr wyf, heb fedru ei lwyr fynegi. Mi fyddaf yn teimlo mai i blant yn unig y dylai Tegla Davies weithio. Yr oedd *Hunangofiant Tomi* yn gwbl onest. Y mae *Gŵr Pen y Bryn* yn debig i ddyn yn tynnu ei ddillad oddiamdano gydag arwydd nofio, ac yna yn mynd at y dwr a throchi ei draed.

Beth wyf i'n ei glebran?

Sylwedd y llythyr yma yw fy mod i'n gobeithio gweld "Deian a Loli" yn llyfr. Da iawn clywed y bydd gennych stori fer yn *Llenor* y gaeaf. Bydd gen' innau act gyntaf drama mewn barddoniaeth yn yr un rhifyn.[1] Ar dderbyniad honno mi gaf wybod a fydd yn werth gorffen a chyhoeddi'r ddrama. Blodeuwedd y 4edd fabinogi yw'r testun.

Cofion puraf
Saunders Lewis

Kate Roberts 64

6

46 Wind St.
Aber Dâr
11 Hydref 1923

Annwyl Mr Lewis,

Y ffaith imi fod yn Nowlais ar hyd yr wythnos diwaethaf sy'n cyfrif nad anfonais i ddiolch ichwi am eich barn ar "Ddeian a Loli" cyn hyn. Cydolygaf a chwi'n hollol nad fy ngwir elfen yw ysgrifennu i blant. Gwn bod ol ymdrech ar y stori, oddigerth ar ambell bennod efallai, e.e. y bennod a ddisgrifia eu diwrnod cyntaf yn yr ysgol. Nid oes eisieu imi anfon y penodau eraill i chwi, ai oes? Maent yr un mor ferfedd a'r penodau hyn.

A dwedyd y gwir, credaf fy mod yn anonest gyda phob ysgrifennu o f'eiddof. I mi, mae ol ymdrech ar bob stori a sgrifennais, ac maent yn fylchog iawn oherwydd f'anallu i ddisgrifio manylion, y peth yna sydd mor gryf yn storïau Katherine Mansfield. Do, fe ddarllenais un gyfrol o'i heiddo, a theimlais fy mod tua'r un faint a thair ceiniog wen. Y hi yn anad neb a wnaeth imi deimlo nad oes gennyf y syniad lleiaf beth yw stori fer. Ni wn pwy yw fy meistri. Edmygaf gryn lawer o bobl, ond mae f'edmygedd o rai yn llai heddyw nag ydoedd. O'Henry[2] er enghraifft; er mae'n rhaid imi gydnabod, mae ei

---

[1] Ymddangosodd y stori fer "Pryfocio" o waith KR yn *Y Llenor* cyfrol II, rhif 4 (Gaeaf 1923), tt. 225–30, ac fe'i hailgyhoeddwyd yn *O Gors y Bryniau*, tt. 89–97. Lluniwyd y stori ganddi ym mis Medi 1923. Act gyntaf y ddrama *Blodeuwedd* oedd cyfraniad SL i'r un rhifyn, tt. 231–44.

[2] O. Henry, ffugenw William Sydney Porter (1862–1910), awdur storïau byrion a anwyd yng Ngogledd Carolina, UDA. Yr oedd yn awdur toreithiog, difyr a dyfeisgar, yn enwedig felly wrth greu cyd-ddigwyddiadau ac wrth orffen ei storïau mewn ffordd annisgwyl. Ef oedd yr awdur enwocaf o'i fath yn ei ddydd. Am argraffiad diweddar o'i stori "The Furnished Room" gweler *The World of O. Henry — The Furnished Room and other stories* (London, 1974), tt. 17–24. Cadwyd dwy o gyfrolau O. Henry, *Roads of Destiny* a *Rolling Stones* ymhlith llyfrau KR sydd ar gadw yn LlGC.

Furnished Room yn gafael ynof o hyd. Hoffaf Lennard Merrick[1] yn fawr a Jane Barlow.[2] Y hi, yn ei *By Beach and Bogland*, a ddangosodd imi'n gyntaf y gellid rhywbeth o'r stori fer yng Nghymru. Fy syniad i cyn hynny oedd bod bywyd yng Nghymru mor ddiddigwydd a digyffro, fel na ellid ysgrifennu dim yn y gangen yma. Ond teifl Katherine Mansfield hwy oll i'r cysgod. A son am y gallu i sylwi a threiddio i waelod pethau, mae o ynddi hi yn ddiamau. Hoffais yn fawr y darnau o'i dyddlyfr a ymddangosodd yn yr *Adelphi*[3] hefyd. Diddorol iawn i mi oedd gwybod yr hyn a'i symbylodd i ysgrifennu.

Modd bynnag, mae ei storïau wedi fy ngyrru i i'm cragen. Nid oes arnaf awydd sgrifennu o gwbl ar hyn o bryd. Ysgrifennais y stori i'r *Llenor* oblegid imi addo, ac mae arnaf ofn imi ysgrifennu llawer stori arall am fy mod wedi addo, neu am y buasai bywyd yn Aber Dar yn annioddefol ar wahan i hynny. Rhyw ychydig iawn o bobl ag ynddynt reddf lenyddol ysydd yma.

Gwn yn eithaf da nad yw'r cymhellion uchod yn rhai gonest i ysgrifennu oddiarnynt. Adref yn Rhosgadfan y teimlaf fi y medrwn ysgrifennu er mwyn ysgrifennu. Wrth edrych o'n ty ni ar yr haul yn ymachlud dros Sir Fon ac yn taflu ei lewych ar Fenai, wrth glywed chwerthin chwarelwyr yn myned oddiwrth eu gwaith, wrth weled brwdfrydedd chwarelwyr ynglyn a chôr y chwarel, ac wrth weled tristwch bro pan leddir chwarelwr wrth ei waith, teimlaf fod yna rywbeth i ysgrifennu amdano wedi'r cwbl. *Ond* pan ddaw meddyliau imi, byddaf ar ganol gwneuthur rhywbeth arall yn wastad, ac ni bydd modd eu hysgrifennu i lawr y munud hwnnw. Pan ddaw'r cyfle, bydd y meddyliau wedi hedeg a'r *mood* wedi mynd.

Peth arall hefyd, teimlaf fod fy ngwaith yn yr ysgol yn lladd pob dyhead sydd ynof at ysgrifennu. Nid ei fod yn galed (nid yw'n rhy ysgafn chwaith) ond gwaith anniolchgar ydyw. Er enghraifft y llynedd (1922—23) yr oedd gennyf ferch yn myned i mewn am *Higher* y C.W.B., y ferch oreu a fu gennyf erioed yn yr ysgol hon. Cafodd anrhydedd mewn Cymraeg a Saesneg a Lladin yn ei *Senior* a gwnaeth yn dda iawn ym mhob pwnc arall. Fe weithiodd yn dda ar gyfer yr *Higher*, ond fe ganfum pan welais y cwestiynau na wnai hi'n dda iawn. Eto, ni feddyliais erioed y gwnai cyn saled. Fe basiodd bid sicr, ond pasio, a dyna'r cwbl. Gallai ysgrifennu Cymraeg yn rhugl, ac oherwydd hynny fe

---

1. Lennard Merrick (1864—1939) — Miller oedd ei gyfenw'n wreiddiol. Fe'i ganed yn fab i deulu Iddewig yn Belsize Park, Llundain. Wedi bod yn gweithio yng nghloddfeydd diamwnt De Affrica dychwelodd i Loegr i actio. Wedi i'r yrfa honno fethu, trodd at ysgrifennu dramâu a ffuglen. Dywedir am ei nofelau eu bod yn fywiog iawn ond nad oes ynddynt fawr o blot.

2. Jane Barlow (1857—1917), nofelydd, bardd ac awdur storïau a anwyd yn Clontarf, ger Dulyn lle'r oedd ei thad yn athro hanes yng Ngholeg y Drindod. Yr oedd yn awdures boblogaidd iawn, ond oherwydd swildod mawr yr oedd yn well ganddi awyrgylch neilltuedig ei chartref ym mhentref Raheny na derbyn clod a chefnogaeth ei hedmygwyr. Ei chydymdeimlad mawr â'r mudiad cenedlaethol yn Iwerddon a fu'n symbyliad i'w gwaith ar hyd ei hoes. Cyhoeddwyd *By Beach and Bog-Land — Some Irish Stories* gan Unwin yn Llundain yn 1905. Mae KR yn cyfeirio at Jane Barlow a'i defnydd o dafodiaith yn ei herthygl "Tafodiaith mewn Storïau", *Y Llenor*, cyfrol X (1931), t. 57.

3. Dechreuodd John Middleton Murry gyhoeddi cynnwys dyddlyfrau ei wraig, Katherine Mansfield, yn fuan ar ôl ei marwolaeth yn 1923. Ymddangosodd y rhan gyntaf yn ail rifyn cylchgrawn Murry, *The Adelphi*, yng Ngorffennaf 1923, tt. 137—47, a chafwyd dyfyniadau tebyg yn y cylchgrawn yn ystod y ddwy flynedd ddilynol. Cyhoeddwyd y dyddlyfr ar ffurf cyfrol yn ddiweddarach.

drafferthais i fwy gyda'r llenyddiaeth na gyda chyfieithu a rhyw betheuach felly. Ond yn yr adran lên y gwnaeth hi salaf, ac nid rhyfedd oblegid dyma'r teip o gwestiwn. "Nodwch ragoriaethau awdur *Clawdd Terfyn*[17] fel ysgrifennwr Stori fer." a minnau wedi dwedyd wrthi *nad* ysgrifennwr stori fer mohono o gwbl, eithr yn hytrach darluniwr bywyd a chymeriad heb unrhyw ymgais at weu y darluniau i gyfansoddiad stori fer. Mae'r ffaith iddo ddwedyd "nodwch ragoriaethau" yn dangos nad oedd le i farn neb ond ei farn ei hun yn yr ateb. Ni adawodd y cwestiwn yn agored i drafodaeth. Dyma un arall "Beth yw nodweddion Islwyn fel bardd gwladgarol?" fel petae Islwyn yn malio rhywbeth am wladgarwch. Ni bu gennyf erioed rai cyn saled yn cymryd *Senior*, ac eto fe wnaeth y rheiny'n dda. Mae'n rhaid bod llygaid croes gennyf fi neu'r arholwr. Dyna a olygaf wrth anniolchgarwch ym myd athro. Ac nid yw o unrhyw help i gyfansoddi.

Maddeuwch imi am drethu ar eich amynedd fel hyn. Fy amcan yn ysgrifennu'r llythyr yw diolch yn fawr iawn i chwi am ddarllen y stori a dwedyd eich barn onest amdani. Credaf yn hollol yr un fath a chwi bod rhaid bod yn onest wrth ysgrifennu. Ac am hynny, teimlaf fel rhoi goreu iddi wedi ysgrifennu rhyw stori neu ddwy a addewais. Addo eto chwi welwch. Hoffwn ysgrifennu rhywbeth i'm plesio fy hun am unwaith.

Yr wyf yn falch iawn o glywed am eich drama mewn mydr. Ai mewn cynghanedd y mae?

Maddeuwch imi am drethu ar eich amynedd a diolch cynnes ichwi eto am eich gwasanaeth.

Gyda chofion cywir
Kate Roberts

LlGC 22723D, ff. 5—12

7

1 Ffynone Villas
Abertawe
16 Hydref 1923

Annwyl Miss Roberts

'Alla 'i ddim gadael eich llythyr heb ei ateb, ac eto ni wn i sut i'w ateb yn fyrr. Wyddoch chi, mae o'n llawn lol. Beth yn y byd sy'n eich blino i sôn nad oes gennych gymhellion gonest i sgrifennu etc. Ffei o'r cymhellion gonest. Un cymhelliad da iawn sydd i sgrifennu, sef er mwyn ennill arian; a'r ail yw er mwyn ennill cydnabod ac edmygedd a thipyn o hunan-foddhad. Yr ail yn unig ysywaeth sy'n bosibl yn Gymraeg, ond y mae'n ddigon da. 'Does wahaniaeth yn y byd beth a gymhellodd neb i 'sgrifennu, na pha mor onest y bo. Y cynnyrch, y diwedd, y gwaith a grewyd, hwnnw a fernir. Wrth ei waith

---

[1] Cyfrol o waith R Dewi Williams (gweler t. 2 nodyn 1 uchod), a gyhoeddwyd yn 1912. Cafodd y gyfrol "sylw pan ymddangosodd gyntaf oherwydd ei hiwmor. Ond bernir erbyn hyn mai llafurus yw'r doniolwch a llawer ohono'n dibynnu ar chwarae ar [eiriau].", *Cydymaith*, t. 633. Ceir adolygiad canmoliaethus gan Ifor Williams yn *Y Beirniad*, cyfrol III (1913), tt. 70—1.

y mae barnu artist, nid wrth ei gymhellion, a'r unig onestrwydd yw rhoi ein holl ymennydd yn y gwaith beth bynnag a fo, ein holl ymennydd a'n holl nerth. Felly, mi obeithiaf na freuddwydiwch chi ddim am roi heibio sgrifennu am resymau mor ffôl. Dyma i chwi gymhellion ddigon — bod dwsin a mwy ohonom ni yn darllen popeth o'ch gwaith ac yn gwybod amdanoch, a bod y cydymdeimlad a'r cyfeillgarwch a enillasoch drwy eich gwaith yn creu byd ehangach nag Aber Dar i chi; a'ch chwiorydd chwi yw, nid y merched eraill yn yr ysgol a'r dre, ond Katherine Mansfield a Jane Barlow, sy'n perthyn i chwi drwy ysbryd ac ymdrech ac yn byw yn yr un byd, er mor wael y gwelwch chi eich gwaith o'i gymharu â'u gwaith hwythau. Y mae byd pawb yn gul *ond yn y meddwl*. Drwy'r meddwl yn unig y gellir dianc ar fychander amgylchedd. Ac felly y mae ambell ddyn doeth yn meddwi ac ambell arall fel ninnau yn ceisio sgrifennu. A phan beidiwn â cheisio, fe fyddwn mor fychan â gweddill pobl Aber Dar ac Aber Tawe a phob man arall. Onid llenyddiaeth sy'n rhoi amcan ac unoliaeth i'n bywyd ni? Rwan, dyna ddigon o ateb i'ch holl nonsens chi.

Cofion
Saunders Lewis

Kate Roberts 65

8

Maes Teg
Rhosgadfan
Llanwnda
Sir Gaernarfon
8 Mehefin 1924

Annwyl Mr Lewis

Mae'n garedig iawn ynoch fynd i'r drafferth i sgrifennu ar fy storïau i. Heb ragrithio mae'n rhaid imi ddweyd bod yn dda gennyf, oblegid eich bod yn feirniad mor graff ac yn feirniad mor onest. Oherwydd hynny gwn y bydd eich beirniadaeth yn gymorth imi ar gyfer y dyfodol. Yr wyf fi fy hun yn iach iawn, diolch. Ond nid agorais *Y Winllan* er pan orffenais ysgrifennu iddi.[1] Methaf yn glir a setlo i lawr i'w hail wampio. A'i hail wampio fydd raid cyn ei hanfon i'r wasg. Dyma'r pedwerydd tro imi fod gartref er mis Hydref. Mae mam yn bur wael ers blynyddoedd, a bu'n wael iawn yn ddiweddar. Cefais bum awr o gysgu bob nos am ryw bythefnos o wyliau'r Pasg a throtian wedyn drwy'r dydd. Dygymydd hynny'n iawn a'm hiechyd i, ac mae'n help mawr i gael awyrgylch stori rywdro pan gewch gyfle i'w hysgrifennu, ond nid yw'n symbyliad o gwbl i fynd i

---

[1] Cylchgrawn misol i ieuenctid oedd *Y Winllan*, yn cael ei gyhoeddi gan y Wesleaid. Y golygydd y pryd hwn oedd E Tegla Davies. Yn ystod 1923 fe gyhoeddodd KR gynnwys y gyfrol *Deian a Loli* ar ffurf deuddeg o benodau misol yn y cylchgrawn. Yn 1925 fe ymddangosodd cyfres bellach o ddeuddeng pennod ganddi, yn dwyn y teitl "Loli". Cyhoeddwyd y gyfres honno, gyda mân newidiadau, yn gyfrol gan Wasg Aberystwyth yn Nhachwedd 1930, yn dwyn y teitl *Laura Jones*.

ail wampio hen bethau. Penderfynais y gwyliau diwaethaf y ceisiwn le yn nes adre er mwyn cael picio adref i fwrw'r Sul weithiau. Codais y papurau angenrheidiol ar gyfer hynny, ond hyd yn hyn ni welais fod ar neb eisieu athrawes mewn Cymraeg yn y Gogledd na'r De. Fel mae'n debig mai mynd i Aber Dar y byddaf y term nesaf eto a byw mewn ofn wrth ddisgwyl llythyr o cartre.

Gyda golwg ar gasglu'r storïau byrion yn llyfr, a ydych yn meddwl fod wyth yn ddigon? Wrth siarad am hyn gyda'r Athro W J Gruffydd ryw dro, medddyliai ef y dylwn gael deuddeg. Ond fy marn i ydyw, cyhoeddi llai yn rhatach, oblegid ychydig iawn o aberth a wna'r Cymry selog (?) dros lenyddiaeth. Mae gweiddi "Byw fo'r Gymraeg" yn rhatach.

Yr oedd yn dda iawn gennyf eich clywed yn dweyd eich bod yn hoff o Flodeuwedd. Peth fel yna ydyw ynte? Mae creadigaeth lenyddol yn magu personoliaeth, a gallwn ddwedyd "Yr wyf yn hoffi hon" neu "Nid wyf yn hoffi hon" am ein gweithiau ni ein hunain fel pe baent bersonau byw. Mae'n siwr gen i mai'r adnod a ŵyr-drowyd fwyaf yn y Beibl yw "Ei ffyrdd hi sydd ffyrdd hyfrydwch". Ni all yr "hi" yna olygu dim ond llenyddiaeth imi. A'r llenyddiaeth oreu imi yw darlun cywir o fywyd. Ac mae pawb yn hoffi gweld ei wyneb yn y drych gan nad sut wyneb sydd ganddo.

Cofion lawer
Kate Roberts

LlGC 22723D, f. 13^{r-v}

9

Y Coleg
Singleton
Abertawe
5 Ebrill 1925

Annwyl Miss Roberts

On'd yw e'n llyfr hardd?[1] Hardd ei ddiwyg, ei wyneb-ddalen, ei brintio — a bid siwr hardd ei gynnwys. Bum yn darllen y pedair stori gyntaf drosodd eto y p'nawn hwn, ac yr oeddwn yn eu hoffi; y mae'n falch gen' i weld hefyd y cyflwyniad i Dic Tryfan.[2] Ac yn anad dim, diolch i chi am dorri'ch enw ar y llyfr a dweud geiriau mor garedig. Bydd y llyfr yn wir werthfawr gennyf am hynny. Y peth sy'n destun balchder i mi yw fy mod yn fore wedi sylweddoli bod athrylith yn eich gwaith a'm bod i wedi dweud hynny nes galw sylw at y peth o'r diwedd gan eraill. Wedi'r cwbl, ni all beirniad neu gritig wneud dim yn well na hynny yn ei oes.

---

[1] Cyfeiriad at *O Gors y Bryniau* a oedd newydd ei gyhoeddi gan Hughes a'i Fab, Wrecsam.

[2] Richard Hughes Williams (1878?–1919), newyddiadurwr ac awdur storïau byrion a aned yn Rhosgadfan. Bu'n chwarelwr am gyfnod a bywyd y chwarel yw cefndir y mwyafrif o'i storïau, gyda thristwch a thlodi yn cael lle amlwg ynddynt. Cyhoeddwyd *Straeon y Chwarel* (d.d.) a *Tair Stori Fer* (1916) yn ystod ei oes, a *Storïau gan Richard Hughes Williams* yn dilyn ei farwolaeth yn 1919. Gweler *Cydymaith*, t. 632.

Wel, dyma'r gyfrol gyntaf. Mi hoffwn petawn i'n olygydd *Y Llenor*, oblegid mi ofalwn bod digon o stwff i ail gyfrol ymhen tair blynedd.

Cofion cynnes iawn
Saunders Lewis

Kate Roberts 69

10

46 Wind Street
Aber Dar
10 Hydref [?1926]

F'Annwyl Mr Lewis

Bum yn meddwl ysgrifennu atoch er pan ddeuthum yn ol o'm gwyliau, i son am yr hyn a wnaethum a'r hyn ni wnaethum ynglyn a gwaith y Blaid. Ond cyn imi ddechrau son, gadewch imi ddiolch yn gynnes i chwi am eich geiriau caredig ym mhamffled Urdd y Deyrnas.[1] Mae fy nlêd yn fwy i chwi na neb arall yng Nghymru. Ond teimlaf na haeddaf yr holl glod yna ac mae arnaf eisieu actio ffesant a chuddio mhen. Gobeithio y medraf sgrifennu rywbeth da iawn ryw ddiwrnod. Os medraf, eich geiriau brwd chwi fydd wedi fy symbylu i hynny. Rwan at waith y Blaid. Fel y gwelsoch yn *Y Ddraig Goch*

---

[1] Saunders Lewis, *An Introduction to Contemporary Welsh Literature* (Wrecsam, 1926), Traethodau'r Deyrnas (English Series) No 1, t. 13:

> "Miss Kate Roberts is not amiable, nor has she the vice of defending her characters. She began by writing one-act plays, but turned from them to the short story, which she practises now with a mastery and technical strength rare in any language. She has studied Maupassant, Tchehov, and perhaps Katherine Mansfield; but her vision is her own, and she is to-day the greatest writer of imaginative prose in Welsh literature. She has style, the incommunicable gift. In her tales the event is often a small thing. Her art is in the delineation of men and women, and she makes them tangible, objective, living beings by her choice of the vivid, sensible impression, full of a startling reality. Thus an old man remembers of his schooldays the feel of his teacher's velvet bodice against his face as she marked his sums. In describing the work of Kate Roberts I am driven to use the word: classic. It is not merely her style which is steeped in experience and profoundly meditated, dense with observation. But there is also in her art a sobriety, a restraint, a completeness, an unhampered view of men, neither morbidly cynical nor ever sentimental, qualities that are in the tradition of the classical portrait painters of French literature, and especially of La Bruyère. And yet she is an entirely modern writer, using the living, contemporary vocabulary in a framework of traditional, native idiom, *un écrivain de race*, as the French critics say. And it is one mark of the affinity of Welsh and French literature that such a phrase has a precise sense in Welsh also, and it serves admirably to describe such prose as Kate Roberts [writes] . . ."

Yn y cyhoeddiad hwn y beirniadodd Saunders Lewis nofel E Tegla Davies, *Gŵr Pen y Bryn*, gan ddweud ei bod wedi ei llunio ar ffurf pregeth. "The mildew of evangelicalism taints Tegla Davies' work . . . What Tegla Davies lacks is cruelty, or in other terms artistic integrity. He wants to save people, even the people of his imagination . . . That kind of mind is not likely to produce a masterpiece of fiction, and it is to be regretted . . ." Dywedir i'r feirniadaeth hon roi diwedd ar yrfa Tegla fel nofelydd.

euthum i Ddeiniolen.[1] Ychydig iawn, iawn oedd yno o bobl; ond mae ysbryd y peth byw yn Neiniolen gan yr ychydig hyn. Nid oedd angen egluro'r maniffesto iddynt. Deallent ef a chredent ef cynt, a'r unig waith oedd rhoi awgrymiadau ar gyfer eu cyfarfodydd yn y dyfodol.

Yng Nghaernarfon nid oedd pethau cyn hawsed ac nid wyf yn sicr a ddeallaf sefyllfa pethau. Ond gwn hyn, y buasai'n well i'r Blaid fod heb rai o'i aelodau sydd ar eu pwyllgor hwy. Cynulliad bychan oedd yno wrth y cynulliadau a gawsent yn y gorffennol. Mae'n debyg y caent gyfarfodydd cryf ar y cychwyn, ond ymddengys bod rhai pobl wedi diflasu dyfod o bell ffordd i wneuthur dim ond siarad, a dim byd pendant o'u blaenau. Diffyg trefnu mawr a fu ynglyn a'r cyfarfod ar y Maes. Ymddengys iddynt drefnu'r cyfarfod i gychwyn ac ysgrifennu at y siaradwyr ar y munud dwaethaf, ac i'r siaradwyr fethu a dyfod er bod y cyfarfod wedi ei gyhoeddi. Ceisiais fy ngoreu, heb fod yn gas, ddangos gwrthuni peth felly iddynt, a dangos gwerth trefnu da os am lwyddo. Rhoddais rai awgrymiadau ynglyn a chyfarfodydd a gwaith cenhadol ond ni welais mo'r ysgrifennydd yn cymryd dim i lawr. Gan nad oedd gallu athrawes gennyf yno, ni fedrwn ei orchymyn i'w rhoddi i lawr. Credaf y gwneir un awgrym ymarferol o'm heiddo, sef pwrcasu *cyclostyle* neu ryw beiriant ysgrifennu arall i'r ysgrifennydd. Mae'r ysbryd iawn yn y mwyafrif yno, ond mae eu gallu trefnu yn wan.

Er pan ddeuthum yn ol ni chefais fawr o amser i wneuthur dim mwy na siarad gyda phersonau unigol. Mae gwaith dechreu blwyddyn mewn ysgol — gosod yr edafedd ar y gweyll — yn fawr bob amser fel y gwyddoch, ond mae yn aruthrol yma eleni, oblegid y rheol newydd ynglyn a mynd i golegau hyfforddi. Cynghorir pawb i gymryd yr *Higher* cyn mynd i mewn yrwan, felly mae gennym ni ugeiniau o blant yn ol na buasent onibae am hynny. Ac nid oes olwg cael athrawes yn ecstra. Modd bynnag, gorffenais y *syllabus* a phethau dechreuol felly erbyn hyn a byddaf yn trefnu cyfarfodydd i ffurfio canghennau rwan. Ceisiais drefnu un yng Nghwm Dar nos Fawrth nesaf, ond mae cyfarfodydd gweddi yno ar hyd yr wythnos! Modd bynnag, mi gaf un yno ymhen ryw bythefnos, ac yn y cyfamser fe gaf gyfarfodydd yn Llwydcoed, Abercwmboi a Chwmaman. Bum yn siarad ag un neithiwr ynglyn a chael cyfarfod yn Abercwmboi yr wythnos nesaf. Fe ddaw Mr D O Roberts[2] gyda mi a chawn help un selog iawn arall, nad oes ganddo unrhyw ddiddordeb mewn plaid boliticaidd arall — Y Parch Aerwyn Jones, Cwm Dar.[3]

[1] "Miss Kate Roberts yn Neiniolen", *Y Ddraig Goch* (Medi 1926), t. 5. Traddododd KR anerchiad yn Neiniolen yn ymwneud â maniffesto newydd y Blaid Genedlaethol ar nos Lun, 6 Medi 1926. Aethpwyd ymlaen i sefydlu cangen o'r Blaid yn y pentref ar ddiwedd y cyfarfod hwnnw.

[2] David Owen Roberts (1888—1958), prifathro Ysgol y Gadlys, Aberdâr. Er na chawsai wers na darlith yn y Gymraeg erioed, fe ddatblygodd yn awdurdod ar ddysgu'r Gymraeg a chyhoeddodd nifer o lyfrau ar y maes hwnnw. Yr oedd yn flaenllaw gyda'r gwaith o sefydlu Undeb Athrawon Cymru yn 1925 ac ef oedd sylfaenydd *Yr Athro* yn 1928. Gweler W W Price, cyfrol 24, tt. 141—5, a'r *Ddraig Goch* (Ionawr 1959), t. 3. Sefydlwyd cangen gyntaf y Blaid yn Ne Cymru yn Abercwmboi fis Rhagfyr 1926.

[3] William Aerwyn Jones (1874—1951), brodor o ardal Lanelli a gweinidog gyda'r Bedyddwyr yn Nebo, Cwmdâr, a chyn hynny yng Ngheinewydd, Llwyndafydd a'r Gwndwn. Gweler *Llawlyfr Undeb Bedyddwyr Cymru a Mynwy 1952*, tt. 172—3; gweler hefyd D Jacob Davies, *Cyfoeth Cwm* (Abercynon, 1965), tt. 93—4.

Bum yn siarad hefyd — nid ar waith y Blaid yn uniongyrchol — yng nghyfarfod Undeb yr Athrawon yng Nghaer Dydd. Wyddoch chi, tybiaf mai athrawon yw'r dosbarth dylaf yng Nghymru. Yr ydym mor fodlon arnom ein hunain ac yn meddwl nad oes tebig inni. Ac eto ymhlith athrawon y gwelaf fi'r dylni a'r anwybodaeth mwyaf. Y peth pwysicaf y bu ymdrin ag ef oedd cael Cylchgrawn Cymraeg i Athrawon. Fe gynhigiais i ein bod yn cael un, ond dyma Arthen Evans[1] mewn munud yn cynnig ein bod yn rhoi'r mater yn llaw y pwyllgor. Bu peth ymdrafodaeth — rhai fel Arthen Evans eisieu bod yn ochelgar &c &c. Eiliwyd fi ac eiliwyd Arthen Evans, a'i ochr ef a orfu. *Wedi'r* fotio, fel bydd hi bob amser, gofynnodd rhywun onid oedd y ddau gynnig yr un un ac onid oedd modd imi ail roi fy nghynnig oni ddeuai yr un peth ag un y llall. Gwrthodais innau, a dywedais gan fod y peth wedi pasio a minnau wedi colli — i beth oedd eisieu boddro wedyn. Yna dywedodd y llywydd Mr W J Jones wrthyf mai ef oedd y llywydd. Ac edrychai felly, yn hollol! Ac felly y gadawyd pethau.

Pasiwyd penderfyniad yn y pwyllgor (ymlaen llaw) ac yn y cyfarfod i ddeisyf ar i'r 'galluoedd' ddewis Cymro yn brifathro Coleg Bangor. Fotiais yn ei erbyn a mi oedd yr unig un.

Gewch chi weld rwan y gohirir mater y cylchgrawn yma yn ddigon hir i ddim beidio a dyfod ohono, oblegid mae pobl fel yr Arthen yna yn lladd pob dim. Meddyliwn fod ysbryd y cyfarfod hwn yn wahanol iawn i ysbryd Machynlleth.[2] Yn ysbryd Machynlleth yr edrychaf fi ar bopeth y dyddiau hyn ac oherwydd hynny ffraeais yn gethin gyda'm prifathrawes ddydd Llun diwaethaf. Yr wyf yma ers naw mlynedd a dyma'r tro cyntaf i hynny ddigwydd. Ac ynglyn a'r Gymraeg y bu. Ymddengys bod arholydd newydd ar y Ffrangeg rwan a'i fod yn un caled iawn. Eleni, methodd llawer iawn o'n genethod ni yn y Ffrangeg — nid oherwydd diffyg hyfforddiant — gwn hynny, oblegid mae'r athrawes Ffrangeg yn un ardderchog — ond oherwydd yr hyn a nodais uchod. Yrwan — mae ar rai o'r genethod a gymerodd Ffrangeg am bedair a phum mlynedd eisieu cymryd Cymraeg a'i wneud mewn blwyddyn, am eu bod yn *gallu siarad Cymraeg*. A chred y brifathrawes — sy'n Sgotreg — y gallant wneuthur hynny.[3] Hynny ydyw, gall y plant hyn — sy'n *weddol* o ran gallu meddwl, basio yn yr hyn y cymerodd i'r lleill bedair a phum mlynedd ato, am fod ganddynt wybodaeth o Gymraeg tafodiaeth. Son am ffromi a gwylltio, wel fe wylltiais hyd at ddagrau. Y peth ofnadwy yw hyn: bod un wrth y llyw na wel fy mhwynt i — nad medru siarad yr iaith sy'n ddigon. Mae dwy o'r genethod hyn wedi croesi drosodd ond nid oes a wnelo fi a hwynt. Yr wyf wedi dywedyd na ddysgaf mohonynt. Os gallant basio drwy fenthyg fy nodiadau mae iddynt groeso.

Wyddoch chi, mae dysgu Cymraeg i lawr yn y De yma yn faich ofnadwy. Bum i yma yn ddigon hir rwan i weld gwahaniaeth. Mae gwybodaeth y plant a ddaw i mewn rwan o'r Gymraeg yn llawer llai na naw mlynedd yn ol. Ac yn llai yr â.

---

[1] David Arthen Evans (1878–1936), athro ysgol yn Y Barri ac aelod blaenllaw o'r bywyd diwylliannol Cymraeg yno. Gweler W W Price, cyfrol 8, t. 1.

[2] Cynhaliwyd Ysgol Haf y Blaid Genedlaethol ym Machynlleth rhwng 23 a 28 Awst 1926. Am adroddiad am y gweithgareddau yno gweler *Y Ddraig Goch* (Medi 1926), t. 7.

[3] Margaret S Cooke oedd enw'r brifathrawes.

Cynhigiais am le yn y Gogledd eleni, ac fe'i cawswn ebe'r prifathro onibae i'r Pwyllgor Addysg ddywedyd bod yn rhaid iddo apwyntio un newydd ddyfod allan o'r Coleg er mwyn cynhilo. Dyna i chwi anfantais henaint!

Yn y cyfamser mae fy nofel a'm gwaith ysgrifennu yn dioddef. A thra cynhyddo'r gwaith ysgol, lleiaf yn y byd fydd fy awydd i am ysgrifennu. Ac yr wyf ar dân eisieu mynd at fy nofel a dangos fel mae bywyd dan gyfundrefn addysg yn culhau bywyd dyn a'i wneud yn dwlsyn heb feddwl o'i eiddo'i hun ac yn gaeth i farn pobl, heb ddigon o ddewrder i wneud dim yn groes i foesoldeb gwlad. Mae ysgolfeistr yr un mor gaeth a phregethwr. "Tendiwch wneud dim a fo'n esiampl ddrwg i'r plant."

Wrth stondin lyfrau John Rees[1] yn y farchnad neithiwr gofynnodd dyn, "Pryd mae Mr Saunders Lewis yn mynd i orffen 'Blodeuwedd'?" Gofynnaf innau'r un cwestiwn. Pryd? Rhaid imi roi pen ar y mwdwl. Maddeuwch imi'r druth ddiflas hon. Nid oes diwedd byth ar fy nhafod.

Gyda chofion cynnes iawn
Yn bur
Kate Roberts

LlGC 22723D, ff. 14—16ᵛ

11

University College of Swansea
Singleton Park
Swansea
10 Hydref 1926

F'Annwyl Miss Roberts,

Yn gyntaf peth: mawr ddiolch i chi am eich ysgrif ddiwethaf yn *Y Ddraig Goch*,[2] y peth goreu o ddigon ers "Ysbryd Crefft" Gwynn Jones,[3] ac yn dra gwerthfawr heblaw bod yn rhyfedd ddiddorol.

Un gair am eich gwaith llenyddol hefyd: peidiwch â gadael i'r Blaid gymryd eich holl hamdden. (Peth go od i lywydd y Blaid ei ddweud, mi wn, ond nid yw'r llenor ynof wedi marw yn y *politician* eto). Rhaid i chi orffen y nofel, a nofelau eraill wedyn. Y mae hynny'n llawn cystal gwaith yn y pen draw i'r Blaid ei hun ag yw sefydlu cangen.

---

[1] John Rees (1873—1936), "Glan Cynon", brodor o Drecynon a gadwai stondin gwerthu llyfrau Cymraeg ym marchnad Aberdâr. Yr oedd hefyd yn barddoni tipyn ac enillodd wobrau mewn eisteddfodau lleol. Gweler W W Price, cyfrol 23, t. 200, a D Jacob Davies, *Cyfoeth Cwm* (Abercynon, 1965), t. 97.

[2] Cyfeiriad at erthygl KR "Ysbryd Crefft Ymhlith Merched", sef cyfraniad i'r gyfres "Cylch y Merched" yn *Y Ddraig Goch* (Hydref 1926), t. 6, sy'n trafod cwiltio, gwau, gwneud bwyd a phobi bara.

[3] T Gwynn Jones, "Ysbryd Crefft", yn *Y Tyddynnwr*, cyfrol I, rhif 3, (1923), tt. 181—93. Ceir sylwadau SL ar yr erthygl hon yn "Swyddogaeth Celfyddyd", *Y Traethodydd*, trydedd gyfres, cyfrol III (1934), tt. 65—70.

Y mae arnaf innau fawr ofn pwyllgor y Blaid yng Nghaernarfon. Y maent yn wyllt a diddoethineb, ac yn caru pasio penderfyniadau. Mae'n dda gennyf fod H R Jones[1] yn mynd i Aberystwyth. Bydd yno dan ddylanwadau gwell.

Am Undeb Athrawon Cymreig. Sgrifennais at D O Roberts a bydd gennyf nodiad yn *Y Ddraig Goch* nesaf ar agwedd y Rhondda tuag at y NUT.[2] Rhaid i athrawon y Rhondda berthyn i'r NUT. Yn awr fe ddylai'r Undeb A C fynnu gan awdurdod addysg y Rhondda gydnabod yr Undeb ar yr un tir a'r NUT a bod perthyn i'r Undeb yn gystal â pherthyn i'r llall. Am gylchgrawn — nid peth drwg a fyddai'n wir, ond bydd yn llawer o waith hefyd i rywrai. Peidiwch chi â mynd yn Olygydd iddo ar un cyfrif — y mae'ch gwaith chi yn y nofel a'r straeon a'r *Ddraig Goch*.

Y mae arnaf i eisieu undeb awduron Cymraeg i fynnu telerau teg gan gyhoeddwyr. Y mae'r peth yn bod yn Lloegr, a hwyr glas ei gael yng Nghymru!

Cofion gwir annwyl
Saunders Lewis

Kate Roberts 89

12

46 Wind Street
Aber Dar
18 Ionawr [1927]

F'Annwyl Mr Lewis,

Diolch yn fawr am y llyfrau a gefais y prynhawn yma. Nid oes gennyf amser i'w darllen am dipyn ond dychwelaf hwynt cyn gynted ag y darllenaf hwynt. Mae nofel Morris Williams hithau yn aros wrthyf.[3] Nid oes gennyf gopi o'r *Canpunt*[4], ond af i lawr at fy llyfrwerthwr rwan i edrych a oes ganddo ef gopi.

---

[1] H[ugh] R[obert] Jones (1894—1930), un o sylfaenwyr y Blaid Genedlaethol a'i threfnydd cyntaf. Gweler erthygl Gwilym R Jones arno yng nghyfrol Derec Llwyd Morgan, *Adnabod Deg* (Dinbych, 1977), tt. 31—44; ceir erthygl arno, ar achlysur ei benodi yn drefnydd y Blaid Genedlaethol, yn *Y Ddraig Goch* (Hydref 1926), t. 8, a theyrngedau iddo pan fu farw o'r darfodedigaeth yn 36 oed ar 17 Mehefin 1930 yn *Yr Herald Cymraeg* (24 Mehefin 1930), t. 8, a'r *Ddraig Goch* rhifynnau Gorffennaf 1930, t. 3, ac Awst 1930, tt. 3—5. Ceir nifer o gyfeiriadau ato hefyd yng nghyfrol D Hywel Davies, *The Welsh Nationalist Party 1925—1945 A Call to Nationhood* (Cardiff, 1983). Cymerwyd H R Jones gan Gwenallt yn wrthrych ei awdl arobryn "Breuddwyd y Bardd" yn Eisteddfod Genedlaethol Bangor, 1931.

[2] "Nodiadau'r Mis", *Y Ddraig Goch* (Tachwedd 1926), tt. 1—2.

[3] Morris Thomas Williams (1900—46), brodor o'r Groeslon ac argraffydd a briododd KR ar 23 Rhagfyr 1928 yn eglwys Llanilltud Fawr. Dechreuodd ddrafftio nofel, "Marweidd-dra" neu "Troi a Throsi" yn ystod ei arhosiad ym Mharis yn 1924; cadwyd drafftiau o'r nofel anghyhoeddedig ymhlith Papurau Kate Roberts, rhifau 3930—3. Yr oedd hefyd yn barddoni tipyn ac yn cystadlu mewn eisteddfodau dan ddylanwad ei gyfaill Edward Prosser Rhys, ac ysgrifennodd ddrama yn 1934 yn dwyn y teitlau "Gwŷr a Gwragedd" neu "Bywyd Tragwyddol", gweler Papurau Kate Roberts, rhifau 3940—5.

[4] Comedi un act oedd *Y Canpunt* a ysgrifennwyd gan Margaret Price, Betty Eynon Davies a KR, fe'i hargraffwyd gan wasg y Welsh Outlook yn y Drenewydd yn [1923].

Cofiaf imi addo "Awdl yr Alltud" (Dafydd Elis)[1] i chwi. Anfonais i Fangor amdani ac fe'i cewch cyn gynted ag y daw.

Wel, dyma fi yn ol yn uffern ers wythnos ac yn teimlo yr hoffwn chwythu Aber Dar i'r cymylau. Pe cawn i rywun i wrando arnaf fe awn trwy res o regfeydd y munud yma. Yn gyffelyb y teimlai Morris Williams yn Hull pan anfonodd y nofel. Mor wahanol bythefnos i heno ynte? Os oes anfarwoldeb i'r enaid a nefoedd, fe hoffwn i gwmni fel cwmni y gyfeddach yn Aberystwyth[2] a phetae unrhyw sant yn beiddio dangos ei drwyn, fe awn allan i ddiddymdra y munud hwnnw. Prin y sylweddolaf am dipyn fy mod yn newid cwmni wrth ddyfod i Aber Dar, a byddaf yn rhoi fy nhroed ynddi yn gynddeiriog weithiau wrth flino pobl a'm golygiadau ar fywyd. Neithiwr, er enghraifft, yn fy ysgol nos, mentrais ddywedyd na chawn ni na nofel na drama yng Nghymru am nad ydym yn meiddio byw.[3] "Beth ydach chi'n feddwl wrth fyw?" ebe hen ferch dduwiol wrthyf a llond ei llygad o lofruddiaeth. Mae'n debig pe dywedwn yn Aber Dâr beth a olygaf wrth fyw yr alltudid fi i ben draw byd. Twn i ddim sut bydd hi tua nos Wener yma. Yr wyf i siarad yng Nghymrodorion Aber Dâr yma ar y nofel. (Eich noson chwi gyda llaw) ac mae arnaf eisieu dweyd rhai o'r pethau yma sy'n corddi yn fy mynwes. Ac mae'r Cymrodorion yma yn gulach na neb y gwn i amdanynt. Byddant yn porthi'r gwasanaeth yn llythrennol pan ddaw rhywun yma i siarad pethau dwl, sentimental. Rhaid i minnau dewi a'm dylni. Buasai'n dda gennyf fod filoedd o filltiroedd o'r lle yma. O buasai'n dda gennyf gael gwared o'r anniddigrwydd yma sy'n fy mlino.

Fy nghofion cynhesaf a'm diolch
Kate Roberts

OY Nid oes gan Mr Rees gopi yn y ty, ac ni all fynd i'r farchnad i'w nol heno. Fe'i cewch yfory. KR

LlGC 22723D, f. 17ʳ⁻ᵛ

---

1   David Ellis (1893—1918), Penyfed, Tŷ Nant, Corwen. Yr oedd yn gydfyfyriwr â KR ym Mangor, a graddiodd yn y Gymraeg yn 1913, yr un flwyddyn â hi. Ysgrifennwyd ei hanes a chyhoeddwyd barddoniaeth o'i waith ganddi yn yr erthygl "Bardd a Gollwyd", *Taliesin*, cyfrol XI (1965), tt. 15—27. Ceir peth o'i waith hefyd yng nghyfrol Alan Llwyd ac Elwyn Edwards, *Gwaedd y Bechgyn* ([Abertawe], 1989), lle gwelir ei lun ar d. 117.

2   Cyfeiriad at gynhadledd Urdd y Deyrnas a Mudiad Cristnogol y Myfyrwyr, o bosibl, a gynhaliwyd yn Neuadd Alexandra, Aberystwyth, ar 3—8 Ionawr 1927. Nod y gynhadledd oedd i "wneuthur Cymru'n well " trwy archwilio problemau anhawsaf Cymru a cheisio'u datrys yng ngoleuni'r ffydd Gristnogol, yn ôl Gwenan Jones yn *Yr Efrydydd*, cyfrol 3, rhif 1, (Hydref 1926), tt. 26—8. Ceir adwaith i'r gynhadledd yn "Nodiadau'r Mis", *Y Ddraig Goch* (Chwefror 1927), t. 1.

3   Ar ddefnydd KR o'r gair "byw" yn y cyswllt hwn, gweler llythyr rhif 56 isod — sef SL yn cyflwyno copi o *My Life* gan Isadora Duncan yn anrheg Nadolig i KR, Nadolig 1930.

Y Ddraig Goch
Organ Misol Plaid Genedlaethol Cymru
[10 Chwefror 1927]

F'Annwyl Miss Roberts,

Maddeuwch imi am ddefnyddio'r papur swyddogol yma, ond y mae digon o le arno i lythyr go lew.

Diolch yn fawr am yr holl roddion, y ddwy ddrama fer i ddechrau, ac yna ganeuon D Ellis. Mi anfonaf y cylchgrawn yn ol wedi imi gopïo'r awdl ohono. O'i ddarllen unwaith, gweld ol astudio Bob Parry yr wyf, ond â dawn arbennig dros ben. Am a wn i, y mae'r cywydd byr i chi yn braw pendantach o'i wir awen. Y mae'n syml a bron yn fyrfyfyr, ac eto y peth byw ynddo. Mawr ddiolch i chi, ond yn sicr fe ddylech sgrifennu amdano; onibai i chi ddweud ei hanes wrthyf ni chlywswn i erioed ei enwi, a diau bod llawer tebyg imi.

Faint piau chi o *Wel! Wel!*?[1] Sleisen fach fyw a digrif a gwir o fywyd Cymreig. Rhoes bleser pur imi, er y gwn i mai â'ch llaw chwith y byddwch chi'n helpu'r ddwy arall, ac yn cadw'ch llaw dde i'ch straeon a'ch nofelau, a da y gwnewch, meddaf i. Ond ai gwir yr hanes yn y *Western Mail*[2], ichi ddweud yng Nghaerdydd nad oes gennym ni ddim awdwr pros o'r radd flaenaf? Ni byddaf yn credu dim a welaf yn y *Mail* nes cael ei gadarnhau gan rywun o awdurdod, ond os gwir yr hanes hwn fe ddywedasoch andras o gelwydd, neu ynteu buoch yn pysgota yn ddigywilydd am eiriau gweniaith. Canys, *fadame* (os caf i dreiglo gair Ffrangeg), bydded hysbys i chi a gwybyddwch, mynn y gŵr drwg a mynn fy marf i (oblegid yr oedd yn rhy oer imi siafio heddiw), y mae gennyf i gyfaill yr adnabum i yn gynnar iawn a chyn gwir flodeuo ei ddawn, bod ynddo (neu ynddi) nid talent na chlyfrwch, nid medr i ddisgrifio wyneb pethau, ond gallu ac athrylith i fyw ag angerdd, a mynegi profiad beth bynnag a gostio, ac un a ddengys cyn y diwedd bod eich gair am awdwr prôs yn anwiredd noeth, a phetawn i'n sgrifennu at rywun arall mi ddywedwn enw fy nghyfaill, ond atoch chi — na wnaf ddim, a chithau'n bysgotwraig mor hyf. Ond mi roddais innau dair darlith yn ddiweddar ar y nofel Gymraeg ym Mlaen Dulais (dan y coleg) a rhoddais y drydedd ddarlith i egluro gwaith fy nghyfaill. Yr oedd Seymour Rees[3] yn gwrando arnaf ac ef a gynhigiodd ddiolch, a dyna'r tro cyntaf imi wybod mai ffwl ydyw. A gyda llaw, os drwg yw Aber Dar, beth am leoedd fel Blaen Dulais a'r cymoedd eraill oll? Y mae yna rai, oblegid eu pellter o bob cyfannedd gwareiddiad o unrhyw fath, yn waeth na'u gilydd; un felly yw Blaen Dulais. Ni welais erioed y fath gynnulleidfa o anwariaid syml. Petawn yno ddiwrnod mi'm lladdwn fy hun, 'rwy'n sicr bron.

---

[1] Comedi arall o waith Betty Eynon Davies, KR a Margaret Price oedd *Wel! Wel!* Cafodd hon eto ei hargraffu gan wasg y Welsh Outlook yn y Drenewydd yn [1926].

[2] Cyfeiriad at KR yn darlithio ar "Y Nofel Gymraeg" i Gymrodorion Caerdydd ar 28 Ionawr 1927. Am adroddiad llawn, gweler *Y Darian* (3 Chwefror 1927), t. 4.

[3] John Seymour Rees (1888—1963), brodor o Aberaeron a gweinidog gyda'r Annibynwyr yng Nghefncoedycymer, Treorci ac, o 1927 hyd 1945, yn Soar, Blaendulais. Gweler W W Price, cyfrol 23, tt. 206—7, a *Dyddiadur yr Annibynwyr Cymraeg am 1964*, t. 156.

Nid oes arnaf frys ddim am Joyce. Cedwch ef tra fynnoch, ond fe welwch fod Morris Williams wedi ei ddarllen cyn sgrifennu ei lyfr yntau, a Phrosser Rhys cyn sgrifennu "Atgof". Felly nid bychan ei effaith ar lên Gymraeg.[1]

Fy nghofion cynnes, a'm diolch pur

Saunders Lewis

Kate Roberts 98

14

46 Wind Street
Aber Dâr
11 Chwefror [1927]

Annwyl Mr Lewis,

Maddeuwch imi am ysgrifennu gyda throad y post ond mae'n rhaid imi gael cywiro cam argraffiadau a wneir gan ohebwyr dwl papurau newydd. Dywedyd a wneuthum i yng Nghaer Dydd nad oes gennym nofelwyr o'r dosbarth blaenaf. Efallai i'm tafod lithro a dywedyd ysgrifenwyr prôs yn Aber Dar, ond nid yng Nghaer Dydd yr wyf yn sicr. Nid wyf ddall i swyn ysgrifenwyr y prôs goreu o'r Bardd Cwsg hyd Biwlston,[2] er mai o ddamwain megis yr ysgrifenasant hwythau brôs da; yn ein prôs nid oes ol ymberffeithio mewn crefft fel ysydd yn ein barddoniaeth. A pheidiwch, da chi, a dywedyd mod i yn medru sgrifennu pros. Nac ydwyf ar ei ben. Darllain fy mhros i fel ymarferiad plentyn ysgol. Mae mor blentynaidd. Efallai mai effaith dysgu plant ydyw, a cheisio cael ganddynt ysgrifennu brawddegau syml, cryno, yn lle eu bod yn colli eu ffordd yng nghorsydd broddegau cyfansawdd.

Nid wyf fi fodlon o gwbl ar fy ngwaith y dyddiau hyn. Daw ton o ddigalondid drosof wrth feddwl pa mor blentynaidd a diffygiol ydyw. Byddaf yn darllen rhai o storiau Tchehov weithiau, eu darllen yn fanwl, mynd drostynt drachefn a thrachefn, a daw cywilydd i'm hwyneb wrth feddwl imi fod mor haerllug a chyhoeddi llyfr a'i alw yn gyfrol o storiau byrion. Gwn imi wneud gwaith golew ar storiau fel "Y Wraig Weddw" a "Bywyd"[3] — fe gostiodd y ddwy yna fwy o chwys imi, ond pan feddyliaf am "Henaint", medraf gnocio fy mhen yn erbyn y wal, wrth feddwl bod gennyf ddeunydd mor dda wrth law ac wedi ei drin mor sal. Mae *technique* "Henaint" yn ofnadwy — ydyw yn ofnadwy. Mae bylchau mawr ynddi a minnau wedi neidio fel pry ffenest ar eu traws heb gynllun yn y byd. Yr unig gysur sydd gennyf ydyw bod digon yn ei diwedd i guddio tipyn o wendid triniaeth.

---

[1] Am arwyddocâd y cyfeiriad at James Joyce gweler t. 20, nodyn 3. "Atgof" oedd pryddest arobryn E Prosser Rhys yn Eisteddfod Genedlaethol Pontypŵl 1924.

[2] John Puleston Jones (1862–1925), gweinidog gyda'r Methodistiaid Calfinaidd. Er ei fod yn ddall o'i blentyndod, fe lwyddodd i gyrraedd y brig o ran ysgolheictod a diwylliant ac ystyrid ef yn "un o anwyliaid ei genedl" yn ôl *Y Bywgraffiadur*, t. 459. Ceir erthygl ar "Dr Puleston Jones fel Llenor" gan SL yn *Y Faner* (5 Chwefror 1925), t. 5.

[3] Ymddangosodd "Y Wraig Weddw" a "Henaint" yn *Y Llenor*, cyfrol III (1924), tt. 73–81 a 219–25, ac yna eu hailgyhoeddi yn *O Gors y Bryniau*. Cyhoeddwyd "Bywyd" yn *Y Llenor*, cyfrol IV (1925), tt. 129–34, a'i hailgyhoeddi yn stori-deitl y gyfrol *Rhigolau Bywyd*.

Ond i fynd yn ol at bobl ddiddorol Caer Dydd a Blaen Dulais.

Gwell yw gennyf anwybodaeth amrwd yr olaf nag anwybodaeth caboledig y cyntaf. Sglein cŵyr melyn ar faw anwybodaeth sydd yng Nghaer Dydd. Yr oedd y gohebydd a ysgrifennodd hanes y cyfarfod i'r *Darian*[1] yn ddoniol. Ni chydwelai a dim a ddywedais, ond dywedai fod gennyf feiddgarwch a gallu i yrru'r pwynt adref, a bod dyfodol disglair imi!!! O, fy ngwallt gwyn i! Hogan bach ddeunaw oed! Wir yr oedd pobl Aber Dar yn well. Dioddef oddiwrth Dyfeditis y maent yn Aber Dâr. Bu Dyfed yn gweithio yn y pwll glo yma ar un adeg, ac mae'n debig bod yma rywbeth tebig i gylch llenyddol yma'r pryd hynny. Ac edrych yn ol at yr oes aur honno a wna Aber Dar byth, a dyna'r teip o feddwl sydd yma, teip Dyfed.

Oes, y mae dylanwad amlwg Williams Parry ar yr "Alltud". Ond mae yna wreiddiol-deb cynllun, ac nid ychydig o beth oedd i hogyn pedair ar bymtheg ysgrifennu honno. Un peth a welais ganddo mewn mesur rhydd, a thelyneg fach yn un o gylchgronnau'r Annibynwyr oedd honno.[2] Nid yw gennyf, ond cofiaf mor dda yr ydoedd. Sgrifennodd hi yn Salonica, a cheir ynddi'r cyferbyniad mawr rhwng gwres yr ysbyty ag oerni braf rhyw afon fach wrth ymyl ei gartref. Enillodd hefyd y gadair yn Eisteddfod Corwen, Awst 1914. Clywais ef yn dywedyd ei fod yn rhy swil i fynd i'r Eisteddfod erbyn adeg y cadeirio, a chadeiriwyd rhywun arall. Dywedodd rhywun wrthyf wedyn mai gweithio adref ar y ffarm yr ydoedd ac iddo ddal ati yn rhy hwyr. Methais hyd yn hyn a chael gan ei dad addo cyhoeddi ei waith, ond mi sgrifennaf eto.

Y Sul diwaethaf pregethai Mr Tegla Davies yma, a chefais dipyn o'i gwmni. Rhedasai rhywun ato i ddywedyd mod i wedi collfarnu *Gwr Pen y Bryn* wrth son am y nofel. Buom yn dadleu am oriau bwygilydd ar y peth. Ni all Mr Davies weld mai camgymeriad oedd "troi" Gwr Pen y Bryn. Ceisiais ddangos iddo bod tro crefyddol fel yna yn amhosibl i un a'r fath orffennol ganddo. Os oedd Gwr Pen y Bryn wedi medru rhoi taw ar ei gydwybod (os oedd ganddo un, ac os oes gan rywun un) — wel, wedi medru bod mor ddihidio, a chymryd swyddi mewn byd ac eglwys ag yntau yn gwybod am ei bechodau, h.y. pethau a gyfrifid yn bechodau gan yr eglwys, yna, nid dyn i gael y tro yna ydoedd. Buasai wedi caledu gormod. A pheth arall, os astudiaeth mewn meddyleg ydyw *Gwr Pen y Bryn*, yna fe ddylsem gael cwrs ei holl fywyd, adeg ei bechu a'r cwbl. Yn lle hynny

---

[1] Ceir adroddiad beirniadol iawn o'r ddarlith i Gymrodorion Caerdydd yn *Y Darian* (3 Chwefror 1927), t. 4, lle y dywedir: "Edmygwn ei dull a'i beiddgarwch o ddanfon adre y pwynt, ac yn sicr y mae iddi ddyfodol disglair." Cyhoeddwyd adroddiad llawn am y ddarlith ar "Y Nofel Gymraeg" a draddododd KR i Gymrodorion Aberdâr ar 21 Ionawr 1927 yn *Y Darian* (27 Ionawr 1927), t. 5, a cheir dau englyn gan 'Ap Hefin' ar yr achlysur yn *Y Darian* (3 Chwefror 1927), t. 1.

[2] Ymddengys nad yn un o gylchgronau'r Annibynwyr y cyhoeddwyd y gerdd dan sylw, sef "Cysgodion yr Hwyr". Cafodd ei chyhoeddi'n ddiweddar yng nghyfrol Alan Llwyd ac Elwyn Edwards, *Gwaedd y Bechgyn* ([Abertawe], 1989), t. 117. Dywedir mewn nodyn yn y gyfrol honno, t. 223, i'r gerdd ymddangos yn wreiddiol yn *Y Faner* (29 Rhagfyr 1917), t. 6. Fe'i cyhoeddwyd hefyd yn *Cymru*, cyfrol 54 (Chwefror 1918), t. 62.

cawn rhyw grynhodeb byrr o'r adeg hwnnw. Sut felly y medrwn ni ddweyd mai iawn stad ei feddwl adeg y tro, gan na wyddom stad ei feddwl adeg ei bechu? Wrth gwrs, siarad yn nhermau pobl sy'n meddwl yn ol y safonau yna yr wyf rwan ac nid yn ol termau fy safonau fy hun. A chymryd bod tro fel yna yn bosibl, ni lwyddodd yr awdur i ddangos sut y gwnaed y tro yna yn bosibl. Peth arall, fe ellid torri hanner y nofel allan am nad oes a wnelo hi ddim a'r testun. Beth sydd a wnelo'r rhan gyntaf a'r testun o gwbl? Dyna ddisgrifiad o ffair Llangain, yn hollol ddibwynt. Cydwelai Mr Davies a mi ar y pwynt yna. Ond mae'n ddyn hynaws. Nid oedd ddim dicach. Mae ganddo bethau da iawn i blant yn *Y Winllan* rwan, wedi troi rhai o hen hwiangerddi Cymru yn storiau. Y Coblar Coch o Ruddlan, y ddafad gorniog, a'r ebol melyn. Maent yn dda iawn. Mae ganddo feddwl gwreiddiol, ond rywsut ni fedr gario ei gynlluniau gwreiddiol allan i berffeithrwydd.[1]

Credaf y byddai'n syniad go wreiddiol i minnau orffen y llythyr yma, yn lle eich blino. A welsoch chi adolygiad Ifan ab Owen ar *Ddeian a Loli* yn y *Cymru*.[2] Cydwelaf ar lawer o bethau a ddywed ynglyn a thafodiaith, ond druan o Ifan ab Owen. Ni ŵyr ddigon i wybod bod "dod" yn gymaint o air tafodiaith a "dwad", ac mai *swank* pobl y Gogledd yw "dod".

Cofion cynnes iawn

Kate Roberts

O.Y. Ar ol cau'r llythyr hwn gwelais fod ymosod arnaf yn y *W Mail* am yr hyn a ddywedais am Lew Llwyfo, enghraifft arall o anallu *reporters*. Fe ddywedais hynyna, ond dywedais bethau eraill, ac mae adrodd hanner yr hyn a ddywedwyd yn waeth na dweyd dim. Dywedais ei fod yn ymladd yn erbyn rhyw ddyhead oedd ynddo am ddiod, neu ynte (a chymerais fenthyg eich syniad chwi) yn sgrifennu nofelau dirwest am fod y beirniaid yn ddirwestwyr, a thrwy hynny ennill y wobr, a thrwy hynny gael arian i gael diod, oblegid potio oedd bywyd Llew Llwyfo. A dywedais, yn ben ar y cwbl, fod ei anonestrwydd yn hollol wynebagored. Wir, gymaint y canmolais ef am fod yn wyneb-agored fel y dywedodd y *S.W. News* fy mod wedi ei ganmol fel nofelydd!, enghraifft arall o allu *reporters*. O Gymru ond twyt ti'n anobeithiol. KR.

LlGC 22723D, ff. 18—20ᵛ

---

[1] Cyhoeddodd Tegla y storïau hyn o dan y ffugenw "Iorwerth ap Gwilym".
[2] Cyhoeddwyd yr adolygiad ar *Deian a Loli* yn *Cymru*, cyfrol 72 (Chwefror 1927), t. 57.

Maesteg
Rhosgadfan
4 Ebrill 1927

F'Annwyl Mr Lewis,

Ysgrifennaf ar ran pobl Hirwaun (ger Aber Dâr) i ofyn a fedrwch ddyfod yno i siarad dros y Blaid Genedlaethol rywdro tua dechreu mis Mai.[1] Mae yno ychydig bobl sy'n frwdfrydig iawn, a bernir y gellir ffurfio cangen yno ond cael cyfarfod iawn i egluro amcanion y Blaid. Awgrymais iddynt eich cael chwi yno, ac y trefnwn i'r cyfarfod.

Cofiaf am y llyfrau o hyd, ond ni orffenais Joyce eto. Y term diwaethaf a fu'r mwyaf diffrwyth yn fy hanes erioed. Ni ddarllenais ddim drwyddo ond *Madras House, Hassan, Paolo & Francesca*,[2] a nofel Morris Williams. Ni wn beth i feddwl o'r olaf yn iawn. Fy anffawd i oedd fy mod yn darllen Joyce ar yr un pryd. Neu efallai fy ffawd, oblegid yr oedd yn haws imi weled lle curai athrylith. Mae gan Morris Williams lygaid i weled a chryn dipyn o fedr disgrifio. Mae ganddo rai cymhariaethau rhagorol. Mae yn onest hefyd, a dyna'r peth hanfodol. Fe ellwch weled ei fod yn ymdeimlo â bywyd. Nid ffrilennau llenyddol sydd o gwmpas ei waith. *Ond*, ac mae hwn yn ond go fawr, nid oes arbenigrwydd ynddi. Ac mewn nofel o'r natur yma rhaid cael arbenigrwydd. Nid oes ynddi ddigwyddiadau nac amgylchiadau a geidw ddiddordeb y darllenydd ynddynt hwy eu hunain, ac felly dylai'r dywedyd ei hunan afael ynom. Ac i mi dyna athrylith Joyce. Mae yna ryw allu, rhyw bŵer ofnadwy sydd yn torri fel cyllell injian ladd gwair a chwyrnella'r gwair i'r awyr am funud, ond a edy ar ei ol, res dwt, wastad o wair. Meddylier am bregeth yr offeiriad hwnnw ar uffern gan Joyce. Fe brofodd Joyce trwy ei eiriau sicrwydd ei heffaith ar Stephen.[3]

---

1 Cynhaliwyd y cyfarfod yn Hirwaun ar nos Wener, 13 Mai 1927. Ceir adroddiad am y cyfarfod yn *Y Ddraig Goch* (Mehefin 1927), t. 8: " . . . Daeth nifer dda o bobl ynghyd, a'r dystiolaeth ym mhob man ydyw na chafwyd erioed ddadl gryfach o blaid cael plaid fel y Blaid Genedlaethol i gadw popeth goreu ein cenedl. Siaradodd Mr. Lewis yn glir ac yn rhesymol — apel at y synnwyr oedd hi — am awr o amser. Credwn mai'r hyn a apeliodd fwyaf at bobl Hirwaun oedd y deyrnged a dalodd y siaradwr i'r cynghorau lleol, a'r apel am wneud mwy o ddefnydd ohonynt, oblegid mae yn Hirwaun gynghorwyr sydd a'u llygaid ar Gymru a'r Cymry pan eisteddont ar gynghorau. Trwy ryw amryfusedd, ni alwyd ar bobl i aros ar ol a dyfod yn aelodau ar y diwedd, ond credwn y sefydlir cangen yn Hirwaun cyn bo hir . . . "

2 Tair drama oedd y deunydd darllen hwn. Awdur *Madras House* (London, 1911) oedd Harley Granville-Barker (1877—1946), cafwyd cynhyrchiad diweddar o'r ddrama hon gan y National Theatre yn 1977; drama fydryddol mewn pump act o waith James Elroy Flecker (1884—1915) oedd *Hassan — the story of Hassan of Bagdad and how he made the Golden Journey to Samarkand* (London, 1922); ac ysgrifennwyd *Paolo & Francesca: a tragedy in four acts* (London, 1899) gan Stephen Phillips (1864—1915).

3 Fe ymddengys fod SL wedi rhoi benthyg copi o nofel James Joyce, *A Portrait of the Artist as a Young Man* (1916) i KR. Gwelir y bregeth y cyfeirir ati yma yn nhrydedd bennod y nofel.

Modd bynnag, gofynnodd MW imi anfon ei nofel i Wrecsam[1] wedi gorffen ohonof. Fe wneuthum, a chefais gais oddiyno i ddywedyd fy marn amdani.

Mae hi'n werth ei chyhoeddi ac fe ddywedaf hynny wrthynt.

Cofiwch am Hirwaun, a rhowch y dyddiad.

Cofion cynnes iawn

Kate Roberts

LlGC 22723D, ff. 21—2

16

9 St Peter's Rd

Newton

Mumbles

Abertawe

6 Ebrill 1927

F'Annwyl Miss Roberts,

Yr oedd arnaf lythyr i chi, a dyma chi'n sgrifennu eto. Yr wyf yn cyfaddef fy mai a'ch haelioni chithau, oblegid mewn difri ni ddaw imi mewn mis lawer pleser tebyg i lythyr gennych chi. Ac yn rhan o'm diolch, mi addawaf fynd i Hirwaun pan fynnoch chi ym mis Mai, oni ddigwyddo dim anffawd. Ond dylwn eich rhybuddio bod anffodion yn fynych yn fy ngorddiwes i'r dyddiau hyn. Atgoffa hynny fi : A ydyw eich Mam yn dda mwyach? Gobeithiaf yn fawr ei bod.

Ni allaf anfon awdl David Ellis yn ol eto. Nis cofiais. Gwnaf hynny'n bendant cyn mis Mai. Ond y dyddiau hyn yr wyf wrthi fel lladd nadroedd yn ceisio gorffen fy Mhantycelyn, ac fe'i gorffennaf hefyd cyn y Pasg. Y mae'n bur dda, os goddefwch imi fragio! O leiaf bydd yn dipyn o sioc i'r bobl na ddarllenasant Williams drwyddo erioed.

Ofnaf eich bod yn eich lle yn eich barn ar nofel Morris Williams. Ond mi obeithiaf y cyhoeddir ef er mwyn iddo fynd ymlaen at wneud un arall lle na bydd ef ei hun yn brif fater ei waith. Nofel llanc, *adolescent*, yw hon. Rhaid mynd heibio i lencyndod cyn y galler ei drin yn null Joyce neu neb arall o'r meistriaid.

Efallai y bydd rhaid galw pwyllgor y Blaid tua'r Pasg yn Aberystwyth. A fyddai hynny'n gyfleus i chi? O na buaswn innau yn y Gogledd neu ar wyliau hefyd. Teimlaf y dyddiau hyn bod trol wedi mynd drosof a'm gadael yn fflat a sych.

Pan ddelo fy llyfr allan yr wyf am roi copi i chi os caf i. Canys i chi a Prosser Rhys a rhyw ddau neu dri arall y sgrifennais i ef — ac i mi fy hunan.

Cofion cu iawn

Saunders Lewis

Kate Roberts 104

---

[1] Bwriedid anfon y nofel i Wrecsam at gwmni Hughes a'i Fab, gyda golwg ar ei chyhoeddi, ond ni chafodd weld golau dydd.

Maes Teg
Rhosgadfan
Sul 10 Ebrill [1927]

F'Annwyl Mr Lewis,

Diolch yn fawr am eich llythyr a ddaeth yma ddoe (fe ddychrynodd y cyfeiriad Cymraeg yr awdurdodau) ac am eich addewid i ddyfod i Hirwaun. Fe anfonaf atynt, a gofynnaf iddynt ddewis noson a fo'n gyfleus i'r ardal, er mai fel arall y dylai fod, i chwi ddewis noson a fo'n gyfleus i chwi.

Medraf, fe fedraf ddyfod i Aberystwyth wythnos y Pasg. Diolch i *Ddeian a Loli*, gartref y treuliaf y gwyliau hyn. Bwriadaswn fynd i Baris ond fe gefais ffasiwn sioc pan glywais oddiwrth Wm Lewis ddiwethaf fel na fedrwn feddwl am roi rhagor o bwysau wrth fy ngwddf. Cytunwyd rhyngom i roi 25% o ddiscownt i lyfrwerthwyr. Pan ddaeth fy mil diwethaf i gwelais iddynt roddi 33⅓%, a hynny heb yngynghori dim a mi, h.y. rhoisant 1/- ar bob copi yn lle 9c am fod y llyfrwerthwyr wedi ymuno a'i gilydd i ofyn am hynny Mae'n hen bryd i ninnau awduron ymuno.

Rhagor na hynny, telais iddynt am argraffu 1500 o bapurau hysbysebu i'w hanfon i bob siop lyfrau ac i bob Ysgol Sir yng Nghymru. Canfyddaf wrth holi ymhobman nad anfonwyd hwynt. Pwy oedd y Lemuel hwnnw a fu'n lladd ar aelodau'r Blaid Genedlaethol tua Llanbed deydwch? Piti na chai o dipyn o ffeithiau fel yr uchod ar draws ei drwyn.

A dyma chithau yn rhoi ynni corff ac enaid i Williams Pantycelyn. Er dymuno ohonof weled gorffen y llyfr, oblegid gwn y bydd yn drysor, eto, nid da gennyf feddwl eich bod yn aberthu eich gwyliau iddo. Medraf fi fforddio rhoddi cynghorion tadol yn y cyfeiriad hwn yrwan, oblegid ni all neb fy nghyhuddo fi o ychwanegu at lenyddiaeth fy ngwlad yn y misoedd a aeth heibio. Ac mae yn fy mryd ddechreu Spring Cleanio — nid fy menydd — ond y ty yma'r wythnos nesaf. A phan fyddwch chi yn chwysu dros Williams, byddaf finnau yn tynnu'r pantri yn fy mhen neu am fy mhen. Ond da chwi, peidiwch a'ch lladd eich hun. Gresyn bod Rhosgadfan mor bell o Abertawe. Byddai yma le ardderchog i chwi ddianc am dipyn o orffwys ar ol caledwaith.

Yr wyf yn dyheu am gael y llyfr. Byddaf yn falch iawn o'i gael, yn enwedig wedi i'r awdur dorri ei enw arno. Bydd yn drysor oes imi.

Wrth son am Williams, cyfyd problem yn fy meddwl parthed ei emynnau. Pa un ai dyn duwiol, ysbrydol (yn ystyr gyfyng crefydd i'r gair) yn cymryd benthyg cymhariaethau o fyd serch i fynegi ei deimlad at Grist ydoedd, ai ynte dyn synhwyrus, angerddol, yn caru merch neu ferched ac yn cael mynegiant i'w deimladau drwy son am Grist. Mae darllen llinellau fel, "Mynwes Iesu yw'm hapusrwydd", yn peri imi feddwl mai'r olaf. Neu efallai bod y ddau yn wir. Wrth fyfyrio ar y pethau hyn yn ddiweddar, daeth i'm meddwl nad oes gennym ni farddoniaeth serch wir dda yng Nghymru. Efallai mai un rheswm am hynny ydyw bod y beirdd wedi ennill eu cariadau yn rhy hawdd. Petaent wedi torri'r degfed gorchymyn a chwennych gwragedd eu cymdogion, efallai y canasent yn well. Yr oedd yn rhaid i'r hen feirdd eu rhoddi yn eu beddau, yn rhywle lle'r oedd yn amhosibl iddynt eu gweled, cyn y medrent ganu iddynt a gwir deimlad.

Mae Eifion Wyn yn wael yn ei ganeuon serch. Pethau titw-mati[1] iawn ydynt. Yr wyf yn siomedig iawn yng *Nghaniadau'r Allt*. Deuthum i'r casgliad na fedrai Eifion Wyn wneuthur fawr fwy na chasglu termau gwlad a'u gosod wrth ei gilydd. Buasai hynny'n iawn, ond iddynt fod yn forwyn ac nid yn feistres. Ychydig iawn o wir deimlad sydd ynddynt. Gymaint o wahaniaeth sydd rhyngddynt a hwn o waith cynnar WJG.

> "Beth yw'r darn o fywyd welir
> Wrth y darn ofnadwy deimlir.
> Gwelid ped agorid bron
> Nef ac Uffern byd yn hon".[2]

Diolch yn fawr i chi am eich adolygiad ar waith Eifion Wyn, nid yn gymaint oherwydd yr hyn a ddywedasoch ar Eifion Wyn ond oherwydd eich sylwadau gwerthfawr ar farddoniaeth.[3]

Mae hi'n nos Sul. Yr oedd yr Athro Ifor Williams yma'n pregethu heddyw a chefais dipyn o sgwrs ag ef. Mae o'n bregethwr difyr iawn ac yn sgwrsiwr diddorol.

Mae mam yn well o lawer nag ydoedd yr haf diwaethaf, diolch i chi. Ond nid yw lawn cystal yr wythnosau hyn ag y bu. Mae nhad gartref rwan hefyd, wedi rhoi goreu i weithio, a'r unig frawd sengl oedd gennyf wedi priodi; y cywion i gyd wedi gadael y nyth ond y fi.

Mae nhad a mam yn methu'n glir a chael digon o lyfrau i'w darllen, ac mae yma bron bob llyfr Cymraeg mi gredaf i. Y noson o'r blaen darllenodd nhad *Feddau'r Proffwydi*[4], ac yn niffyg llyfr arall darllenodd hi wedyn a wedyn, heb fynd at ddim arall. Pe collwn i ddagrau am rywbeth, fe'u collwn yn gynt am rywbeth fel yna nag am drychineb mewn pwll glo. Rhaid imi fynd i lofft neuadd y Farchnad yng Nghaernarfon i chwilio am lyfrau iddynt, llyfrau fel *Y Ferch o Gefn Ydfa*[5] a phethau felly. Mae *Llenor* y chwarter hwn wedi ei ddarllen yma!

Pob hwyl i orffen Williams.
A chofion cynnes
Kate Roberts

---

[1] "titw-mati" — 'pethau bach dymunol ond disylwedd'. Sonnir am rywun bychan yn y Gogledd yn "ditw o ddyn". Defnyddir y gair "titw" yn y Gogledd hefyd am gath mewn ffordd annwyl sy'n cyfateb i'r ffurf *pussy* yn Saesneg. Nodir y gair hwn gan O H Fynes-Clinton yn ei gyfrol *The Welsh Vocabulary of the Bangor District* (Oxford, 1913), tt. 94 a 534, a chan [John Jones], 'Myrddin Fardd', *Gwerin-eiriau Sir Gaernarfon* ([Bangor], 1907), t. 54.

[2] Methwyd â chanfod y llinellau hyn yn un o gyfrolau cyhoeddedig W J Gruffydd. Hwyrach mai mewn cylchgrawn, e.e. *Cymru*, y gwelodd KR hwy.

[3] Cyhoeddwyd yr adolygiad yn *Y Faner* (24 Mawrth 1927), t. 5: "I mi y peth tra diddorol yn y llyfr hwn yw ei fod fel yma yn fy ngorfodi i geisio deall pam yr oedd Eifion Wyn weithiau yn fardd mor llwyr ac weithiau eraill yn fydrydd mor amhur."

[4] Drama mewn pedair act o waith W J Gruffydd oedd *Beddau'r Proffwydi* a gyhoeddwyd ac a berfformiwyd gyntaf yng Nghaerdydd yn 1913.

[5] Cyfrol boblogaidd iawn o waith Isaac Craigfryn Hughes (1852–1928), y glöwr a'r llenor o Fynwent y Crynwyr, a gyhoeddwyd yng Nghaerdydd yn 1881; gweler *Cydymaith*, t. 278.

OY Amgaeaf y llyfrau gyda diolch cynnes iawn am gael eu benthyg. Mwynheais hwynt yn fawr iawn. Na hitiwch am "Yr Alltud". Gwn beth yw prysurdeb, a phetaech heb ei chodi ni byddai o unrhyw wahaniaeth, oblegid byddai'r copi yn ddiogel gennych chwi, ac mae'n siwr bod copiau eraill ar gael ac y cyhoeddir ei waith rywdro. KR

LlGC 22723D, ff. 23—7

18

Maes Teg
Rhosgadfan
Dydd Sadwrn [23 Ebrill 1927]

F'Annwyl Mr Lewis,
Cefais y llythyr hwn oddiwrth y Parch John Jenkins[1] fore heddyw. A fyddwch garediced ag anfon i 46, Wind Street, Aber Dâr erbyn bore Mawrth i ddywedyd pa un o'r dyddiau hyn yw'r hwylusaf gennych? Yr wyf am gael *posters* allan cyn gynted ag y mae'n bosibl.

Cefais sgwrs ddiddorol iawn ag Ysgrifennydd Adran Rhostryfan o'r Blaid Lafur neithiwr. Mae arno flys garw ag ymuno a Changen Talysarn o'r Blaid Genedlaethol a chred y caem amryw i ymuno a'r B G yn Rhostryfan.

Cyrhaeddais adref tua chwech nos Fercher ac yr oeddwn yn fy ngwely 8.30!

Cofion cynnes iawn
Kate Roberts

Yn amgaeedig

Hirwaun, Glam
22 Ebrill 1927

Annwyl Miss Roberts
Dyma fi bellach yn gallu ateb yr eiddoch. Ni bydd yma yr un rhwystr ar ffordd cynal y Cyfarfod yn yr ail wythnos yn Mai fel yr awgrymwch a bydd Nos Lun Mercher a Gwener yn gyfleus. (9fed. 11eg. 13eg) a threfnais i'w gynnal yn Nebo.[2] (Festri neu'r Capel)

Pob hwyl ar y Gwyliau
Cofion gore
John Jenkins

LlGC 22723D, ff. 28—9

---

[1] John Jenkins (1870–1947), brodor o Lan-non, Llanelli, a gweinidog gyda'r Annibynwyr yn Llanhari a Nelson i ddechrau, ac yna yn y Tabernacl, Hirwaun, a Chalfaria, Y Rhigos. Torrodd ei iechyd yn 1935 a threuliodd weddill ei oes yn Y Tymbl Uchaf; gweler *Blwyddiadur . . . yr Annibynwyr am 1948*, tt. 221–2.

[2] Nebo — Capel y Bedyddwyr, Cwmdâr.

46 Wind Street
Aber Dâr
Nos Fercher (yn hwyr)
[27 Ebrill 1927]

F'Annwyl Mr Lewis,

Mae Ap Hefin[1] yma rwan yn disgwyl am archeb i argraffu'r *posters*, ond cyn trefnu dim yn derfynol euthum i chwilio amser y trenau a gwelaf ei bod yn amhosibl i chwi gyrraedd Abertawe'n ol cyn 10.15 pm. A yw hynyna yn rhy hwyr? Ystyriaf fod arnoch eisieu mynd ymhellach wedyn. Mae'n ofnadwy ddrwg gennyf eich blino fel hyn — ond rhaid gwneud os am gael cyfarfod.

Dyma'r trenau o Abertawe yma.

Abertawe	Hirwaun
3.5	4.20
4.20 (East Dock)	5.28
5.35	6.44

I ddychwelyd.

Hirwaun	Abertawe
9.4	10.15

A gaf fi wybod ar y troad beth a fyddai oreu gennych! A hoffech chwi aros yn Hirwaun y noson honno? Byddai'n ddigon hawdd trefnu hynny, ond cofiaf i chwi ddywedyd yr hoffech ddychwelyd.

Pe byddai gennych amser, a'ch bod yn penderfynu dyfod, hoffwn i chwi ddyfod i fyny efo'r tren cyntaf yna — 3.5, a dyfod i gael te yma efo mi. Dywedwch pa'r un os gwelwch yn dda.

Cofion cynnes iawn
Kate Roberts

LlGC 22723D, ff. 30—1

9 St Peter's Rd
Newton, Mwmbwls
[10 Mai 1927]

F'Annwyl Miss Roberts

Yr wyf am ddyfod atoch i dê brynhawn Gwener a dyfod gyda'r trên cynnar i Aberdâr. Diolch i chi am fy nghwahodd. Bydd yn dda iawn gennyf.

---

[1] Henry Lloyd, (1870—1946), argraffydd yn Aberdâr, bardd, ac awdur yr emyn "I bob un sy'n ffyddlon"; gweler Brynley F Roberts, "Argraffu yn Aberdâr", *The Journal of the Welsh Bibliographical Society*, cyfrol XI (1973—4), tt. 1—53, yn enwedig, tt. 20—1 a 40—2, a hefyd W W Price, cyfrol 18, tt. 160—6.

A diolch am y ddau photograff. Onid ydynt yn dda? Bum yn ddiweddar yn darllen eich straeon i'm gwraig, gan eu troi i Saesneg oreu y gallwn, a hyd yn oed felly fe'u barnai hi hwynt yn anghyffredin, ac felly yr oedd yn ddiddorol ganddi weld eich llun. Ebr hi: "y mae ganddi wyneb da yn gystal â wyneb ffeind".

Y mae'r tywydd yn fendigedig.

Cofion cynnes iawn
Saunders Lewis

Kate Roberts 107

21

46 Wind Street
Aber Dâr
8 Mehefin [1927]

F'annwyl Mr Lewis,

Gwelais yn *Y Genedl* ddoe, a chlywais yng Nghaernarfon, i chwi gael damwain gyda'r beic.[1] Yr oedd yn ddrwg iawn gennyf glywed, a'r peth cyntaf a ddaeth i'm meddwl oedd tybed mai wrth fynd o Hirwaun y noson honno y cawsoch y ddamwain. Gobeithiaf nad te ddim, a gobeithiaf hefyd eich bod yn mendio yn iawn. Ni chefais gyfle i ddywedyd wrthych pa mor rhagorol y siaradasoch y noson honno yn Hirwaun. Gwn y caf ddrwg am ddywedyd eich bod yn huawdl, ond yn wir dyna un o'r pethau mwyaf meistrolgar a glywais erioed, a dyna dystiolaeth pawb. Gresyn i'r llywydd fod mor amhendant ar y diwedd, a pheidio a galw seiat ddychweledigion ar ol. Modd bynnag, anfonais ffurflenni ymuno at un yno, a gwn yr â ef heibio pob un oedd yn y cyfarfod.

Â trefnu'r cyngerdd yn Llangollen ymlaen yn hwylus.[2] Llwyddais i gael y Brodyr Ffransis ar nos Fercher.[3] Ysgrifennais rês o gwestiynau at weinidog yn Llangollen, a dywedodd ef mai nos Fercher oedd y noson oreu, oblegid ar noson gau â'r bobl i'r wlad am dro. Credaf y cawn dipyn o bobl Llangollen, oblegid ceisiasant hwy gael y Brodyr ddwywaith, ond rhwystrai rhywbeth hwynt bob tro. Addawodd ysgrifennydd y Cymrodorion yno fy helpu. Wedyn dyna hwnna'n iawn.

---

[1] Gweler yr hanesyn canlynol o dan y pennawd "Damwain i Athro" yn *Y Genedl Gymreig* (6 Mehefin 1927), t. 4: "Tra yr oedd Mr. Saunders Lewis, M.A., darlithydd mewn Cymraeg yng Ngholeg y Brifysgol, Abertawe, yn gyrru ar ei feisicl ar ffordd Mumbles y noson o'r blaen, gwrthdarawodd lori motor ag ef ger iard gorsaf Swansea Bay, a thaflwyd ef oddiar ei feisicl, a derbyniodd niweidiau i'w goes a'i ddwylo."

[2] Cynhaliwyd ail Ysgol Haf y Blaid Genedlaethol yn Llangollen yn ystod yr ail wythnos yn Awst, 1927; am adroddiad, gweler *Y Ddraig Goch* (Medi 1927), t. 5.

[3] Y Brodyr Ffransis — Owen a Griffith Francis, Nantlle, deuawd gerdd dant enwog a fu'n perfformio lledled Cymru ac mewn cyngherddau yn Llundain. Chwarelwr oedd Griffith ac ef oedd yn gyfrifol am gyfansoddi'r geiriau. Bu farw Owen yn gymharol ifanc yn 1936, gan adael gweddw ac wyth o blant. Gweler W W Price, cyfrol 9, t. 117.

Derbyniais bapur oddiwrth Miss Ffoulkes,[1] Bwrdd yr Apwyntiadau, yn fy hysbysu bod eisieu darlithydd cynorthwyol yng Ngholeg Abertawe. A ydych yn meddwl y medrwn wneuthur y gwaith? Dywedwch yn blaen wrthyf, gwell gennyf hynny. Gwn y byddai yn golled ariannol imi, ond ar hyn o bryd teimlaf na buaswn yn malio colli ychydig, am fod arnaf eisieu ysgrifennu peth wmbreth. Nid diffyg amser yn gymaint yw'r rheswm bod fy mhin dur yn dwyn cyn lleied ffrwyth y dyddiau hyn, ond rhyw flinder gorthrechol a ddaw drosof wedi bod yn dysgu plant nad yw yn Gymry na Saeson. Gyda digon o amser, a hwyl (ac amhosibl cael hwyl ar derfyn diwrnod ysgol) gallwn ysgrifennu dwy nofel yn hawdd. Mae'r deunydd yn fy mhen.

Cefais dipyn o arian am *Ddeian a Loli*. Mae cymaint arall i ddyfod pe talai'r llyfrwerthwyr. Cododd cymaint a hyn ychydig ar fy nghalon, oblegid dengys fod y llyfr yn gwerthu fesul tipyn, a hefyd bod Wm Lewis yn cadw eu llyfrau yn drefnus iawn.[2] Cefais wybod enw pob siopwr a phob unigolyn a brynodd. Hyd yn hyn, ni chymerodd un ysgol mohono, ond ysgolion (elfennol) Aber Dâr (rai ohonynt).

Hyderaf yn fawr nad yw eich niweidiau yn drwm a'ch bod yn gwella yn dda.

Helynt o beth a fyddai i lywydd y Blaid fod yn Llangollen wrth ei faglau!

Cofion cynnes iawn
Kate Roberts

LlGC 22723D, ff. 32–3

22

46 Wind Street
Aber Dâr
2 Tachwedd 1927

F'Annwyl Mr Lewis,

Llawenydd pur i mi oedd derbyn eich llyfr fore heddyw.[3] Bydd yn drysor gwerthfawr gennyf tra fyddwyf, nid yn unig oherwydd ei gynnwys ond oherwydd i chwi dorri eich enw arno.

Darllenaswn y llyfr eisys. Gorffenais ef neithiwr. Yn wir, wedi ei ddechrau ddydd Llun anodd iawn oedd ei roddi heibio. Gwn nad yw o un diben i ryw greadur fel fi basio barn ar eich gwaith. Gwn ry ychydig am ganonau beirniadaeth ac am lenyddiaeth yn gyffredinol i wneuthur hynny. Ond gallaf deimlo bod y llyfr yn aruthrol o fawr. Drwy

---

[1] Annie Ffoulkes (1877–1962), brodor o Lanberis, golygydd y flodeugerdd *Telyn y Dydd* (1918). Ysgrifennodd KR amdani adeg ei marwolaeth, gweler *Y Faner* (29 Tachwedd 1962), t. [6]. Cafodd ei phenodi i Fwrdd Apwyntiadau Prifysgol Cymru yn 1918, cyn hynny buasai'n athrawes yn Nhregaron a'r Barri.

[2] Cadwyd yr ohebiaeth gyda chwmni William Lewis, Cyf., Caerdydd, ynglŷn ag ochr ariannol cyhoeddi *Deian a Loli* ymhlith Papurau Kate Roberts, rhifau 84–6, 88, 90–4, 97, 99–100, 106, 108–9, 112, 114, 121–2.

[3] *Williams Pantycelyn* a gyhoeddwyd gan Gwmni Foyle's, Llundain.

eich gwybodaeth eang o lenyddiaeth gwledydd eraill a'ch llygaid goleu, treiddgar, rhoesoch inni y Williams Pantycelyn iawn. Ac o gael y Williams iawn gallwn weled o'r diwedd yr athrylith fawr yma yn ei wir ogoniant.

Chwerddais ynof fy hun, neu'n hytrach cywilyddiais wrth feddwl am y ffwlbri a sgrifennais i amdano mewn rhyw lythyr atoch chwi beth amser yn ol. Ond bu emynnau Williams yn broblem i mi bob amser. Ac yr oedd cwrs llenyddiaeth ym Mangor yn diweddu cyn dyfod Williams. Ac eithaf peth hynny efallai!

Po hynaf yr af, mwyaf yn y byd y sylweddolaf diffygion f'addysg. Ond gwyn fyd plant yr oes hon a'r nesaf. Cant wleddoedd ar eich llafur chwi a'ch gwybodaeth. Gobeithiaf nad gwir awgrym Syr Owen Edwards mai gogoniant machlud haul yw'r gogoniant a berthyn i lenyddiaeth Gymraeg heddyw. Hynny ydyw, gobeithiaf fod yr iaith Gymraeg yn mynd i fyw fel y bo mwy o'r oes nesaf yn astudio Williams Pantycelyn. A dyna chwi yn gweithio cymaint ar yr ochr yna i bethau gyda'r *Ddraig Goch*. Mawr yw ein dlêd i chwi.

Deallaf eich bod yn Nhreharris heno.[1] Addewais innau fod yno, ond y pryd hwnnw nid ar nos Fercher yr oedd fy nosbarth Ysgol Nos. Newidiwyd ef i nos Fercher erbyn hyn. Hoffaswn yn fawr fod yno i'ch clywed. Sefydlwyd cangen gennym ym Medlinog beth amser yn ol.[2] Mae pobl y Nelson yn gweithio yn egniol iawn wrth drefnu'r cyfarfodydd yma.

Diolch calon i chwi am *Williams Pantycelyn* — diolch am yr hyfrydwch pur a gefais o'i ddarllen a diolch amdano fel anrheg.

Cofion cynnes iawn
Kate Roberts

LlGC 22723D, ff. 34—5

23

46 Wind Street
Aber Dâr
Nos Lun
14 Tachwedd 1927

F'Annwyl Mr Lewis

Mae gennyf ryw hanner awr, cyn mynd i lawr i Abercynon i siarad dros y Blaid,[3] i ateb eich llythyr. Mae'n wirioneddol ddrwg gennyf glywed am eich helynt, a gallaf

---

[1] Ceir adroddiad ar y cyfarfod yn Nhreharris yn *Y Ddraig Goch* (Rhagfyr 1927), t. 7: "Tachwedd 2, ymwelodd Mr. Saunders Lewis, y Llywydd, a Threharris, Morgannwg, ac anerchodd gyfarfod da. Llywyddodd Mr. Lewis Williams, Tonteiliwr, a siaradwyd hefyd gan Mr. D. H. Lloyd, Nelson. Clywsom i'r cyfarfod ado argraff ddofn ar y gwrandawyr."

[2] Ar 10 Hydref 1927 y bu'r cyfarfod hwn ym Medlinog, gweler *Y Ddraig Goch* (Rhagfyr 1927), t. 7: "Hydref 10, cynhaliodd Miss Kate Roberts, y Parch. J. Tywi Jones a Mr. Lewis Williams, Tonteiliwr, gyfarfod neilltuol o dda yma, — digon da i sefydlu cangen yno ar y diwedd . . . "

[3] Gweler *Y Ddraig Goch* (Rhagfyr 1927), t. 7: "Yn Abercynon. Tachwedd 14, a Miss Kate Roberts a'r Parch J Tywi Jones yn annerch. Bu cyfarfod neilltuol o dda dan lywyddiaeth y Parch. D R John. Siaradwyd yn effeithiol hefyd gan y Parch. R.W. Bell a Mr Lewis Williams, Tonteiliwr."

gydymdeimlo a chwi o waelod fy nghalon, oblegid cefais innau'r un pethau rai blynyddoedd yn ol. Cefais un mor ddrwg fel bu'n rhaid imi fynd i'r ysbyty am dair wythnos ac mae'r graith yno byth (ar fy ngwddf a feddyliaf ac nid ar yr ysbyty).

Rwan, y peth goreu y gellwch ei wneuthur nos yfory yw aros yn y ty. Fe fydd gwrando ar fy sothach i yn siwr o godi cornwyd arall arnoch. A pheth arall, fe fydd fy nghoesau innau yn crynnu llai os na byddwch yno, oblegid mae arnaf ofn *critics* mawr fel chwi. A dywedyd y gwir i chwi, po fwyaf a feddyliaf am y Stori Fer, lleiaf yn y byd a wn amdani, ac yn lle mynd yn hyfach af yn swiliach o hyd wrth siarad arni. Ond wrth gwrs fe fyddai'n dda ofnadwy gennyf eich gweld i gael sgwrs. Mae gennyf lawer o bethau ynglyn a'r Blaid &c i siarad amdanynt. 7.22 y cyrhaeddaf Abertawe, ac mae arnaf ofn bod 8.40 yn rhy gynnar i mi orffen siarad a mynd i'r stesion, am wn i. Ni wn lle'r arhosaf, os byddaf yn aros, ond gobeithio ei fod yn agos i'r stesion oblegid cychwyn y tren yn fore iawn a minnau ar duth bob nos ers wythnos. Ni chefais gymaint ag un noson i mi fy hun ers wythnos i heno, ac nis caf hyd y Sadwrn nesaf.

Blinir fi'n fawr hefyd gan bobl sy'n darllen *Y Ddraig Goch*. Cymerant fi fel rhyw Ffynnon Gwybodaeth ar Bob Peth. Caf lythyrau beunydd gan bobl yn gofyn am wybodaeth ar rywbeth na'i gilydd. Heddyw cefais lythyr gan Gymro o Leicester yn gofyn am awgrymiadau ar gyfer cyngerdd Gwyl Dewi, a hefyd am lyfrau neulltuol ar gyfer rhyw ddosbarth na'i gilydd. Y dydd o'r blaen cefais lythyr gan Gyfarwyddwr Addysg ar enw o Gymro yn gofyn am wybodaeth ar lyfrau i blant. Ac fel yna i chi nes wyf wedi ymlâdd. Ond mae Betty Davies[1] yn mynd i sgrifennu i'r *Ddraig Goch* nesaf. Ond rhaid imi gyfieithu. Mae hithau yn prysur ddysgu Cymraeg.

Bum yn Abergwaun o ddydd Sadwrn hyd y Sul. Cewch hanes yr ymweliad hwnnw pan welaf chi. Arhoswn gyda DJ a Sian, a byddai hanes yr ymweliad yn well na llawer stori.

Gobeithiaf yn fawr eich bod yn well. Mae'n dda gennyf i chwi eich plesio eich hun ym *Mhantycelyn*. Teimlaf eich bod chwi eich hun dan gymaint ysbrydoliaeth a Williams mewn ambell bennod. Ysgubir chwi ymaith megis.

Fe orffennir "Ysgolfeistr y Bwlch"[2] pan fyddaf yn 86 — pennod bob blwyddyn.
Cofion cynnes iawn
Kate Roberts

LlGC 22723D, f. 36^{r-v}

---

[1] Betty Eynon Davies — cydathrawes â KR yn Aberdâr. Ysgrifennodd ddramau ar y cyd gyda KR, sef *Y Canpunt, Y Fam, a Wel!, Wel!*. Cyhoeddodd nifer o ddramâu Saesneg hefyd. Cadwyd nifer o lythyrau oddi wrth Betty a'i chwaer, Sybil, ymhlith Papurau Kate Roberts. Bu'r chwiorydd yn byw ym Mottingham, Llundain, ac yna ym Mhenalun ger Dinbych-y-pysgod ar ddiwedd eu hoes. Bu Betty Eynon Davies farw ar 1 Chwefror 1960 mewn ysbyty yn Hwlffordd. Ysgrifennodd erthygl ar gyfer "Cylch y Merched" yn rhifyn Rhagfyr 1927 o'r *Ddraig Goch*, t. 6, sef "Ddoe a Heddiw yng Nghymru — Hen Lyfr Taith Diddorol".

[2] "Ysgolfeistr y Bwlch" — nofel y dechreuodd KR ei hysgrifennu a chyhoeddi'r rhan gyntaf yn *Y Llenor*, cyfrol V (1926), tt. 163—8. Dywedir yno: "(*Fe orffennir y nofel hon pan gaiff yr awdur gymaint â hynny o hamdden oddiwrth waith ysgol*)." Ymddangosodd yr ail ran yn *Y Llenor*, cyfrol VI (1927), tt. 159—64. Nid ymddangosodd mwy ar ôl hynny.

9 St Peter's Rd
Newton, Mumbles
5 Rhagfyr 1927

Fy Annwyl Miss Roberts,
Cefais lythyr heddiw'r prynhawn gan Morris Williams yn dweud y newydd wrthyf,[1] ac er bod y peth yn gyfrinach fud a minnau dan addewid i'w gadw felly, caniatewch imi anfon gair o gyfarchiad atoch. Y mae unrhyw beth a ddigwyddo i chi yn bwysig iawn gennyf ac yn fy nghyffwrdd yn agos ac yn ddwfn iawn. Cael eich adnabod a fu un o freintiau fy mywyd, ac wedi i chi briodi mi obeithiaf gael cadw'r fraint a'ch adnabod yn fwy. Yr wyf yn edmygu eich gwroldeb yn gwneud hyn, a Morris Williams yw'r unig un o'r cwmni ym Machynlleth a Llangollen sy'n haeddu eich antur fawr, canys un yw yntau a fentrodd drwy ei fywyd fyw a meddwl yn wrol. Priodas dau arwr a fydd hi, — ac fe wylltiwch yn aml eich dau, byddwch siwr, ond fe fydd bywyd yn gyfoethog os bydd ef hefyd yn ystormus!!

O, y mae fy nghalon i'n mynd allan atoch ac mi hoffwn fod acw i wasgu eich llaw. Fy mendith arnoch a bendith bywyd arnoch.

Yr eiddoch am byth
Saunders Lewis

Kate Roberts 113

46 Wind Street
Aber Dâr
8 Rhagfyr 1927

F'Annwyl Mr Lewis
Medrwn wylo'n iawn pan dderbyniais eich llythyr fore ddoe wrth feddwl bod gan Morris Williams a minnau y ffasiwn gyfaill cywir ynoch chi. Ni wn ym mha le yr wyf na beth a wnaf y dyddiau hyn. Cerddaf fel pa bawn mewn breuddwyd. Ond yr wyf yn cwbl gredu bod Morris Williams a minnau yn gwneud y peth goreu er ein lles. Buom yn gyfeillion da er Machynlleth, a rhyw ddeufis yn ol syrthiasom i'r pwll hwnnw sy'n ddyfnach na chyfeillgarwch (os dyfnach hefyd; byddaf yn meddwl weithiau bod cyfeillgarwch yn well na chariad — mae o'n wytnach beth bynnag). Gwn y geilw'r byd ni'n ffyliaid. Ond nid yw'n wahaniaeth gennym ni ein dau. Ni ddeuthom i'r penderfyniad hwn heb edrych ar y cwestiwn o bob cyfeiriad. Mae gwahaniaeth mawr yn ein hoed — agos i ddeng mlynedd — a hynny ar yr ochr anghywir, a gwahaniaeth mewn pethau eraill y gesyd y byd fawr bris arnynt. Ond diolch byth, nid ydym ni o'r byd, y byd hwnnw, beth bynnag, ac o'm rhan fy hun nid yw'n wahaniaeth gennyf beth a ddywed neb ond fy nghyfeillion. Gwelwch felly mor dda oedd gennyf gael eich llythyr chwi.

---

[1] Y newydd oedd bwriad KR a MTW i briodi.

Mae'n rhyfedd meddwl bod dau hen *cynic* fel ni wedi mynd i chwilio am ddinas noddfa yn y peth y buom fwyaf *cynical* yn ei gylch. Ond fel yna mae hi, mae gan bob *cynic* ryw ddelfryd yng nghongl ei galon yn rhywle, ac os â ein llong yn ddrylliau, fe fyddwn yn barod am hynny, oblegid ein bod wedi cychwyn hwylio a'n llygaid yn agored, ac wedi atgoffa ein gilydd o'r lleoedd peryglus ar y daith. Nid yw'r un ohonom yn ddigon ffol i feddwl mai mêl heddyw a fydd ein bywyd ar ei hyd ond mae gennym fawr hyder, ar sail y cyfeillgarwch oedd yn eiddo inni cyn cyffro'r wythnosau diwaethaf hyn, y medrwn ddal pethau fel ffraeo &c heb fynd yn deilchion. Mae llawer o bethau allanol wedi ein helpu ein dau i ddyfod i'r penderfyniad hwn, ond fe ŵyr Morris a minnau yn iawn nad hynny a setlodd y peth yn derfynol. Yn wir, ni ddeuthem i'r penderfyniad onibae am yr hyn ydym ni ein hunain i'n gilydd, ar wahan i bob dim y tu allan inni. Ni chafodd ein hoffter o lenyddiaeth, na'n hawydd i adael llety a chael cartref, na'n atgasedd o waith ysgol na dim felly yr un mymryn o ddylanwad arnom yn y setlo terfynol. Ac oherwydd hynny yr ydym yn sicrach yn ein meddwl ein bod yn gwneud y peth iawn. Gwn mai fi sy'n cael y fargen oreu. Mae gan Morris ieuenctid, talent a phersonoliaeth, ac os â'n bywyd yn gandryll arno ef y bydd hi waethaf am ei fod mor ifanc. Ond dyna fo — antur yw hi bob amser.

Mae gennyf y gwaith annifyr (annifyr i mi) — o ddywedyd wrthynt gartref. Efallai y bydd yna storm o brotest ac efallai na bydd. Nid y bydd ganddynt wrthwynebiad i MW — yn wir mae mam yn hoff iawn ohono — ond fe ddeallwch pan ddywedaf wrthych, pan fo rhywun wedi aros cyd a fi heb briodi, y disgwylir iddi fod felly byth.

Os bydd popeth yn iawn fe fyddwn yn priodi flwyddyn i'r haf nesaf. Rhaid imi gael talu fy nlêd yr euthum iddi ynglyn a *Deian a Loli* gyntaf, neu digon posibl y buaswn yn priodi yr haf hwn.

Mae Miss Phoebe Jones yn priodi'r haf yma gyda gweinidog Wesle Caerau.[1] Fe deimlais yn fawr pan glywais ei bod yn gadael ein clwb ni, oblegid yr ydym yn gyfeillion didor er 1911. Ond yn awr yr wyf yn falch.

Hoffwn son am bethau eraill, oblegid nid yw'r Blaid nac ysgrifennu storiau wedi mynd yn hollol o'm meddwl eto. Yn wir mae gennyf stori fer newydd ar y gweyll i rifyn Nadolig y *Genedl*.[2]

[1] Gweinidog Wesleaidd y Caerau oedd y Parchedig John Hopkin Morgan (1882—1962) a anwyd yng Nghnwch-coch, Ceredigion, ond a fagwyd yn Nhreorci. Ceir marwgoffa iddo yn *Minutes and Yearbook of the Methodist Conference 1963*, t. 183. Ym Mhontarddulais yr oedd y teulu'n byw ar ddiwedd ei yrfa. Cadwyd nifer o lythyrau oddi wrth Mrs Phoebe Hopkin Morgan at KR, gweler Papurau Kate Roberts, rhifau 1385, 1413, 1985, 2008, 2016, a 2404. Cyhoeddodd Mrs Morgan erthygl, "Atgofion am Dr. Kate Roberts", yn *Y Gwyliedydd* (30 Mai 1985), tt. 1 + 4.

[2] "Y Gwynt", *Y Genedl* (26 Rhagfyr 1927), t. 6; fe'i hailgyhoeddwyd yn y gyfrol *Rhigolau Bywyd* (Aberystwyth, 1929), tt. 37—47.

Diolchaf o waelod fy nghalon i chwi am eich llythyr ac am eich cyfeillgarwch pur. Gobeithiaf innau ddyfod i'ch adnabod eto'n well wedi newid byd, a thyfu o'n cyfeillgarwch fwy-fwy.

Fy nghofion cynhesaf
Yn gywir fyth
Kate Roberts

LlGC 22723D, ff. 37—8ᵛ

26

University College of Swansea
Singleton Park, Swansea
Pnawn Sul
26 Chwefror 1928

F'Annwyl Miss Roberts

Yr wyf newydd orffen Nodiadau'r Mis,[1] ac yn troi'n awr i ateb rhyw chwech o lythyrau, a'ch un chi yn gyntaf un. Y mae fy nyledion i chi'n amlhau. Do, darllenais eich stori Nadolig yn *Y Genedl* a mwynheais hi'n fawr, er fy mod yn cytuno â barn RWP nad yw hi ymysg eich pethau gorau.[2] Eto, ni fynnwn ei cholli am ddim, y mae llawer o'ch meddwl ynddi. Rhyw ddydd mi geisiaf fod yn ddehonglydd y meddwl hwnnw mewn ysgrif i'r *Llenor* — bydd cyhoeddi'ch cyfrol nesaf yn gyfle efallai.[3]

Yna llyfr eich brawd ar y chwareli, nis darllenais eto, ond mi wnaf a da gennyf amdano.[4]

Yn olaf oll y Glasynys. Yn y mater hwn mi fyddaf yn hyf. Y mae hanes Glasynys mor gynnil a champus fel na fyw imi ei "ddefnyddio". Os caf amser i sgrifennu'n llawn ar Lasynys, i'r *Llenor* neu'n rhan o lyfr, a gaf i roi'r cofiant hwn i mewn?[5] Y gwir yw ei fod yn gampus a mawr ddiolch amdano.

---

[1] SL oedd golygydd *Y Ddraig Goch* yn y cyfnod hwn. "Nodiadau'r Mis" oedd yn llanw tudalennau un a dau ym mhob rhifyn.

[2] Nid ymddengys fod RWP wedi cyhoeddi dim tua'r cyfnod hwn, yn ôl gwybodaeth a gafwyd gan yr Athro Bedwyr Lewis Jones. Mae'n rhaid mai sylw llafar, neu sylw mewn llythyr, oedd hwn ynglŷn â'r stori "Y Gwynt".

[3] Ymddangosodd y gyfrol nesaf, *Rhigolau Bywyd*, yn Rhagfyr 1929, a chafwyd adolygiad gan SL arni yn y *Western Mail* (2 Ionawr 1930), t. 9, yn dwyn y teitl "A Welsh Classic".

[4] Mae'n debyg mai at lawysgrif y cyfeirir yma. Cedwir tair cyfrol am fywyd y chwarel a luniwyd gan frawd KR, Richard Cadwaladr Roberts, ymhlith Papurau Kate Roberts, rhifau 2503—5. Cadwyd hefyd wyth o gyfrolau ganddo yn adrodd hanes codi neuadd bentref Rhosgadfan, sef llawysgrifau LlGC 19740—7B.

[5] Golygwyd *Straeon Glasynys* gyda rhagymadrodd gan SL yn 1943 a'i gyhoeddi gan Wasg Aberystwyth. Yr oedd 'Glasynys' (Owen Wynne Jones, 1828—70), gweler *Bywgraffiadur*, t. 472, yn frodor o Rostryfan ac yn awdur straeon toreithiog. Ysgrifennodd KR nifer o erthyglau amdano, gweler *Cydymaith*, t. 325, a hefyd *The Arvonian* (Cylchgrawn Ysgol Sir Caernarfon), cyfrol X (Rhagfyr 1909), tt. 12—14.

Bum innau'n ddiwyd y dyddiau diwethaf yma, yn sgrifennu i rifynnau Gwyl Ddewi pob papur yng Nghymru, *Efrydydd*,[1] *Draig Goch*,[2] *Western Mail*[3] . . . . Cyfieithu J Arthur Price hefyd i'r *DG*.[4] Y mae fy holl egni'n mynd ar bob math o bethau, ac ni chaf fyth sgrifennu'r llyfrau llawn sydd yn fy meddwl, nofel a chofiant a llyfrau beirniadaeth. Mi rown lawer pe cawn rywun i gymryd *Y Ddraig Goch*, ond ni waeth imi heb a grwgnach, ac yr wyf am gadw ymlaen am sbel go hir eto nes bo'r Blaid ar ei thraed.

A beth am eich nofel chithau? Gwelais Garadog Prichard pwy ddydd, ond ni chefais ond hamdden byr gydag ef. Yn anlwcus y mae'n galw arnaf bob tro pan fyddwyf brysuraf. Fy nghofion, os byddwch cystal, at Forris Williams. Y mae arnaf lythyr iddo yntau ac fe'i caiff cyn y Pasg.

Yn gu iawn yr eiddoch bob amser

Saunders Lewis

PS Maddeuwch yr enfelop. Newydd gael nad oes gennyf un glân.

Kate Roberts 115

27

46 Wind Street
Aber Dâr
20 Mawrth 1928

F'Annwyl Mr Lewis

Mae yna lawer o bethau yr hoffwn ysgrifennu yn eu cylch. Yn gyntaf, gadewch imi ddywedyd gymaint o fwynhad a gefais wrth ddarllen eich sgit yn y *W Mail* Ddygwyl Dewi. Yr oedd hi'n ardderchog. Chwerddais yn galonnog. A chwerddais fwy pan welais Mr Williams Parry yn y rhith o Gynghorwr Plwyf neu rywbeth felly. Rhyw William Parry o Lŷn oedd y dyn mae'n debig.[5]

---

[1] Cyhoeddwyd "Llenorion a Lleygwyr" yn rhifyn Mawrth 1928 o'r *Efrydydd*, tt. 146—8.

[2] Ymddangosodd "Y Blaid Genedlaethol a Senedd Lloegr" yn erthygl olygyddol i rifyn Mawrth 1928 o'r *Ddraig Goch*, tt. 1—2.

[3] Yn rhifyn Dydd Gŵyl Dewi o'r *Western Mail*, t. 4, cafwyd erthygl yn dwyn y teitl "The Troubled Saint" gan SL, ynghyd â llun ohono.

[4] Teitl yr erthygl y cyfeirir ati oedd "Atgofion Archesgob Cymru" a ymddangosodd mewn tair rhan yn *Y Ddraig Goch* (Mawrth-Mai 1928). Yr oedd John Arthur Price (1861—1942) yn fargyfreithiwr ac yn newyddiadurwr yn Llundain. Brodor o Amwythig ydoedd a ddaethai i gysylltiad â Syr John Edward Lloyd ac eraill yn Rhydychen a throi'n genedlaetholwr Cymreig brwd. Gweler *Y Bywgraffiadur* [2], t. 47, ac "Oriel y Blaid", *Y Ddraig Goch* (Mawrth 1933), t. 3.

[5] Cyhoeddwyd cyfres o erthyglau yn y *Western Mail*, Ddydd Gŵyl Dewi 1928, t. 4, yn dwyn y teitl "If Saint David Came Back to Wales?" Un o'r gyfres honno oedd cyfraniad SL "The Troubled Saint". Teitl cyfraniad RWP oedd "Dewi a'r Beirdd — Ymgom mewn Cerbyd Modur". Argraffwyd lluniau'r cyfranwyr, ond nid llun RWP a gynhwyswyd wrth ei erthygl ef.

Ynglyn a Glasynys, nid wyf yn fodlon o gwbl i chwi ei gyhoeddi. Wedi ei sgrifennu y mae hwnna i fod o ryw ychydig help i chwi at eich gwaith. Oddigerth yn y rhan gyntaf o'i fywyd, bu'n rhaid imi ddibynnu ar ysgrifau gan Glaslyn, Llew Llwyfo, Machreth a Wm Williams Glyndyfrdwy. Felly nid teg a fyddai ei gyhoeddi a minnau wedi lladrata cymaint.

Mae'n debig i chwi weled na chafodd Mr H R Jones ddim lwc yn ei ymgeisiaeth am le ar Gyngor Sir Arfon.[1] Ni wn a welsoch ei anerchiad ai peidio, ac ni wn beth yw eich barn ar yr hyn a wnaeth. Ond i'm barn i, dylsai ddyfod allan fel Ymgeisydd y Blaid. Nid oes air o son yn ei anerchiad am y Blaid o gwbl. Hoffwn wybod beth yw ein hagwedd i fod mewn amgylchiadau o'r fath.

Amgaeaf ddarn o'r *Genedl* rhag ofn yr hoffech sylwi arno yn *Y Ddraig Goch*.[2] Onid yw peth fel hyn yn ddigon i yrru dyn yn gynddeiriog? Yr oedd stori Miss Huana Rhys yn wirioneddol dda. Dyma'r tro cyntaf imi ers blynyddoedd ddyfod ar draws dim o werth yn Eisteddfod y Myfyrwyr — dim ers amser Iorwerth Williams. Yr oedd yno un arall bur dda, o'r un natur, ond nid oedd ei harddull gystal. Nid oedd gennyf y syniad lleiaf pwy oedd y gorau. Tybiwn mai dyn ydoedd. Yr oedd yno rai difrifol o wael.

Bydd gennyf *essay* ar gaeau yn *Y Llenor* nesaf.[3] Ni wn beth i feddwl ohono yn iawn. Weithiau tybiaf ei fod yn dda iawn a thro arall ei fod yn fabiaidd o wael. Tybiaf fod ei arddull cystal a dim a sgrifennais erioed, ond mae ei sylwedd yn ddienaid. Ac eto a yw hynyna'n bosibl? Onid rhyw fwynhad a gododd o'm henaid a'i gwnaeth yn bosibl imi ei sgrifennu? Rhyw hiraeth am fy ieuenctid neu fy mhlentyndod a wnaeth imi ei sgrifennu. Mae yn dlws ac fe ddywed pobl ei fod yn *sweet*. Ond mae arnaf ofn mai yng ngoleuni fy hapusrwydd presennol yr edrychaf hyd yn oed ar fy mhlentyndod yn awr. Amser prudd yw plentyndod y rhan fwyaf o bobl ac ni bu f'un innau'n eithriad. Ond yr oedd yno lygeidiau o haul a'r llygeidiau hynny a ddisgrifiais i yn eu cysylltiad a'r caeau. Y cwestiwn ydyw ai wrth weld haul ai wrth weld cysgod y ceir y llenyddiaeth orau.

[1] Safodd H R Jones yn etholiadau sirol Mawrth 1928 yn Neiniolen Uchaf. Dywed D Hywel Davies yn ei gyfrol *The Welsh Nationalist Party 1925–1945* (Cardiff, 1983), tt. 131 a 169, iddo sefyll yn enw'r Blaid Genedlaethol. Dyfynnir yno o'r *Faner* (6 Mawrth 1928). Daeth H R Jones yn drydydd gydag 84 o bleidleisiau. Enillwyd y sedd gan y Blaid Lafur (519 pleidlais) gyda'r Rhyddfrydwyr yn ail (323 pleidlais).

[2] Nid yw'r toriad o'r *Genedl* wedi goroesi. Cyhoeddwyd stori fer gan Miss Huana Rees, Abertawe, "Y Teithiwr", yn *Y Llenor*, cyfrol VII (1928), tt. 180–3, ac un arall, "Gwynfyd", yn *Y Llenor*, cyfrol XI (1932), tt. 103–7. Huana Rees bellach yw Mrs Huana Morgan, Ystumllwynarth, gweddw yr Athro T J Morgan, Abertawe. Yr oedd KR yn beirniadu cystadleuaeth y stori fer yn Eisteddfod Ryng-golegol Caerdydd, 1928. Cedwir cyfrol deipysgrif o'r beirniadaethau yn Llyfrgell Hugh Owen, Coleg Prifysgol Cymru, Aberystwyth. Ffugenw'r buddugol oedd "Glaw". Yr oedd SL yn beirniadu cystadleuaeth traethawd ar y testun "Dyfaliad ar wleidyddiaeth y dyfodol yng Nghymru" yn yr un eisteddfod.

[3] "Caeau", *Y Llenor*, cyfrol VII (1928), tt. 93–5.

Cytunaf a chwi parthed stori'r "Gwynt". Ceisio gwneuthur rhywbeth at y Nadolig a wneuthum, a cheisio cael awyrgylch gaeaf hen ffasiwn mewn tref hen ffasiwn, a thrwy hynny fod yn anonest a mi fy hun. Mae yna le i'r math yna o lenyddiaeth, ac mae yn nhref Caernarfon gystal llwyfan iddo ag unman. Gall miloedd o ysbrydion dynion a lofruddiwyd a llofruddion fod yn ymguddio yn ei chwrtydd culion. Ond rhaid cael rhyw William de Morgan o awdur ato,[1] ac nid y fi yw'r un i'w ysgrifennu. Wyddoch chi, mae arnaf ofn fy mod i yn rhy hapus ac yn rhy fodlon ar hyn o bryd i ysgrifennu dim byd o werth.

Nid â fy nofel yn ei blaen o gwbl.[2] Gallwn ysgrifennu'r bumed bennod ond nid y drydedd. Ni wn yn y byd mawr sut i fynd ymlaen gyda charwriaeth y Scwl a Jennat. Am wn i mai gwneud iddynt briodi ar slap a wnaf, a'u gosod yn eu ty.

Yr wyf wrthi'n darllen *There is no return* gan y Dywysoges Bibesco.[3] Mae o'n ofnadwy o alluog — mor alluog nes gwneud imi stopio a meddwl bron bob yn ail llinell, a gwneud i'm pen frifo.

Mae yn resyn mawr na fedrai rhywun arall wneuthur eich gwaith ynglyn a'r *Ddraig Goch*, er mwyn i chi gael sgrifennu llenyddiaeth tebig i "Flodeuwedd". Ac eto ni fedrwn eich hebgor o'r *Ddraig Goch*. Ni fedrai neb wneuthur y gwaith yna ond y chwi. Y nodiadau yna yw'r pethau gorau o ddigon ynddi. Mae o'n drist meddwl mai'r rhai a fedrai ddarparu llenyddiaeth i Gymru sy'n gorfod ceisio achub ei henaid.

Ni chofiaf am ddim arall rwan. Mae'n debig y cofiaf am rywbeth eto wedi imi gau'r llythyr.

Fy nghofion cywiraf
Kate Roberts

LlGC 22723D, ff. 39—40[v]

28

University College of Swansea
Singleton Park, Swansea
Nos Fawrth
[27 Mawrth 1928]

F'Annwyl Miss Roberts,
Llawer o ddiolch am eich llythyr. Anfonais at H R Jones i ofyn a gaf i weld ei anerchiad. Tybiais mai'n ymgeisydd y BG yn llwyr yr ymgeisiodd ef, oni wnaeth hynny ni wn i ba

---

[1] William de Morgan (1839—1917), nofelydd Fictoriaidd. Wedi gyrfa yn gwneud llestri lliwgar dan ddylanwad William Morris, trodd William de Morgan at ysgrifennu nofelau pan oedd yn 65 oed. Ei lyfr cyntaf oedd *Joseph Vance* (1906) — nofel hunangofiannol am Lundain ym mhumdegau'r bedwaredd ganrif ar bymtheg. Cyhoeddodd bum nofel arall cyn ei farw. Gweler John Sutherland, *The Longman Companion to Victorian Fiction* (Harlow, 1988), tt. 178—9.

[2] Cyfeiriad arall at y gyfres anorffen "Ysgolfeistr y Bwlch", gweler t. 29, nodyn 2 uchod.

[3] Y Dywysoges Marthe Lucie Bibesco (*née* Lahovary), (1888—1973), nofelydd o dras Romanaidd. Ysgrifennai yn Ffrangeg am fywyd aristocrataidd Ewrop rhwng y ddau ryfel byd.

werth oedd yn ei gais. Ond siom fawr oedd y lecsiynau sir. Nid yn unig methiant y Blaid, ond y profion lawer nad oedd dim ond pynciau personol neu bynciau dibwys yn ystyriaeth pob rhan o'r wlad oddigerth y De. Yno o leiaf fe wynebwyd problemau Sosialaeth. Yn wir, y mae'n tasg ni fel Plaid yn anos hyd yn oed nag a dybir gan neb. Dengys y darn o'r *Genedl* a anfonasoch yr un peth. Fe'i cadwaf a'i ddefnyddio pan welwyf gyfle, ond byddai'n eithaf peth ped ysgrifennai rywun i'r *Genedl* arno.

Clywais gan W J Gruffydd fod gennych ysgrif i'r *Llenor* nesaf, ac fe'i gwelaf ddydd Llun nesaf, sy'n ddechrau Ebrill. Y mae'r hyn a ddywedwch am fod yn rhy hapus i sgrifennu yn debyg ddigon o fod yn wir. Nid am fy mod yn credu y rhaid bod yn annedwydd er mwyn cyfansoddi y dywedaf hynny. Y mae gennym hanes am *rai* awduron na buont annifyr! Ond mi debygaf mai wedi cyrraedd rhyw sadrwydd, wedi cnoi a threulio profiad cynhyrfus, y gellir ei feddiannu ac y daw llenydda eto'n fwynhad. Na, nid meddwl yr wyf y daw diwedd ar hapusrwydd o anghenraid, ond rhaid iddo wrth gwrs newid ei hun a datblygu'n fath arall o hoen, a rhyw fynd a dyfod rhwng profi a mynegi yw bywyd artist. Nid wyf yn *cynic* o gwbl, ac ni chredaf fod mwy o wir mewn bod felly na mewn bod yn sentimentalaidd: y mae'r ddau yn unochrog.

Ni ddechreuais eto ar Lasynys. Yr wyf wrthi'n awr yn sgrifennu ar Ddaniel Owen, ac wedi gorffen hynny af at Lasynys. Meddyliais unwaith wneud llyfr o'r ddau ynghŷd, dan y teitl : yr Artist a'r Piwritaniaid, ond y tebyg yw yr anfonaf y cwbl yn ysgrifau i'r *Llenor* — er y byddant yn bur faith. Cefais hwyl ar y bennod gyntaf o'r Daniel Owen; gorffennais hi ddoe, ac i ddathlu'r peth prynais bum potel o win ardderchog 1916 o winllan Chateau Beychevelle. Pan briodwch chi, beth a roddaf i'n anrheg i chi? Dwsin o botelau o win gwir dda? Neu wydrau i yfed ohonynt? Neu gadair i eistedd ynddi tra profoch y gwin a'r gwydrau? Hen siwg gwrw a anfonais i Brosser Rhys.[1] Yr wyf yn caru prynu pethau i'w rhoi i gyfeillion sy'n yfwyr, ac felly dyheaf am weld dydd eich priodas chithau. Pam na wnewch chi'n fuan — er fy mwyn i!

Yr wyf yn mynd i Lerpwl i fwrw'r Pasg gydag un o'm hen gyfeillion yno sy'n fardd Saesneg da ac yn feddyg.[2] Yna dychwelaf i weithio, yn ol gorchymyn D J Williams, yn Sir Gaerfyrddin am wythnos gron. Dyna'r un rhan o waith y Blaid sy'n gwbl ffiaidd

[1] Priodwyd Edward Prosser Rhys a Mary Prudence Hughes yng nghapel Salem (M.C.), Aberystwyth, ar 11 Ionawr 1928, gweler Papurau Kate Roberts 4317.
[2] Y bardd Saesneg da a'r meddyg yn Lerpwl oedd Edward Glyn-Jones. Ei unig gyfrol gyhoeddedig, hyd y gwyddys, oedd *The Death of Itylus and other poems* (London, 1924). Mae'n ddiddorol sylwi, o gofio am ei gyfeillgarwch â SL, mai drama fydryddol oedd "The Death of Itylus". Ceir nifer o gyfeiriadau at Edward Glyn-Jones yn llythyrau SL at ei ddarpar wraig rhwng 1919 a 1924, yn ôl y wybodaeth a dderbyniais gan Mrs Mair Saunders Jones. Cofrestrodd yn feddyg ar 1 Mai 1917, wedi ennill LRCP ac LRCS Caeredin ac LRFPS Glasgow y flwyddyn honno. Ei gyfeiriad oedd 14 Mulgrave Street, Lerpwl, a 75 Alexander Road, Southport, erbyn diwedd ei yrfa. Mae ei enw yn diflannu o'r *Medical Register* ar ôl 1952.

gennyf, ond nid oes mo'r help. Gwelaf, yn ol *Ein Tir,* fod Cynan eto ymhlith y Rhyddfrydwyr.[1] Tro byr yn ol fe gyhoeddwyd ei fod wedi ymuno â'r Blaid Genedlaethol, y dyn digrif. Gyda llaw, y mae *Ein Tir* yn bapur da iawn, yn llawn lluniau ac ysgrifau ysgeifn a phoblogaidd — a chanddo'r holl rinweddau y mae'r *Ddraig Goch* yn ddiffygiol ynddynt, a gwych yw cyfieithu Prosser Rhys. Wel, y mae'n un ar gloch y bore, felly rhaid tewi a noswylio. Nos dawch,

Saunders Lewis

Kate Roberts 116

29

46 Wind Street
Aber Dâr
Nos Sul
13 Mai 1928

F'Annwyl Mr Lewis

Mae gennyf yn awr chwech o storïau byrion yn barod i'r wasg ac mae yn fy mryd ysgrifennu un arall i'w gwneud yn saith a'u cyhoeddi yn llyfr bychan.[2] Sgrifennais un newydd yr wythnos dwaetha — a medraf sgrifennu un arall yr wythnos nesaf. Bum yn meddwl am ysgrifennu rhagymadrodd iddo fy hun — ond tybiaf erbyn hyn y byddai hynny yn rhy debig i Fernard Shaw. Wrth gwrs gall Bernard Shaw fforddio sgrifennu ei ragymadroddion ei hun — ond ni allaf fi.

Rwan, yr wyf am ofyn ffafr arbennig gennych chwi. A fyddwch chi garediced ag ysgrifennu rhagymadrodd imi? Nid son am fy straeon i sydd arnaf ei eisiau, ond rhywbeth ar gelfyddyd y stori fer. Medrwch chi ei wneuthur yn well na neb arall.

Os cytunwch, anfonaf yr ystorïau i chwi, nid yn gymaint er mwyn y rhagymadrodd, ond er mwyn imi gael awgrymiadau lle gellid gwella neu newid. Gwelsoch bedair o'r saith eisys: "Y Golled" a "Bywyd" yn *Y Llenor* a "Rhwng Dau Damaid o Gyfleth" a'r "Gwynt" yn *Y Genedl.* Bu gennyf un arall yn *Y Genedl* hefyd, "Nadolig" oedd ei henw.[3]

---

[1] *Ein Tir* — papur Rhyddfrydol misol a ymddangosodd rhwng 1926 a 1929. Cyhoeddid y papur gan bencadlys y Rhyddfrydwyr yn Llundain ond fe'i golygid a'i argraffu yn Swyddfa'r Cambrian News yn Aberystwyth, sydd yn ei dro yn esbonio cysylltiad Prosser Rhys. Cyhoeddodd Cynan erthygl "Y Beirdd ac Amaeth" yn rhifyn Ebrill 1928, t. 7, ac un arall yn rhifyn Mai 1928, t. 7, yn dwyn y teitl "Plannu Coed". Cafwyd paragraff beirniadol am ymwneud Cynan â'r Rhyddfrydwyr gan SL yn y "Nodiadau Misol", *Y Ddraig Goch* (Hydref 1928), t. 2.

[2] Cyhoeddwyd *Rhigolau Bywyd a storïau eraill* yn Rhagfyr 1929, heb ragymadrodd ond yn cynnwys wyth o storïau byrion.

[3] Ymddangosodd y storïau fel a ganlyn: "Bywyd" yn *Y Llenor,* cyfrol IV (1925), tt. 129–34; "Y Golled" yn *Y Llenor,* cyfrol V (1926), tt. 41–7; "Rhwng dau damaid o gyfleth" yn *Y Genedl* (21 Rhagfyr 1925), t. 5 ac eto yn *Y Ddraig Goch* (Gorffennaf 1927), tt. 6–7+4; "Y Gwynt" yn *Y Genedl* (26 Rhagfyr 1927), t. 6; a "Nadolig — Stori Dau Ffyddlondeb" yn *Y Genedl* (20 Rhagfyr 1926), t. 5.

Nid oes gennyf unrhyw newydd o bwys. Gwelsoch, mae'n debig, i Oronwy Owen ddyfynnu "Cas gwr na charo'r wlad a'i Maco" yn Gymraeg yn y Senedd, a hynny wrth ddadlau o blaid diwrnod Ymerodraeth!![1] Piti na bae gennym golofn ddigri yn *Y Ddraig Goch* i roi pethau fel hyn i mewn. "A glywsoch chi — ?" neu rywbeth felly.

Fy nghofion gorau
Kate Roberts

LlGC 22723D, ff. 41—2

30

9 St Peter's Rd
Newton, Mumbles
15 Mai 1928

F'Annwyl Miss Roberts,
Yr wyf wedi bod yn troi eich gofyniad drosodd yn fy meddwl ers y bore. Nid wyf yn awr ac yn bendant am wrthod sgrifennu rhagymadrodd, ond yr wyf am wrthod eich clymu chi wrth gytundeb ar y mater y gallo fod yn edifar gennych amdano.

Imi fod yn blaen, dyma'r pethau sy'n peri imi amau. Yn gyntaf oll, a oes un gwerth mewn rhagymadrodd i lyfr gennych chi? Gofyn cyhoeddwyr am ragymadrodd er mwyn rhoi hwb i lyfr. Fe all y byddai'r cyhoeddwr yn flin ganddo orfod cael rhagair gan neb i'ch gwaith chi. Mi dybiaf felly y dylech ofyn yn gyntaf i'r cyhoeddwyr cyn sicrhau fy ngwaith i.

Yn ail, fel rheol er mwyn helpu gwaith awdur gwan y gofynnir am ragair gan awdur enwog. Eich method chi yw ceisio enwogi *notum per ignotius!* Yr ydych yn fwy na mi, Miss Roberts, yr ydych yn artist ac yn athrylith; y mae eich gwaith hefyd wedi ei gydnabod bellach. Amheuaf felly a fyddai rhagair gennyf i yn fuddiol i chwi. Ond wedi dweud hynny oll, deellwch os cytuna'r cyhoeddwyr am lês rhagair, ac os caniatewch imi wedyn sgrifennu nid ar y stori fer (canys *abstraction* yw hynny) ond ar eich straeon byrion chi, yna mi wnaf gyda sel fawr.

Ar wahan i hynny, mi fyddaf yn ddiolchgar iawn am gael darllen y straeon. Y mae "Bywyd", "Y Golled", "Gwynt", "Rhwng Dau Damaid o Gyflath" (y cariad yw hwnnw!) gennyf, ond os newidiasoch ddim arnynt, anfonwch hwythau hefyd.

Yn ben ar y cwbl, diolch yn wir gynnes i chi am feddwl amdanaf i yn y mater hwn. Y mae eich bod yn fy ystyried i hyd yn oed fel yna ar gyffro munud, yn gysur a llawenydd

---

[1] Goronwy Owen (1881—1963), brodor o Ben-llwyn, ger Aberystwyth ac aelod Rhyddfrydol dros sir Gaernarfon rhwng 1923 a 1945. Dyfynnwyd y ddihareb ganddo yn ystod trafodaeth ar y *Public Holiday (Empire Day) Bill* ar 27 Ebrill 1928. Cafodd ei watwar am ddyfynnu yn Gymraeg gan ei gydaelodau, a thraddododd araith yn amddiffyn y Gymraeg a Chymreictod, gan ddweud ei fod yn genedlaetholwr Cymreig, gweler *Hansard*, cyfrol 216, colofnau 1284—6.

imi, ond fel y dangosais i, er fy mod i'n falch, falch o'r cynnig, eto o safbwynt llwyddiant eich llyfr a safbwynt y cyhoeddwr, amheuaf ei ddoethineb.

Yn gu iawn
Saunders Lewis

ON Newydd gael *Y Ddraig* am Fai. Diolch i chi am ysgrif mor ffres.[1]
Kate Roberts 117

31

46 Wind Street
Aber Dâr
15 Mehefin 1928

F'Annwyl Mr Lewis,

Ar arch Mr Prosser Rhys dyma fi yn anfon y nodion gwasgarog yma i chwi. Gwelaf hi'n anodd iawn sgrifennu rhywbeth fis ar ol mis, a byddai'n dda gennyf mewn un ffordd roi gorau iddi.[2]

Diolch am eich llythyr ynglyn a'r rhagymadrodd. Bum innau'n meddwl am y peth o'ch safbwynt chwi, ond rywsut tueddu i feddwl yr wyf fi y byddai rhagymadrodd o werth ond iddo fod ar gelfyddyd y stori fer ac nid ar fy straeon i. Nid hwyrach y gallai pobl wedi hynny ddeall fy storiau innau yn well. Ni wn a ddywedais wrthych i un o athrawon Ysgol Sir y Bechgyn yma ofyn imi beth oedd ystyr diwedd "Y Wraig Weddw"! Cawn siarad am y peth yn Llandeilo.[3]

Ni chefais amser byth i sgrifennu'r stori olaf at fy llyfr. Mae'r gwaith yn yr ysgol yn fawr ac yn fy mlino ormod i wneuthur dim byd gwreiddiol wedi dyfod o'r ysgol. Gobeithiaf fodd bynnag fedru eu cwblhau a'u caboli yn ystod gwyliau'r haf.

Gwn y plesia'r newydd nesaf chwi. Efallai y byddwn yn priodi tua'r Nadolig. Buom yn cynilo ac yn crafu a gwelsom bosibilrwydd casglu digon o arian i ddodrefnu ty bychan erbyn tua mis Ionawr. Mae arnom eisieu bod yn ffyddlon i ddelfrydau'r Blaid Genedlaethol, a mae'r rhan fwyaf o'n dodrefn i fod yn rhai cartref. Mae Dafydd, brawd Morus, yn mynd i'w gwneuthur inni o dderw.[4] Mae ganddo dderw chwemlwydd oed rwan, ac wedi iddo fod allan yn y tywydd yn tymheru bydd yn dechreu arnynt rhag blaen, yn ddodrefn llofft, bwrdd bwyta, cadeiriau (fel cadeiriau hen ffasiwn Cymru) ac

---

[1] "Galwedigaethau i Ferched — eisiau Cymraesau i dorri gwallt", *Y Ddraig Goch* (Mai 1928), t. 6.

[2] Mae'n debyg mai anfon yr erthygl "Gair at Bwyllgor Addysg Arfon — Gwnio fel Crefft" ar gyfer colofn "Cylch y Merched" yn rhifyn Gorffennaf 1928 o'r *Ddraig Goch* yr oedd KR yma.

[3] Cynhaliwyd Ysgol Haf y Blaid Genedlaethol yn Ysgol y Sir, Llandeilo, rhwng 13 a 17 Awst 1928. Ceir y rhaglen yn llawn yn *Y Ddraig Goch* (Awst 1928), t. 7.

[4] David Edmund Williams (1897—1971) — adroddir ei hanes a'i gyfraniad i'r Blaid Genedlaethol gan Derec Llwyd Morgan yn *Adnabod Deg* (Dinbych, 1977), tt. 116—22. Ysgrifennodd erthygl ar gyfer cyfres "Cylch y Merched", ar gais KR, mae'n debyg, sef "Gwneuthur Dodrefn Cymreig", *Y Ddraig Goch* (Ebrill 1928), t. 6.

yn silffoedd llyfrau. Yr ydym mewn oliad[1] am waelod tresel dderw du hen iawn, yn weddol rad mae'n debig. Mae popeth fel hyn yn ddiddorol iawn imi, a goreu po gyntaf gennyf weled y dydd y bydd gennyf gartref fy hun.

Mae'r athrawes sy'n dysgu Cymraeg yn y dosbarthiadau isaf yn ymadael yr haf yma. A chan y gwyddwn y bydd yr un a apwyntir yn ei lle yn cymryd fy ngwaith i wedi imi fyned, meddyliais mai goreu imi oedd dywedyd hynny wrth y brifathrawes yn awr. Ac yn wir, fe effeithia'r ffaith yna ar yr apwyntiad hwn. Bum yn darllen dros gymwysterau rhai o'r ymgeiswyr heddyw, ac nid oes neb a saif allan yn amlwg yn eu mysg. Be sy'n bod deudwch? Yr wythnos diwaetha deuthum ar draws gair diddorol iawn yn nhraethawd un o blant ieuengaf yr ysgol. Soniai am "esgid gefndwn". Gofynnais beth oedd ei ystyr a dywedodd hithau mai esgid wedi torri ac yn agor yn ei chefn. A chofiais innau'r munud hwnnw am linell Goronwy, "Heb goll yn ddi-dwn hollol". Onid yw'n air da?[2]

Amgaeaf beth o waith y plant yma, yr ychydig iawn a roes bleser imi'n ddiweddar. Ysgrifennwyd hwnna yn Y Winllan y llynedd pan oedd Olwen Rees tuag un ar bymtheg oed.[3] Rhoi pethau fel hyn yn lle traethodau y byddaf. Cefais amryw o *sketches* da o'r "Plisman Plant".

Darllenaf *Ddeian a Loli* gydag un dosbarth yma. Rhoddais fy ngwyleidd-dra heibio wrth ei ddewis yn faes llafur iddynt. Ac nid yw'n edifar gennyf. Mwynha'r plant ef yn fawr. Ar hyd y ffordd, wrth ei ddarllen, clywch ryw ychydig yn rhoi rhyw ebwch o chwerthin, a gwelwch wên ysgafn dros eu hwynebau, a bob tro y daw Deian i'r adwy i amddiffyn Loli, clywch O! llawn o fynegiant o'u gwerthfawrogiad, ac nid yn unig o'u gwerthfawrogiad ond o'u gallu i adnabod cymeriad. Deuthum i'r casgliad pendant erbyn hyn fod plant, merched beth bynnag, yn mwynhau disgrifiad distaw o gymeriad lawn cymaint ag anturiaethau rhyfygus. Biti na werthai *Deian a Loli* yn well.

Dwn i ddim pam y soniaf am fy ngwaith yn yr ysgol. Yn sicr nid yw o lawer o ddiddordeb i chwi. Byddaf ddiolchgar am y traethodau a'r *Winllan* yn ol unrhyw adeg y byddwch yn ysgrifennu imi.

---

1   "*mewn oliad*" = "ar drywydd", gweler *oliad* yn *Geiriadur Prifysgol Cymru* a'r enghreifftiau a roir yno, sef Ifor Williams yn *Y Beirniad*, cyfrol V (1915), t. 78, a W J Gruffydd yn *Y Llenor*, cyfrol X (1931), t. 202.

2   Llinell o "Gywydd Dydd y Farn" o waith Goronwy Owen (1723–69), gweler D Gwenallt Jones, *Blodeu-gerdd o'r Ddeunawfed Ganrif* (Caerdydd, 1936), t. 42, llinell 95. Ceir erthyglau yn *Geiriadur Prifysgol Cymru* ar 'cefndwn' (t. 447) ac ar 'didwn' (t. 965).

3   Olwen Samuel (*née* Rees), (1910–89), merch o'r Rhigos ac athrawes Gymraeg yng Nglynebwy. Priododd â Dewi Samuel, athro Lladin yn yr un ysgol. Daeth ei brawd, Llewellyn Rees, yn ddarlithydd addysg gorfforol ym Mangor. Gohebai Olwen Samuel yn rheolaidd â KR a chadwyd llawer o'i llythyrau yng nghasgliad yr awdures. Cyflwynodd hithau lythyrau KR ati hi i'r Llyfrgell Genedlaethol a'u rhoi dan sêl hyd 1 Ionawr 2011. Ceir ei hargraffiadau o KR yn athrawes arni yn Ysgol Ramadeg y Merched, Aberdâr, yn y gyfrol a olygwyd gan Bobi Jones, *Kate Roberts — Cyfrol Deyrnged* (Dinbych, 1969), tt. 182–8. Cyhoeddwyd ysgrif o'i gwaith, "Digwyddiad a wnaeth argraff mawr ar fy meddwl", sef hanes ymweliad â Thyddewi, yn *Y Winllan* cyfrol LXXX (1927), t. 155, ond Olwen Jones a geir yno.

Galwodd Morus fy sylw at frawddeg o'm heiddo ym Myd y Merched am Fehefin.[1] Hon: "Nid oes dim yn ein tai bwyta i ddenu *dynion* i fyned i mewn iddynt". Dywed ef y cymer pawb mai'r ystyr neilltuol sydd i "ddynion" yn y fan yna — sef gwrywod. (Hen air hyll gennyf). Ond i mi, golyga dynion bob amser ddynion a merched. Ond dyna fo — fe wnaed y drwg rwan. Gobeithio nad effeithia lawer ar foes y Blaid.

Fy nghofion cynhesaf.
Yn gywir
Kate Roberts

OY Darllenais *Ysgrifau'r* Dr Parry Williams gydag awch.[2] O! mae blas ar ei frawddegau a blas ar ei brofiadau. Peth diddorol yw gweld tipyn tu hwnt i'r llen yn enaid dyn. KR.

LlGC 22723D, ff. 43—4ᵛ

32

46 Wind Street
Aber Dâr
1 Hydref 1928

F'Annwyl Mr Lewis,
Mae gennyf beth hylltod o bethau i sgrifennu amdanynt — gymaint fel na wn ym mha le i ddechrau.

Fe gefais eich neges o Donypandy. Mi anfonais ysgrif "Cylch y Merched" rhifyn Hydref[3] yn syth i Aberystwyth, gan feddwl nad oeddech chwi wedi cyrraedd cartref oddiar eich gwyliau. Yn y gwyliau clywais am un peth da a wnaeth "Cylch y Merched". Chwi gofiwch imi rywdro son am rasus y Waun Fawr, fy mod wedi synnu gweld eu hanes yn Saesneg yn y papur.[4] Y tro hwn fe ddywedodd yr ysgolfeistr yn y pwyllgor fod yn rhaid eu rhoi yn Gymraeg, fod *Y Ddraig Goch* wedi eu cymryd i fyny am eu rhoi yn Saesneg.

Bu Mr Valentine yn cadw cyfarfod yn fy nghartref ddechreu Medi, ac yn wir bu'r cyfarfod yn llwyddiant mawr. Siaradodd Mr Valentine yn wych a barn pawb ydoedd mai dyna'r araith boliticaidd orau a gafwyd yn yr ardal erioed. Ymunodd ychydig — cafwyd dwsin i gymryd *Y Ddraig Goch*. Drannoeth aeth Mr Valentine i'r chwarel — Chwarel Cors y Bryniau — a gwnaeth argraff dda iawn ar y chwarelwyr ac yr wyf yn sicr y caiff nifer dda o'u fotiau yn y lecsiwn. Mae o'r *very* dyn i fod yn ymgeisydd Seneddol.

---

[1]   "Galwedigaethau Eto — Tai Bwyta Cymreig", *Y Ddraig Goch* (Mehefin 1928), t. 6.

[2]   Cawsai'r gyfrol *Ysgrifau* o waith T H Parry-Williams ei chyhoeddi yn ystod gwanwyn 1928 gan Gwmni Foyle's, Llundain.

[3]   "Hysbysu'n Saesneg — arfer ffol dynion busnes Cymru", *Y Ddraig Goch* (Hydref 1928), t. 6.

[4]   Ymddangosodd y feirniadaeth yn erthygl KR "Hyn a'r llall", *Y Ddraig Goch* (Awst 1927), t. 6.

Chwi welsoch neu fe glywsoch i wraig y dafarn yn Llandeilo fod o flaen ei gwell am beidio a rhoi'r llyfr cofrestru inni, ond ni bu dim arni.[1] Modd bynnag, mae'r hanes yn y papur wedi rhoi bod i lot o straeon. Gofynnodd mab Pedr Hir imi ai gwir i Mr Valentine fod mewn rhyw helynt gyda'r plismyn yn Llandeilo, a dywedwyd wrthyf heno ein bod ni wedi meddwi tua Llandeilo ac wedi bod mewn helynt gyda'r plismyn. Rhaid imi ddywedyd y gwir plaen fy mod yn wrthwynebol hollol i bobl tuallan i'r criw sy wedi arfer bod efo'i gilydd yn y gwesty ddyfod i aros atom. Meddyliwch am y bobl a fu'n aros am noson yma ac acw yn ystod yr wythnos yn Llandeilo. Be wyr neb beth a garia'r rhai hynny i bobl y tu allan. Wrth gwrs nid oes gennym ni ddim i boeni yn ei gylch, ond fe ddylem ystyried Mr Valentine. Fe all ef fyned i ddwr poeth. Ac efallai nad ychwanega at ein hurddas fel plaid i'r stori fynd allan ein bod yn diota. I'n criw ni, ni byddai ddim o'r ods pe baem yn chwil ulw bob nos, ond pan ddaw rhywun dieithr i mewn a gweld dynion yn yfed dim ond un gwydriad, mae hynny yr un peth ag yfed galwyn i'r bobl hynny a buan yr â'r stori ar led ein bod yn griw meddw. Yr wyf fi wedi clywed cyn hyn fy mod yn hoff o ddiod. Mae Mr Prosser Rhys a minnau yr un farn yn hollol ar y pwnc hwn. Rhwng popeth nid oes gennyf fi fawr o atgofion melys am Landeilo. Petaem ni wedi cadw at ein criw cyntaf, ni buasai Eddie Parry wedi dyfod i'r gwesty, a buasai wedi achosi llawer llai o boen imi. Mae hynny ei hunan wedi gosod mwgwd dros Landeilo i mi, a'i wneud megis un hunllef. Drwy drugaredd, byddaf yn medru anghofio pethau fel yna dipyn, ond fe ddaw rhywbeth o hyd a gyfyd y peth yn fyw i'm meddwl. Cefais uffern yn y fan yma nos Fercher ddiwethaf wrth ddarllen *Keeping Up Appearances* (Rose Macaulay). Fe awgrymodd rhyw olygfa yn y llyfr hwnnw y nos Iau honno yn Llandeilo a daeth y cyfan yn fyw i'm cof. A wyddoch chi, un peth a fuasai wedi rhwystro'r rhan fwyaf o'r helynt — a'r un peth hwnnw fuasai allwedd yn y drws. Ond nid oedd yno'r un yn yr ystafell honno.

Wedi imi fyned adref o Landeilo cefais amser ddigon prysur a bu'r wythnos olaf o'm gwyliau yn ddigon trist. Deuthum yn ol yn teimlo'n hŷn o lawer. Mae fy mrawd ieuengaf sy'n fyw yn cadw siop yn Rhosgadfan.[2] Fe briododd ryw ddwy flynedd yn ol, ac mae'n byw heb fod ym mhell oddiwrth nhad a mam. Fe'i clwyfwyd yn Ffrainc yn 1916. Aeth shrapnel poeth i mewn i'w ochr ac mae wedi llochesu yn rhy agos i'w galon i

---

[1] Ceir adroddiad llawn ar gyfarfodydd Ysgol Haf Llandeilo gan MTW yn *Y Ddraig Goch* (Medi 1928), tt. 5—4, ond nid oes sôn am y digwyddiad a grybwyllir yma. Cofnodwyd rhywfaint o'r hanes mewn adroddiad am yr achos llys — *"A Llandilo Offence — echo of visit of Summer School"*, a ymddangosodd yn yr *Amman Valley Chronicle* (6 Medi 1926), t. [6]. Gwysiwyd Mrs Anne Thomas, rheolwraig Gwesty'r Castell, a'i chyhuddo o beidio â chadw cofrestr o'r sawl a fu'n aros yn y gwesty dros gyfnod yr Ysgol Haf: *"The evidence for the prosecution was that P.S. W.A. Jones called at the hotel at 1.5 a.m. on Friday, August 17th, and found in a room at the end of the hotel a number of members of the Welsh Nationalist Summer School. They were Messrs. L. E. Valentine, Llandudno; D.G. [sic.] Williams, County School, Fishguard; and R.W. Parry, University College, Bangor. The latter said they were lodgers and that nobody had asked them to sign, neither had they been shown a register."*

[2] Evan Owen Roberts (1895—1951). Fe fu ef a'i wraig Elena ('Lina') yn gofalu am Swyddfa'r Post yn Llanberis wedi hynny. Cadwyd ei lyfr milwr ymhlith Papurau Kate Roberts, rhif 2420.

fyned ar ei ol. Mae wedi cael hyrddiau pur wael byth oddiar hynny ac mae'n cael rhyw bensiwn bychan. Weithiau fe'i ceid yn anymwybodol yn y siop, ond ai'r pwl heibio ac fe ddeuai yn well drachefn.

Yr oedd yn cwyno cryn dipyn yn y gwyliau hyn ac fe fu'n rhaid iddo fynd at y doctor. Anfonodd hwnnw ef i'w wely — dywedai ei fod yn achos difrifol o ddrwg. Mae yn cael codi ychydig erbyn hyn ac mae yn well o ryw gymaint. Mae yn sobr o ddigalon ac ni wiw ei adael wrtho'i hun ddim. Ond hyn yr oeddwn ar fedr ei ddywedyd. Fe'i gwelais o yn un o'r pyliau drwg yma. Nis gwelswn cynt — fe dybiwn i mai rhyw wasgfeuon a gai — ond na, mae'n cael rhywbeth tebig i ffit epileptig. Fe'i tynnir ac fe'i cordeddir i gyd drwyddo i bob ffurf. Fe aeth ei weled a mi yn ol ddeuddeng mlynedd at amser y meddyliwn fy mod wedi ei anghofio — pan oedd pedwar o'm brodyr yn y Fyddin, nhad oddicartre, mam yn edrych ar ol y tyddyn ei hunan, a minnau yn Ystalyfera mewn uffern o ysgol. Fe deimlais yn rhyfedd — mor rhyfedd nes teimlwn y medrwn ysgrifennu cyfrolau o lenyddiaeth. Ac mae arnaf ofn y buasai yn llenyddiaeth greulon, chwerw.

Cefais lot o syniadau am storiau byrion o fywyd ei hun. A phetae amser fe'u hysgrifennwn gyda grym. Meddyliwch am hyn fel sgerbwd stori. Medrai fy mrawd weled o'i ystafell wely nifer o dyddynnod bychain, a dyna lle byddai bob dydd yn cyfrif y gwartheg &c. Yn un o'r tyddynnod yma y mae dyn yn byw ac arno £23 i'm brawd ac nid yw'n meddwl am eu talu. Yr oedd ei fam yn ddynes onest, ac wedi ei marw fe ymddiriedodd fy mrawd ei mab gan feddwl ei fod yntau yr un fath. Ond — yr oedd dwy fuwch y dyn hwn ym mysg y gwartheg a gyfrifai fy mrawd. Byddai yn cael cystadleuaeth mewn cyfrif — meddai ef — efo rhyw ddyn bach arall dychmygol oedd wrth ei ochr yn y gwely. Ond rhyw fore, nid oedd gwartheg y dyn hwn yno i'w cyfrif. Clywyd wedyn mai'r dyn y prynodd hwynt ganddo heb dalu amdanynt a ddeuthai yno i'w nol. Clywodd wedyn fod y das wair yn mynd i dalu i ddyn a aethai yn feichiafon dros y tyddynnwr yn y Banc. A'r diwrnod y cerid y gwair oddiyno fe droes fy mrawd ei ben at y pared. Nid oes yn y tyddyn ddim y gallai fy mrawd syrthio arno ond dodrefn y ty — ac nid oes ganddo'r galon i fynd a'r rheiny.

Gwelwch felly pa mor graff oedd eich beirniadaeth chwi ar farddoniaeth Peate. Beirniadaeth ragorol ydyw.[1]

A rwan dyma fi'n cofio am beth y dylswn agor y llythyr hwn ag ef. Ni chefais gyfle i gael dim sgwrs gyda chwi yn Llandeilo i'm mawr siom. Yr oedd arnaf eisieu dywedyd wrthych pa mor ofidus oedd gennyf am y cam a wnaed a chwi gan yr Orsedd ynglyn a'r wobr yna. Ni ddaeth i'm meddwl i fod neb yn ddigon ffol i awgrymu llyfr ar yr un anadl a *Phantycelyn*, a phan ddarllenais mai'r Dr Tom Richards a'i cawsai, bu agos imi a chael ffit.[2] *Mae'n* ddrwg gennyf coeliwch fi. Onid oes yna bethau i'w dirmygu yng Nghymru

---

1 Cyfeiriad at adolygiad SL ar gyfrol Iorwerth C Peate, *Y Cawg Aur* yn *Y Faner* (18 Medi 1928), t. [5], lle'r ymosodir ar arfer Iorwerth Peate o "golynnu pobl barchus" yn ei gerddi.

2 Dyfernid Gwobr Tom Rees, sef hanner canpunt, am lyfr Cymraeg goreu'r flwyddyn flaenorol. Gwobrwywyd Dr Thomas Richards am *Piwritaniaeth a Pholitics (1689—1719)* (Wrecsam, 1927). Y beirniaid oedd Elfed, Dr Maurice Jones a'r Dr J E Lloyd. Gweler *Y Faner* (14 Awst 1928), t. 5.

mewn gwirionedd? A dyna fusnes y gadair wedyn. Wel! Yr wyf yn edmygu Mr Prosser Rhys am ei onestrwydd a'i ddewrder.[1] A'r holl bapurau eraill yn treio bod yn neis. Fe ddywedodd Syr John rywdro ym Mangor, mi glywais, wrth gadeirio cyfarfod ynglyn a'r ddrama, nad oedd ef wedi astudio'r ddrama na'r stori nac yn cymryd fawr o ddiddordeb ynddynt. Os felly, nid oes ganddo hawl i feirniadu barddoniaeth chwaith, oblegid yr un yw deunydd y cwbl.

Rhaid imi dynnu at y dalar. Mae gennyf lawer o bethau eisieu eu hysgrifennu ond mae hi'n hwyr ar y nos. Fe hoffwn yn fawr eich gweld i gael sgwrs, i son am y pethau hen ffasiwn a brynais ac a gefais yn y gwyliau, ac hefyd i son am fy llyfr, os daw o allan rywdro. Mae gennyf chwech o straeon yn barod, ac fe fedrwn sgrifennu o leiaf bedair eto, ond ni wn beth i'w wneud: ai sgrifennu'r pedair ai dim ond un at y chwech, fel y tybiais ar y cyntaf. Mae arnaf eisieu sgrifennu adolygiad i'r *Faner* ar storiau eto, ond anodd yw cael amser i wneuthur dim yn iawn.

Fe ddylwn fod yn brysur y term yma gyda phethau eraill, ond rywfodd nis gallaf. Fel y gwyddoch, nid oes argoel bod Morus yn cael lle i fynd o Donypandy, ac ni allaf feddwl am chwilio am dŷ a setlo i lawr yn y Rhondda. Ac oherwydd hynny, yr wyf yn gadael popeth — ond y dodrefn hen ffasiwn y soniais amdanynt uchod a'r dodrefn a wneir inni yn y Groeslon — hyd y munud olaf heb eu prynu. Bydd arnaf ofn mai yn y Rhondda y bydd yn rhaid inni fod wedi'r cyfan, ac mae'r peth yn fy mlino yn fawr. Ond efallai y daw rhywbeth cyn bo hir.

Yr wyf i fod i ofyn i chwi hefyd a fedrwch ddyfod i Aber Dâr i siarad dros y Blaid. Mae arnaf gywilydd na threfnwyd cyfarfod cyn hyn. A fedrech ddyfod ryw nos Fawrth yn nechreu Tachwedd, erbyn 7.30?

Maddeuwch lythyr blêr gwasgarog fel hyn. Nid oes dim hwyl arnaf.

Cofion cynnes iawn
Kate Roberts

LlGC 22723D, ff. 45—8[v]

---

[1] "Y Sant" oedd testun yr awdl yn Eisteddfod Treorci 1928. Ataliwyd y wobr. "Llangathen" oedd ffugenw y cystadleuydd gorau, a Gwenallt oedd hwnnw. Yn "Led-led yr Eisteddfod", *Y Faner* (14 Awst 1928), t. 5, dywedir: "Buom yn ddigon anffodus i weld atal y gadair . . . yn bennaf oherwydd nad oedd ar yr ymgeisydd hwnnw ofn disgrifio profiad dynol, llawn, ac am na chuddiai nwydau'r corff fel petaent dabŵ. Mi welais yr awdl hon, mi a'i darllenais yn fanwl, ac y mae hi'n awdl nodedig iawn, o ran gwreiddioldeb ymadrodd ac awen, a hefyd o ran ysbryd crefyddol. Y mae'n wir bod beirniadaeth Syr John Morris-Jones yn darllen yn rhesymol iawn, ond gwir reswm yr atal, yn ol cyfaddefiad y beirniaid eu hunain yn ddistaw bach, yw henferchedeiddiwch. Mi hyderaf y cyhoedda Mr D J Jones (Gwenallt) — ef biau'r awdl — y gwaith yn y *Llenor*, fel y gwelo'r wlad fwnglerwaith y tair hen ferch o feirniaid Elfed, Syr John Morris-Jones a'r Parch. J. J. Williams." Prosser Rhys sy'n cael y clod am y sylwadau hyn gan KR, gan mai ef a ysgrifennai'r golofn "Ledled Cymru" gan amlaf dan y ffugenw "Euroswydd", ond y sylw a geir yma dan y pennawd a'r ddau is-bennawd yw "Gan Nid Euroswydd".

33

9 St Peter's Rd
Newton, Mumbles
3 Hydref 1928

F'Annwyl Miss Roberts,

Yr wyf am awgrymu testun stori fer i chwi, ac ar y cyntaf yr ydych yn debyg o feddwl fy mod yn aflednais ac yn ddiffygiol o'r tynerwch a raid wrtho i'ch deall chi. Canys dyma'r testun — y nos Iau honno yn Llandeilo, y cwbl, yr episôd gyda'r plismyn ar y llawr a'ch profiad atgas chithau ar y llofft yr un pryd. Fe welwch fod ynddo ddeunydd stori chwerw a chref. Ond fy rheswm i dros ei awgrymu yw mai drwy sgrifennu'r peth yn stori fe'i symudwch ef yn eich meddwl chi o fod yn rhywbeth i'r teimlad, sy'n boen i chi, i dir oer y deall lle y lleddir y profiad personol drwy ei droi yn brofiad amhersonol, artistig, ac felly cewch waredigaeth lân o'r atgof atgas. Ystyriwch hyn.

Buaswn yn anfon pennod fy nofel atoch a gefais yn ôl gan Brosser Rhys heddiw, ond ofnaf y byddai ei darllen ar hyn o bryd yn boenus gennych. Sgrifennais hi ym mis Mehefin. Ond gwych yw clywed eich bod chithau'n llawn bwriadau a syniadau am straeon. Gan fod gennych gymaint ar baratoad, onid y peth gorau fyddai rhoi naw neu ddeg ynghyd yn llyfr 3/6?

Creulon yw hanes eich brawd, yn wir, a gallaf ddeall yn iawn y boen meddwl a gawsoch drwy'r haf hwn. Dywedodd Oscar Wilde fod bywyd yn dynwared celfyddyd, ac fe ellir tebygu mai gwir yw hynny yn eich profiad chi. Canys y mae hanes eich brawd a'r dyledwr hwnnw yn frawychus o debig i stori fer yn ôl patrwm eich celfyddyd chi. Diolch i chi am anfon eich ysgrif i'r *Ddraig* at Brosser Rhys. Yr ydych yn wir dda wrthyf, yn cadw ati'n gyson a didrafferth fel hyn. Clywaf yn aml iawn werthfawrogi eich erthyglau. Yn rhifyn Hydref myfi piau'r ysgrif flaen yn gystal a'r Nodiadau, gan fod Peate yn Sbaen ar ei wyliau. Cefais lythyr ganddo heddiw yn dweud iddo ddychwelyd ac yn ateb pwyntiau yn fy adolygiad i ar ei lyfr. Dywed hefyd newydd brawychus am Iorwerth Williams, Llanfyllin, sef gorfod mynd ohono i'r Swistir ar unwaith ar orchymyn doctor, a drwg ar ei wddf ef.[1]

Am wobr £50 yr Orsedd, y mae'n anodd imi ddweud dim yn gwbl onest, gan fod fy meddwl yn gymysg. Hoffaswn gael hanner can punt yn ddiau. Bellach, mi gredaf fy mod yn hapus iawn am nas cefais. Y mae fy ngwaith politicaidd gyda'r Blaid yn fy ngorfodi i i fod yn amlwg yn aml, ac yn dwyn imi enw a rhyw fath o bwysigrwydd a sylw gyda'r werin bobl. Ofnaf hynny'n fawr, rhag iddo niweidio fy meddwl i. Mi gadwaf ato serch hynny *tra bydd ef yn boen imi*, canys felly fe wna beth da imi hefyd. Ond ni fynnaf ychwanegu at fy nhemtasiynau, ac ni ddymunaf lwyddiant llenyddol

---

[1] Cyhoeddwyd nodyn yn *Y Ddraig Goch* (Tachwedd 1928), t. 8, yn sôn am salwch J Iorwerth Williams M.A., LL.B., Llanfyllin, a'i fod wedi mynd i Davos yn y Swistir i geisio iachâd. Mae Mr Williams yn byw yn Nhrefonen ger Croesoswallt erbyn hyn. Derbyniwyd traethawd M.A. a ysgrifennwyd ganddo gan Brifysgol Cymru yn 1926, sef "Cyfriniaeth yn llenyddiaeth Gymreig", a chyhoeddodd nifer o ysgrifau creadigol, e.e. "Cymylau", *Yr Efrydydd* (Rhagfyr 1927), tt. 71—4. Gweler W W Price, cyfrol 29, t. 171.

poblogaidd. Byddaf hyd yn oed yn ofni tipyn mai er mwyn fy esgymuno fy hun yr wyf yn Gatholigaidd, a byddai hynny yn beth ffiaidd. — Fe welwch mai peth cymysg ddigon yw meddwl pob dyn.

Os rhaid i chi fyw yn Nhonypandy, na ofidiwch. Ond i chi symud oddiyno cyn gynted ag y dechreuwch fod yn fodlon yno!

Fy nghofion — a chyda'ch caniatad — fy nghariad atoch,
Saunders Lewis

Kate Roberts 120

34

46, Wind Street
Aber Dâr
22 Hydref 1928[1]

F'Annwyl Mr Lewis,

Nid oedd amser i sgrifennu gair o lythyr gyda'r ysgrif y dydd o'r blaen. Yr oeddwn yn hynod falch o gael eich llythyr caredig pa ddydd, a diolch yn fawr i chwi am eich ysgrifau yn *Y Ddraig Goch* a'r Cywydd yn *Y Llenor*.[2] Nid oes neb a all ddywedyd pa ffurf a gymer eich athrylith nesaf o hyd. Ac o ba le y cewch amser, dwn i ddim. Bydd eich gweithgarwch yn fy ngwneuthur yn ddigalon. Mae meddwl am y gwaith y gallwn ei wneud ond na wnaf oherwydd blinder neu ddiogi yn peri imi ocheneidio. Ond byddaf yn fy nghysuro fy hun wrth feddwl mai anodd iawn yw i neb ysgrifennu llenyddiaeth ar ol bod wrthi am ddiwrnod cyfan yn ceisio pwnio i bennau pennabyliaid. Ryw bythefnos yn ol ar ddydd Iau — llusgwn fy nhraed i fyny at y ty yma tua chwarter wedi pump — heb gael dim un awr rydd ar hyd yr wythnos oherwydd selni rhai o'r athrawesau eraill ac o nos Lun hyd nos Iau wedi rhoi 191 o lyfrau llyfrgell allan a chyfansoddais stori fer yn fy meddwl rhwng y ty a'r ysgol. A dyma oedd hi — dim ond popeth a ddigwyddasai'r diwrnod hwnnw wedi eu gosod wrth ei gilydd heb atalnod yn null Joyce. Buaswn yn y prynhawn yn ceisio dangos prydferthwch "Ystrad Fflur" Gwynn Jones i ddosbarth sy'n ddihareb, hyd yn oed yn ein ysgol ni, am ei ddylni. Bu agos imi a chrio ar ddiwedd y wers — crio wrth feddwl bod to o blant yn codi heb ddeall digon o Gymraeg i weld harddwch "Ystrad Fflur". Ac wrth ddyfod i fyny'r allt yn fy nghlust o hyd yr oedd: "O'm dolur ymdawelaf, O'm dolur ymdawelaf". A meddyliwn tybed a gaiff dyn ymdawelu o'i ddolur byth. Son am yr ysgol — rhoddwn wers ar "Wenoliaid" Gwynn Jones i ddosbarth o blant bach un diwrnod. Hyd y medraf, ni byddaf byth yn egluro yn Saesneg. A phan ddeuthom at y frawddeg "Hir fu'r chwedleua" gofynnais, "Pwy fydd yn chwedleua?" gan ddisgwyl cael yr ateb,"Menywod ar stepyn y drws." Ond dyma beth a gefais gan ryw bwt fach walltfelen "Y dynion yn y Parliament!!!"

---

[1] 1923 sydd gan SL ar ben y llythyr, ond mae'n amlwg o'r cyfeiriad at y cywydd yn *Y Llenor* mai gwall am 1928 ydyw. "Llygad y Dydd yn Ebrill" oedd y cywydd yn *Y Llenor*, cyfrol VII (1928), t. 136, ail-gyhoeddwyd yng nghyfrol R Geraint Gruffydd (gol.), *Cerddi Saunders Lewis* (Caerdydd, 1992), t. 1.

[2] SL oedd yn gyfrifol am "Y 'Cenedlaetholwyr Rhyddfrydol'" a'r erthygl flaen "Undeb Llenyddol Ewrob" yn *Y Ddraig Goch* (Hydref 1928), t. 136, gan fod Iorwerth Peate ar ei wyliau yn Sbaen.

Cefais lythyr oddiwrth Foyles heddyw yn dywedyd mai goreu yw gwneuthyr fy llyfr yn fyr a'i werthu am hanner coron, drwy nad yw llyfrau uwch eu pris na hynny yn gwerthu. Ysgrifenaswn atynt ynghylch *Deian a Loli*. Fe werthwyd mil ohono erbyn hyn ac erys dwy fil eto am eu rhwymo. Ysgrifennais at Foyles i ofyn faint a roddent am y ddwy fil yma. £35 a gynigiasant. Golygai hynny golled o £90 i mi, ac felly ni allaf dderbyn eu cynnig. Efallai rywdro y gwerthir y ddwy fil yma allan. Hyd yn oed os gwneir, fe olyga golled o £30 i mi. Ffwl, meddwch chi. Wel nid yn hollol, oblegid mae gennyf ar ddu a gwyn mai 25 y cant oedd y *discount* i lyfrwerthwyr i fod. Pan ddaeth y cyfrif cyntaf i mi, yr oedd *discount* llyfrwerthwyr yn 33⅓ y cant, gwahaniaeth o dair ceiniog y copi — cymaint ag a gaf am *O Gors y Bryniau* heb ddim am y 1500 cyntaf.

Onid yw'n resyn bod W J Gruffydd yn cael cymaint trafferth i gael deunydd i'r *Llenor*? Methaf a deall beth sydd ar griw Bangor na helpant ef. Buasai'n alanas genedlaethol pe byddai'r *Llenor* farw. Credaf fod Nodiadau'r Golygydd yn dda iawn, hynny ydyw maent yr hyn y dylai nodiadau golygydd fod — yn bryfoclyd. Fel mae'n digwydd, cytunaf yn hollol a'r hyn a ddywed am gyfansoddiadau Tre Orci.[1] Gobeithiaf i Garadog Pritchard gymryd ei feirniadaeth yn yr ysbryd iawn. Mae CP yn fardd heb ddim os, ond mae arno angen dysgu ei grefft. Ychydig iawn o bobl yng Nghymru heddyw sy'n fodlon rhoddi eu cefnau ar y pared a chymryd disgyblaeth lem ar sut i drin y ddawn a roed iddynt. Yr oedd yn dda gennyf glywed Mr Williams Parry yn son yn Aberystwyth y Pasg fod pob llinell yn costio yn ddrud iddo. Mae to o ysgrifenwyr *slipshod* yn codi — ysgrifenwyr yr un fath ag ambell ddynes sy'n fodlon ar slemp o lanhau rhwydd yn ei thy. Mae gennyf dair stori i'w hadolygu i'r *Faner* rwan.[2] Maent mor ddiflas a jam afalau. Credaf y dylid rhoi pawb sy'n sgrifennu fel hyn yn jêl rhag iddynt ysgrifennu rhagor, oblegid fe wnai filwaith fwy o les i blant Cymru ddarllen Daniel Owen, a'i ddarllen drachefn a thrachefn, yn hytrach na darllen dwsinau o lyfrau na edy unrhyw argraff arnynt wedi eu darllen.

Dwg hyn (Nid y diffyg blas — ond y blas y gwn sydd arni) fi at eich nofel chi. Byddaf yn falch iawn o gael gweld y bennod gyntaf ohoni. Nid rhaid i chwi ofni y bydd yn boenus imi. Os yw fy nghroen yn deneu, mae yna ambell glwt o groen crocodeil arnaf hefyd. Yr wyf innau yn ysu am fynd ymlaen gydag "Ysgolfeistr y Bwlch" ac un arall y medrwn ei hysgrifennu — nofel am chwarelwr y dyddiau hyn — a dwyn i mewn yn anuniongyrchol dipyn o fywyd chwarelwyr y dyddiau a fu — fel y gwnaeth Arnold Bennett yn *Clayhanger* — sef dyfod a bywyd tad Clayhanger i mewn hefyd. Wrth edrych ar domen chwarel — byddaf yn meddwl am y dyn a daflodd y wagenaid gyntaf o rwbel ar lawr — ac am y dynion heddyw — sy'n mynd a'r wagen ar hyd top y domen ac yn taflu ei chynnwys i lawr dros yr ochr. Fe syrthia peth o'r rwbel i lawr i'r gwaelod heb fod yn bell iawn oddiwrth y peth cyntaf a daflwyd — ac felly y byddai fy chwarelwr innau — ni byddai nepell oddiwrth ei hynafiaid a ddechreuodd weithio'r chwarel. Wyddoch chi, Mr Lewis, bydd fy llygaid mor glir ar ambell funud oni allaf weled dan

---

[1] *Y Llenor*, cyfrol VII (Hydref 1928), tt. 129–32.

[2] Cyhoeddwyd yr adolygiad hwn o *Capten*, gan R Lloyd Jones, *Breuddwydion Myfanwy Moelona*, a *Y Ddau Hogyn Rheiny* Winnie Parry, gan KR yn *Y Faner* (25 Rhagfyr 1928), t. 5, yn dwyn y teitl "Storiau i Blant".

feddyliau a bwriadau calon pob dyn a dynes sy wedi byw yn ardal fy mebyd, nid er pan gofiaf fi — ond er pan ddaeth y teulu cyntaf i fyw yno erioed, ac mae arnaf eisieu ysgrifennu am eu dyheadau, eu nwydau, eu llawenydd, eu siom, eu tristwch ac yna'r tawelwch mawr yn y diwedd, a'u plant heddyw'n byw ymlaen yr un fath — y rwbel cyntaf wedi myned o'r golwg ar waelod y domen, ond eto mae'n sylfaen i'r domen i gyd, ac ar y gwaelod hwnnw y saif y domen heddyw, a'r hen dwll chwarel yn mynd yn ddyfnach ac yn wacach ac yn ildio ei grombil — beth i fynd i belldremydd byd yn gerrig toi a'r lleuad oer yn disgleirio arnynt ar ol cawod o law, a pheth yn mynd dros ochr y domen rwbel. Ie dyna fywyd — fel y gwelaf i ef — a gobeithio na chaf farw cyn ysgrifennu amdano fel yna rywdro.

Maddeuwch fy *nonsense* a'm cysêt. Yr wyf fel pe bawn wedi penderfynu dial fy llid arnoch drwy fwrw'r pethau yma ar eich pen.

Gresyn mawr am Iorwerth Williams. Gobeithio y caiff wella. Bachgen hoffus iawn ydyw a byddai'n bechod ei golli.

Gobeithiaf y cofiwch am fy nghais yn fy llythyr diwethaf i ddyfod i Aber Dâr i siarad dros y Blaid. Nid oes arnaf eisieu mynd oddiyma heb gael cyfarfod. Byddai ar fy nghydwybod am byth.

Fy nghofion — a chyda'ch caniatad chwithau — fy nghariad atoch
Kate Roberts

LlGC 22723D, ff. 49—52

35

46, Wind Street
Aber Dâr
23 Tachwedd [1928]

F'Annwyl Mr Lewis,

Sut y medraf ddiolch digon i chwi? Fe aeth eich rhodd a'm hanadl ymaith ac fe ddaeth a'r dagrau i'm llygaid. Y chwi yw'r cyntaf o neb tu allan i'm teulu i roddi anrheg inni. Dymunaf ddiolch o waelod fy nghalon i chwi a Mrs Lewis am eich haelioni mawr. Ni phenderfynasom eto beth a brynwn ag ef, ond chwi ellwch fod yn sicr yr anfonwn amdanoch i'w fwynhau cyn gynted ag y bydd gennym dŷ a rhywfaint o drefn arno. Dyna'r anhawster mawr rwan yw cael ty.

Ni ddywedais wrthych o'r blaen, imi fod yn bur ffodus pan oeddwn gartref yn y gwyliau i gael tipin o ddodrefn hen ffasiwn. Prynais waelod tresel hen, a arferai fod yn eiddo teulu Wernlasddu, Rhostryfan — un o deuluoedd hyna'r ardal, yn rhad. Prynais ddwy gadair dderw ym Mhwllheli, a chefais yn anrheg gan fy chwaer[1] ddwy gadair dderw a bwrdd *gateleg* derw du, trwm, hen ffasiwn, tua chwechugain mlwydd oed, eiddo hen daid ei gwr o Lanllyfni. Fe gaf lawer o lestri hen ffasiwn gan mam hefyd.

---

[1] Yr oedd gan KR ddwy hanner chwaer, Mary a Jane, ac un hanner brawd, Owen, o briodas gyntaf ei thad.

Soniech am briodi yn yr Eglwys. Fe fyddai'n dda gennyf fedru magu digon o wroldeb i fedru gwneuthur hynny. Ond mae'n fwrn arnaf feddwl am fynd drwy hynny o seremoni sydd mewn offis heb son am eglwys. Fe fyddaf yn rhy gynhyrfus i sylwi ar nac wyneb cofrestrydd na gwisg offeiriad. Sue yn *Jude the Obscure* wyf fi, yn y mater yna beth bynnag.[1] Credaf ei fod yn greulondeb gwneuthur i ddau berson yn eu llawn faint a'u synnwyr adrodd truth ar ol dyn arall fel plant. Pam na wnai'r tro i ddau fynd i swyddfa a dwedyd bod arnynt eisieu byw efo'i gilydd, ac arwyddo papur er mwyn cyfraith gwlad?

Mae popeth yn yr ysgol yn f'atgoffa bod y diwedd yn agos. Buasai'n dda gennyf fedru ehedeg dros y deufis nesaf yma a glanio mewn ty a dechreu byw. Yr wyf yn edrych ymlaen at hynny yn fawr iawn, ond mae meddwl am ffarwelio ag ysgol a chartref yn dipyn o bwn. Ond:

> "Bob rhyw newid bid fel bo
> Cyn hir e dreiddir drwyddo".

(Ni fedraf ddygymod a'r darlleniad newydd rywsut).[2]

Cefais lythyr oddiwrth reolwyr yr Ysgol yn gofidio'n fawr fy ngholli ac yn gwerthfarwogi fy ngwaith am yr un mlynedd ar ddeg diwethaf.[3] Ond:

> "A o gof ein gwaith i gyd.
> A'r gwir anghofir hefyd".

Bum yn darllen stori "Bywyd" gan Kate Roberts heno, ac yn wir ni fedrwn feddwl heno iddi ei hysgrifennu erioed. Eithr mi fydd yn anodd i'r awdur ysgrifennu dim gwell na honno byth, neu'n hytrach dylwn ddywedyd mai gwael a diwerth yw popeth a sgrifennodd yr awdur ond "Bywyd".

Heno a neithiwr bum yn gwrando ar "Hogia Ffransis" yn canu yma. Wir, maent bron wedi gwneud bardd o Grwys. Yn ymyl Crwys, fel y'i cenir gan y Brodyr, mae Eifion Wyn yn fardd sal. Ond. O'r gelfyddyd gain pan ganai Gruffydd Ffransis *In Memoriam* Williams Parry. Eto nid y pethau yna a dâl gan y "werin" bondigrybwyll y cân Crwys a

---

[1] Cyfeiriad at y cymeriad Sue Bridehead yn nofel Thomas Hardy, *Jude the Obscure*."[Sue] refuses to become [Jude's] mistress nor will marry him even after both are divorced, having a nervous horror of marriage, though for the sake of 'Father Time', Jude's son by his first marriage, they pretend to marry. Few believe this pretence; and, especially after she reluctantly becomes Jude's mistress and has two children, social disapproval forces the sensitive couple to a life of wandering poverty." Glenda Leeming, *Who's Who in Thomas Hardy* (London, 1975), tt. 7—8.

[2] Nid oedd T Gwynn Jones fyth yn fodlon ar ei waith. Dangosodd David Jenkins yn ei gofiant i'r bardd (*Thomas Gwynn Jones*, Dinbych 1973, t. 329) fel y bu Gwynn Jones yn caboli "Ymadawiad Arthur" ar hyd y blynyddoedd. Yn 1926, yng nghyfrol Gwasg Gregynog, *Detholiad o Ganiadau*, y cafwyd y newid a grybwyllir yma. "Pob newid, bid fel y bo, / Cyn hir e dreiddir drwyddo;" a geir oddi ar 1926. Ac yng nghyswllt y ddwy linell arall a ddyfynnir — "A o gof ein moes i gyd, / A'n gwir, anghofir hefyd;" sydd yn y fersiynau diweddar.

[3] Cadwyd y llythyr hwn ymhlith Papurau Kate Roberts, rhif 124, dyddiedig 19 Tachwedd 1928, oddi wrth T Botting, Clerc i'r Llywodraethwyr.

Dyfed mor sentimental iddi. Sylwais heno mai'r ffordd i gael canu'r clasuron oedd canu'r ABC i gychwyn ac yna "Ymadawiad Arthur" yn *encore!!* Ac eto dyna werin ddeallus O M Edwards.

Fy niolch gwresocaf
A'm cofion puraf,
Kate Roberts

LlGC 22723D, ff. 53—4ᵛ

36

9 St Peter's Rd
Newton, Mumbles
26 Tachwedd 1928

F'Annwyl Miss Roberts
Diolch i chi am ddau lythyr, ac am eich awgrymau i wella dialog y bennod o'r nofel yn arbennig, canys pwyntiau pwysig ydynt.

Rhaid eich bod mewn ffwdan drybeilig yr wythnosau hyn, a bydd ffarwelio ag ysgol a gwaith ysgol yn beth enbyd ddigon hefyd, er cythreuliced yr ymddangosant gannoedd o droeon. Mae'n dda gennyf eich bod yn darllen a mwynhau stori fer Kate Roberts, oblegid yr wyf innau yr un ffunud yn cael pleser mwyfwy o'i gwaith hi. Mi daer weddïaf na bydd eich priodi chi ddim yn ei lladd hi — ond na wna, mi dybiaf — un oer, hirben, craff, a'i phen yn glir uwch y lli yw hi, tra ydych chithau yn nwydus a sydyn, cynhyrfus eich teimladau. Yr ydych chi a hithau wedi eich gwneud yn dwt iawn felly i fyw gyda'ch gilydd, a phan fyddoch chi'n iselgalon neu brudd, fe sgrifenna hithau stori fer i'ch diddanu, a diddanu hefyd eich cyfaill a'ch câr,

Saunders Lewis

Kate Roberts 126

37

9 St Peter's Rd
Newton, Mumbles
16 Rhagfyr 1928

F'Annwyl Miss Roberts,
Gorfoleddus oedd y newydd a gefais gan Forris Williams echdoe mai yng Nghaerdydd y byddwch yn byw, a'r ty yn Rhiwbina. Yn wir y mae Rhagweledigaeth (a defnyddio gair y Llyfr Ancr) yn gofalu amdanoch oblegid eich bod yn ddigon dewr! Ond dyma fy neges i heddiw — yr wyf wedi ymddiswyddo o fod yn arholydd y CWB[1] yr haf nesaf er mwyn bod yn rhydd i waith arall. Ni wn i a hysbysebir am arholydd i'm lle neu beidio,

---

1 Y Central Welsh Board neu'r Bwrdd Canol, rhagflaenydd y Cydbwyllgor Addysg Cymreig fel y corff â chyfrifoldeb dros arholi addysg uwchradd yng Nghymru.

ond tybed na hoffech chi gael y gwaith? Fe gymer ryw fis llawn i'w wneud, ac ni ddaw tâl hyd y Nadolig wedyn, ond y mae'n gryn help i dalu am wyliau haf a phethau felly. A allech chwi sgrifennu at glerc y Bwrdd Canol yn dweud eich bod wedi deall gennyf i y bydd angen arholydd arall arnynt?

Cofion lu
Saunders Lewis

Kate Roberts 127

38

Maes Teg
Rhosgadfan
9 Ionawr 1929

F'Annwyl Mr Lewis,

Daeth y llythyr amgaeedig i'r *Ddraig Goch* yn ateb i'r gohebydd a sgrifennodd yn ddifriol am ferched Cymru. Gan mai Morus oedd y gohebydd hwnnw anfonais yr ateb iddo, ac efe a farciodd ac a groesodd allan. Os tybiwch y gwna'r ateb y tro, byddaf yn falch o gael sbario sgrifennu i'r *Ddraig Goch* am y tro; ond os tybiwch na wna, byddaf falch o wybod ar y troad er mwyn imi sgrifennu rhywbeth arall.[1]

Gartref yr wyf ers difiau ar ol y Nadolig, yn cael tipyn o orffwys ac yn ceisio rhoi tipyn o gnawd ar f'esgyrn. Euthum cyn deneued a brân y term diwaethaf a gwaith anodd iawn yw ennill nerth a chnawd yn ol. Yr wyf dan annwyd at hynny, ac yn teimlo ambell funud fel pe bawn ar fin cael llid dwbl ar yr ysgyfaint (Dyna'r term Cymraeg am *double pneumonia* ynte?).

Bwriadaf fynd i Gaerdydd wythnos i heddyw. Mae Morus i gael wythnos o wyliau yn o fuan, ac unwaith bwriedais i aros gartref nes deuai ef, a myned yn ol efo fo. Ond gan fy mod i siarad yn fy hen goleg ym mis Chwefrol, tybiais mai doethach yw imi ddychwelyd ar unwaith i roddi'r ty mewn trefn ac yna inni ein dau ddyfod yma am wythnos ym mis Chwefrol.

Ddydd Gwener byddaf yn siarad ym Manchester, ac af oddiyno i fwrw'r Sul i dŷ fy mrawd yn Lerpwl.[2] Mae fy mrawd arall, oedd yn wael, yn yr Ysbyty Milwrol yn Lerpwl a chaf ei weld yntau yr un ffordd. Mae o yn gwella, ond bid siwr yr oedd yn rhaid iddo fyned i'r ysbyty, rhag ofn i awdurdodau'r fyddin orfod rhoi mwy o bensiwn iddo. Mae ei wraig druan yn ceisio cario'r busnes ymlaen oreu y gall gyda help bachgen bach.

---

[1] Ymddangosodd erthygl wreiddiol MTW, "Barn Llanc am ein Merched Ifainc", yn *Y Ddraig Goch* (Rhagfyr 1928), t. 6. Cyhoeddwyd y llythyr dienw y cyfeiria KR ato, ynghyd â llythyr arall ar yr un pwnc gan Mai Roberts, yn rhifyn Chwefror 1929 o'r *Ddraig Goch*, t. 6, o dan y pennawd "Dau Lythyr o Ateb".

[2] Yr oedd John (m. 1959), hanner brawd i KR o briodas gyntaf ei mam, yn byw yn Bootle, Lerpwl 20. Gweler hefyd t. 127, nodyn 2 isod.

Chi glywsoch gan Morus hanes ein priodas mi wn. Yr oedd eich cyngor i briodi mewn eglwys yn un doeth.[1] Ni thybiais ei fod cyn lleied o helbul, a gwna, fe erys yr argraff, argraff yr amgylchedd, am byth. Nid oedd priodi hanner yr hyn oedd ymadael a'r ysgol. Nid anghofiaf byth y dydd Gwener hwnnw. Meddyliwch am fy mhrifathrawes yn cyhoeddi o flaen yr ysgol na ellid byth lenwi fy lle, nac yn eu serch nac yn y gwaith, a minnau yn cofio am bob gair cas a ddywedais mewn un mlynedd ar ddeg o amser, ac am bob awr ddiog a fu yn fy hanes erioed. Ni welais gymaint caredigrwydd erioed. A dyma fi gartref eto, yn cael fy moddi a charedigrwydd, a'r caredicaf o bawb yw nhad a mam. Er pan fynegais iddynt fy mwriad i briodi, buont y tu hwnt o nobl gan ddangos yn eglur nad taeog eu tras hwy. Ni chyfeiriodd yr un o'm teulu o gwbl at y ffaith fod Morus gymaint yn ieuengach na mi, ac ni ofynnodd mam imi o gwbl a fedrwn i fyw ar lai o gyflog nag a gaf yn awr. A chofiwch mae mam yn un o'r merched hynny y buasai'n well ganddi farw na bod mewn ceiniog o ddlêd. Ni fusnesodd erioed i geisio gwybod faint yw cyflog Morus. Ac mae hyn yn beth amheuthun mewn ardal lle rhoir cymaint pwys ar sefyllfa a dyfod ymlaen yn y byd. Nid oes neb yn fy mlino rwan, nac yn pwyso arnaf i fyned i'r capel. Onid wyf yn lwcus?

Mae fy neiaint a'm nithoedd yn annwyl iawn ar yr achlysur. Y bore ar ol imi ddyfod adref yr oedd Megan (9 oed) a Goronwy (6 oed) yma cyn imi godi. "Lwc dda i chi Mrs Wms" ebe Megan. "Lwc dda i chi Auntie Kate" ebe Goronwy. Y wers yn amlwg wedi ei dysgu, ond Goronwy wedi ei anghofio. Ac mae ar Goronwy eisieu gwybod beth fydd fy enw pan briodaf y tro nesaf!!

Mwynheais eich erthygl yn *Y Llenor* yn fawr iawn, ond rhaid imi ei darllen eto i dreiddio ei dyfnderoedd.[2] Mae'n braf arnoch fod gennych ddigon o ysgolheictod i fyned i waelod pethau fel hyn, yn lle bod fel y fi yn pasio barn ar bethau wedi dim ond cipolwg arwynebol. Bydd arnaf gywilydd ohonof fy hun yn mentro pasio barn ar ddim byd, wedi darllen beirniadaeth fel yr eiddoch chwi yn *Y Llenor* hwn.

Rhaid imi fynd i ngwely er nad yw ond deg o'r gloch. Mae nhad eisoes yn ei wely a mam a finnau wrth y tân. Mae'n gas gennyf adael yr hen greaduriaid yn eu henaint, ond rhaid imi fynd at fy mhriod. Yr wyf yn hapus wrth feddwl am fynd ato, oblegid gwn fod llawenydd yn fy aros, y llawenydd hwnnw a ddaw o garu a chael fy ngharu.

Mae nhad a mam yn cael diwedd oes hapus, ac nid oes arnaf eisieu ond yr un bodlonrwydd ag sydd iddynt hwy yn eu hen ddyddiau, bodlonrwydd pobl onest wedi gweled eithaf drycinoedd bywyd, ond wedi cadw eu calonnau rhag suddo ac yn medru tynnu mwyniant o fywyd hyd yn oed heddyw, er bod y Rhyfel wedi mynd a channwyll eu llygaid. Bum wrthi heddyw yn pacio pethau yn barod i fynd i ffwrdd, a buasai'n bleser i chi glywed mam yn estyn ac yn cyrraedd ac yn dywedyd, "Dos a hwn (am ryw gadach tynnu llwch efallai, neu ryw jwg) mi fydd yn dda iti wrtho fo".

---

1 Priodwyd KR a MTW yn eglwys Llanilltud Fawr ar 23 Rhagfyr 1928. Gweinyddwyd gan Richard Davies, y ficer, a'r tystion oedd Arthur a Miriam Hicks. Nid oedd na chyfeillion na pherthnasau yn bresennol. Adeg y briodas yr oedd MTW yn 28 oed a KR yn 37 oed. Gweler Cofrestri Plwyf Llanilltud Fawr yn LlGC, rhif 8, t. 165, cofnod rhif 330.

2 "'Y Sant'", *Y Llenor*, cyfrol VII (1928), tt. 217–30.

Bum i lawr ddoe yn gweld y dodrefn yn y Groeslon, ac maent yn hardd iawn. Credaf y bydd gennym dy del. Mae Morus wedi cael cynnig myned yn ei ol i Donypandy am ragor o gyflog. Ni wn beth a benderfynodd. Ond wrth gwrs yn Rhiwbina y byddwn yn byw, a'r un fydd ei oriau, yn cynnwys y daith yn y trên.

Maddeuwch fy hirwyntogrwydd.

Cofion cynnes iawn
Kate Roberts

OY Byddaf yn ol yma ddydd Llun. KR.

LlGC 22723D, ff. 55—6ᵛ

39

9 St Peter's Rd
Newton, Mumbles
11 Ionawr 1929

F'Annwyl Kate Roberts,

Pan welaf chi mi fyddaf yn ddigon parchus ohonoch i ddweud Mrs Williams, ond gan nad KR yw eich enw cyfreithiol mwyach, mi fyddaf innau yn ddigon hyf i'ch cyfarch wrth eich enw llenyddol (heb y "Miss") mewn llythyrau, ond gan eich atgofio hefyd fod gennyf innau enw llenyddol.

Yr wyf yn amgau llythyr a gyfeiriwyd yma, ond i chi y bwriedir ef, a chan fod llythyr preifat ynglyn ag ef anfonaf y ddau atoch. Os anfonwch chi lythyr "Un o Honynt" yn ol yma ataf, fe wna'n iawn gyda llythyr Mai Roberts i'r *Ddraig* nesaf. Pe na bai'r *Ddraig* yn bapur y Blaid mi gyhoeddwn i lythyr Mai Roberts yn llawn gan ei fod yn ddarn o wirionedd diddorol, ond am mai ennill credinwyr yw prif amcan *Y Ddraig* mi ddilynaf gywiriadau Morus W, canys doeth ydynt (imi ddilyn idiom ysgrythurol). Bu ei lythyr ef, beth bynnag, yn ddigon profoclyd i dynnu atebion, peth go anghyffredin.

Y mae eich hanes yn ddiddorol dros ben a diolch calon i chi amdano. (Gyda llaw, y mae'r CWB yn hysbysebu am is-arholwr yn fy lle, felly anfonwch rhag llaw). Y peth syn i mi yw eich bod chi'n synnu at bobl yn garedig atoch. Yr oedd cyfaill imi sy'n fardd go lew (a siarad yn gymedrol am dro) a ddywedodd, wedi clywed eich bod i briodi: "Wel, pe na bai gennyf wraig fy hun, fe'i carwn innau hi". Mi roddaf un cynnig i chi ei enwi ac ni ddywedaf wedyn a gawsoch chi'r enw iawn. Ond a bod yn ddifrif, y peth syn i mi yw bod Morus yn cadw ei holl gyfeillion, a ninnau oll mor eiddigeddus ohono.

Mwynheais yn fawr eich ysgrif yn *Y Llenor*[1] (Cân di bennill fwyn i'th nain) — y gwahaniaeth rhyngom yw bod greddf a natur artist yn eich arwain chi'n syth i'r un pen ag a gyrhaeddaf innau ar ffordd droellog ymchwil a "swotio", chwedl fy efrydwyr. Felly peidiwch a dweud "ei bod hi'n braf arnaf" fod gennyf gymaint gwybodaeth, gwybodaeth llyfrau ydyw a gwagedd o wagedd. Mi rown y cwbl i fedru sgrifennu —

---

[1] "Y Nofel Gymraeg", *Y Llenor*, cyfrol VII (1928), tt. 211—16.

"Pan siglai'r hwyaid gwylltion
Wrth angor dan y lloer".[1]

Nid adwaen i eich Mam, ond a ddywedwch chi wrthi fy mod i'n mentro dymuno blwyddyn newydd dda iawn iddi, oblegid bod llenyddiaeth Gymraeg yn ei dyled hi.

Cofion cynnes iawn
Saunders Lewis

Kate Roberts 139

40

8 Lon Isa
Rhiwbina
Caer Dydd
25 Ionawr 1929

F'Annwyl Saunders Lewis,
Mae'n wir ddrwg gennyf fod cyd heb anfon yr amgaeedig yn ol. Bwriadaswn ei anfon cyn cychwyn o Rosgadfan, ond ni wneuthum, ac unwaith y deuthum i lawr yma nid oedd gyfle. Nid oes siawns i sgrifennu dim yn ateb i'ch llythyr chwithau, ond diolch yn gynnes amdano. Cewch air gwell yn fuan. Yn araf iawn y daw'r ty i drefn. Nid oes ond disgwyl iddi fod felly, oblegid yr wyf yn treio cadw ty a gwneud y pethau eraill megis llenni ffenestri &c. Ond unwaith y daw pethau i drefn bydd gennyf lot o amser.

Cofion cywir
Kate Roberts

LlGC 22723D, f. 57

41

8 Lon Isa
Rhiwbina
Nos Sul
17 Mawrth 1929

F'Annwyl Saunders Lewis,
Mae arnaf ofn y tybiwch fy mod i wedi boddi mewn trochion golchi, neu wedi suddo i badellaid o does erbyn hyn. Bu bywyd yn rhy brysur yn ddiweddar imi wneuthur dim ond ysgrifennu rhyw bytiau o lythyrau telegramaidd iawn at bawb.

Mae'n debig ei fod yn y natur ddynol gwyno ar ei ragflaenwyr mewn ty a gwaith. Ond credaf mai'r unig ffordd ddelfrydol o osod ty i fyny, ydyw mynd i dy newydd sbon. Fe gawsom ni ein dau waith anhrugarog yn y ty hwn. Codasom ddigon o hoelion o'r lloriau i ddechrau cadw siop ironmonger. Meddyliwch am bobl yn rhoi miloedd o

---

[1] Dechrau ail bennill "Tylluanod" Robert Williams Parry. Yr oedd y gerdd newydd ymddangos am y tro cyntaf yn *Y Llenor* rhifyn yr Hydref 1928 (cyfrol VII), t. 133. Am enghraifft arall o farn uchel SL am RWP gweler *Taliesin* 55 (Ebrill 1986), tt. 17—18.

hoelion mewn lloriau bloc. Ac wedi inni eu tynnu, a chaboli'r lloriau, mae'r tyllau yno o hyd, yn ysgythru arnoch i ba le bynnag yr eloch. Ac yr oedd yno fudreddi ddigon i beryglu iechyd rhywun yn y conglau. Modd bynnag, mae yma drefn weddol erbyn hyn. Bum yn Llundain ddifiau yn prynu gweddill ein dodrefn. O'r diwedd prynais eich anrheg chwi. Ni ddywedaf yn awr beth ydyw — fe gewch ei gweld pan ddowch yma.

Ni welais lawer o Riwbina eto. Hyd yn hyn Morus yw Rhiwbina i mi, a gallaf ddywedyd ei fod yn lle braf iawn. Galwodd yr Athro Gruffydd yma y noson yr oeddwn yn Llundain ac yr ydym i fod i fyned yno ryw noson. Hyd ddoe, tybiem ein bod yn hollol ddiogel oddiwrth ymyriad crefydd yma. Ond fe aeth Morus i'r ardd i weithio a tharawodd sgwrs a Chymry sy'n byw gefn-gefn a ni — a gofynnodd y gwr inni fyned i'r Ysgol Sul! Dyna beth sy i gael am weithio ar brynhawn Sadwrn! A heddyw fe aeth Morus i'r ardd i lifio coed!

Mae arnaf ofn mai pwt telegramaidd yn y traddodiad diweddar a fydd hwn. Onid yw llyfr Mr R T Jenkins yn dda?[1] Mae arnom ofn na fedrwn fynd i Gaernarfon y Pasg. Bu pwys arian trwm arnom yn ddiweddar, a hyd yn oed ped aem fe fyddai'n rhaid inni deithio yn ol ddydd Mawrth. Felly ni chawn y pwyllgor prun bynnag.

Beth a feddyliwch o'r "Wythien Aur" yn deitl fy llyfr nesaf? A ydyw'n rhy uchelgeisiol?

Cofion cynnes iawn
Kate Roberts

LlGC 22723D, f. 58^{r-v}

42

8, Lon Isa
Rhiwbina
[5 Mehefin 1929] Fore Mercher
(Cyn dechreu ar waith ty)

F'Annwyl Saunders Lewis,

Wel beth amdani? Traethais i ychydig o'm barn am y lecsiwn yn y llith amgaeedig ond rhaid imi eich gweled yn bersonol cyn y traethaf y cwbl.[2] Bydd gennyf beth wmbreth o bethau i'w dywedyd wedi imi dreulio wythnos yn Sir Gaernarfon. Ni wn beth yw ein sefyllfa ariannol na dim felly, ond yr ydym mewn gwaeth argyfwng na hynny mi dybiaf. Credaf y bydd rhai yn Sir Gaernarfon am geisio newid ein polisi, a bodloni i anfon yr

---

[1] Ymddangosodd *Hanes Cymru yn y Ddeunawfed Ganrif* o waith R T Jenkins am y tro cyntaf yn 1928; hon oedd cyfrol gyntaf Cyfres y Brifysgol a'r Werin.

[2] Yn yr etholiad cyffredinol ar 30 Mai 1929 fe ymladdwyd sedd yn enw'r Blaid Genedlaethol am y tro cyntaf. Yr ymgeisydd oedd y Parchedig Lewis Valentine ac fe safodd yn etholaeth sir Gaernarfon. Cafodd 609 o bleidleisiau. Fel y dywedodd y Parchedig Fred Jones (Tal-y-bont) ar y pryd, "Charge of the Light Brigade. Noble six hundred". Mae'n debyg mai'r "llith amgaeedig" oedd "Ar ol yr Etholiad — rhaid inni weithio yn ddycnach nag erioed" a ymddangosodd yn *Y Ddraig Goch* (Mehefin 1929), t. 6. Pe bai Lewis Valentine wedi ei ethol, nid oedd yn fwriad ganddo fynd i'r Senedd yn Llundain.

Ymgeisydd i'r Senedd. Cofiwch, ddim ond wedi darllen rhwng y llinellau yr ydwyf ac efallai fy mod yn camgymryd. Ond os newidir, bydd dau o'r ty yma yn troi eu cefn ar y Blaid honno, ac yn glynu wrth ein polisi cyntaf. Hefyd mae arnaf eisieu siarad yn ddifrifol a chwi ynglyn a'r Trefnydd newydd, os am gael un. Clywais fod Mr H R Jones yn mynd i ymddiswyddo. Efallai nad gwir hynny chwaith.

Peth arall, digwyddodd hyn yn Rhosgadfan noson cyn y polio. Siaradai Mr Goronwy Owen yno ac yr oedd dau blismon gydag ef. Pan ofynnwyd cwestiynau iddo, dechreuodd wylltio a'n galw yn bob enw, ac yn y diwedd ebr efo; "Cedwch eich *votes*, y rebals, does arna i ddim eisieu eich *votes* chi".

Mae arnaf i eisieu ysgrifennu llythyr i'r *Ddraig Goch* ac i'r *Genedl* ynghylch y peth ond mae Morris yn anfodlon iawn, rhag ofn y bydd yn rhaid inni dalu eto. Ond y cwbl a wnawn i a fyddai egluro i Mr GO mai ystyr "rebals" yn nhafodiaith Sir Gaernarfon yw nid "gwrthryfelwyr" ond "gwehilion cymdeithas". Cofiaf i bregethwr, yntau o Sir Aberteifi, ddefnyddio'r gair rebals am wrthryfelwyr ar ei bregeth, yn Rhosgadfan, ac iddo bechu yn ddirfawr. Ni chredaf y byddai dim o'i le mewn ysgrifennu llythyr. Fe ddangosai i'r wlad sut aelod Senedd sy gan Sir Gaernarfon.

Pa bryd y dowch yma? Chwi sydd i ddywedyd. Bydd unrhyw Sadwrn neu Sul yn rhydd gennym. Nid yw'r Sadwrn nesaf un ddim, ond mae pob un wedyn, a'r Sul nesaf hefyd, yn rhydd gennym.

Cofion lawer a chywir,
Kate Roberts

LlGC 22723D, f. 59^{r-v}

43

8 Lon Isa
Rhiwbina
26 Mehefin 1929

F'Annwyl Saunders Lewis,
Bum yn rhygnu ar y pwt ysgrif yma i'r *Ddraig Goch* er nos Sul ac yn wir mae hi'n wael iawn.[1] Yr oeddwn yn gorfod ei gadael i fynd at rywbeth arall o hyd; ac os na wneir rhywbeth yn y twymiad bydd cyn fflatied a chrempog.

Dywedwn wrth Morus heno petae gennyf amser yr ysgrifennwn i lot fawr o bethau, nofelau, storiau byrion ac ysgrifau beirniadol. Wrth ddarllen nodyn Prosser Rhys yn y *Faner* heno ar J T Jones a'r beirniaid ieuanc,[2] daeth imi syniad am ysgrif. Hoffwn feirniadu beirniaid. Ar wahan i chi d'oes yma neb yng Nghymru sy'n gwybod dim am feirniadaeth. Mae WJG yn cael ambell fflach, ond ni thal fflach i feirniad. Rhaid iddo fod yn sefydlog ac nid newid yn ol ei deimlad. (Gyda llaw mi fydd *Y Llenor* cyn bo hir yn

---

[1] "Ysgol Haf Machynlleth, 1976", *Y Ddraig Goch* (Gorffennaf 1929), t. 6.

[2] Honnodd Prosser Rhys yn "Led-led Cymru", *Y Faner* (25 Mehefin 1929), t. 5, fod J T Jones, "John Eilian", yn well bardd na beirniad, ar sail adolygiad yn dwyn y teitl "Tri bardd" a ysgrifennwyd ganddo yn *Y Ddolen (Cylchgrawn Misol Cymry Llundain)* IV (Mehefin 1929), tt. 7—9.

gylchgrawn crefyddol). A dyma sydd arnaf fi eisieu ei ddywedyd — beirniadu yn ol eu teimlad a'u dymuniadau y mae'r bobl hyn, a Phrosser Rhys yn eu mysg. Yr wyf i yn hoffi "Sant" Gwenallt — mae ynddi wendidau. Gwendidau mewn cymhesuredd yn fwy na dim arall. Ond ni allaf weled ei bod yn anfoesol.

Ar y llaw arall mae yna ddosbarth o bobl yng Nghymru — pobl fel Miss Mai Roberts[1] na ŵyr ddim am lenyddiaeth — sy'n canmol popeth *am* ei fod yn anfoesol. Mae popeth anfoesol yn wych. Y hi a anfonodd *Fanatics* Miles Malleson imi[2] — un o'r pethau salaf a welais erioed — yn llawn dywediadau ystradebol a phregethau — pethau y buasai Tywi Jones[3] yn eu hysgrifennu. Y gwir ydyw mai ychydig iawn iawn yng Nghymru heddyw a ŵyr werth artistig darn o lenyddiaeth.

Ond i beth y traethaf. Dowch yma a thraethaf fwy, nes bydd poer gwyn yng nghonglau fy ngheg. Mae arnom ein dau hiraeth am eich gweld.

Ein cofion cynhesaf

Kate Roberts

LlGC 22723D, ff. 60—1ᵛ

44

8 Lôn Isa
Rhiwbina
15 Gorffennaf 1929

F'Annwyl Saunders Lewis,

Gobeithiaf y maddeuwch imi am ysgrifennu llythyr o nodwedd gas atoch heno. Er pan ddaeth *Draig Goch* y mis hwn allan bum yn hynod siomedig a digalon, ac efallai wedi i chwi ddeall yr amgylchiadau y medrwch weld paham.

Fel y gwyddoch, ychydig iawn o help a gaf fi gyda Cholofn y Merched. Apeliais dro ar ol tro am ysgrifau. Apeliais am help tuag at arwerthiant gwaith er mwyn cael arian i'r Blaid ond ni wnaed dim sylw o'r apêl. Morus a finnau sydd wedi ysgrifennu i'r golofn ers misoedd lawer. Pan gaf lythyrau oddiwrth ferched y Blaid, fel rheol llythyrau yn gofyn cwestiynau dwl ydynt, megis y ferch o Abergwaun a anfonodd ataf i ofyn a allai hi fotio yn y lecsiwn ddiwethaf i gadw'r Tori allan (a hithau yn aelod o'r Blaid a D J Williams yn byw yn Abergwaun).

---

[1] Merch Glan Rhyd Fadog, Deiniolen, oedd Elizabeth May (Mai) Roberts a chwaer i'r genedlaetholwraig Priscie Roberts. Bu'n ysgrifenyddes bersonol i'r aelod seneddol E T John ac yn drefnydd Cyngres Geltaidd Bangor yn 1927. Ceir portread ohoni yn "Oriel y Blaid", *Y Ddraig Goch* (Mawrth 1934), t. 5. Bu farw ar 4 Awst 1971 a cheir dwy deyrnged iddi yn *Y Ddraig Goch* (Tachwedd 1971), t. 4, gan Cassie Davies a Lewis Valentine. Ymddengys fod sylw KR yma yn eithafol, yn enwedig o gofio safonau gwedduster y dauddegau o'u cymharu â phenrhyddid heddiw. Golwg wahanol iawn a geir gan Lewis Valentine yn ei deyrnged: " . . . yr oedd Mai yn ferch wir grefyddol, ac yn Gristion gloyw . . . byddai yn selog iawn ar hyd y blynyddoedd yng ngwasanaeth y Cymun."

[2] Comedi mewn tair act oedd *The Fanatics* gan Miles Malleson a gyhoeddwyd yn Llundain yn 1924.

[3] Yr oedd y Parchedig J Tywi Jones (1870—1948), yn ŵr i'r awdures 'Moelona' a chysylltir ei enw â chapel Peniel, Y Glais, ac ag ardal Ceinewydd wedi hynny. Gweler *Llawlyfr* Undeb y Bedyddwyr am 1949, tt. 172—3, *Y Faner* (28 Gorffennaf 1948), t. 4, ac ysgrif Abiah Roderick yn *Seren Gomer* 60 (1968), tt. 88—93.

Tua phythefnos yn ol cefais lythyr oddiwrth Miss Tegwen Clee,[1] yn dweyd nad oedd yn credu ei fod yn deg gofyn i'r merched wneud te ym Mhwllheli, a hwythau lawer ohonynt yn athrawesau ac wedi blino eisoes ar ol gwaith diwedd tymor. Cytunwn innau a hi yn hyn, ond gresynwn na adawsai imi wybod yn gynt, oblegid gohebasai Miss Nesta Roberts a mi ynghylch y te ac ysgrifenaswn innau ati hithau lythyr i'w roi o flaen pwyllgor Sir Gaernarfon.

Yn ei llythyr hefyd rhoes Miss Clee awgrymiadau gwerthfawr ynglyn a Cholofn y Merched, h.y. buasent yn werthfawr onibae eu cario allan eisoes yng Ngholofn y Merched. Er enghraifft dywedodd y buasai'n beth iawn cael termau coginio a gwnio a phethau felly yn Gymraeg, a gwahodd merched i anfon eu riseitiau i'r Golofn. "Iawn o beth", meddwn innau. Ond bu gennyf i erthyglau ar dermau bwyd a gwnïo yn *Y Ddraig Goch*, ond ni ddarllenodd Miss Clee hwynt, neu nid oedd yn codi'r *Ddraig Goch* pan ymddangosasant.

Wedi'r pethau yna, dychmygwch fy rhyfeddod pan welais erthygl yn *Y Ddraig Goch* hon gan Miss Clee ar "Ferched Llydaw", erthygl dda, ac erthygl yn ol ei nodwedd a ddylsai fod yng Ngholofn y Merched ar bob cyfrif. Pe cawswn i'r erthygl yna i Golofn y Merched, ni buasai'n rhaid imi ysgrifennu'r fath ddwli ag sydd yng Ngholofn y Merched y mis hwn. Ystyriwch wrthuni'r peth am funud — ysgrif gennyf fi yng Ngholofn y Merched ar beth nad oes a wnelo fo ddim a merched, ac erthygl gan Miss Clee ar Ferched mewn colofn arall. Cofiwch, yr wyf eisoes wedi ysgrifennu at Miss Clee i ddweud fy meddwl ar y pwnc. Ddoe, bu'r peth yn fy mhoeni yn fawr, a deuthum i'r penderfyniad mai gwell yw imi roddi Colofn y Merched i fyny rhwng popeth. Dyma fi, fis ar ol mis, yn crafangio am rywbeth i'w ddywedyd a hynny drwy lawer o anawsterau a'm celfyddyd i fy hun yn dioddef. Mae gennyf lawer o straeon byrion yn fy mhen ac i ba beth yr ymboenaf gyda Cholofn y Merched pan nad oes gennyf amser i sgrifennu pethau canmil mwy buddiol?

Ni fedraf ysgrifennu ar gyfair Mis Awst, oblegid ar fyr rybudd gofynnwyd imi farcio papurau'r Bwrdd Canol — arholydd brys — fel y cyfieitha Mr Wms Parry *"emergency examiner"*, a byddai'n dda gennyf pe baech yn dewis rhywun ym Mhwllheli i gymryd at "Golofn y Merched".

Efallai y daw'r cynllun hwn i ben ar ol yr Ysgol Haf.[2] Bydd yn rhaid imi gael dynes yma i weithio tra marciwyf bapurau'r Bwrdd Canol. Ni chefais help o gwbl hyd yn hyn, gwneuthum hynny o waith sydd yma i gyd fy hunan. Os bydd y wraig yma'n fy

---

[1] Tegwen Clee (Morris ar ôl priodi), (1901—65) — cenedlaetholwraig frwd o Ystalyfera a fu'n athrawes yn Ysgol Ramadeg y Merched, Llanelli, yn darlithio mewn Coleg Brys yn Llandrindod ac yn byw wedi hynny yng Nghaerdydd. Cyhoeddodd ambell erthygl yn *Y Ddraig Goch,* e.e. "Merched Llydaw" (Gorffennaf 1929), tt. 5+8, y cyfeirir ati yma, a "Plaid Genedlaethol Llydaw", (Rhagfyr 1929), tt. 4—5. Cyhoeddwyd portread ohoni yn "Oriel y Blaid", *Y Ddraig Goch* (Medi 1934), t. 3, a thalodd J E Jones deyrnged iddi yn *Y Ddraig Goch* (Mai 1965), t. 6. Cafodd ei chladdu ym mynwent Pant-teg, Ystalyfera. Yr oedd yn ddisgybl i KR yn Ysgol Sir Ystalyfera.

[2] Cynhaliwyd Ysgol Haf y Blaid Genedlaethol am 1929 yn Festri Penmownt, Pwllheli, rhwng 30 Gorffennaf a 2 Awst. Ceir adroddiad ar yr Ysgol Haf gan MTW yn rhifyn Medi o'r *Ddraig Goch*, t. 4.

mhlesio, yr wyf am ei chymryd am ddiwrnod o bob wythnos wedyn, ac mi rof innau'r diwrnod hwnnw i gyd i sgrifennu llenyddiaeth, ac os na bydd y llenyddiaeth hwnnw yn well na dim a sgrifennais erioed mi fwytâf fy het orau. Wrth gwrs, fe saif y cynllun hwn os gallwn ei fforddio. Fe allwn ei fforddio, ond imi gael papurau'r Bwrdd Canol bob blwyddyn.

Mae ar Morus eisieu imi ddywedyd ei fod wedi blino gofyn i chwi ddyfod yma. Mae o wrthi yn sgrifennu rwan a photel seidr fawr wrth ei ochr — wedi torchi ei lewys a thynnu ei goler a'i wallt yn sefyll yn syth i fyny. Dywed wrthyf am ddweud wrthych am beidio a thosturio wrtho am ei fod yn yfed seidr, ei fod yn beth iawn at dorri syched.

Ym mha le yr arhoswch ym Mhwllheli? Deallaf fod lot o bwyllgor y Blaid yn aros mewn tai sych, ac mae arnaf ofn mai dim ond Morus a finnau fydd yn aros mewn tafarn eleni.

Ein cofion cynnes
Kate Roberts

LlGC 22723D, ff. 62—5ᵛ

45

[Marc post: Abertawe, 16 Gorffennaf 1929]
Gartref.
Pum munud wedi derbyn llythyr Kate Roberts

F'Annwyl Golofn y Merched,

Myfi sydd ar fai, nid Tegwen Clee. Anfonodd Miss Clee ei hysgrif at Ambrose Bebb. Anfonodd Bebb hi ataf i. Yr oeddwn newydd orffen Nodiadau'r Mis, wedi derbyn pob ysgrif arall, ond rhaid llenwi tudalen arall o'r *Ddraig* gydag ysgrif flaen. Wrth gwrs fy nyletswydd oedd cadw ysgrif Miss Clee i chwi, ond yr oedd y demtasiwn yn ormod — cael bod yn rhydd o ysgrif a minnau heb destun. Fe aeth ysgrif Miss Clee yn syth i Aberystwyth. A dyna'r fel.

Yn nesaf: sut y gallaf i ddyfod i Riwbina? Dywedwch wrth Forris Williams fod dau beth yn rhwystro: ni allaf fforddio dyfod, yr wyf yn druenus o dlawd yr wythnosau hyn, ac yn ail ni allaf gael diwrnod rhydd. Pe gallwn ddyfod, myfi fyddai falchaf, canys y mae gennyf ddau neu dri arall y carwn eu gweld, G J Williams[1] yn un, a Dorothy Edwards[2] sy'n byw yn eich pentref chwi, ond nis gwelais hwynt ers blwyddyn a mwy ac nis gwelaf eto. Os byth y caf i gadair coleg bydd yn haws imi!!!

Ond y mae'n dda iawn gennyf eich bod chwi wedi cael gwaith y Bwrdd Canol. Golyga hyn y cewch ragor y flwyddyn nesaf, ac y byddwch ar y rhestr ganddynt. Fe ddwg i chwi y flwyddyn nesaf dua deugain punt, ond bod y tal yn dyfod o gwmpas y Nadolig. Mi geisiaf am *Ddraig* Awst lenwi eich lle chwi, ac y mae'n dda gennyf am yr achos. Dywedodd fy nhad wedi iddo ddarllen eich ysgrif Orffennaf: "y mae'r Kate Roberts yma'n wir yn medru sgrifennu'n ddoniol." Clywais lawer a ddywedai'n debyg.

---

[1] Yr Athro Griffith John Williams (1892—1963) — "efallai yr ysgolhaig Cymraeg mwyaf amlochrog a fu erioed", *Cydymaith*, t. 624.

[2] Dorothy Edwards (1903—34), awdur storïau byrion, *Rhapsody* (1927) a nofel, *Winter Sonata* (1928), gweler *Cydymaith*, t. 175.

Bydd Pwyllgor y Blaid ym Mhwllheli a'i ddwylo'n llawn yn trin ffraeon — fel y cewch glywed eto. Ond nid wyf am eu cymryd yn ddifrifol iawn. Ni chwiliais eto am le i aros, ac nid adwaen Bwllheli, ond y tebyg yw y chwiliaf am dŷ blaenor Methodist gan mai dyna enwad crefyddol fy nheulu. Clywais am un felly a elwir y West End Hotel, a dywedir wrthyf mai dyna'r gorau yn y fan. Odid fawr nad af i yno.

Gyda llaw, paham yr ymddiheurwch am yfed seidr? Dyna'r ddiod buraf a wneir ym Mhrydain heddiw, mae'n debyg. Ein diod swper ni yn y tŷ yma yw Hancock's Amber Ale. Cawn ef mewn fflagonau swllt yr un, ac wedi agor fflagon fe bery ddeuddydd heb niwed lawer. I ddyddiau gŵyl arbennig y mae gennyf Sherry pur, gwin nas ceir yn *bur* odid fyth yn y wlad hon — ond y mae'n rhy werthfawr i'w yfed bob nos. Ei rinwedd yw y pery potel ohono wythnos mewn *decanter* heb lygru.

Wel, caf eich gweled eich dau ym Mhwllheli a byddaf yn llawen am hynny. Ond bydd gennym lawer o waith anodd yno, cael trefnydd newydd efallai, efallai drysorydd newydd, ac efallai golofnes Merched newydd, ac efallai lywydd newydd — Duw'n cato ni.

Yr ydych yn dweud y sgrifennwch stori fer bob mis yn lle colofn *Y Ddraig*? Mi sgrifennaf innau ddrama ac awdl a nofel a llyfr beirniadaeth bob mis yn lle Nodiadau'r Diawl.

Yn annwyl iawn
Saunders Lewis

Kate Roberts 149

46

8 Lôn Isa
Rhiwbina
21 Hydref 1929

F'Annwyl Saunders Lewis,

"Wyt ti jest wedi gorffen?", ebr M. o'r gadair freichiau. "Ydw, jest iawn" meddwn innau. Ac felly o hyd nes imi orffen *Ceiriog*[1] y munud yma. Mae M. wrthi yn ei ddarllen rwan, ac yr wyf wedi ei dynghedu nad yw i siarad efo mi tra fo wrthi. Dim un ebychiad o werthfawrogiad na dim, er mwyn i mi gael sgrifennu tra fo'r haearn yn boeth.

Wel, yn gyntaf dim, diolch yn fawr i chwi drosom ein dau am anfon y llyfr inni. Fe fedrwch ddeall fel y gwerthfawrogwn ni lyfr gennych chwi gyda'ch cyfarchiadau. Mae'n beth mawr i ni.

---

[1] Cyhoeddwyd y gyfrol *Ceiriog. Yr Artist yn Philistia I* gan SL yn 1929. Cyfrol o ryw hanner cant o ddudalennau oedd hi. Yr oedd yn fwriad ganddo hefyd ysgrifennu ar Ieuan Glan Geirionydd a Daniel Owen. Dyna sy'n esbonio sylw KR yn nes ymlaen yn y llythyr: "Mae'r llyfr braidd yn fyr, ac efallai wedi'r cwbl, mai gwell a fuasai cyhoeddi'r tri yn un." Ymddangosodd *Ieuan Glan Geirionydd* yn 1931 fel y gyfrol gyntaf mewn cyfres newydd, "Cyfres y Clasuron", a chyhoeddwyd *Daniel Owen Yr Artist yn Philistia II* yn 1936. Cyflwynwyd *Ceiriog* i J Arthur Price, gweler t. 33, nodyn 4 uchod.

Yn y llyfr hwn, gwnaethoch beth anhraethol well na sgrifennu beirniadaeth foel ar weithiau Ceiriog. Rhoesoch inni'r bardd yn ei amgylchedd, a dangos fel y tyfodd y farddoniaeth allan o'r amgylchedd hwn. Mewn geiriau eraill rhoesoch ddarlun o gymdeithas inni, y gymdeithas y bu Ceiriog fyw ynddi, a dangoswch mai cymdeithas yw'r dylanwad mwyaf ar fywyd unrhyw artist. Y fath ffiloreg a ysgrifennwyd o dro i dro ar ddylanwad natur ar farddoniaeth Ceiriog. Mae'r llyfr braidd yn fyr, ac efallai wedi'r cwbl, mai gwell a fuasai cyhoeddi'r tri yn un. Ond ni wn hyd y gweddill. Erbyn rwan, penderfynais mai o fwriad y gwnaed Ceiriog yn fyr. Ni waeth heb na son llawer am fardd a ganodd gymaint o bethau sal. Gall pob un gyda hanner llygad go feirniadol weld lle mae ei wendidau, ond dim ond Saunders Lewis a fedr edrych ar Geiriog yng nghanol "Cymdeithas", a dehongli'r gymdeithas honno inni mor feistrolgar. Darlun bras a roisoch inni o Geiriog, ond mae'r cefndir yn fanwl iawn. Gyda nifer o ddarluniau fel hyn, gallwn ni, y bobl yr esgeuluswyd eu haddysg gymaint, gael un darlun mawr o'r bedwaredd ganrif ar bymtheg — canrif sydd fel y fagddu imi.

Hefyd mwynheais yn fawr eich erthygl yn y *Welsh Outlook*,[1] a dywedais "Amen" i bopeth a ddywedwch. Un o'r pethau a ddywedwyd yn aml yn y ty hwn yn ddiweddar ydyw "Gresyn na anesid ni yn rhywrai heblaw Cymry". Mae f'anwybodaeth i o gelfyddyd paentio &c yn ddwfn iawn. Yn rhyfedd iawn, ar y pryd darllenwn *Journal Marie Bashkirtseff* yn Saesneg.[2] Mae'n bur debig eich bod chwi wedi darllen y llyfr yn Ffrangeg, a gwn ychydig yn fwy am grefft y paentwyr &c nag a wnawn. Mae'r pethau a ddyfyd hi am ei chelfyddyd yn wir am lenyddiaeth, a chyfieithiwn o hyd wrth fyned ymlaen yr hyn a ddywedai am ddarluniau i iaith stori fer. Dywed un peth pwysig iawn yn 1884. Wrth son am symud (*action*) mewn darlun dywed, "*Nothing is comparable to the grandeur of subjects in repose, either in sculpture or in painting. A man of middling talent may succeed in producing a sensational picture, but he will never make anything of subjects in repose*". Mor wir am stori.

Erbyn hyn mae fy llyfr yn y wasg. Bydd ynddo ddwy stori newydd nad ym-ddangosodd o gwbl.[3] Yr wyf yn siomedig iawn yn y ddwy hyn. Maent yn dila iawn, er imi roi mwy o amser iddynt nag i'r lleill. Yr oeddwn yn ddihwyl a diegni wrth eu hysgrifennu. Ond gallaf eich sicrhau (dyma fi'n siarad wrth fy athro) imi feddwl allan bob brawddeg sydd ynddynt. Yr ydym ni Gymry yn anobeithiol. Yng nghyfarfod croesawu Caradog Pritchard, ddydd Sadwrn,[4] daeth dyn ataf a dywedodd ei fod wedi

[1] Ffrwyth anerchiad a draddodwyd gerbron y Gyngres Geltaidd yn Glasgow, Medi 1926, oedd "The Literary Man's Life in Wales" a ymddangosodd yn y *Welsh Outlook* XVI (Hydref 1929), tt. 294—7.
[2] Marie Bashkirtseff (1860—84), merch o Rwsia a ddaeth i fyw i Ffrainc yn ddeudeg oed. Cadwodd ddyddiadur manwl a phersonol iawn yn Ffrangeg o 1873 hyd un diwrnod ar ddeg cyn ei marwolaeth. Ei huchelgais fawr oedd bod yn arlunydd o fri.
[3] Y ddwy stori newydd ar gyfer *Rhigolau Bywyd* oedd "Meddyliau Siopwr" a "Dydd o Haf".
[4] Cynhaliwyd cyfarfod i groesawu a llongyfarch Caradog Prichard ar ôl ennill Coron Eisteddfod Genedlaethol Lerpwl, 1929 gan Arglwydd Faer a Chorfforaeth Caerdydd yn Neuadd y Ddinas, brynhawn Sadwrn, 19 Hydref 1929. Cyflwynwyd llun y Prifardd i ddinas Caerdydd ar ran y *Western Mail*. "Wrth gydnabod dywedodd Mr Prichard ei bod yn ddrwg ganddo nad oedd yno beth Cymraeg. Carai awgrymu i bobl Caerdydd y dylai ei phrif ddinesydd wybod Cymraeg. Gallent gael yno ddigonedd a allai ddysgu Cymraeg i'w Meiri (Chwerthin)." "Croeso'r Prifardd", *Y Faner* (22 Hydref 1929), t. 5.

mwynhau stori'r "hen ddynes a'i chrys" yn fawr iawn. Mae'n debig ei fod yn apelio at feddwl budr ambell ddyn fy mod wedi bod ddigon beiddgar i alw crys yn grys. Ni wel dynion twp y trasiedi dwfn sy'n "Chwiorydd",[1] ac ni welant mai praw o eithaf budreddi ydyw'r ffaith bod crys rhywun yn fudr. Fe gostiodd yn ddrud imi sgrifennu'r stori yna, oblegid fy modryb oedd y wraig, a mam oedd ei chwaer. Fe ddioddefodd fy modryb fwy o greulondeb na hynyna, ond buasai dywedyd yr *holl* wir yn gwneuthur y stori yn anhygoel ac yn anghelfydd. Fe ddywedodd fy mam wrthyf un gwyliau wrth imi droi am Aber Dâr, "Pan glywi di fod Nani (dyna ei henw iawn) wedi marw, paid a phoeni yn fy nghylch i, mi fydda i yn hapusach o lawer".

Mater yr hoffwn gael eich barn arno, onid yw'n ormod trafferth. Busnes Robert Lynd a'i "Great Love Stories of the World".[2] Dywedais wrthych ym Mhwllheli am hynny a fu hyd hynny. Y pryd hynny anfonasai WJG yma am gopi o dair stori fer a ymddangosodd yn y *Genedl*, a dywedodd ei fod am gyfieithu un ohonynt. Pan welais ef cyn y gwyliau, dywedodd na chawsai amser i'w chyfieithu, ei fod yn brysur &c. Gwelais ef rai troeon wedi dyfod yn ol, ond ni hoffwn ofyn iddo a wnaethai. Modd bynnag, tarewais ar gynllun y diawl i gael gwybod hynny, heb ofyn yn blaen. Ddechreu Hydref yr oedd yn rhaid imi anfon copiau o'm straeon i Wasg Aberystwyth a chymerais arnaf mai'r copiau oedd gan WJG oedd yr unig rai oedd gennyf. Yr oedd gennyf fi rai yng ngwaelod hamper fawr sydd gennym yn y llofft wag. Gyda'r rheswm yna, aeth Morus yno i nol y copiau, *bythefnos yn ol cofier*, a dywedodd nad oedd wedi eu cyfieithu, ond a gai hwynt i anfon *sketch* ohonynt i Robert Lynd. Cadwodd hwynt am ryw ddeuddydd ac anfonodd hwynt yn ol. Rwan, mewn difri, meddylier am wneud *sketch* o'm storiau i — storiau sy'n dibynnu yn gyfangwbl ar eiriau; gwneud *sketch* o storiau, heb ynddynt na phlot na dim. Wrth gwrs, gwn beth a ddigwydd, fe wrthodir fy stori i, ac fe roir stori Saesneg am Gymru i mewn.[3] Ac heb ddim ffug wyleidd-dra dywedaf y byddai hynny yn warth tragwyddol. Fy rheswm pennaf i ar hyn o bryd dros ei chael i mewn ydyw y deuai ag arian imi efallai, mewn ffordd anuniongyrchol. Beth yw eich cyngor chwi? Nid wyfi i fod i wybod dim am y peth.

Gyda llaw, enw fy nghyfrol newydd a fydd *Rhigolau Bywyd* — sef enw'r stori gyntaf, a elwid gynt yn "Fywyd".

Teimlais yn falch i chwi gyflwyno eich cyfrol i Mr Arthur Price. Ni wn pam, ac mae'n hyf ynof ddywedyd fy mod yn falch, ond y mae Mr Arthur Price yn ddyn annwyl iawn.

Eto, ein diolch gwresocaf a'n cofion
Kate Roberts

[1] Cyhoeddwyd "Chwiorydd" gyntaf yn *Y Llenor*, cyfrol VIII (Hydref, 1929), tt. 146—53, a'i hailgyhoeddi yn *Rhigolau Bywyd* (1929), tt. 49—58.

[2] Ymddangosodd cyfrol Robert Lynd, *Great Love Stories of all Nations* yn 1932, wedi ei chyhoeddi gan Harrap, Llundain.

[3] Yr oedd proffwydoliaeth KR yn gywir. Ni chynhwyswyd enghraifft o'i gwaith. Cafwyd dwy eitem yn cynrychioli Cymru — cyfieithiad o chwedl Iarlles y Ffynnon o'r Mabinogion a'r stori "Lochinvárovič" o waith Richard Hughes.

OY Pam y galwasoch *'fur'* yn 'ffwr'? "Bwa blewog" y geilw'r hen bobl gartref ef. KR.
[ON yn llaw Morris Williams]:
F'annwyl Saunders Lewis, — Maddeuwch i mi am beidio sgrifennu llythyr heno ond rhaid imi ddiolch o galon ichwi am eich llyfr. Cefais noson ddifyr iawn o'i ddarllen.

Cofion cynnes iawn — MW.

LlGC 22723D, ff. 66–8^v

47

Gartref
7 Tachwedd 1929

F'Annwyl Kate Roberts,
Claddwyd fi mewn gwaith y pythefnos diwethaf, a dyna sy'n cyfrif am fy nau anghwrteisi — yn oedi cyhyd cyn ateb eich llythyr, ac yn ail yn teipio'r llythyr yn y diwedd.

Am fater Robert Lynd a W J Gruffydd, ni wn i beth y gellwch ei wneud. Wrth gwrs, y mae gennych hawl bendant i wrthod caniatad i'w gyfieithu, os ofnwch na wneir chwarae teg â'r stori, ond nid dyna yn fanwl ydyw'r drwg, ai ê?

Diolch i chi am eich geirda am y *Ceiriog*. Nid ydyw yn rhy fyr, yn fy marn i, oblegid fe ŵyr y diawl nad oes gennyf i ddim un syniad arall am Geiriog yn fy mhen, ac felly ni ellid estyn cufydd at ei faintioli.

Ond newydd gwych yw bod eich llyfr straeon i ymddangos mor ebrwydd. Ydi, mae *Rhigolau Bywyd* yn deitl reit dda, er nad yw cystal ag *O Gors y Bryniau*. Onid oes gennych enw lleol fel yna eto, fel y rhoddir syniad o berthynas i'w gilydd i'ch holl straeon? Ac wedyn, fel y dywed Morgan Humphreys, rhaid i chi fynd ymlaen â'ch nofel. Os na wnewch chi, mi af i ymlaen â'm nofel fy hun ac arnoch chi fydd y bai.

"Bwa Blewog"? Go dda, ond go leol. Y mae ffwr yn weddol hen hefyd, ac efallai, mewn llyfr o Gymraeg drawing rwms Lerpwl fel fy llyfr i, yn fwy cymwys.

Cofion lawer atoch eich dau
Saunders Lewis

Kate Roberts 155

48

9 St Peter's Rd
Newton, Mumbles
30 Rhagfyr 1929

F'Annwyl Kate Roberts,
Anfonaf delegram y prynhawn yma at H R Jones i ddweud wrtho am drefnu'r pwyllgor yn Aberystwyth brynhawn Gwener am *3 pm*. A wna hynny'r tro? Ac yn awr am ymddiheuriadau ac esgusodion . . . Ond i ba beth yr ymboenaf. Y diwrnod wedi imi dderbyn *Rhigolau Bywyd* oddi wrthych cefais arch gan y *Western Mail* i'w adolygu.

63

Euthum ati'n ddi oedi a chawsant fy adolygiad cyn y Nadolig. Diau y bydd yn y papur ddydd Iau nesaf.[1] At hynny yr oedd gennyf dri thudalen o'r *Ddraig Goch* i'w sgrifennu, ac wedyn yr oedd hi'n Nadolig a minnau yn ben teulu! Bum yn lladd nadrodd. Bernais y byddai'r adolygiad yn y *Mail* yn esgusodi llythyr atoch. Pan ymddangoso fe ddywed wrthych fy niolch am gyfrol sy'n cyfrif yn bwysig yn fy mywyd, a llyfr sy'n edrych mor ddel ar y silff hefyd.

Rhoddwch fy niolch hefyd i'ch gŵr am ysgrif gref a threiddgar i'r *Ddraig*;[2] bydd rhifyn Ionawr yn un pur dda, canys y mae ynddo hefyd hanes gan y DJW am ei ymweliad ag AE yn Nulyn.[3] Ond y mae'r *Ddraig* yn gwneud Cristion ohonof i (fel y gwelwch yn nodiadau'r mis nesaf)[4] canys o'i herwydd dygaf fy nghroes yn fisol, a chroes go drom. Yn fuan iawn byddaf wedi darfod â llenyddiaeth, ni byddaf ond newyddiadurwr misol.

Blwyddyn newydd dda i chwi eich dau, yn oes oesoedd
Saunders Lewis

Aeth yn dlawd arnaf am amlenni fel y gwelwch. SL

Kate Roberts 159

49

9 St Peter's Rd
Newton, Mumbles
14 Mawrth 1930

F'Annwyl Kate Roberts,
Diolch yn gynnes am eich gwahoddiad. Pwy ddywedodd fy mod i yn dyfod i Gaerdydd? Ni chlywais i air. Fel yna y mae'r myfyrwyr yn gyson, barnant y gallant alw ar ddyn ar funud o rybudd; byddaf yn gwylltio'n lân wrthynt a'u diofalwch. Os gofynnant imi ddyfod ddydd Iau nesaf, 'wn i ddim a allaf ymryddhau bellach, ond a bwrw y gallaf, mi anfonaf gerdyn i roi gwybod i chwi pa bryd y cyrhaeddaf Gaerdydd, ac yr wyf am ofyn i chwi ddyfod i'r dref i'm cyfarfod a chael te ynghyd, canys gwn na chaf siawns i ddyfod allan i Riwbina er caredigrwydd eich gwahoddiad. Da chi, peidiwch â digio wrthyf na allaf ddyfod atoch am y noson. Nid wyf yn gweled nemor neb o'm ffrindiau ond ar wib fer bellach, a hynny yn rhannol oblegid bod gennyf ormod o heyrn yn y tân, a phob

---

[1] Fel y nodwyd eisoes, cyhoeddwyd adolygiad SL yn y *Western Mail* (2 Ionawr 1930), t. 9, yn dwyn y teitl "A Welsh Classic".

[2] "Y Sefyllfa yn y Rhondda — yr angen am lywodraeth Gymreig" oedd yr erthygl o waith MTW. Ymddangosodd yn *Y Ddraig Goch* (Ionawr 1930), t. 6.

[3] "A.E. eto" oedd teitl erthygl D J Williams, sef hanes ymweliad â Dulyn i gyfarfod â George W Russell ("A.E."), golygydd yr *Irish Statesman*. Gweler *Y Ddraig Goch* (Ionawr 1930), tt. 4+7.

[4] Cyfeirio y mae at y nodiadau sy'n dwyn y teitl "Gwanhau rhwymau'r Teulu", *Y Ddraig Goch* (Ionawr 1930), t. 1, lle y dadleuir ar sail Cristnogol fod y llywodraeth yn ymyrryd gormod ym mywyd teuluol pobl Prydain.

haearn felly yn dioddef cam; nid oes dim a wnaf yn drwyadl, na'r Blaid, na'r *Ddraig*, na gwaith Coleg, na llyfrau llên, na bwyd a diogi, na gwaith gŵr a thad, na chyfeillgarwch. Yr unig beth a wnaf yn llwyr a da yw cysgu'r nos.

Y mae fy muwch Morris i, sef fy modur, wedi marw o henaint a thraul. Y mae hynny imi, sy wedi arfer â'r car, yn lladrad o dair awr y dydd oddi arnaf, ac megis cloffni. Yr wyf yn bwriadu prynu car newydd os caniatâ'r banc, ond nid cyn mis Ebrill. Wrth gwrs, yr wyf wedi rhoi heibio sgrifennu llenyddiaeth ers tro bellach, ni wneuthum ddim ond *Y Ddraig* Ddiawl ers Nadolig. Sut y mae eich llyfrau chi'n ffynnu? Y nofel?

Peth diddorol a brawychus a chrand hefyd yw sylweddoli fynd ieuenctid ymaith a goddiweddyd o ganol oed, — dyna a ddarganfum i y flwyddyn hon. I mi y mae pobl ifainc bellach yn — ddirgelwch. Nid wyf yn eu deall. A deng mlynedd yn ôl cofiaf yn burion na allwn i o gwbl ddeall pobl ganol oed.

Dyna ddarn o brofiad seiataidd i chi, hyd oni'ch gwelaf.

Yn gynnes
Saunders Lewis

Kate Roberts 164

50

8 Lôn Isa
Rhiwbina
26 Mehefin 1930

F'Annwyl Saunders Lewis,

Maddeuwch yr inc coch, ar ganol darllen straeon Llanelli yr wyf,[1] ond mae fy ngwr yn dweud ei fod yn mynd i sgrifennu atoch ac mae arnaf innau eisiau rhoi pwt i mewn.

Pe gwelwn chwi wyneb yn wyneb byddai gennyf hylldod o bethau i'w trafod, ond mae fy meddyliau mor wasgarog fel na fedraf ddweud fawr wedi'r cwbl. Newydd ddychwelyd o'r Gogledd yr wyf — wedi bod yno am yn agos i dair wythnos. Galwyd amdanaf adref ddydd Mercher cyn y Sulgwyn oherwydd bod fy nhad yn wael iawn, a chan fy mod yn traethu yn Harlech yr wythnos ar ol y Sulgwyn ni ddeuthum yn ol onid oedd hynny drosodd. Hoffwn ddweud llawer am Harlech — ond nid oes amser.

A dyna Huw Jôs yn ei fedd![2] Pe tae dyn yn mynd i ddechrau meddwl am yr holl drychinebau sydd mewn bywyd mi ai o'i synhwyrau. Pan oeddwn yn Rhosgadfan ni chlywais son am ddim ond am gancer a thiciâu. Mae hanner y bobl yno yn marw o'r ddau salwch yna. A beth sydd i'w wneud? Gwelais ddigon o gancer yn fy nheulu i i godi ofn arnaf. A salwch y chwarel oedd ar H R Jones. Dim rhyfedd i Ddic Tryfan sgrifennu fel y gwnaeth.

---

[1] Yr oedd KR yn feiriniad cystadleuaeth y stori fer yn Eisteddfod Genedlaethol Llanelli, 1930. Yr oedd hefyd yn beirniadu cystadleuaeth ysgrifennu llyfr darllen addas ar gyfer plant Safon 3 mewn ysgolion cynradd yn yr un eisteddfod.

[2] Cyfeiriad at farwolaeth H R Jones, Trefnydd y Blaid Genedlaethol, ar 17 Mehefin 1930. Gweler t. 14, nodyn 1 uchod.

Mae'n chwith meddwl am y Blaid heb HR. Fe wnaeth filoedd o gamgymeriadau a byddai dyn yn ei regi'n aml, ond rywsut yn maddeu iddo wedyn yn rhwydd. Y gyfrinach fawr yn ei fywyd ydoedd y gallai wneud rhai pethau anodd iawn mewn dull distaw. Fe aeth a'r gwynt o'm hwyliau i ym Machynlleth pan drawodd ei law ar f'ysgwydd a gofyn imi ddyfod i arwyddo'r papur a'm rhwymai wrth y Blaid.

Wedi gweld methiant ein trefnydd cyntaf, credaf y dylid bod yn ofalus iawn wrth ddewis olynydd iddo. Dywedais ym Machynlleth y dylid hysbysu am drefnydd yn y papurau newydd, a dywedaf hynny eto. Credaf y dylem gael rhywun a all drefnu a chynnal cyfarfodydd ei hun, oblegid ar wahan i amser lecsiwn nid oes digon o waith yn y swyddfa i'r trefnydd roi ei holl amser yno. A chan fod nifer ein siaradwyr yn brin dylem gael rhywun a all siarad yn argyhoeddiadol.

Dywedaf y pethau hyn gan na fedraf, mae'n debig, fod yn Llanwrtyd[1] — os na bydd nhad yn well o lawer nag y mae rwan, ac nid yw hynny'n debig. Ni wn pwy a ddewiswyd neu a ymgymerodd a rhoi eu gwasanaeth yn Y Swyddfa yn ystod salwch y trefnydd, ond gwn hyn, nad atebwyd yr un llythyr oddiyno ers deufis cyn marw'r trefnydd. Bu Mrs G J Williams yn gohebu a mi ynghylch cael cangen o'r Blaid yng Nghaer Dydd ac ysgrifennais innau gerdyn i'r Swyddfa yn gofyn i rywun anfon imi enwau aelodau'r Blaid yng Nghylch Caer Dydd. Ni chefais byth ateb, ond clywais i'r cerdyn rywfodd fynd i H R Jones ac iddo yntau ei anfon i'm brawd yng nghyfraith.

Cydwelaf a'r hyn a ddywedwch yn eich llythyr parthed arweinydd cryf i'r Blaid. Petae un cyn gryfed a chwi fe fyddai'n well o lawer i chwi gael eich holl amser i sgrifennu llenyddiaeth. *Ond nid oes un.* Ni waeth heb na'n twyllo ein hunain. Mae gennym ddynion a wnai arweinwyr poblogaidd, ond nid ydynt gryf. Gwamalrwydd ydyw nodwedd amlycaf rhai o'n pobl fwyaf blaenllaw. Wedyn ni welaf y gellwch roi'r llywyddiaeth i fyny, er bod hynny'n drueni wrth feddwl am y golled a gaiff ein llenyddiaeth.

Os newidir polisi'r Blaid, methaf a gweld y byddaf i'n ddim byd ond aelod marw ynddi wedyn. Ac i beth mae aelod marw'n dda?

Mae hi'n hwyr ar y nos a rhaid mynd i gysgu. Mae pob dydd yn mynd i rywle heb imi wneud dim o'm hol.

Fy nghofion cynnes atoch

Yn gywir

Kate Roberts

LlGC 22723D, ff. 69—70[v]

---

[1] Cynhaliwyd Ysgol Haf y Blaid Genedlaethol yn Llanwrtyd rhwng 11 a 15 Awst 1930. Cafwyd erthygl yn *Y Ddraig Goch* (Mehefin 1930), t. 6, yn pwyso ar holl aelodau'r Blaid i gefnogi'r ysgol haf honno. Ceir argraffiadau MTW am Ysgol Haf Llanwrtyd yn rhifyn Medi o'r *Ddraig Goch*, tt. 3—4.

51

8 Lôn Isa
Rhiwbina
9 Hydref 1930

F'Annwyl Saunders Lewis,

Sgwn i a oes gennych restr o aelodau'r Blaid yn eich meddiant? Mae ar Mrs G J Williams a minnau eisiau cael cyfarfod o aelodau'r Blaid yn y cylch hwn yng Nghaer Dydd a hoffem gael enwau rhai o'r aelodau i sgrifennu atynt. Gwn imi gael rhestr gan Mr H R Jones, ond mae'n bur debig iddi fynd i'r tân wrth glirio pethau o Aber Dâr.

Sut hwyl sydd? Onid edrych Llanwrtyd yn y ganrif o'r blaen? Ped ysgrifenaswn atoch tua'r Sul diwaethaf, fe wnaethwn hynny gan faeddu poer o gylch fy ngheg, a hynny oherwydd *Y Llenor*. Ymddangosai beth amser yn ol fel petai'r cylchgrawn hwnnw'n mynd i wasanaethu crefydd yng Nghymru. Yrwan ymddengys fel petai'n mynd i wasanaethu achos llenyddiaeth Saesneg. Prinder erthyglau, meddwch chi. Choelia'i fawr. Mae gan y golygydd stori o waith Morris ers blynyddoedd, a storiau gan Iorwerth Williams er yr un adeg, a gwn eu bod yn well na llawer peth a ymddengys yn awr. At hynny mae Cymraeg *Y Llenor* yn gwaethygu. Mae'r golygydd ei hun yn ddiofal ac mae gwaith yr ysgrifenwyr yn llawn idiomau Saesneg. Beth gebyst a barodd i R T Jenkins ddefnyddio'r gair "slwmbran".[1] Hyd yn oed os oedd arno eisiau'r gair hepian ymhellach ymlaen, beth oedd o'i le efo "cymryd cyntun" neu "huno" neu "gysgu" ei hun. Ac am yr ysgrif yna ar Shaw — gwell a fuasai ei hysgrifennu yn Saesneg.[2] Pa fudd a gaiff Cymro uniaith o ddarllen ysgrifau fel yna? Ac *mae* Cymry uniaith diwylliedig sy'n darllen *Y Llenor* i'w cael. A dywedyd y gwir buasai'n ganmil gwell i'n llenyddiaeth petaem i gyd yn uniaith. Buasai gwell graen ar ein hiaith wedyn. Fel y mae rwan, mae'r Gymraeg a sgrifennir fel dwr llugoer, budr a ddefnyddiwyd i olchi llestri seimlyd. Ach y fi!

Eto, un o bethau gorau'r *Llenor* hwn yw parodïau Wil Ifan.[3] Yn wir, parodïau yw pethau gorau'r Gymraeg heddiw. A dyma'n sicr arwydd mynd ar y goriwaered. Mae i barodïau eu lle, ond pan fo mwy o barodïau nag o waith i sylfaenu parodïau arno, mae "rhwpath o'i le yn rhwla". Perthyn i gomedi y mae parodi. Nid oes gennym ni drasiedi yng Nghymru heddiw. Efallai nad oes deunydd trasiedi. Efallai bod. Y sicrwydd yw nad oes neb am ei hysgrifennu nac am ei chael. A praw bod cenedl ar y goriwaered yw hyn. Fy ngharn am hyn yw St John Ervine yn yr *Observer* y Sul diwaetha.[4] Mewn gair, mae popeth yn ein bywyd ac yn ein llenyddiaeth yn dangos mai cenedl "ddiofal, ysmala" yn llithro i lawr yr allt ydym. Rwan hoffwn sgrifennu ar y pethau hyn un ai i'r *Ddraig* neu

---

[1] R T Jenkins, "Rabbi Saunderson", *Y Llenor*, cyfrol IX (1930), t. 147— ". . . y cwn yn slwmbran ar y palmentydd . . ."

[2] John Heywood Thomas, "Y Gwacter Moesol sydd yn Shaw", *Y Llenor*, cyfrol IX (1930), tt. 174—81.

[3] Wil Ifan, "Cystadleuaeth Dynn", *Y Llenor*, cyfrol IX (1930), tt. 182—8, sef ymdriniaeth â pharodïau ar yr hwiangerdd Saesneg *"Mary had a little lamb"*.

[4] St John Ervine, "At the Play" yn *The Observer* (5 Hydref 1930), t. 15. Mae'n crybwyll y syniad fod cenedl hyfyw yn hybu theatr drasig: '. . . *the sign of greatness in a nation is the fact that it prefers tragic plays to comic plays . . . The drama cannot die while it has the strength to be dreary, but it can easily tickle itself to death."*

i'r *Llenor*. I ba'r un a fyddai orau? Hoffwn wneud i'r *Ddraig*, ond byddai hynny'n rhy debig i ymosod o'r tu cefn. Efallai mai gwell a fyddai wynebu'r golygydd yn ei ffau ei hun. Bernwch chwi.

Mae arnaf eisiau sgrifennu ysgrif i'r *Ddraig* ynghylch bwydydd &c, a chymryd awgrym Ffred Jones. Addawodd Betty Davies lyfr o'r enw *The Scotch Kitchen* imi,[1] lle ceir hanes coginio yn yr Alban, a rhwng hwnnw ag awgrym Ff J efallai y medraf ysgrifennu rhywbeth. Bu Betty Davies yma efo ni am dros wythnos, a chawsom amser difyr iawn o siarad a hogi meddyliau.

Ar hyn o bryd â Morus ymlaen gyda'i ail nofel, "Marweidd-dra",[2] ac yr wyf innau wrthi'n ail ysgrifennu *Laura Jones*. Fel y mae hi, mae'n fler iawn ei chynllun a rhaid imi dynnu penodau cyfain allan a rhoi rhai eraill i mewn, heblaw newid y stori i gyd i'r orgraff newydd, newydd.

Anghofiais beth pwysig. Gobeithiaf yr atebwch sylw WJG ar y Blaid yn ei nodiadau.[3] Cyn newid y polisi yr oedd ar WJG eisiau newid. Rwan wedi newid, nid yw hynny'n plesio. Plentyn yn tynnu'n groes er mwyn tynnu'n groes yw peth fel yna.

Gyda llaw, dylswn egluro imi anfon i'r Swyddfa am enwau'r aelodau, ond ni all Miss Roberts ddyfod o hyd iddynt drwy fod pethau'n strim stram strellach.

Anfonwn ein dau ein cofion cynhesaf

Kate Roberts

LlGC 22723D, ff. 71—2[v]

52

9 St Peter's Rd

Newton, Mumbles

10 Hydref 1930

F'Annwyl Kate Roberts,
Yr oedd yn fy arfaeth sgrifennu yr wythnos hon at eich priod. Mi wnaf hynny ar derfyn y llythyr hwn.

Yr wyf yn cytuno'n llwyr iawn a'r hyn a ddywedwch am *Y Llenor*, gyda dau eithriad. Yn gyntaf, gallaf faddau i R T Jenkins am slwmbran, ac yn ail ymddengys parodïau Wil Ifan i mi yn efelychiad tila o grefft Berry ac yn annigrif a fflat. Y peth gwaelaf yn fy marn

---

[1] Cyfeiriad at gyfrol boblogaidd F Marian McNeill, *The Scots Kitchen — its traditions and lore with old-time recipes* (London, 1929).

[2] Ceir drafftiau o "Marweidd-dra", neu "Troi a Throsi" i roi iddo ei deitl arall, ymhlith Papurau Kate Roberts, rhifau 3930—1. Ni chafodd y gwaith ei gyhoeddi.

[3] Yn ei nodiadau golygyddol yn rhifyn Hydref 1930 o'r *Llenor*, (cyfrol IX), t. 132, fe feirniadodd W J Gruffydd y Blaid Genedlaethol am newid ei pholisi o beidio â derbyn sedd yn San Steffan ped etholid aelod seneddol — "Y mae'r newid hwn yn dangos rhyw gred bathetig iawn (i'm tyb i, o leiaf) yn y Senedd fel gallu llywodraethol ar fywyd Cymru . . . Eisiau gweld y Blaid ym mywyd ymarferol Cymru sydd arnaf, oherwydd hwy yw'r unig bobl boliticaidd y mae gan lawer ohonom gred ynddynt."

i yn *Y Llenor* hwn yw adolygiad y golygydd ar Berry.[1] Gwir a ddywedwch mai Seisnig yw holl awyrgylch y rhifyn. Y mae Gruffydd yn ymladd, nid yn unig yn erbyn y Blaid Genedlaethol y cogia ef ei hoffi a'i helpu, ond hefyd yn erbyn meddwl annibynnol a modern yng Nghymru. Y mae ei ofn ef o "glyfrwch" yn blentynnaidd, neu'n hytrach arwydd yw ei fod yn ei gael ei hun ar ôl ac yn methu deall llenyddiaeth ifanc — y mae Berry'n haws. Nid yw'r *Llenor* yn gwneud dim i greu ysbryd newydd yng Nghymru, a dyna fy nghweryl i ag ef. Y mae'n sefyll dros syniadau 1902 ac Eisteddfod Bangor — o hyd! Ie, dywedwch eich holl farn yn *Y Llenor* ei hun, ac os gwrthyd Gruffydd ei gyhoeddi, rhoddwch ef imi wedyn i'r *Ddraig*.

Na, nid wyf am ateb nodiad Gruffydd ar y Blaid. Y mae ganddo ddylanwad fel golygydd *Y Llenor*, ond ar bynciau gwleidyddol nid yw ei air yn bwysig. Gwelaf heddiw fod Pwyllgor Addysg Arfon yn gofyn i brifathrawon ysgol a ydynt yn llwyr-ymwrthodwyr. Y mae hyn wedi difetha bore imi. Paham yr ymboenwn i achub y genedl gyfoglyd hon? Ac eto, mynd ymlaen yr ydym gyda'r gwaith diobaith, ac ni allwn beidio. Ac er nad oes gennyf restr o aelodau'r Blaid yng Nghaerdydd, paham na ofynnwch drwy'r *Ddraig Goch* i rai ohonynt ymohebu gyda chwi neu Mrs Williams i roi cychwyn arni? Ac yn awr,

Annwyl Morris Williams,

Yr wyf yn gwrthod cyhoeddi ateb yr Eiconoclast i Miss Nesta Roberts.[2] Nid am nad yw'r ateb yn wir ac yn deg, ond am ei fod yn wir a theg. Dyma'r paham yn llawnach: Yr wyf newydd sgrifennu at Bwyllgor Arfon i'w cymell i ymladd etholiad seneddol 1931, a dechrau arni yn awr i gasglu arian a dewis ymgeisydd a pharatoi mewn difrif. Bydd yn ofynnol imi eu llofio[3] hwy dipyn a gochelyd rhag eu tarfu (yn arbennig eu cadeirydd!), ac felly yn yr amgylchiadau presennol ni wiw imi gyhoeddi dim amdanynt yn *Y Ddraig* a barai iddynt neu bwdu neu ddigalonni.

Mi dybiaf y cytunwch â hyn ac na omeddwch lythyr arall i rifyn Tachwedd, canys y mae darllen ar yr Eiconoclast a phawb yn sylwi ar fin ei arf.

Fy nghofion ynghanol enbydrwydd tasgau
Saunders Lewis

Kate Roberts 166

[1] Adolygiad ar gyfrol o naw stori fer *Y Llawr Dyrnu* (Aberystwyth, 1930) a ymddangosodd yn *Y Llenor*, cyfrol IX (1930), tt. 189—90. Ar R G Berry (1869—1945) gweler *Cydymaith*, t. 41, a'r cyfeiriadau a roir yno.

[2] Cyhoeddwyd nifer o lythyrau miniog yn *Y Ddraig Goch* tua'r adeg hon yn dwyn y ffugenw "Eiconoclast", e.e. Medi 1930, t. 7, Tachwedd 1930, t. 6, Ionawr 1931, t. 2, &c. Mae'n ymddangos o'r llythyr hwn mai MTW oedd eu hawdur. Ceid colofn hefyd o dro i dro yn dwyn y teitl "At Ohebwyr" pan fyddai Eiconoclast yn ymateb i'w ohebwyr. Mae rhywun yn synhwyro mai dychmygol yw'r mwyafrif o'r gohebwyr hyn.

[3] "llofio" — gweler dan "llofaf", *Geiriadur Prifysgol Cymru*, t. 2200. "Trafod â'r dwylo yn ofalus" yw'r ystyr yma, mae'n debyg.

8 Lôn Isa
Rhiwbina
28 Tachwedd 1930

F'Annwyl Saunders Lewis,
Yr wyf yn siwr y bydd yn ddrwg gennych glywed am ein profedigaeth ni.[1] Clywais heddiw fod fy mrawd wedi marw, mewn gwirionedd wedi ei ladd ei hun. Yr oedd yn isel ei ysbryd ers tro — wedi colli ei wraig dri mis yn ol, hithau wedi bod yn sal am ddwy flynedd efo'r *cancer*, ac yntau wedi bod yn hir iawn allan o waith yn ddiweddar. Rhwng popeth mae'n debig fod bywyd wedi mynd yn ormod iddo. Bydd yn ergyd ofnadwy i nhad. O, mae'r peth yn ofnadwy.

Yr eiddoch yn bur
Kate Roberts

LlGC 22723D, f. 73

54

9 St Peter's Rd
Newton, Mumbles
Pnawn Sadwrn 29 Tachwedd 1930

F'Annwyl Kate,
Ni allaf ddweud dim wrthych, ond yn unig ein bod ni yma yn meddwl llawer amdanoch. Yr unig ddull i chwi geisio cysuro eich tad yw dangos iddo mai iseldra ysbryd yw'r mwyaf poenus o bob afiechyd, a bod ei fab ef felly wedi dioddef hyd y gallai dyn ddioddef, fel na ddylai neb feddwl am ei farw ond fel gollyngdod, megis y mae marw ar ol unrhyw afiechyd enbyd iawn.

Yn garedig iawn
Saunders Lewis

Kate Roberts 168

9 St Peter's Rd
Newton, Mumbles
10 Rhagfyr 1930

F'Annwyl Kate Roberts,
Mae'n debyg nad oes gennych eto fawr o flas ar glywed barn neb ar *Laura Jones* gan mor agos atoch yw trychineb eich brawd. Ond rhaid imi o leiaf ddiolch i chwi am fy nghopi, a chael dweud fy mod yn mawr werthfawrogi'r llyfr. Bydd adolygiad arno yn *Y Ddraig Goch* cyn bo hir iawn.[2]

---

[1] Cyfeiriad at hunanladdiad Owen, hanner brawd KR. Cadwyd llythyr, rhif 167 ymhlith Papurau Kate Roberts, oddi wrth ei brawd Richard, yn hysbysu iddynt gael hyd i 'Now Glynaber' wedi marw yn yr ardd. Yr oedd wedi crogi ei hun yn y "peti" — y tŷ bach.

[2] Cofnodwyd sylwadau SL ar *Laura Jones* yn *Y Ddraig Goch* (Ionawr 1931), t. 2.

Sut mae eich tad a'ch mam? Fy nghofion tyner iawn atoch. Yr wyf yn meddwl llawer amdanoch.

Saunders Lewis

Kate Roberts 169

56

[Nadolig 1930]

Anfonodd Saunders Lewis gopi o'r gyfrol *My Life* gan Isadora Duncan at Kate Roberts yn anrheg Nadolig gyda'r cyflwyniad: "Esiampl o'r fel y dylid byw! Dymuniadau gorau i'r Nadolig S.L."

Kate Roberts 2977 : My Life by Isadora Duncan (London, 1930).

57

8 Lôn Isa
Rhiwbina
Nos Lun 12 Ionawr 1931

F'Annwyl Saunders Lewis,

Penderfynais neithiwr y rhoiswn heno i gyd i sgrifennu i chwi ac i'r *Ddraig Goch*. Ond ffolineb yw gwneud penderfyniadau. Daeth Morus adre'n sal efo'r beil. Galwodd trysorydd Cangen Caer Dydd o'r BB[1] yma, ac yn ben ar y cwbl daeth tad yr eneth sy'n gweithio yma yn y boreau, i ofyn am fenthyg arian i'w dynnu ef allan o ryw bicl ariannol, ac mae Morus wedi gwella'n ddigon da rwan i regi R T Jenkins a'i wraig na ddywedasant wrthym *cyn* i'r eneth ddyfod yma am driciau ei thad. Cyn hynny, efo'r trysorydd buasai'n ddadl frwd ar *Monica*,[2] a buom ein dau yn ymosod ar Brotestaniaeth a Christnogaeth a phob dim.

Ym mha le dechreuaf? Yn gyntaf, gadewch imi ddiolch yn fawr iawn i chwi am *Fonica* drosom ein dau. Eisteddais wrth y tân un prynhawn ac fe'i darllenais yn drwyadl. Credaf ei bod yn nofel fawr iawn. Safasoch yn onest wyneb yn wyneb a dau gymeriad ac fe roisoch inni du mewn un ohonynt, beth bynnag, yn drwyadl. Mae'n nofel wedi ei gweithio allan yn alluog a dangosasoch yn eglur nad oedd yn bosibl fod diwedd arall i

---

[1] BB — "y Blydi Blaid" — term a ddefnyddid am y Blaid Genedlaethol gan ei haelodau. Ffynhonnell y dywediad yw englyn o waith Waldo Williams. Dywedir iddo fynd i Hendy-gwyn ar Daf ar gais D J Williams i annerch cyfarfod ac mai tri yn unig a oedd yn bresennol — "Ai tri yw y blydi Blaid?", gweler W R Evans yn Robert Rhys (gol.), *Waldo Williams* (Abertawe, 1981), t. 38. Ceir yr englyn yn llawn, yn dwyn y teitl "Cyfarfod Gwan y Blaid", yn Bethan Llewelyn (gol.), *Casgliad o Englynion Digri* (Abertawe, 1966), t. 22; gan Aneirin Talfan Davies yn ei erthygl "Y Bardd Addfwyn", *Western Mail* (26 Mehefin 1971), t. 7; yn y cylchgrawn *Bro*, rhif 5 (Gorff/Awst 1978) ac yn *Bro*, rhif 11 (Ebrill/Mai 1980). Mae'r ffaith fod geiriad yr englyn yn wahanol bob tro yn awgrymu mai englyn llafar ydoedd am flynyddoedd lawer cyn ei gofnodi.

[2] Nofel enwog SL a gafodd ei chyhoeddi adeg y Nadolig 1930 gan Wasg Aberystwyth.

gymeriad nwydus a dreuliodd ei llencyndod fel y gwnaeth hi ac a aeth i fyw i'r lle y gwnaeth ar ol priodi. Credaf mai cynllun da oedd gwneud i Fonica ddywedyd ei hanes bore yn y dechrau, ac effaith hynny arni wedyn. Yn wahanol i ddull y rhan fwyaf o nofelwyr Lloegr heddiw, nid aethoch i chwilio am esgusodion dros ymddygiad Monica na'i gwr, ond yn unig fynegi ffeithiau, a hyd yn oed os oedd ganddi hi rithyn o esgus yng nghaethiwed ei hieuenctid drwy salwch ei mam dangosasoch yn ddigon plaen beth allasai wneud a beth ddylasai ei wneud; a dangosasoch yn ddigon eglur bod dyn yn ofni'r hyn ydyw ef ei hun. Wedyn ei myned i'r lle parchus yna i fyw, a cheisio cadw sylw rhywiol ei gwr drwy ei gadw'n gyfangwbl iddi'i hun a hithau heb ddim diddordeb mewn dim arall. Nid oedd yn bosibl i ddim diwedd arall fod.

Eto mae eich disgrifiadau o'r Dre newydd a'i phobl yn odidog. Yn wir fe aeth ias o ofn drwof wrth feddwl mai un o'r bobl yna wyf i, yn cadw'r caead, efallai, ar grochan berw. Ond byddaf yn cofio bod gennym ni ddiddordebau tu allan ac y byddwn yn gweld llawer o bobl. Ond nid anghofiaf byth mo'r disgrifiad yna yn y bennod olaf, a'r gymhariaeth rhwng Monica a'r dyn wedi ei ddedfrydu. Mae'r bennod yna'n rhagorol, nid yn unig oblegid eich deall o eneideg dynes wedi ei dedfrydu i farw ond oblegid y ffordd y mynegasoch ef.

Caraswn ddweud llawer am y llyfr, ond ni fedraf gofio rwan bopeth a feddyliaf wrth fyned yn ol ac ymlaen gyda'm gwaith. Sylwais fod iaith y llyfr braidd yn anystwyth mewn ambell fan. Chwi gofiwch imi awgrymu "Fe'u gwelant hwy yn chwith." yn lle "Byddant hwy yn fy ngholli." Nid wyf yn hoffi "llieiniau gwely" chwaith. Beth am "gynfasau"? Rhy leol? Ond rhaid imi ddweud eich bod wedi cael gafael ar ambell ymadrodd rhagorol, megis "bys y golau".

Mwynheais Isadora Duncan yn fawr iawn, fel gwaith dynes o athrylith a feiddiodd fyw ei bywyd ei hun. Mae pawb yn mwynhau hanes bywyd pobl od, ond pwy a faidd fyw yr un fath? Nid wyf fi na Morus yn credu mewn priodi, ond credwn mewn "byw tali" (a glywsoch chi'r dywediad yna am fyw fel gwr a gwraig heb fynd drwy seremoni briodas). Eithr, er mwyn tawelwch, bwriadasom mai gwell oedd mynd trwy'r seremoni. Nid oes gennyf ddim yn erbyn y seremoni. Buaswn yn ddigon bodlon mynd drwy hwnnw i fyw tali — ond y rhwymo cyfreithiol yna sy'n ofnadwy. Meddwl bod y gyfraith yn rhoi ei phig i mewn, mewn peth sydd a wnelo a chalonnau dau berson. Ni wn ddigon am ddawnsio i wybod a oedd Isadora'n gywir yn ei damcaniaeth am ddawnsio, ac ni fedraf ddeall y gwahaniaeth a wna rhwng ei hysgol hi ac Ysgol Pavlova, dyweder. Mae'n well gennyf hanner cyntaf y llyfr na'r hanner olaf. Mae'r dull chwyrlïol yna o fyw yn gweddu iddi'n well yn ei chyfnod bore. Ond o ran hynny plentyn a fu hi ar hyd ei hoes. Dyna fi wedi darllen rwan, *The Journal of a Disappointed Man* (Barbellion),[1]

---

[1] Ffugenw llenyddol Bruce Frederick Cummings (1889–1919), oedd W[ilhelm] N[ero] P[ilate] Barbellion. Cyhoeddwyd *The Journal of a Disappointed Man* ar 31 Mawrth 1919, rhyw chwe mis cyn iddo farw yn ddeg ar hugain oed — nid saith ar hugain fel y dywed KR. Mae'r gyfrol yn amlygu ei hoffter o swoleg a cherddoriaeth yn ogystal â'r syniad o fethiant a cholli cyfle a fu yn nodweddu ei yrfa. Cadwyd copi KR o'r llyfr hwn ymhlith ei lyfrau yn LlGC, yn dwyn y dyddiad 3 Mehefin 1920.

Impressions that Remained (Ethel Smyth),[1] *Journal* Marie Bashkirtseff, *My Life* (Isadora Duncan) ac mae WJG wedi dechrau dweud ei hanes yn *Y Llenor*!![2] Rhaid imi ddywedyd yr ystyriaf y Dr Ethel Smyth yn fwy o athrylith na'r ddwy arall, a Barbellion yn fwy na'r cwbl. Efallai nad yw ES mor onest ag Isadora, ond rhydd inni well argraff o bersonau eraill ac mae llythyrau ei chyfeilles Lisl yn werth eu darllen. Rhyw wibio o un cyfandir i'r llall a wnaeth Isadora, ond fe arhosodd ES yn ei hunfan yn yr Almaen ac yn Lloegr, ac fe'i disgyblodd ei hun ac fe wnaeth gyfeillion tragwyddol. Ei thrasiedi fawr hi oedd i Lisl, ei phrif gyfeilles, ddigio am rywbeth nas gwyddai, ac i'r bedd gadw ei chyfrinach gyda hi. Fe gafodd Barbellion ddawn fawr gwyddonydd, fe gafodd wraig i'w garu a gofalu am dano, ond fe brofodd dlodi a gwendid corff hyd yr eithaf. Bu farw'n saith ar hugain oed, ond yn fwy na choncwerwr o ran ei brofiad, er mai agnostig ydoedd.

Diolch yn fawr i chwi am eich geiriau caredig am *Laura Jones* yn *Y Ddraig Goch*. Fel arfer, gwelsoch chwi'r hyn na wel neb arall. Fe welsoch fel y ceisiodd yr awdur ddangos cyfnod llencyndod Loli. Bum yn meddwl weithiau gwneuthur i Loli gymryd diddordeb mewn bechgyn, a bechgyn ynddi hithau, ond tybiais y gwelai'r cyfarwydd mai ynni rhyw a wnai iddi daro Twm y gwas a theimlo mor wrthryfelgar yn erbyn popeth, ac yn gas wrth y rhai a garai. Ac yr oedd hi braidd yn ifanc, er y dyfyd y Dr Olive Wheeler[3] fod merched Cymru yn cymryd diddordeb mewn bechgyn yn gynt na merched Lloegr. Pan ddarllenais am "y tynerwch garw" yna fe ddychrynais, oblegid dyna'r geiriau a fuasai'n disgrifio mam i'r dim. Cefais yr un braw ag a gaf weithiau wrth edrych yn y drych a gweld pa mor debig i mam yr af o ran ymddangosiad. Ni bum felly 'rioed, oblegid dynes dal o bryd golau yw mam. Eithr mae fy ngwallt i'n goleuo, ar wahan i'r ffaith ei fod yn britho.

Yr oeddwn yn falch i chwi hoffi'r gyfleth, er nad ydoedd yr hyn a hoffwn, fel y dywedais, gan fod y triagl yn rhy chwerw. A hefyd y menyn yn rhy ffres. Menyn Cymru yw'r gorau i wneud cyfleth, oblegid bod halen ynddo.[4] Yn y llyfr yma sy gennyf ar goginio traddodiadol yr Alban dywedir bod yn rhaid cael menyn hallt i wneud taffi. Gyda llaw, anfonais sut i wneud cyfleth i'r *DdG* Nadolig y llynedd, ac ymddangosodd yn *Y Faner*. Ni chofiais byth ofyn i Brosser Rhys egluro'r dirgelwch.

---

[1] *Dame* Ethel Smyth (1858–1944). Cyhoeddwyd ei hunangofiant, *Impressions that Remained*, mewn dwy gyfrol gan Longmans, Green & Co., Llundain, yn 1919. Ceir llythyrau oddi wrth ei chyfeilles "Lisl" (Elisabeth von Herzogenberg) yng nghyfrol II, tt. 17–34. Bu'n astudio cerdd yn Leipzig a chyfansoddodd chwech o operâu, yr enwocaf yw *The Wreckers* (1906). Cafodd ei charcharu yn Holloway am ei rhan yn yr ymgyrch dros gael pleidlais i ferched. Cadwyd copïau KR o'r ddwy gyfrol o'r cofiant, yn dwyn y dyddiad Ebrill 1922, ac o lyfr arall gan Ethel Smyth, *Streaks of Life* (London, 1921), yn dwyn y dyddiad 17 Ionawr 1925, ymhlith llyfrau KR yn LlGC.

[2] Dechreuodd W J Gruffydd gyhoeddi ei "Hen Atgofion" yn *Y Llenor*, cyfrol IX (1930), tt. 201–8.

[3] Olive Annie Wheeler (1886–1963) — Athro Addysg Coleg y Brifysgol Caerdydd rhwng 1925 a 1951. Mae'n debyg mai cyfeirio y mae KR yma at y gyfrol *Youth: The Psychology of Adolescence and its bearing on the Reorganisation of Adolescent Education* a ymddangosodd yn 1929. Ymladdodd sedd Prifysgol Cymru yn aflwyddiannus dros y Blaid Lafur yn Etholiad Cyffredinol 1922.

[4] Ceir erthygl gan KR ar wneud menyn, "Anghysondebau Hynod — Y Gamp o Wneuthur Ymenyn", yn *Y Ddraig Goch* (Mehefin 1931), t. 5.

Nid oes unrhyw ddiolch i mi bod gwaith ty &c yn hawdd imi. Mae o yn y teulu o ochr fy nhad a mam. Fel mam a'i chwiorydd, cyneddfwyd fi a braich wydn, gadarn, ac os sylwch, fe red hynny drwy fy storïau. Ni wn a oes gennyf wraig lipa mewn unrhyw stori. Efallai bod, mewn gwrthgyferbyniad. Nid oes hafal i mam a'i chwiorydd, a chwiorydd nhad o ran hynny, am wneud menyn a gwaith ty. Ac o ochr mam, cymerant ddiddordeb mewn llenyddiaeth a phethau felly. Rwan, a hithau yn 76 oed, fe gyfyd mam yn y bore, gwna dân a brecwast, â a brecwast nhad i'w wely, ac os bydd llyfr diddorol wedi dyfod drwy'r post fe'i darllena bob gair cyn gwneud dim arall. Ond mae hi'n codi mor fore fel y bydd hi wedi gorffen nofel fer gyfa cyn i lawer o bobl godi. Mae ganddi freichiau iawn i bob dim, i olchi, i smwddio, i wneud menyn, i weini ar y claf, i bobi, i bob dim. Dywedodd y Cyrnol Jones Roberts (Brawd y Major Hamlet Roberts) y meddyg,[1] y gofalai ef fod cof golofn ar fedd mam os byddai ef byw ar ei hol, ond mae'r Cyrnol yn ei fedd ers talwm. Fe weinyddodd lawer ar gleifion Rhosgadfan, a phawb yn codi eu calonnau wrth weld wyneb mam. Y mae ynddi'r fath sicrwydd a chadernid, yn gorfforol a meddyliol. Ni chred mewn bywyd ar ol hwn ac nid yw'n grefyddol, ond eto, mae ynddi'r un gwroldeb ag oedd ym Marbellion. Pan oeddem ni gartre'r Nadolig, meddai hi, "Yr ydw i wedi mynd drwy bob dim ond marw, a rhaid imi fynd drwy hynny." Dywedai ef yn llawen nid yn brudd. Yr oedd newydd fod wrthi'n dadlau'n ffraeth mai rhywun dylach na hithau sy'n sgrifennu esboniadau Ysgol Sul! Pan oeddwn i'n llafnes, a gartre ar fy ngwyliau, efallai y gelwid ar mam at rywun claf yn sydyn, a byddai'n rhaid imi gario ymlaen a'r gwaith. Cofiaf imi orffen pobi pobiad mawr o fara pan oeddwn tua phymtheg oed. Ac ni ddown byth i ben i ddweud wrthych am y gwahanol oruchwylion a gyflawnwn ar y fferm gyda'r anifeiliaid.

Rhaid imi orffen. Fy amcan mawr yn ceisio gorffen hwn cyn y bore yw er mwyn ichwi ei gael brynhawn yfory, os yn bosibl, a gofyn a ddowch chi yma pan fyddwch yn annerch Cymrodorion Caer Dydd ar yr 21. Byddwn yn falch iawn o'ch gweld yn gynnar. Dowch i de a chinio ac arhoswch dros y nos. Os bydd ar Mrs G J Williams eisiau ichwi fynd yno, byddwn yn deall yn iawn. Ond efallai y medrwch ddyfod yma am dipyn. Gwyddoch fod Mr & Mrs G J Williams yn byw yng Ngwaelod y Garth rwan.

Mae Morus yn ei wely. Medrais ei ddarbwyllo i fynd, wrth ei fod yn bur gwla. Dywedodd wrthyf am ddweud wrthych y cewch y brotest a'i lith ef i'r *DdG* pan ddaw ateb Syr John Reith. Gwelaf erbyn hyn y bydd yn rhaid i minnau adael fy nghyfraniad i'r *Ddraig Goch* hyd yr un adeg.[2]

Ein cofion cynnes ein dau.

Kate Roberts

LlGC 22723D, ff. 74—81

1 Ceir englyn i "Major Hamlet" gan RWP yn *Cerddi'r Gaeaf*, t. 89. Dywedir mewn nodyn ar yr englyn ar d. 100 ei fod ef yn fab i'r "diweddar Dr Evan Roberts, Pen-y-groes, Arfon, ac un o gymeriadau hoffusaf Dyffryn Nantlle." Y meddyg y cyfeirir ato yma yw Dr Hugh Jones Roberts, Llywenarth, Pen-y-groes, brawd i Major Hamlet. Cofrestrodd yn feddyg yn 1885, cafodd M.D. Durham yn 1907 ac F.R.C.S. Caeredin yn 1911. Bu farw tua 1926.

2 Yr oedd gan KR ddau gyfraniad yn rhifyn Chwefror 1931 o'r *Ddraig Goch* — erthygl yn dwyn y teitl "Y Diwydiant Llechi a phethau eraill" (t. 5), ac adolygiad ar gyfrol Tegla Davies, *Y Doctor Bach* (t. 6).

58

8 Lôn Isa
Rhiwbina
14 Ionawr 1931

F'Annwyl Saunders Lewis,

Wedi rhoi pen ar y mwdwl nos Lun, cofiais lu o bethau a aethai drwy fy meddwl wrth ddarllen *Monica*. Fe fydd yn llyfr a ddarllenir gan lawer ond a brynir gan ychydig. Mae'n beth doniol gweld fel mae golygyddion y papurau newydd yn disgwyl y naill wrth y llall, pwy sydd i ddwad allan o'i dwll gyntaf. Po fwyaf y meddyliaf i am *Fonica*, mwyaf yn y byd y gwelaf eich athrylith. Dim ond dau gymeriad (i bob pwrpas) sydd gennych, ac yr ydych wedi troi eneidiau y rhai hynny tu wyneb allan. Tipyn o gamp, a thipyn o wroldeb. Ac wrth "dipyn" golygaf yn y fan hon "dipyn" yr Apostol Pedr wrth ateb y dyn a ofynnodd a fyddai efe'n hir yn Uffern. "Byddi, dipyn" ebr Pedr. Nid oes gennyf i na'r medr na'r gwroldeb i fynd tu mewn i enaid dyn, dangos dipyn ar ei du allan y byddaf i a gwibio fel pry ffenest at y cymeriad nesaf. Mae eisiau disgyblaeth fawr i sefyll o flaen cymeriad mewn dull Jacobaidd[1] a gofyn iddo ddywedyd ei holl gyfrinachau wrthym.

Ond mae hyn yn wir amdanoch chwi a minnau, ein bod yn ceisio deall ein pobl, a cheisio deall y byd a'u creodd ac a fu'n awyrgylch iddynt wedyn. Deuthum i'r casgliad mai dynion yn cashau dynoliaeth yw R G Berry a Thegla Davies, oblegid wrth oganu dynoliaeth beunydd rhont gic yn ei chefn ac ni cheisiant ei deall. Mae ysgrif neu stori R G Berry yn *Y Llenor* hwn yn wrthun i mi am ei fod yn gwneud sbort am ben creadur o ddyn.[2] Byddaf i'n cashau dynoliaeth, neu'n hytrach ddynion, ac yn caru dynion eraill i'r un graddau, ond os bydd arnaf eisiau rhoi'r dynion cas mewn stori, wel, eu rhoi yn blaen a dweud mai dynion cas ydynt. Ac mae atgasrwydd rhai pobl yn ddiddorol, ond pa ddiddordeb sydd yn y bobl daeogaidd a ddisgrifir gan y ddau awdur a nodais. Ac os yw dyn yn gas, gwell geisio deall achosion ei gasineb a'i ddull o fyw.

Nid ysgrifennais i byth air o "Ysgolfeistr y Bwlch", er y noson y bu farw fy mrawd. Drannoeth wedi ei farw y cefais i wybod, a phan ysgrifennwn i'r geiriau hyn: "Yr annhebyg sy'n digwydd mewn bywyd" yn fy nofel, yr oedd fy mrawd yn gorff yn y ty a phob cythrwfl wedi distewi a minnau'n eistedd yn braf yma ac yn gwybod dim. Rhyw-fodd mae rhyw un ergyd fel yna yn eich syfrdanu gymaint, a hyd yn oed yn gwneud crac yn eich pen, fel na fedrwch edrych ar fywyd yn hollol yr un fath. Teimlaf i fel y gwnawn yn ystod y Rhyfel, y medrwn ladd pob dyn cyfoethog. Rhaid imi aros nes dof i ryw agwedd dawel, neu ysgrifennu pethau hollol ddidramgwydd.

Diwrnod rhyfedd oedd y diwrnod hwnnw, sef y diwrnod y bu'r trychineb pan na wyddwn i ddim. Yn y bore cefais lyfr oddiwrth Gomisiwn Ymerhodrol y Beddau Rhyfel, a rhestr beddau Malta ynddo, a pheth o hanes y bechgyn, gyda blociau o gynlluniau'r mynwentydd. Yn ffol iawn, euthum dros y rhan fwyaf o'r rhestr a chwiliais am fedd fy

---

[1] Gellir defnyddio'r gair Saesneg *"Jacobite"* i ddisgrifio un sy'n edmygydd o waith y nofelydd American-aidd Henry James (1843–1916). Ysgrifennu yn null Henry James a olygir yma mae'n debyg.

[2] R G Berry, "Byr Gofiant Sieffre Jones", *Y Llenor*, cyfrol IX (1930), tt. 217–24.

mrawd. Cefais hyd iddo, a gwnaeth imi neidio'n ol i 1917. Yn awyrgylch ac atgofion 1917 y bum i drwy'r bore. Er ymysgwyd oddiwrthynt, euthum i Gaer Dydd i chwilio am Degwen Clee i geisio ganddi ddyfod i dŷ bwyta am de efo mi. Addawsai hithau fyned i rywle arall, ac euthum innau i Lyfrgell Smith a chefais *American Tragedy* Theodore Dreiser[1] i ddyfod adref. Deuthum adref a dechreuais ei ddarllen, a gwneuthum ginio. Ar ol cinio, dechreuais bennod o "Ysgolfeistr y Bwlch", fel y dywedais, gyda'r geiriau uchod. Ni fedraf yn fy myw fynd yn ol ati. Ysgrifennais rai pethau. Un yw ysgrif i'r *Llenor* ar "Yr Iaith Lafar mewn Storïau", ac yr wyf bron a gorffen un arall ar wraig hynod iawn a ddeuai i'n gwarchod ni pan oeddem blant.[2] Yr oedd hi'n wraig hynod, a digwyddodd pethau hynotach iddi os iawn gellir dweud hynny. Dywed Aldous Huxley nad oes dim yn digwydd inni ond yr hyn sy'n debyg inni. Rhaid imi dewi cyn "crafu ar eich nerfau".

Yn gu iawn,
Kate Roberts

[Ôl-nodyn gan MTW]

Ni chefais ateb oddiwrth John Reith, ond buaswn i yn mynd ymlaen heb ddisgwyl ateb. Newydd glywed i G J Williams fynd i siarad i Donypandy neithiwr a chael festri wâg — er fod y cyfarfod wedi ei gyhoeddi'n drwyadl. Maddeuwch y brys mawr — M.

LlGC 22723D, ff. 82—4ᵛ

59

PLAID GENEDLAETHOL CYMRU

Pnawn Mercher 14 Ionawr 1931

F'Annwyl Kate Roberts,

Maddeuwch y papur sgrifennu yma. Nid oes gennyf ddim arall wrth law y prynhawn hwn. Fel rheol byddaf yn ei gadw i ateb cwestiynau swyddogol ynglŷn â'r BB.

Rhyw ddydd a ddaw mi sgrifennaf atoch lythyr o ateb i'ch llythyr chi a ddaeth ddoe. Nid yw hwn yn ateb iddo, gan fod brys arnaf, ond rhaid imi o leiaf gael dweud wrthych na chefais i erioed — ond gan un person nad yw'n llenor nac yn Gymraes! — lythyr a gerais yn fwy, a bydd yn werthfawr gennyf tra byddwyf.

Ond at fusnes yn gyntaf, rhag imi anghofio. Ni allaf ddyfod atoch ddydd Mercher o gwbl. Bydd yn rhaid imi fynd ar fy union i'r cyfarfod ac ar fy union yn fy ôl i Abertawe. Y mae Ifor Williams yn rhoi cyfres o ddarlithoedd inni acw yr wythnos honno ac ni

---

[1] Theodore Dreiser (1871—1945). *An American Tragedy* (1925) oedd y gyfrol a ddaeth â Dreiser i amlygrwydd wedi chwe nofel flaenorol anenwog. Cyfeirir yma at lyfrgell fenthyca W H Smith. Yr oedd adran fenthyca llyfrau yn siopau Smiths a Boots tan ychydig wedi canol yr ugeinfed ganrif.

[2] Cyhoeddwyd "Tafodiaith mewn Storïau" yn *Y Llenor*, cyfrol X (1931), tt. 55—8, a "Trwy Lygad Plentyn" yn *Y Llenor*, yr un gyfrol, tt. 19—24. Gweler hefyd t. 93, nodyn 1 isod.

allaf fforddio eu colli — gan mai prin yw fy nghyfleusterau i ddysgu tipyn am Gymraeg. Yn ail, bydd llith gennych chi yn *Y Ddraig* nesaf, fel na raid i chi bryderu am dair wythnos, ond os gwella eich priod ddigon i anfon rhywbeth a wêl yn wiw, bydd yn fawr ei groeso.

Ac yn awr nodiad neu ddau ar y pethau pwysig mewn bywyd — ie, mae'n dda gennyf gael y cwbl a ddywedasoch am eich mam. Gan fy mod i'n debyg o farw o'ch blaen chi, ni chaf siawns i sgrifennu'ch cofiant, onis gwnaf a chithau'n fyw, (peth sy'n mynd yn ffasiwn). Yr wyf — (rhyw led fygythiad yw hwn, nid addewid sicr) — yn meddwl o ddifrif yn fy munudau segur am eich gwneud chi'n destun fy nofel nesaf, a hynny oblegid bod disgrifio merch yn wynebu bywyd yn ddewr yn sialens mor enbyd i'm math analitig i o gelfyddyd. Y gwir amdani yw bod gwraig fel eich mam neu fel chithau yn ardderchog mewn dull a allaf i ei garu'n fawr ond o fraidd ei ddeall. Peidiwch chi ag ofni tynged Monica — yr ydych yn gyfangwbl wahanol. Yn y cip a roddais ar Hannah ac yn ei llythyr hi at Bob, yno y cewch rywbeth tebycach i chi. Ac efallai mai Hannah fydd testun fy nofel nesaf, — a chawn weld. Canys dyn yn ei nerth ei hun yn medru dal ei ben i fyny yn wyneb bywyd, dyna i mi yr hyn sy'n ofnadwy ogoneddus. Nis gallaf i o gwbl — nofel Gatholig hollol yw *Monica*, sef nofel am fywyd yn curo a maeddu dyn. Y rheswm y mae eich holl waith chi'n fy swyno i fwy nag eraill yw (a gadael o'r neilltu yn awr swyn celfyddyd ac arddull) mai chi yw'r stoig olaf mewn llenyddiaeth Gymraeg. Mae'n dda gennyf gan hynny i'r adolygiad byr ar *Laura Jones* eich bodloni, ac ambell air ynddo eich dal yn syn, canys ffrwyth myfyrio yw pob beirniadaeth lenyddol, ac y mae'n hyfryd clywed nad yw fy myfyrio yn hollol oddi ar y llwybr.

Gyda llaw — ond ni ddaw hyn am flwyddyn — a gaf i eich caniatad chi a Morris i'ch rhoi yn fy nofel nesaf os tyf y syniad a gafael ynof? Wrth gwrs, bydd yr enwau a'r amgylchiadau o'm dychymyg a'm profiad fy hun, ac ni bydd llun cofiant ar ddim. Gellwch ateb y tro nesaf y cawn sgwrs hir.

Fy nghofion a'm diolch,
Saunders Lewis

Kate Roberts 171

60

8 Lôn Isa
Rhiwbina
Gwener y Groglith [3 Ebrill 1931]

F'Annwyl Saunders Lewis,
Ysgydwn law a chydlawenhau oblegid ein pwyso ein dau yng nghlorian aur Macwy'r Mawn a'n cael yn brin![1] Fe'i cyfrifwn yn ddirmyg petai wedi canmol *Laura Jones*. Y jôc

---

[1] Cyfeiriad at adolygiad a ysgrifennwyd gan Iorwerth C Peate ar *Laura Jones* yn *Y Llenor*, cyfrol X (1931), tt. 63—4. "Ni cheir yma'r llygad craff, y galon nwyfus a'r synnwyr digrifwch . . . a ddylai fod yn eiddo i ysgrifenwyr . . . o ran hynny, prin y ceir y crafter a'r naturioldeb a welir yng nghyfrolau eraill Miss Roberts yn y llyfr hwn." Yn achos SL, cafwyd adolygiad llym gan Iorwerth Peate ar *Monica* yn *Y Tyst* (12 Chwefror 1931), t. 9: " . . . y mae'r stori mor eithriadol o anghynnil nes bod dyn sy'n gwybod am safonau Mr Saunders Lewis yn rhwbio ei lygaid mewn syndod ugeiniau o weithiau wrth ei ddarllen."

fawr yn y ty hwn er neithiwr ydyw bod Peate, Peate o bawb yn son am ddiffyg synnwyr digrifwch. Mae'r peth yn ddigon i wneud i gathod chwerthin. Ond i beth y gwastraffaf amser i son am bobl drydydd radd eu hymennydd.

Ond fe ddywedaf un peth wrthych. Ychydig wedi i *Laura Jones* ddyfod allan fe welais WJG ar y ffordd yn ei gar. Fe stopiodd, ac fe ddywedodd gymaint y mwynhasai fy llyfr. "Mae o'n dda *iawn*" meddai, "mae arnaf eisiau sgrifennu arno fo ac ar *Y Doctor Bach* a dweud fel mae awduron Cymreig heddiw yn troi i sgrifennu llyfrau i blant". "Os llyfr i blant y gellwch eu galw" meddwn i, "Llyfr am rai hŷn na phlant yw f'un i". "Ie, ie" meddai yntau.

Meddyliais oddiwrth yr ymgom uchod mai ef a ysgrifennai'r adolygiad. Oni feddyliech chwi? Dyna'r ail dro i hynyna ddigwydd. Digwyddwn fod yng Ngholeg Caer Dydd ar ol i *Ddeian a Loli* ddyfod allan, a dywedodd Gruffydd wrthyf ei fod wrthi'n ysgrifennu adolygiad ar y llyfr ar y pryd. Mesurwch fy syndod pan ddaeth yr adolygiad allan, ac enw Mrs G wrtho.[1] A'i gwaith hi ydoedd yn ddigamsyniol. Ni allaf ddeall pethau. Ond o gyfuno hynyna â rhywbeth a glywais am Yr Athro (y mae'n rhaid imi ei gadw'n ddistaw ar hyn o bryd) yr wythnos dwaetha, ni fedraf byth gredu ei fod mor *sincere* ac y myn ei edmygwyr ei fod.

Rwan at fater arall. Eich llythyr yn *Y Faner*.[2] Mae arnaf ofn ei fod yn rhy *subtle* imi ei ddeall yn iawn. Ni fedraf weled unrhyw beth yn *A High Wind in Jamaica* i'w gymharu â'r *Doctor Bach*, oni ellid cymharu creulondeb yr eneth yna yn y diwedd pan gadwodd yn ol bethau a allasai achub y môr ladron. Ond ni ddywaid Richard Hughes yn ddigon clir pa un ai cadw'r ffeithiau'n ôl o fwriad, ai o angof (am ei bod yn rhy ifanc) neu'n hytrach o ddiffyg sylweddoli. Dyna un peth na ddeellais ac na hoffwn yn stori Richard Hughes. Ni chredaf y tynnai lawer oddiwrth werth artistig yr *High Wind* pe gadawsid i'r môr ladron ddyfod yn rhydd. Methaf â gweled nad yw gweinyddu cyfiawnder i'r sawl a'i haeddo'n artistig weithiau. Mae diwedd llyfr RH yn ofnadwy o greulon oherwydd gwrthgyfer-byniad y driniaeth a gafodd y môr ladron oddiar law'r plant â'r driniaeth a gafodd y plant ar eu llaw hwy ar y llong. Ond fel y dywedais, ni ellir dywedyd yn iawn pa beth a wnaeth i'r eneth achwyn wrth y nyrs (neu bwy bynnag oedd hi) ac wedyn yn y llys beidio â mynegi'r hyn a wyddai. Ond a ddarllenasoch chwi'r *Dr Bach*? Nid yw'r ddau lyfr yn yr un byd. Dywedaf eto mai defnyddio plant y mae TD i ddweud ei feddwl ef am rai hŷn na phlant. Mae yna bethau creulon yn *Y Dr Bach*, ond nid astudiaeth o blentyn ydyw, ac mae TD yn siwr o ddyfod â rhywbeth i mewn i liniaru'r creulondeb wedyn, e.e. nid oedd pwll o dan y Dr Bach pan adawyd ef i grogi wrth y goeden gan ei gyfeillion. Ac fe aeth y Dr Bach i edrych am Ned Grwmp cyn iddo farw.

---

[1] Gwenda Gruffydd yn *Y Llenor*, cyfrol VI (1927), t. 61.

[2] Ysgrifennodd SL lythyr i'r *Faner* (31 Mawrth 1931), t. 5, yn dilyn gohebiaeth ar adolygiad KR o cyfrol Tegla Davies, *Y Doctor Bach*. Awgrymodd y dylid tynnu cymhariaeth rhwng llyfr Tegla a *A High Wind in Jamaica* (1929) o waith Richard Hughes, sydd hefyd yn llyfr am blant. Ar Richard Hughes (1900−76), gweler *Cydymaith*, tt. 280−1. "Byddai cymhariaeth drylwyr rhwng y ddau yn help, mi gredaf, i ddangos gwir gyflwr llenyddiaeth greadigol Gymraeg heddiw o'i chystadlu a llenyddiaethau sy 'wedi tyfu fyny'."

Ni ŵyr Tegla Davies beth yw technêg. Neidia o un peth i'r llall. Nid yw'r bachgen ond cyfrwng i'r awdur ddweud ei feddwl am aelodau'r capel ac am fasars &c. Rwan, nid yw Richard Hughes yn bregethwr ac felly nid oes arno eisiau lluchio weips at bobl y capel. Mwynheais yr *High Wind* yn aruthrol, yn enwedig y rhannau cyntaf ohono. Teimlwn ei fod yn gwanio at ei ddiwedd. Yr oedd y disgrifiad o'r hyrddwynt yn ardderchog.

Oni ddarllenasoch y *Dr Bach*, buaswn yn falch iawn pe gwnaech a dweud eich barn wrthyf, oblegid hoffwn wybod beth sydd o'i le ar fy llygad i, os oes rhywbeth o'i le arno. A ddarllenasoch chwi *Precious Bane* gan Mary Webb?[1] Dyna un o'r nofelau godidocaf a ddarllenais erioed. Dyna lle mae creulondeb, ond creulondeb yn codi'n naturiol o amgylchiadau'r bobl, pobl a weithiai'n galed ar y tir, heb arbed dim ar eu cyrff (adeg Waterlŵ oedd hi). Ac O'r aroglau tir sydd dros yr holl lyfr.

Petai rhywun yn gofyn imi adolygu *Monica* fe sgrifennwn yn helaeth ar dechnêg. Mae o'n bwysig ac ni thelir dim sylw iddo mewn storïau Cymraeg ar hyn o bryd. Un peth da a ddywedodd WJG yn *Y Llenor* hwn yw ei sylw ar *Fonica*.[2] Cytunaf yn hollol. Mae ei thechneg yn berffaith. Mae yna ddatblygiad naturiol o'r dechrau i'r diwedd, un peth yn codi oddiar y llall, ac fel y dywedais wrthych ar stesion Caer Dydd, nid oes ynddi ddim a ymddengys yn gyd-ddigwyddiad annaturiol. Er rhoi'r deunydd hwn yn llaw ambell awdur, fe wnaethai stomp ohono. Ond fe wnaethoch chwi ddarlun perffaith.

Ni wn i beth a geisia Hubert Morgan ei ddweud yn *Y Llenor*, os gŵyr Duw. Dadl ddwp yw honno ganddo ar y diwedd: paham ysgrifennu pethau fel hyn yn Gymraeg, a digon o sgrifennu arnynt mewn ieithoedd eraill.[3]

Onid yw barddoniaeth T H Parry Williams yn *Y Llenor* hwn yn wych? Cefn ei fynyddoedd ef sy'n wynebu at Rosgadfan; ac oni wn i am y moelni yna?[4]

Ni thyf fy nrama ddim, am fy mod wrthi'n glanhau'r ty — glanhau'r Gwanwyn. Awn i'r Gogledd yfory hyd ddydd Mercher — a gobeithiaf fedru mynd ymlaen yn chwyrn gyda hi wedyn. Wedi imi ei gorffen, a fyddwch garediced a'i darllen imi? "Ffarwel i Addysg" yw ei theitl, a rhwng eich ffarwel chwi i lenyddiaeth, neu i wleidyddiaeth, ni bydd dim ond ffarwelio yng Nghymru. Mae Morus wedi gorffen ei un ef, ond nis darllenais yn ei gwisg newydd eto.

Bum yng Nghefn Coed Cymer ger Merthyr yn siarad dros y Blaid un noswaith,[5] ac maent yn awyddus iawn i'ch clywed chwi. A fedrwch chi fynd yno ddiwedd Ebrill neu ddechrau Mai? Fe drefnaf i'r cyfarfod. Bu Morus ym Maesteg nos Fawrth — cynulliad

[1] Am gyflwyniad diweddar i waith Mary Webb (1881–1927), gweler cyfrol Gladys Mary Coles yn y gyfres Border Lines (Bridgend, 1991). Ceir cofiant llawn iddi hefyd gan yr un cofiannydd, yn dwyn y teitl *The Flower of Light* (London, 1978).

[2] "Nodiadau'r Golygydd", *Y Llenor*, cyfrol X (1931), t. 3: " . . . dyma'r adrodd stori mwyaf celfydd a welwyd yng Nghymru erioed."

[3] Adolygiad gan J Hubert Morgan ar *Monica* yn *Y Llenor*, cyfrol X (1931), tt. 59–63.

[4] Cyhoeddwyd y ddwy soned "Llyn y Gadair" a "Moelni" o waith T H Parry-Williams am y tro cyntaf yn *Y Llenor*, cyfrol X (1931), t. 5.

[5] Cynhaliwyd y cyfarfod yn Ysgoldy Carmel (B), Cefncoedycymer, ar nos Lun, 23 Mawrth 1931. Ceir adroddiad yn *Y Ddraig Goch* (Mai 1931), t. 7.

bach.[1] Ond mae yno Genedlaetholwyr a ŵyr ein polisi'n drwyadl. Un cyfarfod a gafwyd ym Mhont y Pridd adeg yr etholiad. Morus a fu'n annerch hwnnw. Yr oedd Mr Valentine i fod yng Nghylch Maesteg ymhen tuag wythnos, ond ni all fynd yn awr gan ei fod yn wael a than orchymyn y meddyg i orffwyso. Ni allaf i fod ym Mhwyllgor y Blaid y tro hwn eto.[2] Awn i'r Gogledd yfory a dyfod yn ol ddydd Mercher. Felly dydd Mercher oedd y dydd a roddais i i J E Jones, ond gan ei fod ar ddiwedd yr wythnos ni fedraf fforddio talu dwy siwrnai i'r tren. Gallaswn drafaelio i'r Gogledd drwy Aberystwyth, petai'r pwyllgor ganol yr wythnos. Ond ni byddaf i o unrhyw help i Bwyllgor. Trefnaf y Noson Gylchgrawn yn yr Ysgol Haf o bydd eisiau.

Gweithia Morus hyd ddeg heno, ac felly neithiwr — unarddeg arno'n cyrraedd yn ol o Faes Teg nos Fawrth.

Cofion cynnes
Kate Roberts

LlGC 22723D, ff. 85—8

61

9 St Peter's Rd
Newton, Mumbles
8 Ebrill 1931

F'Annwyl Kate Roberts,
Ar fy ffordd yn ôl o Gonwy ddydd Sul gelwais yn Rhiwbina a gwelais eich bod i ffwrdd, ac erbyn dyfod adref wele eich llythyr. Yn rhyfedd iawn, yng Nghonwy ddydd Gwener Groglith, a'r dywydd yn rhwystro mynd allan, ufuddheais i hir gymhelliad fy ngwraig (ers tair blynedd!!) i ddarllen *Precious Bane*, a gorffennais ef cyn mynd i'r gwely fore Sadwrn. Felly gallwn ysgwyd llaw ar hynny yn gystal ag ar ein damnio gan Iorwerth C Tyst. Diolch i chi am a ddywed'soch am *Fonica*, canys bu ffurf a chynllun y llyfr yn hir boen imi. Penderfynais (1) na chai dim digwyddiad allanol fod yn bwysig, ond bod yr holl droeon critigal i fod yn y meddwl; ac (2) y cai pob digwyddiad godi'n naturiol o'r digwyddiad o'i flaen; (3) y ceisiwn wneud rhywbeth mor *gyfan* a pherffaith ei gynllun ag ydyw ail weledigaeth y Bardd Cwsc, sydd i mi yn gampwaith techneg adrodd stori. Wel, o bawb a ddywedodd ddim am fy llyfr mewn adolygiad neu lythyr, chi yn unig a sylwodd ar yr ochr yna i'r gwaith. Ond dyna fo — chi yw'r unig grefftwr arall sy'n ymddiddori yn y peth. Y mae'r adolygwr sy'n dweud nad nofel yw *Monica* yn bur ddigrif; nofel, iddynt hwy, yw stori Saesneg wasgarog a hir; ni wyddant am safon na hydoedd eraill ac ni wyddant gymaint o nofelau Ffrangeg ac Eidaleg sydd o gwmpas yr un hyd â *Monica*, a bod hynny yn y gwledydd hynny yn destun balchter. Er enghraifft

---

[1] Cynhaliwyd y cyfarfod ym Maesteg nos Fawrth, 31 Mawrth 1931, gweler *Y Ddraig Goch* (Mai 1931), tt. 8+7.
[2] Yr oedd Pwyllgor Gwaith y Blaid Genedlaethol i gyfarfod yn Aberystwyth ar 10 ac 11 Ebrill 1931.

dywed Edmond Jaloux,[1] Tachwedd 1930:- "Y mae'r nofel faith yn groes i'n hathrylith Ffrengig ni. Y mae'r ysbryd Ffrengig yn tueddu'n naturiol at y cryno, y cyflym ac yn arswydo rhag datblygiadau araf, manylion diderfyn y nofel fel afon", ac y mae'r un peth yn wir am nofelau'r Eidal. Ac onid dyna draddodiad Cymru — onid hyd byr sydd i'n holl glasuron rhyddiaith ni — Breuddwyd Macsen, Breuddwyd Rhonabwy, y Bardd Cwsc, *Drych y Prif Oesoedd*, — ac ni raid ymdrafferthu i brofi'r un peth yn ein barddoniaeth. Y mae'r ffurf glasurol Gymreig yn fer, ac y mae'r stori fer yn eich llaw chi yng nghanol llif ffurf llenyddiaeth Cymru. Ac i mi y mae hyn oll yn wir bwysig, canys os oes pethau newydd yn fy ngwaith, mi ddymunaf i'r pethau newydd gydymffurfio â'r traddodiad a mynd yn rhan ohono.

O na chaem ni ddwy awr i sgwrsio am eich dwy erthygl yn *Y Llenor*. Cerais y gyntaf; cytunais â phrif bwynt yr ail yn llwyr, er nad wyf yn gwbl sicr bod eich dadleuon yn ddiffael. Y mae'r paragraff ar dudalen 56 yn hynod ddiddorol, ac yr ydych yn iawn, yn hollol iawn, bod yn rhaid i *chi* wrth dafodiaith, a diolch am hynny.

Nid oes gennyf amser yn awr i egluro fy meddwl am lyfr Richard Hughes, ond yn fyr dyma ystyr fy llythyr i'r *Faner*:- darllenais *Y Doctor Bach*; y mae'n druan a di-waed oblegid nad oes ynddo wir sylwi ar blant na chais ddisgybledig i ddeall meddwl plentyn, ond fel y dyweds'och chi, rhoi ei hunan a'i fwriadau yn llun plant a wna'r awdwr. Y mae'r *High Wind in Jamaica* yn ffrwyth sylwi a deall, yn darganfod y gwir, ac felly yn naturiol yn ofnadwy.

O, fe aeth yr amser, rhaid peidio.

Bore da,

Saunders Lewis

Kate Roberts 174

62

8 Lôn Isa
Rhiwbina
15 Ebrill 1931

F'Annwyl Saunders Lewis,

Hyd yn oed yn awr, a minnau'n ddynes ganol oed, fe'm siomir weithiau hyd at ddagrau, ac un o'r siomedigaethau hynny a gefais wythnos i heno, wedi dychwelyd o'r Gogledd a chanfod oddiwrth eich cerdyn o dan y drws i chwi fod yma. Ni fwynhasom ein hunain lawer gartref (yn y Gogledd a feddyliaf), cawsom daith uffernol yn ôl am mai ticed sgyrsion oedd gennym, a theimlem ein dau, wedi cyrraedd ein cartref ni, mai llawer iawn gwell a fuasai inni aros yma, yn enwedig oherwydd inni golli eich gweld chwi a chael sgwrs.

---

[1] Edmond Jaloux (1878—1949), nofelydd a beirniad dylanwadol a thoreithiog a dderbyniwyd yn aelod o'r Académie Francaise yn 1936—7. Cyfrannai lawer i gylchgronau Ffrengig, a thebygol iawn mai mewn cylchgrawn y cyhoeddwyd y geiriau a gyfieithir gan SL.

A diolch am eich llythyr fore Iau. Buaswn yn falch iawn o gael sgwrs efo chi i drafod yr holl faterion. Yr oedd yr hyn a ddywedwch am hyd nofelau'r Cyfandir a thraddodiad y Stori Gymraeg yn hynod ddiddorol ac yn beth na feddyliais i erioed am dano o'r blaen. Fy anfantais i yw na wn i ddim am lenyddiaeth y Cyfandir ond drwy gyfieithiadau (yr un fath a'm cyfaill y Mac Mawn) ond bum yn pendroni lawer gwaith paham yr oedd popeth da yn Gymraeg yn fyr; ac mae gennyf ddigon o synnwyr i weled mai nofel yw *Monica* pe na bai neb mewn unrhyw wlad wedi sgrifennu nofel o'r hyd yna. Ond, *fe* sgrifennir rhai nofelau o'r maint yna hyd yn oed yn Lloegr heddiw, er mai'r nofelau eraill a geir yno amlaf. Ni fedraf gofio am rai rwan chwaith, ond gwaith Dorothy Edwards. Eithr, mae hyn yn broblem ddyrys i mi, gelwir llawer nofel yn Lloegr yn stori fer, er nad stori fer mohonynt. Dyna i chwi Somerset Maugham yn sgrifennu storiau yn *The Trembling of a Leaf.*[1] Nofelau bychain ydynt, a phraw o hynny ydyw bod un ohonynt wedi ei throi yn *ddrama hir.* Gwelaf fod un o storiau byrion G B Stern wedi ei throi yn ddrama hir hefyd.[2] Methaf yn glir a deall hyn. Ychydig amser yn ol ysgrifennais ddeunaw dalen o bapur o'r maint hwn am y "Stori Fer" ar gyfair y TDW[3] — peth newydd sbon, a dywedais fod fy meddwl yn fwy niwlog heddiw nag y bu erioed ar beth yw stori fer. Ond dywaid fy ngreddf wrthyf mai nofel yw *Monica.*

Pan oeddwn yn y coleg fe ddywedwn i bob amser mai "Gweledigaeth Angau" oedd yr orau yn y Bardd Cwsc, er bod pawb arall, yn athrawon a'r cwbl, yn fy erbyn. Wrth son am *Fonica*, a welsoch chi gyfeiriad yn *Y Genedl* a'r *Faner* at adolygiad Tegla Davies arni yn *Yr Eurgrawn*?[4] Mae'n hen bryd i rywun godi ei lef a dywedyd *nad* dynwared Lloegr yr ydym wrth ysgrifennu pethau a elwir yn realistig. Beth am weithiau Lewis Morus, Dafydd ap Gwilym a'r Mabinogion, a Llew Llwyfo? Mae eisiau rhoi dôs reit dda o'r pethau yna i bobl fel Tegla Davies, pobl sy'n meddwl mai gwlad dduwiol a fu Cymru erioed. Ac mae eisiau i rywun weiddi ar bennau'r tai faint o ddrwg a wnaeth Crefydd i Gymru.

Dywed fy mhriod wrthyf nad oes eisiau imi sgrifennu i'r *Ddraig Goch* y tro hwn eto, drwy fod gennych ormod o stwff yn barod (wedi cadw peth o'i waith ef yn ol y tro diwethaf ebr ef) ac mae wedi sgrifennu crynswth o bethau heno. Gyda llaw, mae gennyf

---

[1] Cyhoeddwyd *The Trembling of a Leaf* gan W Somerset Maugham (1874–1965) yn 1921. Addaswyd un o'r storïau, "Rain", yn ddrama gan Sadie Thompson a'i pherfformio yn America yn 1922 ac yn Lloegr yn 1925. Cadwyd cyfrol arall o waith Maugham, *Cosmopolitans* (London, 1936), ymhlith llyfrau KR yn LlGC.

[2] G[ladys] B[ertha] Stern (1890–1973), newidiwyd y "Bertha" yn "Bronwyn" ganddi yn ystod ei hoes. Cyhoeddodd ddeugain o nofelau, nifer o ddramâu a phum cyfrol o hunangofiant. Mae cyfres o'i nofelau yn trafod ei chefndir Iddewig, a chyhoeddodd ddrama yn 1931, *The Matriarch*, sy'n crynhoi'r gyfres honno. Yn 1931 hefyd fe gyhoeddwyd y ddrama *The Man who pays the Piper* ac y mae'n ddigon tebyg mai cyfeiriad at honno sydd gan KR yma.

[3] TDW = Teleffon Di-wifr, sef y radio. Yn ôl D Tecwyn Lloyd, *JSL I*, t. 324, *Y Ddraig Goch* oedd yn gyfrifol am fathu'r term. Nid yw'r sgript hon ar y stori fer wedi goroesi, ond cadwyd sgript arall, "Y Stori Fer a'r Nofel", a ddarlledwyd ar Raglen Cymru'r BBC, 1 Rhagfyr 1937, ymhlith Papurau Kate Roberts, rhif 2625.

[4] Gwelir adolygiad Tegla Davies ar *Monica* yn *Yr Eurgrawn Wesleaidd*, cyfrol CXXIII (1931), tt. 150–1. Disgrifir y nofel ganddo yno yn "ddadansoddiad fferyllol o domen dail". Dywed nad "gerbron y byd" yr oedd trafod y fath destun gan ychwanegu mai "mynegi prydferthwch yw nod llên."

awgrym, a maddeuwch imi am fod mor ddigwilydd. Onid oes modd cael gan rywun i geisio esbonio'r gwendid yn y fasnach lechi yn *Y Ddraig Goch,* yr un fath ag y gwneir ynglyn â'r Diwydiant Glo. Mae'n hawdd rhoi gormod sylw i un diwydiant ac esgeuluso'r llall. Beth am ysgrifennu at Mr Ellis Williams, Stiward y Cilgwyn, i ofyn am erthygl neu am nodiadau ar gyfair erthygl ichwi. Ni wn ei gyfeiriad, ond credaf y cai hwn ef.

Mr Ellis Williams
(goruchwyliwr y Cilgwyn)
Cesarea
Groeslon
Sir Gaernarfon

A chyda llaw, beth am Gefn Coed Cymer? A fedrwch chi fynd yno? Fe wnaf i'r trefniadau.

Un peth arall, hoffem eich barn ar hyn. A ydyw argraffiad Kilsby o weithiau Pant-ycelyn yn werth ei brynu? Gwelsom ef mewn cyflwr rhagorol am gini yng Nghaer-narfon. Ond ni phrynasom ef rhag ofn bod rhywun "chwaethus" wedi bod yn newid a chwtogi.

A dyma'r cyfan heno. Mae Big Ben wrthi'n taro hanner nos rwan. Pryd y dowch chi yma am sgwrs? A fedrwch chi a Mrs Lewis a Mair ddyfod yma rywdro, ryw Sadwrn neu Sul? Edmygaf chwaeth ac amynedd Mrs Lewis yn eich cymell i ddarllen *Precious Bane.*

Fy nghofion fel arfer,
Kate Roberts

LlGC 22723D, ff. 89–91

63

Gartref Pnawn Gwener [cyn 20 Mai 1931]

F'Annwyl Kate Roberts,

Daeth y gomedi, agorais y parsel, darllenais hi, ac wele hi'n ôl.[1] Mi ddywedaf fy marn yn ddiweniaith amdani, er mai gwell fyddai gennyf ddweud rhywbeth a fyddai'n eich plesio. Ond cofiwch hyn yn gyntaf — yr wyf yn sgrifennu o fewn deg munud i'r foment y darllenais y gair olaf, ac felly nid barn a ystyriwyd yw hon, na barn wedi cael hamdden i ddychmygu sut yr actiai'r ddrama, — ond barn fyrfyfyr yr argraff gyntaf.

[1] Cyfeiriad at y ddrama "Ffarwel i Addysg" a ysgrifennwyd gan KR. Anfonwyd y gomedi i gystadleuaeth y ddrama yn Eisteddfod Genedlaethol Bangor, 1931, yn dwyn y ffugenw "Ednowen Bendew". Ceir copi llawn o feirniadaeth D T Davies ymhlith Papurau Kate Roberts, rhif 2963, t. 30. Y buddugol oedd Cynan am ddrama ar hanes bywyd Howel Harris. Perfformiwyd "Ffarwel i Addysg" gyntaf ar 14 Rhagfyr 1932 yn Neuadd Goffa Canon Lewis, Pentre, Rhondda, ac fe'i darlledwyd ar y radio o Fangor ar 7 Medi 1950; gweler Papurau Kate Roberts, rhifau 2515–17 a 2634. Ceir hefyd erthygl ddienw ar y gomedi yn *Y Brython* (13 Hydref 1932), t. 5; gweler Kate Roberts 2963, t. 40.

Fe all yn hawdd ennill gwobr eisteddfod genedlaethol, ac felly, os yw'r arian yn brin gennych, anfonwch hi. (Ni raid imi geisio bod yn siwgraidd?) Ond nid yw hi ar lefel ystorïau byrion eich enw — (fwy nag yw dramâu degau o nofelwyr mewn ieithoedd eraill). Y mae ynddi lawer o sylwadau miniog a threiddiol a dyfnion, llawer hefyd o gryfder mewn rhannau — ond nid yw'n ddramatig. Er enghraifft, yn yr act olaf y mae llawer o'r pethau gorau a dyfnaf oll, ond ymddengys i mi mai drama arall yw'r act olaf, nid rhan o ddrama'r act gyntaf a'r ail. (Gyda llaw gwnai'r cwbl nofel fendigedig). Mewn drama ni ddylid dechrau gydag Annie, gwneud ei gweithred hi'n brif ffactor, ac yna ei thaflu o'r neilltu. Beth ddylai fod yn destun y ddrama? Os bywyd y coleg, dylai'r olygfa *fawr* fod yng nghyfarfod y senedd, — yr athrawon oll, yr eneth o'u blaen, y warden faleisus, a'r bachgen, yna Annie'n torri i mewn yn ei hysteria, a chymeriadau'r athrawon gwrryw a benyw yn ymddangos drwy'r cwbl. Felly, ni byddai ond dau brif bwnc (1) serch ifanc a chenfigen a (2) awyrgylch colegau Cymru, a'r genfigen yno hefyd, cenfigen yr hen o rai iengach a chenfigen hen ferch o eneth synhwyrus.

Gormod, — deunydd nofel, — sydd yn eich drama. Dylai drama gymryd un sefyllfa'n unig a'i dihysbyddu hi mewn tair act neu bedair, nid symud o sefyllfa i sefyllfa.

Wedi dweud hynny, unwaith eto mentraf eich atgoffa ei fod yn beth ofnadwy eithriadol cael dim yn agos at werth a llawnder y ddrama hon mewn eisteddfod genedlaethol, — anfonwch hi'n ddibetrus.

A pheidiwch â rhoi llenyddiaeth heibio fyth, fyth. Llenor ydych chwi, artist ac nid dim arall, ac nid Dic-pob-cawl fel fi.

Yn gynnes iawn,
Saunders Lewis

Kate Roberts 170

64

9 St Peter's Rd
Newton, Mumbles
15 Mehefin 1931

F'Annwyl Kate Roberts,
Yr wyf wedi blino gormod i sgrifennu llawer er bod gennyf stôr o ddefnydd llythyr. Bu T Huws Davies,[1] Llundain, yma yn darlithio i ddosbarthiadau allanol y coleg, a'r prifathro yn y gadair, a llu o bum cant yn gwrando, a llawer o broffesoriaid yn eu plith, a rhoes iddynt ddarlith ar addysg Cymru oedd yn foel a phlaen yn ddehongliad o'r Blaid Genedlaethol. Y canlyniad yw ein bod ni yn symud yn ebrwydd i baratoi cynllun prifysgol y di-waith, ac arnaf i y syrth y gwaith o gychwyn a pharatoi awgrymiadau darpar. Y mae T Huws Davies yn gryn gawr. Ni allaswn i hebddo fyth gael y prifathro a'r cofrestrydd i gydweithio ar y fath gynllun.

---

[1] Ar Thomas Huws Davies (1882–1940), ysgrifennydd comisiynwyr eiddo'r eglwys yng Nghymru, gweler *Y Bywgraffiadur*, t. 144.

Os mynnwch, anerchaf gangen Caerdydd noson y ddirprwyaeth, ond, wrth gwrs, os bydd etholiad cyffredinol nis gallaf. Yr wyf yn fy nghynnig fy hun yn ymgeisydd seneddol i etholaeth y Brifysgol, "ar gais llu o gyfeillion" fel y dywedir ar y cyfryw amgylchiadau, sef myfi a T Huws Davies a photel o sieri rhyngom.

Byddwch yn dyner o Foelona! A dyma i chwi addewid: os etholir fi i'r senedd mi dreuliaf fy oriau pan fydd Lloyd George yn llefaru, yn sgrifennu Act III "Blodeuwedd". Petaech yn Gristion mi ofynnwn i chwi weddïo drosof nad elwyf i lygredigaeth, eithr cadwer fi rhag ofni wyneb dyn. Y mae gennyf lai o ffydd ynof fy hun nag yr ymddengys.

Pwy fydd ar ddirprwyaeth y TDW i addysgwyr Morgannwg? Dylem gyfarfod gyda'n gilydd erbyn unarddeg i drefnu cynllun, dyweder yn y caffe hwnnw yn Duke St sy'n edrych ar dŵr neuadd y ddinas.

Mae'n sicr fy mod wedi anghofio llu o bethau i'w dweud. Cymerwch hyn am y tro, a byddwch iach fel yr ydych yn annwyl gennyf.

Saunders Lewis

Kate Roberts 176

65

9 St Peter's Rd
Newton, Mumbles
31 Ionawr 1932

F'Annwyl Kate Roberts,

Maddeuwch imi — y funud hon y gwelais eich bod yn gofyn am ateb i'ch llythyr cyn dydd Gwener diwethaf. Bûm i ffwrdd ddyddiau Iau a Gwener ac ni sylwais ar y rhan honno o'ch neges. A wna Mawrth 12fed y tro, onid yw'n rhy ddiweddar? Deuaf y diwrnod hwnnw os mynnwch.[1]

Am y nofel o Siapan, ni allaf er dim gofio'r enwau (canys y mae sawl cyfrol ohoni, a'r cwbl yn gampus), ond Arthur Waley yw'r cyfieithydd ac Allen and Unwin (mi gredaf) y cyhoeddwyr,[2] ac yn llyfrgell Boots y ceisiais i hi, a'i chael hefyd. Ni ddaeth dim ohoni allan bellach er tua thair blynedd.

---

[1] Ar 5 Mawrth y bu SL ar ymweliad â Thonypandy, i annerch Ysgol Sadwrn y WEA. Ceir cyfeiriad at y cyfarfod yn *Y Ddraig Goch* (Ebrill 1932), t. 8.

[2] Cyfeiriad at waith Murasaki Fujiwara neu Murasaki Shikibu, (ganwyd yn 998 O.C.). Gwraig amlwg yn llys Ymerawdr Siapan yr hanner cyntaf yr unfed ganrif ar ddeg. Cyhoeddwyd cyfieithiadau Arthur Waley o chwe chyfrol o'i gwaith gan Allen & Unwin rhwng 1925 a 1933, sef: *The Tale of Genji* (1925), *The Sacred Tree* (1926), *A Wreath of Cloud* (1927), *Blue Trousers* (1928), *The Lady of the Boat* (1932) a *The Bridge of Dreams* (1933). Derbyniodd KR gyfrol gyfansawdd, *The Tale of Genji — a novel in six parts* (London, 1935), yn rhodd gan Betty [Eynon] Davies a chadwyd y copi ymhlith ei llyfrau yn LlGC.

Yr wyf wedi ceisio ateb Peate yn *Y Ddraig* nesaf yma,[1] ond credaf y gadewir rhan o'm hateb allan er mwyn dangos trugaredd iddo y tro hwn! Nid wyf i'n gymwys iawn i'w ateb yn deg a phwyllog oblegid bod gennyf hen asgwrn *Monica* i gynhennu ag ef o'i blegid, a gwyra hynny fy marn, fwy na thebyg. Beth bynnag am hynny, hyderaf y bydd yr hyn a sgrifennais i'r *Ddraig* yn tawelu ofnau y rhai sy'n dueddol i amau'r *Welsh Nationalist*. Ond ni raid inni ofidio dim, bydd yr helynt yn angof mewn mis arall, ac fe â'r ddau bapur yn eu blaen yn hwylus.

Yr wyf yn mwynhau llygru moesau sosialaidd dynion diwaith rhannau iselaf Abertawe y dyddiau hyn. Bum yng nghlwb y di-waith yng Nglandwr yr wythnos ddiwethaf. Pan gyrhaeddais yr oedd dau ohonynt yn cwffio gyda ffyn a gwaed yn torri allan o'u hwynebau, ond cefais wedyn dawelwch a chroeso i sôn am y Blaid a gadael copïau o'r *Welsh Nationalist*, a gweiddi am imi ddyfod eilwaith yn fuan, a mynnu, myn pob cebystr, mai Cymry oeddynt hwythau. Ac yn awr — mewn awr — cychwynnaf i Lain y Delyn (hen le Twm Nefyn)[2] i ddweud yr un pethau.

Felly, byddwch iach
Saunders Lewis

Kate Roberts 177

66

7 Kenry Street
Tonypandy
Rhondda
20 Mawrth 1932

F'Annwyl Saunders Lewis,

A fedrwch ddyfod i de ddydd Mawrth? Gwelaf yn ol amseroedd y tren na fedrwch ddychwelyd nos Fawrth, gan mai nos Sadwrn yn unig y rhed y tren a gawsoch bythefnos yn ol. Byddem yn falch iawn o'ch cwmni yma y noson honno. Mae gennym wely yn barod bob amser. Ond os yw'n rhaid ichwi ddychwelyd, gobeithio y medrwch ddyfod i de beth bynnag.

---

[1] Ymosododd Iorwerth Peate ar y Blaid Genedlaethol yn *Y Faner* am gyhoeddi misolyn Saesneg, *The Welsh Nation*, er mwyn ceisio cyrraedd y Cymry di-Gymraeg. Cyhoeddwyd ymateb SL i hyn ar ddalen flaen rhifyn Chwefror o'r *Ddraig Goch*, 1932. Ymatebodd Iorwerth Peate gyda llythyr yn rhifyn Mawrth 1932, t. 2, yn achwyn nad oedd SL yn fodlon cyhoeddi llythyr o'i eiddo a oedd yn pledio achos "y parthau gwledig".

[2] Ar Tom Nefyn Williams (1895–1958) gweler y gyfrol a olygwyd gan William Morris, *Tom Nefyn* (Caernarfon, 1962). Llain-y-delyn oedd yr addoldy yn Y Tymbl a godwyd gan gefnogwyr Tom Nefyn wedi iddynt gael eu diarddel o gapel Presbyteraidd Ebeneser. Agorwyd yr addoldy yn 1929 ac yn fuan wedyn dychwelodd Tom Nefyn i fyw yn Llŷn. Am hanes Llain-y-delyn gweler y llyfryn o waith E P Jones, *Llain-y-delyn — Cymdeithas Gristnogol Y Tymbl — Braslun o'i hanes* a gyhoeddwyd fel rhifyn o'r *Ymofynnydd — Cylchgrawn Crefydd Rydd*, cyfrol LXXI (1970).

Cawsom ysgol ragorol ddoe wedyn.[1] Dadleuai Zimmern ddadl y Blaid Genedlaethol er mawr anfoddhad i'r cyfeillion Llafur a Chomiwnistaidd. Daethant hwy yno gan feddwl cael cydymdeimlad â'u credo o frawdgarwch byd eang ac undonog. Ond yn lle hynny pwysleisiodd y darlithydd y ffaith mai gorau po fwyaf o amrywiaeth a geir mewn iaith a gwahanol ddiwylliant yn y byd yma, ond mai'r peth mawr yw cael pobl i ddeall ei gilydd a chydweithredu. Ni siaradodd ddigon yn erbyn Cyfalafiaeth i blesio'r bobl uchod chwaith. Dywedai y dylai dynion busnes gael digon o ryddid, ac ni ddylai gwleidyddiaeth fusnesu ond pan ddaw anghyfiawnder i mewn i'w dull o weithio, megis ag y daeth i'r ffatrioedd cyntaf. Dylai economeg a gwleidyddiaeth gadw at eu maes priod eu hunain meddai: y peth mawr yw cael sicrwydd am heddwch yn gyntaf, ac yna fe ellid gwella pethau. Aeth rhai o'r Comiwnistiaid yn anfoesgar iawn yn yr ymdrafodaeth ar y diwedd. Iddynt hwy, achosion economaidd yw achos pob rhyfel a'r unig achos. I mi, ni ddangosodd dim erioed yn well na'r cyfarfod hwn i'r fath dir y syrthiodd gweithwyr De Cymru. Ni allant feddwl am ddim ond yn nhermau economeg, a honno'n economeg unochrog o chwerwder at bawb sydd ganddynt fwy o bethau'r byd hwn na hwy. Yr oedd osgo rhai ohonynt wrth siarad megis *bulldog*: maent wedi mynd yn llythrennol i ysgyrnygu dannedd. Ni chawsoch chwi'r teip hwn yn eich cyfarfod. Ni ddeuent byth yno, ond daethant i wrando ar Zimmern gan feddwl cael ynddo ef eu cefnogwr. A'm dadl i ydyw y dylai rhywun droi meddwl y bobl hyn at lenyddiaeth ar y naill law ac at fywydeg ar y llaw arall. Maent erbyn hyn wedi colli pob lledneisrwydd a ddaw trwy lenyddiaeth ac ni ddeallant ddigon am hanfod dyn. Pe darllenent un bennod ar "Etifeddeg" yn llyfr Julian Huxley *What dare I think*[2] fe welent nad oes gan y rhan fwyaf o bobl y byd yma hawl i gael fôt. Ond mae maes eu darllen wedi ei gyfyngu i'r *Daily 'Erald* (fel y galwai un glowr digoler y papur hwnnw neithiwr) a'r *Daily Worker*, a dont â'u gwybodaeth o'r papurau hynny i'r cyfarfodydd hyn wedi ei gosod ar ddysgl, a thront ef allan yn gwestiwn afler i'r darlithydd.

Cawsom sgwrs bach gyda Zimmern a gwyddai am y Blaid yn dda. *"So you belong to Mr Saunders Lewis' Party?"* meddai. Credaf y gogleisid ef yn fawr gan Morus, pan ddywedodd wrtho mai at y Blaid Genedlaethol y troai'r myfyrwyr ieuanc i gyd. *"Yes"* meddai, *"I can see you dancing on our graves one day"*. Gwyddai eich bod chwi'n ymgeisydd yn y lecsiwn a'n bod yn rhedeg ymgeisydd yn Sir Gaernarfon. Ni wyddai William Jenkins AS, Cymro Gwyl Dewi, fod y Blaid mewn bod![3]

---

[1] Cyfeiriad at Ysgol Sadwrn arall yn Nhonypandy dan nawdd y WEA. Y siaradwr ar 19 Mawrth oedd Alfred Zimmern (1879—1957) a oedd ar y pryd yn Athro Cysylltiadau Rhyngwladol ym Mhrifysgol Rhydychen; gweler *Who Was Who*, V (1951—1960) t. 1206.

[2] Syr Julian Huxley (1887—1975), biolegydd ac awdur llawer o gyfrolau ar esblygiad, gweler *Who Was Who*, VII (1971—1980), t. 397. Cyhoeddwyd *What Dare I Think? -The Challenge of Modern Science to Human Belief* gan Chatto & Windus, Llundain, yn 1931. Disgrifir y gyfrol gan yr awdur yn y rhagymadrodd fel "Essays in Scientific Humanism".

[3] Aelod seneddol Llafur Castell-nedd oedd William Jenkins.

Mwynheais Lascelles Abercrombie[1] yn fawr hefyd tra fu Morus wrthi yn bwrw bygythion ar faes y bel droed. Onid ydym yn cael gwleddoedd? Ac mae bywyd y Rhondda yma mor ddiddorol yng nghanol ei holl dduwch a'i dlodi. Byddaf yn synnu weithiau fy mod wedi cartrefu mor dda yn y De yma, a'm gwreiddiau innau mor ddwfn yn Eryri. Ac eto ar ambell brynhawn tawel, wrth eistedd wrth y tân yma a'm wyneb tua'r Gogledd, byddaf yn clywed griddfannau fy nhad cyn marw, a byddaf yn meddwl ac yn meddwl, meddwl amdano wedi gweithio'n galed ar hyd ei oes, wedi yfed o gwpanau chwerwaf bywyd, wedi cael llawer o hwyl hefyd, ac yn gorfod dioddef holl ing Angau wedyn. A byddaf yn meddwl am ei dad a'i fam yntau wedyn — hwy wedi dioddef mwy, a'u tad a'u mam hwythau wedi dioddef mwy wedyn mae'n debyg; a dyma finnau i lawr yma, yn etifedd hwnyna i gyd. A daw arnaf hiraeth am gael un gip ar Rosgadfan ac am gwpanaid o de ym Maesteg efo mam a chael son am nhad.

Wel rhaid imi dewi.

Diolch yn fawr i chwi am feirniadu cân Morus.[2] Yr ydych yn garedig iawn. Fy meirniadaeth i arni ydyw, nad oes digon o *ing* dioddef ynddi. Yn hytrach cân ydyw am stormydd bywyd a dyfod i hafan ar y diwedd. Credaf mai ystyr y dywediad sy'n destun ydyw, mai'r sawl a ddioddefodd *waelod* poen sy'n gorchfygu, h.y. yn cael yr oruchafiaeth yn ei feddwl ei hun. Mae gan Naomi Royde-Smith nofel fer, *The Mother*, sy'n dangos hyn i'r dim.[3] Mae gan y fam ddau fachgen bach. Rhoisai'r hynaf ei serch yn llwyr i'w dad ac i'w fodryb, a meddyliai'r fam ei bod yn sicr o gariad y bachgen arall. Ond un diwrnod, fe welodd droi cariad y bachgen ieuangaf i'r tad hefyd ac fe ddilyn brwydr fawr ym meddwl y fam. Ond fe gaiff oruchafiaeth yn ei phersonoliaeth ei hun. Mae arnaf ofn fy mod i'n gyfrifol am lawer o wallau iaith yn y gân e.e. fi a ddywedodd y gallai *llas* olygu *lladdodd* a *lladdwyd*. Fe'm dysgwyd yn yr ysgol felly, y gallai olygu'r ddau, ac mae popeth a ddysgais yn ifanc wedi ei stampio'n ddyfnach ar fy meddwl. Mae darnau o'r gân yn fawr iawn.

Yn gu iawn
Kate Roberts

LlGC 22723D, ff. 92—3^v

[1] Lascelles Abercrombie (1881—1938), athro Llenyddiaeth Saesneg ym mhrifysgolion Leeds a Llundain; gweler *Who Was Who*, III (1929—1940), t. 2. Yr oedd yn ddarlithydd mewn barddoniaeth yn Lerpwl rhwng 1919 a 1922 ac yn darlithio i SL, gweler Mair Saunders, *Bro a Bywyd*, t. 22, lle y ceir llun ohono a dyfyniad sy'n amlygu ychydig ar gyfeillgarwch y ddau. Cadwyd dau lythyr oddi wrth Abercrombie at SL yn llawysgrif LlGC 22725E, ff.1—2.

[2] Mae'n debyg mai cyfeiriad sydd yma at y bryddest "A Ddioddefws a Orfu" a ysgrifennwyd gan MTW ar gyfer cystadleuaeth y Goron yn Eisteddfod Genedlaethol Aberafan, 1932. Ei ffugenw oedd "Meurig Emwnt" a chadwyd copi teipysgrif o'r bryddest ymhlith Papurau Kate Roberts, rhif 3938. Enillydd y Goron yn 1932 oedd y Parchedig Thomas Eirug Davies, (1892—1951), Llanbedr Pont Steffan.

[3] Naomi (Gwladys) Royde-Smith, (1875—1964), nofelydd a dramodydd a aned yn Llanrwst. Ysgrifennodd ymron i ddeugain nofel. Cyhoeddwyd *The Mother* gan Victor Gollancz yn 1931.

7 Kenry Street
Tonypandy
23 Mai 1932

F'Annwyl Saunders Lewis,

Mae trwyn Morus yn ddwfn yn un o'r llyfrau a anfonasoch iddo, a chan nad oes bosibl gael gair ganddo, a minnau yn rhy swrth i wneud unrhyw waith caled iawn, oherwydd imi godi am chwech y bore yma, dyma fi'n meddwl yr ysgrifennwn bwt atoch chwi. Nid oes gennyf fawr o bwys i'w ddweud, ac eto mi mae, gan mai chwi yw fy meistr llenyddol i, chwi o bawb a welodd gyntaf y medrwn lunio stori.

Ond yn gyntaf oll, rhaid imi ddiolch dros Morus am y parsel llyfrau. Mae'n falch iawn o gael eu benthyg. Fe ofalwn am eu hanfon yn ol cyn gynted ag y gorffen â hwynt.

Yr wyf wedi dechrau ysgrifennu nofel a'i chefndir yng Nghwm Rhondda.[1] Gan na wn i ddigon am drigolion y Rhondda (rhaid gwybod o'r tu mewn i wybod yn iawn) yr wyf am gymryd hynt a helynt teulu o'r Gogledd a ddaeth i lawr yma adeg dechrau'r dirwasgiad yn y fasnach lechi rywdro rhwng 1900 a 1910. Wrth gwrs, bydd yn rhaid dyfod â Deheuwyr i mewn, ond y teulu hwn o'r Gogledd fydd canolbwynt y nofel. Teulu darbodus ydynt o'r teip gorau ac yn meddwl o hyd am gael myned i'r Gogledd yn ol, h.y. y tad a'r fam. Fe ddaw Gogleddwyr eraill sydd i lawr yn y De i mewn i'r stori — pobl hollol wahanol — pobl ddidoreth sy'n gwario arian byd da ar *portrait gallery (enlargements)* o'u teulu a'u rhoi ar barwydydd y gegin ffrynt, ac yn crwydro i dai Gogleddwyr eraill yn ddiwâdd erbyn amser te brynhawn Sul, ac yn cael menthyg arian gan eu ffrindiau darbodus i dreulio pythefnos bob haf yn y Gogledd. Ceisiaf ddyfod â'r nofel i fyny i 1932, a dangos y newid graddol a ddaeth dros y teulu a theuluoedd eraill cyffelyb yn y Rhondda; e.e. fe ŵyr y plant hynaf Gymraeg ond nid y plant ieuangaf. Try un mab at y Comiwnistiaid ac un arall (sydd yn y Coleg) at y Blaid Genedlaethol. Efallai y gwnaf i un mab fynd yn baffiwr ac ymbrioda â merch sy'n treulio'r rhan fwyaf o'r nos yn y neuaddau dawnsio ofnadwy a geir yn y Rhondda yma. Cyll un bachgen ei fywyd yn y pwll glo. Rhaid imi gael cynllun, a bum yn meddwl am hwn. Ni feddyliodd y teulu erioed am fyw am byth yn y De, felly rhaid imi ddisgrifio pethau sydd fel petae yn eu tynghedu i aros yma, e.e. maent yn gorfod prynu eu ty oherwydd prinder tai ar ol y Rhyfel. Dyna un cortyn i'r babell i lawr. Anos mynd yn ol ar ol prynu ty. Wedyn colli'r mab. Anos mynd byth. Y gwr yn mynd adref i gladdu ei fam ac yn gweld ei hen ardal wedi newid — hynny yn ei gwneud yn anos. Ond o'r diwedd maent yn mynd yn ol. Ar ol bod allan o waith am flynyddoedd, caiff y gwr waith yn ei hen chwarel. Fe sylweddola wrth fyned yn ol ei fod yn gadael mwy o lawer na bedd ei blentyn i lawr yn y De, fe edy ar ei ol slisen fawr o'i fywyd, slisen a ffurfiwyd o gyfeillgarwch Deheuwyr, ac fe ŵyr yn iawn na fedr byth uno ei fywyd newydd yn y Gogledd â'r hen fywyd a

---

[1] Nid ymddengys i'r syniadau hyn ddwyn ffrwyth o gwbl ac ni chyhoeddwyd y nofel. Fodd bynnag, fe gyhoeddodd KR erthygl bortread o Gwm Rhondda yn *Y Ddraig Goch* (Rhagfyr 1932), t. 4. Fe'i hail-gyhoeddwyd yn David Jenkins (gol.), *Erthyglau ac Ysgrifau Llenyddol Kate Roberts* (Abertawe, 1978), tt. 350—3.

oedd iddo yno gynt cyn dyfod i'r De y tro cyntaf. Fy anhawster mawr fydd gwneud i'r nofel symud gyda digwyddiadau. Bydd yn demtasiwn mor gryf aros gyda'r cefndir. Dechreuais y bennod gyntaf gyda hanes prynu'r ty. Ni thybiais fod angen son dim am y blynyddoedd cyntaf i lawr yma, oddigerth yn anuniongyrchol. Anhawster arall fydd cael amser. Teimlaf y dylwn roi rhyw chwe awr bob dydd iddi, ond ni fedraf. A daw y Bwrdd Canol gyda hyn.

Hoffwn rywdro hefyd ysgrifennu ysgrif i'r *Ddraig Goch* ar "Y Diwylliant Cymreig." Bob tro yr af i'r Gogledd, teimlaf mai ffars yw'r hyn a elwir yn "Ddiwylliant Cymreig." Mae'n wir bod yno siarad Cymraeg — mae yno Eisteddfodau Cymraeg. Ond Duw a helpo eu safon. Delir i adrodd "Gorlifiad Johnstown" a'r "Dedwydd Dri" a'r pethau yna yno o hyd. Ni ŵyr y bobl ddim am wir lenyddiaeth, ac mae'n amhosibl iddynt wybod gan mai maes eu darllen yw'r *Carnarvon & Denbigh Herald* a'r *Daily Herald*. A dyna i chwi Eisteddfod Lewis — yr oedd a wnelo pob traethawd yn y steddfod honno rywbeth â siop Lewis.[1] Aeth corau'r gogledd yno'n llu. Ni ddont byth i'r De i'r Eisteddfod Genedlaethol. A chyda llaw, buaswn yn beirniadu'r *Ddraig Goch* am roi hysbysiad Steddfod Lewis i mewn. Yr ydym ni fel plaid yn dadlau yn erbyn y *combines* mawr yma, ac eto dyma ni yn eu hyrwyddo drwy roi eu hysbysiadau yn *Y Ddraig Goch*. Dyna ein diwylliant, a'n dadl gryfaf ni dros wneud y Blaid yn boliticaidd yw mai trwy wleidyddiaeth y medrwn ni agor llygaid ein pobl, a chael ganddynt weled beth yw gwir ddiwylliant. Rhaid cael ein haddysg yn iawn i gychwyn. Ni cheir hynny heb hunan-lywodraeth. Dyna fy nadl i. Anfonodd Morus ysgrif i'r *Ddraig Goch* fisoedd yn ol ar Gymru a materion tramor, ond ni welodd olau dydd eto. Sgwn i pam.

Clywais beth ofnadwy ddoe am fachgen y drws nesaf yma. Bachgen naw neu ddeg oed ydyw, ac un drwg iawn. Mae'n lluchio cerrig i'r ardd yma &c &c ac yn gweiddi fel plentyn lloerig trwy'r dydd. Wel, yr wythnos ddwaethaf fe aeth i'r mynydd ac fe laddodd fyheryn drwy dorri ei ben a thorri ei ddwy goes flaen. Yr oedd bachgen arall yn ei ddal iddo. Mae'r stori'n berffaith wir oblegid athro o'i ysgol a ddywedodd wrthym. Fe ddaeth y ffermwr i'r ysgol i ddweud wrth y prifathro. Mae ei dad yn gweithio i ffwrdd a'i fam yn un o'r merched diasgwrn cefn hynny fydd yn gweiddi mewn llais diniwed, "Dônt, Douglas". Sut y cyfrifwch chwi am beth fel hyn? Os eisiau dinistrio sydd ar y bachgen, fe all rywdro ddinistrio rhywbeth mwy gwerthfawr na myheryn. Mae uwchlaw'r cyffredin o ran deall.

Rhaid imi dewi rwan.

Da iawn gennyf glywed eich bod i gyd yn well. Gresyn na bai'r tywydd yn gynhesach.

Ein cofion cu iawn ein dau.

Kate Roberts

LlGC 22723D, ff. 94—6ᵛ

---

[1] Yr oedd yn arferiad gan Siop Lewis, Stryd Ranelagh, Lerpwl, gynnal eisteddfodau blynyddol. Cynhaliwyd un rhwng 18 a 23 Ebrill 1932 fel rhan o "Wythnos Gymreig" y siop. Yr oedd y siop hefyd yn hysbysebu'n gyson yn *Y Ddraig Goch* tua'r cyfnod hwn. Ceir manylion am eisteddfod 1932 yn *Y Ddraig Goch* (Mawrth 1932), t. 7.

9 St Peter's Rd
Newton, Mumbles
Calan Mehefin 1932

Fy Annwyl Kate Roberts,

Ni fynnwn fy ngalw yn feistr llenyddol i chwi. Y cwbl a ẁneuthum oedd adnabod eich athrylith yn weddol gynnar. Nid oedd hynny'n gamp fawr, canys chwedl Tudur Aled:

Hysbys y dengys y dull
O ba urdd bo ei harddull, -[1]

neu rywbeth reit debyg. Ond mae'n dda calon gennyf glywed am gychwyn y nofel. Y mae'r Rhondda yn gefndir ardderchog, yn ei gymysgedd poblogaeth, yn ei dreigl a'i dwf, yn ei erchylltra hefyd, ac yn anad dim yn ei ferw (gwelaf y funud hon imi wneud cam â chenedl y Rhondda, benywaidd yw hi, onidê?). Gyda llaw, a ddarllensoch chwi erioed *Plwyf Llanwyno* gan Glanffrwd?[2] Cyhoeddwyd ef yn 1888 ym Mhontypridd, a hanes plwyf gerllaw Pontypridd cyn ei weddnewid gan ddiwydiant ydyw. I'm barn i y mae'n un o glasuron ein rhyddiaith yn y ganrif ddiwethaf. Mae'n llyfr anodd ei gael bellach, ond os na welsoch ef gallwn roi ei fenthyg i chwi am ychydig — ond fy mod yn ei drysori ddengwaith fwy na'r holl lyfrau ar Farxiaeth gyda'i gilydd. Trysor yw hwn — pethau defnyddiol ydynt hwy. Pa fath fywyd, tybed, oedd yn y Rhondda cyn dyfod y gweithiau glo yno? Gwelaf fod Tonypandy bron iawn â bod ar ben rhestr y lleoedd gwaethaf am ddiffyg gwaith ym Mhrydain y mis diwethaf. Y mae arnaf i ofn yr Hydref nesaf — yr wyf bron yn sicr y bydd y sefyllfa'n beryglus, a gwelaf fod y papurau newydd Saesneg wedi cael siars i baratoi'r wlad hefyd. Bydd eich nofel yn ymdrin â chyfnod sy'n awr yn darfod, yn symud i'w dynged.

Yr wyf innau'n agosáu at derfyn fy hanes llenyddiaeth Gymraeg hyd at y Dadeni Dysg.[3] Dwy bennod arall — ond dwy faith a chaled. Ni bydd yn llyfr hawdd ei ddarllen, oblegid bydd yn rhy newydd a rhy athronyddol. Bydd mor newydd a dieithr â gwaith Timothy Lewis,[4] ond gobeithiaf i'r mawredd na bydd yn debyg i hwnnw mewn dim arall. Y mae wedi fy llyncu'n llwyr yr wythnosau diwethaf fel na roddaf sylw o gwbl i'r Blaid nac i wleidyddiaeth, oddieithr sgrifennu i'r *Ddraig* a'r *Nationalist*. Cytunaf gyda llaw â'ch syniadau am Eisteddfod siop Lewis, ond ni chytunaf ar bwnc yr hysbysebu

---

[1] Tipyn o dynnu coes sydd yma ar ran SL. Parodi ydyw ar gwpled enwog Tudur Aled:

"Ysbys y dengys pob dyn
O ba wraidd y bo'i wreiddyn",

gweler T Gwynn Jones (gol.), *Gwaith Tudur Aled* (Caerdydd, 1926), tt. 138 a 544. Un o eiriau gwneud William Owen [-Pughe] yw "arddull" yn ôl *Geiriadur Prifysgol Cymru*, t. 188.

[2] Ar William Thomas, "Glanffrwd", (1843—90), gweler *Cydymaith*, t. 576. Cyhoeddwyd adargraffiad o *Plwyf Llanwynno* dan olygyddiaeth Henry Lewis yn 1949.

[3] Cyhoeddwyd *Braslun o Hanes Llenyddiaeth Gymraeg* gan SL ym mis Hydref 1932. Mae'r llyfr yn cynnwys ymdriniaeth hyd at y flwyddyn 1535; gweler erthygl ar y gyfrol yn *Cydymaith*, t. 52.

[4] Ar Timothy Lewis (1877—1958), gweler *Cydymaith*, tt. 348—9, a W Beynon Davies, "Timothy Lewis (1877—1958)", *Cylchgrawn Llyfrgell Genedlaethol Cymru* XXI (1979), tt. [145]—58.

yn *Y Ddraig Goch*. Nid yw siop yn *combine* yn y dull peryglus y mae cwmnïau sy'n perchnogi defnyddiau cyfoeth, — oni byddo'r siop hefyd yn ffatri megis yn wir y mae llawer. Ond ni ddadleuaf ar ddiwedd llythyr.

Hai lwc i'r nofel. Peidiwch â chyhoeddi'r bennod gyntaf yn *Y Llenor*, neu ni orffennwch mohoni![1]

Yn gynnes iawn
Saunders Lewis

Kate Roberts 180

69

9 St Peter's Rd
Newton, Mumbles
17 Gorffennaf 1932

F'Annwyl Kate Roberts,

Methais fynd ddoe i bwyllgor y *Nationalist* yng Nghaerdydd. Bu'n rhaid imi fynd a'm tad[2] i weld doctor ac fe aeth yn rhy hwyr.

Gofyn Mr J Arthur Price, "Meirion", Leaside Avenue, Muswell Hill, London, N. 10, imi anfon y siec amgaeëdig atoch tuag at fasâr yr ysgol haf. A fedrwch chwi gipio eiliad yng nghanol eich marcio i'w gydnabod?

Y mae eich gwaith chwi a'ch priod yn y Rhondda yn tyfu'n bwysig ac yn sefydlu'r Blaid yn y Deheudir. Mae'n debyg na chynhaliwch y *Jumble Sale* cyn yr Hydref. Ceisiaf gasglu parsel i chwi. Yr wyf yn awr yn casglu deunydd fy mhapur i'r ysgol haf — papur ar bolisi economaidd y Blaid a fydd ef yn bennaf — blinais ar glywed aelodau'n dweud eu bod yn y niwl ar y pwnc. Y mae gan Williams Parry delyneg odidog yn *Yr Efrydydd* y mis hwn.[3] Gwelsoch ef yn ddiau yng nghyfarfod y Bwrdd Canol. Maddeuwch lythyr mor stacato — yr wyf yn ateb llythyrau drwy'r bore, peth sy'n ddinistriol i feddwl, y rhan fwyaf ohonynt yn wahoddiadau i siarad dros y Blaid yng nghymdeithasau'r gaeaf. Ni allaf benderfynu ai tric i lenwi rhaglenni ydyw neu ddiddordeb cywir yn ein mudiad. Ond y mae'n rheol gennyf dderbyn pan allwyf wahoddiadau i siarad yn yr achos hwn.

Cofion cynnes iawn
Saunders Lewis

Kate Roberts 181

[1] Fe gofir i ddwy bennod o "Ysgolfeistr y Bwlch" ymddangos yn *Y Llenor* yn 1926–7 ac na orffennwyd y nofel.

[2] Y Parchedig Lodwig Lewis (1859–1933), Wallasey, Abertawe a Chastell-nedd; gweler D Tecwyn Lloyd, *JSL I*, tt. 29–31, 34–41, a *Blwyddiadur* . . . y Methodistiaid Calfinaidd am 1934, tt. 194–5.

[3] Cyfeiriad at "Blodau'r Gog", neu "Clychau'r Gog" fel yr adwaenir y gerdd erbyn hyn, a ymddangosodd am y tro cyntaf yn *Yr Efrydydd* (Gorffennaf 1932), t. [257].

9 St Peter's Rd
Newton, Mumbles
2 Hydref 1932

F'Annwyl Kate Roberts,

Y mae Margred a Mair yn gofyn imi anfon eu diolch am y jelïau a'r cyfleth. Cododd Mair o'i gwely heddiw ac ni ddiflannodd ei pheswch eto, ond y mae'r cyfleth yn gysur rhyfedd. Am y jelïau, dywed Margred ei fod yn ddigalon (iddi hi) o berffaith, fel nad oes ganddi obaith fyth am gyrraedd y cyfryw ddeheurwydd, gan ei odidoced. Gobeithiaf y bydd fy llyfr ar lenyddiaeth Gymraeg allan yr wythnos hon ac y mae un o gopïau'r awdur wedi ei fwriadu i 7 Kenry St.

Cofion cynnes a mawr ddiolch
MAIR a'i rhieni
SL

Kate Roberts 183

7 Kenry Street
Tonypandy
14 Tachwedd 1932

F'Annwyl Saunders Lewis,

Fel yr hen wraig honno a ddeuai i'n ty ni i'n gwarchod pan oeddem blant, rhaid imi ddywedyd, "Chai ddim amsar i farw".[1] Mae arnaf gywilydd gydnabod derbyn eich llyfr rwan — mor ddiweddar ar ol ei dderbyn. A chydnabyddaf ef heb orffen ei ddarllen. Darllenais i ddiwedd y bedwaredd bennod erbyn hyn. Fel arfer, mae yma waith sglaig gyda dychymig, a llygad beirniad yn taflu golau dros eangder hanes a gwneud imi weled y cwbl fel darn cyfan, bron na ddywedwn diwniad. Mae eich pennod ar ryddiaith yn ddiddorol iawn imi ac yn egluro'n gyfangwbl imi odidowgrwydd ffurf y Chwedlau Cymreig. Nid mewn undydd unnos y megir ffurf. Mae eich llyfr yn un ofnadwy o bwysig, a diolch yn fawr amdano nid yn unig fel anrheg "i Morris a Kate Williams". (Mae KR wedi colli ei hunaniaeth llenyddol ers tro — yr ydych yn graff iawn i weled hynny syr) — ond fel cymwynas amrhisiadwy i ysgolheigion Cymraeg.

Trist yw meddwl, er hynny, fod y rhan fwyaf o'n cenedl ni megis pobl y cymoedd hyn, wedi eu torri i ffwrdd yn glir oddiwrth y traddodiadau godidog yna — diolch i'n Cyfundrefn Addysg. Ac eto, os mentraf broffwydo, oddiwrth y myfyrwyr a gaiff y fraint o astudio hanes llenyddiaeth Cymru o dan eich dysgeidiaeth chwi y mae ein gobaith fel cenedl. Hwynt-hwy, ryw ddiwrnod, yn fy meddwl i, a saif uwchben y cymoedd marw yma i ganu Corn Atgyfodiad uwch eu pennau a dweud bod yn rhaid i bobl y cymoedd hyn fynd yn ol eto a dysgu Cymraeg. Mae'n rhaid imi gydnabod mai clywed J Morris Jones yn darllen Goronwy Owen a wnaeth imi feddwl yn fawr o'm cenedl. Er mae

---

[1] Ar Mary Williams (m. 1908) gweler y bennod "Hen Gymeriad", *Y Lôn Wen*, tt. [132]—7. Ceir cyfeiriad blaenorol ati, gweler t. 76, nodyn 2, uchod.

gennyf gof imi yn y Chweched Safon yn yr Ysgol Sir ddweud pethau ofnadwy am Iorwerth I a'i berthynas â Chymru mewn traethawd, a chael ychydig o farciau am fentro gwahaniaethu barn â'm hathrawes.[1]

Gyda llaw sylwais, hyd y darllenais, ar rai gwallau argraffu heblaw y rhai a gywirasoch chwi, e.e. tud 52. "Y cwbl sy'n ddiogel yw bod yn defnyddio" Oni ddylai fod *eu* o flaen *bod*, neu adael *yn defnyddio* allan. Hefyd tud *57* "mawredd *y* yng Nghymru".

Yn llenyddol yr wyf i'n farw hollol. Ni chefais byth amser i fynd at fy nofel. Deuthum i'r casgliad nad wyf i dda i ddim ond i fod yn fwa slaf (os clywsoch chi'r dywediad yna o'r blaen).[2] Os bydd gan rywun ddosbarth ysgol nos yn ymdrin â'r stori fer neu'r nofel ysgrifennant ataf i i dynnu allan gynllun gwaith iddynt am y gaeaf.

Os bydd ar rai o fyfyrwyr Coleg y Barri eisiau gwneud traethawd ar "Y Stori Fer" neu'r "Nofel" ar gyfair eu tystysgrif, dywed Miss Cassie Davies wrthynt am ysgrifennu ataf i.

Os bydd ar Gymrodorion Treherbert eisiau rhywun i feirniadu'n rhad yn eu Heisteddfod Blant ysgrifennant ataf i, ond bum ddigon call i wrthod yr olaf, oblegid wrth ddewis eu darlithwyr ar gyfair eu cyfarfodydd eraill nid oeddwn i ddigon da. Po fwyaf a fo fy ymwneud â Chymry, mwyaf yn y byd y sylweddolaf mai'r rhai a gaiff fwyaf o barch ganddynt yw'r bobl sy'n troi eu trwynau at yr awyr.

Ac mae f'awydd am ysgrifennu. Pe cawn i gofiadur i'm dilyn drwy fy ngoruchwylion yn y ty a chymryd i lawr fy meddyliau, fe fyddai gennyf lyfr o straeon yn barod eto. Nid ysgrifennais byth fy stori am Y Llythyrau Caru — chwi gofiwch imi son amdani wrthych. Ac mae gennyf syniad eto am stori dristach na'r "Condemniedig" — stori am gath a'i diwrnod olaf. Cath fy mrawd a fu farw yn y Rhyfel ydoedd. Ei gath hi ydoedd a gafodd yn gath bach pan oedd ef tua 13 neu 14 oed. Ym mhob llythyr a ysgrifennodd adref o'r fyddin dywedai wrth mam am gofio edrych ar ol ei gath a'i ganeri.[3] Bu'r caneri farw, ond daeth y gath gyda ni o Gaer Gors i Faesteg, a bu fyw flynyddoedd wedyn. Ond aeth yn rhy hen ac yn wael, ac ni fedrai neb ei boddi, dim hyd yn oed y nhad a arferasai foddi pob cath pan aethai'n rhy hen. Mae hanes diwrnod olaf yr hen gath y peth tristaf bron a glywais i erioed — oddigerth marw fy nau frawd.

[1] Mae llyfr nodiadau chweched dosbarth KR ar hanes Lloegr o Edward I hyd Harri'r V ar gadw ymhlith Papurau Kate Roberts, rhif 2780.

[2] Nid yw tarddiad y dywediad hwn yn hysbys. Nid yw'n ymddangos ymhlith "Termau Chwarel", R Emrys Jones ym *Mwletin y Bwrdd Gwybodau Celtaidd*, cyfrol XX (1962–4). Mae'n amlwg mai ystyr tebyg i *"dogsbody"* yn Saesneg sydd iddo. Gellir tybio bod "slaf" yn fenthyciad o'r Saesneg *"slave"* (= caethwas), a "bwa" yn golygu "arf" o ryw fath, = "erfyn caethwas", neu declyn sy'n cael ei ddefnyddio'n ddidrugaredd.

[3] Cadwyd y llythyrau a anfonwyd gan David Roberts at y teulu o faes y gad ymhlith Papurau Kate Roberts, rhifau 2114–60. Nid ymddengys i KR ysgrifennu'r stori hon ar y pryd, ond mae'n debyg mai'r profiad trist hwn ynghylch cath ei brawd sy'n gefndir i'r stori "Gofid" a ymddangosodd gyntaf yn y cyfrol *Y Llinyn Arian* (Aberystwyth, 1947), tt. 53–6, yn dwyn y teitl "Begw", ac a ailgyhoeddwyd (heblaw am yr adran olaf) fel stori gyntaf y cyfrol *Te yn y Grug* (Dinbych, 1959), lle y mae Begw yn galaru ar ôl Sgiatan.

Ond nid af i'w ddweud yma. Ond medrwn ei ddweud yn ol fel y clywais mam yn ei ddweud a gwneud stori gampus ohono — ond rywsut nid oes arnaf eisiau rhoi poen i mam.

Mae'n rhaid imi roi pen ar y mwdwl rhag ofn i chi feddwl mod i'n dechrau dilyn yr Apostol Pawl.

Gyda llaw. Mae arnom y stampiau uchod i chwi. Anfonasoch hwynt yng ngwyliau'r haf gan feddwl na roisoch ddigon ar lythyr o Baris. Ond yr oedd digon. Ein diolch a'n cofion caredig fyth

Kate Roberts

LlGC 22723D, ff. 97—100

72

9 St Peter's Rd
Newton, Mumbles
6 Rhagfyr 1932

F'Annwyl Kate Roberts,

A wnewch chwi faddau imi am deipio llythyr yn hytrach na'i sgrifennu? Y rheswm syml yw bod fy mhin sgrifennu i yn crafu'n enbyd wedi i Fair fod yn profi ei llaw arno, a bod ei ddefnyddio yn boenus.

Diolch i chwi am eich llythyr bythefnos yn ôl ac am eich gwerthfawrogiad o'r *Braslun*. Y mae un pwynt a godasoch yn ddiddorol, sef fy nefnydd i o'r briod-ddull ar dudalen 52: "y cwbl sy'n ddiogel yw *bod yn defnyddio*". Nid cam-brint yw hwn, ond hen briod-ddull. Dysgais hi gan Edward James, cyfieithydd yr *Homiliau* (1606).[1] Dyma un enghraifft allan o gannoedd ganddo ef: "Pan ydynt yn dywedyd bod yn ein cyfiawnhau ni yn rhad, nid ydynt yn meddwl y dylem fod yn segur". Defnyddir y ffurf yn lle y ffurf fodern drosgl "ein bod yn cael ein cyfiawnhau". Edrychais i weld a oedd gan JMJ neu Joseph Harri[2] eglurhad ar y gystrawen, ond methais ddod o hyd i unrhyw ymdriniaeth arni.

Y mae eich llith yn *Y Ddraig Goch* y mis hwn yn drwyadl dda ac amserol;[3] yn wir, y mae'r rhifyn yn un cryf drwyddo. Yr hyn a hoffaf yn eich erthyglau politicaidd chwi yw eu bod mor ddiriaethol, mor agos at ffeithiau bywyd. Erthyglau nofelydd o anian glasurol ydynt, heb ddim o'r cais at fod yn "llenyddol" na rhamantus. Ac am hynny nid ydynt yn eich troi oddi wrth faes priod eich celfyddyd. Fe ddaw'r stori am y gath, 'rwy'n sicr, yn ei phryd, ac i mi bydd eich trydydd llyfr o straeon byrion yn gorffen un o'r trindodau mwyaf bendigaid yn ein llenyddiaeth ni.

---

[1] Ar Edward James (1569?—1610?), gweler *Y Bywgraffiadur*, t. 397, a *Cydymaith*, t. 298.

[2] Cyhoeddwyd *Welsh Syntax* Syr John Morris-Jones yn 1931, ddwy flynedd ar ôl ei farwolaeth. Ymddangosodd ei *Welsh Grammar* yn 1913. Yr oedd Joseph Harry (1863—1950) yn brifathro Ysgol yr Hen Goleg, Caerfyrddin, ac ar ôl hynny yn weinidog yng nghapel Salem (A), Glandŵr. Cyhoeddodd *Orgraff y Gymraeg . . . i blant ysgol* (1925), *Priod-ddulliau'r Gymraeg* (1927), ac *Elfennau Beirniadaeth Lenorol* (1929).

[3] "Cwm Rhondda", *Y Ddraig Goch* (Rhagfyr 1932), t. 4.

Anfonaf memorandum eich priod yn ôl ato cyn diwedd yr wythnos. Yr wyf eisoes wedi ei ddarllen, ac yn cytuno — ac yn anghytuno. Ond caiff glywed gennyf gyda dychwelyd y llyfr a Phaflofa. Af i Lerpwl ddydd Sadwrn i siarad wrth fy hen gydddinasyddion am y Blaid, — yr un lle na hoffaf fynd iddo. Cefais ddadl hapus iawn gydag Ernest Evans:[1] gwnaeth ef fwy o ynfytyn ohono'i hunan nag oedd raid iddo wrth natur.

Cofion cu iawn oddi wrth bawb yma
Saunders Lewis

Kate Roberts 187

73

9 St Peter's Rd
Newton, Mumbles
28 Rhagfyr 1932

F'Annwyl Kate Roberts,

Y mae'ch haelioni yn ddiddarfod ac ni wn sut i ddiolch i chwi a Morris. Beth bynnag, caiff Mair eisoes bleser mawr o'r peiriant gwnïo, — y mae'n gadarn ac anodd ei dorri ac yn gwneud gwaith glân iawn. Am lyfr Fothergill, — a ddarllensoch chwi ef?[2] Yr oeddwn i wedi ei ddarllen, ond er hynny ni chewch ef yn ôl i'w newid, oblegid yr wyf yn awr yn ei ail-ddarllen, ac y mae ynddo gasgliad o straeon sy'n ffortiwn ynddo'i hun. Y mae'n gellweirus a thra amharchus ac yn drwyadl Seisnig, yn Seisnig i fêr ei esgyrn. Ychydig iawn sydd ynddo o estheteg bwyd a diod — nid yw fel llyfr Ffrancwr ar y cyfryw destun, ond y mae'n fath o ddatguddiad o'r hyn a gyfrifir gan Saeson trwyadl ddiwylliedig yw safonau *"decency"*, a *"good form"*. Y mae'n snobllyd wrth gwrs gan hynny, ac fe'i hysgrifennwyd ar gyfer y rheini a ŵyr pwy yw pwy yng nghymdeithas orau Lloegr, ac fe sonnir am bob un megis pe gwyddai — neu gan gymryd y gŵyr — y darllenydd bopeth amdano heb un cyflwyniad. Gyda hynny, y mae'n ddifyr bob tudalen ohono. Rhoddaf ei fenthyg i chwi ei ddarllen os dymunwch hynny, ac os tyngwch ar bob craig a chrair y caf ef yn ddiogel drachefn!

Ni welais eto'r *Genedl* na'r stori Nadolig.[3] Yr wyf wedi darllen drwy holl waith Daniel Owen — y pumed tro — dros y gwyliau, er mwyn y llyfr a addewais arno. Mae gennyf wmbredd i'w ddweud amdano, ond prin yw fy amser yn awr i lunio llyfr yn araf

---

[1] Cyfeiriad, at Ernest Evans (1885—1965), yr Aelod Seneddol a'r Barnwr. Bu'n aelod Rhyddfrydol dros sir Aberteifi rhwng 1921 a 1923 a thros Brifysgol Cymru rhwng 1924 a 1942. Gweler *Who Was Who*, VI (1961—70), tt. 355—6. O dan y pennawd "Abertawe" yn rhifyn Ionawr 1933 o'r *Ddraig Goch*, t. 11, ceir y sylw canlynol: "Bu dadl gyhoeddus yma o dan nawdd Urdd y Graddedigion rhwng Mr Saunders Lewis a'r Capt. Ernest Evans, A.S.; yr unig sylw angenrheidiol am hyn yw dweud mai ei ffrwyth yw — y sefydlir Cangen o'r Blaid yn Abertawe ddechrau'r flwyddyn."

[2] John Rowland Fothergill (1876—1957), *An Inkeeper's Diary* (London, 1931) oedd y llyfr hwn yn ôl pob golwg. Ar yr awdur gweler *Who Was Who*, V (1951—1960), t. 390.

[3] "Ffair Gaeaf — o'r Wlad i'r Dref", *Y Genedl Gymreig* (26 Rhagfyr 1932), t. [5]. Dyma ymddangosiad cyntaf y stori a roes ei henw i drydedd cyfrol KR o storïau byrion yn 1937.

a dioglyd, gan fwynhau chwilio am ansoddeiriau pwrpasol a gwasgu ystyr i'r lleiaf geiriau posibl megis yr hoffwn wneud gynt. Gwaith braf, araf, dioglyd yw sgrifennu'n gynnil a llawn, crynhoi diwrnod i baragraff ac atgof i ansoddair. Y mae diogi egnïol mewn sgrifennu da.

Wel, blwyddyn newydd dda iawn i chwi eich dau ac i bawb sy'n dda gennych,

Saunders Lewis

Kate Roberts 188

74

[Ionawr 1933]

F'Annwyl Kate Roberts,

Yr wyf newydd gael *Y Traethodydd* er mwyn darllen eich ysgrif ynddo.[1] Rhoddaf fenthyg y llawysgrif amgaeëdig yn llawen i chwi, gan y gwn y cymerwch ofal mawr ohoni, a'i dychwelyd imi yn ddiogel. Nid i bawb y byddwn yn barod i'w benthyg, ond rhaid cydnabod bod gennych chwi ryw fymryn, beth bynnag, o hawl ar y cyfryw haelioni oddi wrthyf, ac er bod yn y llawysgrif ddefnyddiau newydd a gwerthfawr, yr wyf yn rhoi cennad i chwi eu defnyddio, a hyd yn oed eu copïo a'u cyhoeddi os mynnwch, ond cydnabod wrth gwrs mai myfi piau'r llawysgrif y cawsoch y defnyddiau oddi wrthi!

Pan welwch G J Williams, dywedwch wrtho fy mod yn fyw er gwaethaf *Y Llenor*, a bod dull y golygydd o esbonio paham *nad* adolygir llyfrau yn *Y Llenor* yn gam gwreiddiol a newydd iawn mewn cylchgrawn llenyddol.[2] Bydd gofyn iddo cyn bo hir paham y *mae* ef yn adolygu llyfrau, a chwestiwn difrifol fydd hynny.

Sut fynd fu ar eich drama pan chwarewyd hi? Gwelais yr hanes amdani yn *Y Darian*,[3] beth amser yn ôl, ond anghofiais ofyn i'ch priod yn Aberystwyth.

Mae hi'n oer iawn yma, ond y mae'r adar yn dechrau codi nythod ac y mae eisoes ŵyn lawer ar y *golf-links* yn Caswell. Hai lwc i'r gwanwyn ddyfod.

Cofion cynnes iawn,

Saunders Lewis

Kate Roberts 190

---

[1] "Y Parch. Richard Williams Aber Dâr", *Y Traethodydd* (Ionawr 1933), tt. [13]–19.

[2] Cyfeiriad sydd yma at adolygiad W J Gruffydd ar *Braslun o Hanes Llenyddiaeth Gymraeg* SL a ym-ddangosodd yn *Y Llenor*, cyfrol XI (1932), tt. 249–56. Dywed W J Gruffydd yno (tt. 250–1): "Efallai fod llawer o'm darllenwyr wedi synnu na bu dim adolygiad yn *Y Llenor* ar y llyfr hwn [*Williams Pantycelyn* SL], — dyma gyfle yn awr i esbonio paham. Ymgymerais â'i adolygu fy hunan (ar ôl cael nacâd gan un neu ddau o adolygwyr cyfaddas), ond yr oeddwn yn oedi o rifyn i rifyn yn y gobaith y deuwn rywdro i amgen cydymdeimlad â'r hyn a oedd yn amlwg yn waith gorchestol. Yn y diwedd, rhoddais ef heibio am fy mod yn anghydweld yn hollol â holl ddamcaniaeth Mr. Lewis drwy'r llyfr, ac am fy mod yn tybio hefyd nad oedd gennyf i ddigon o wybodaeth o'r feddyleg ddiweddaraf i'w wrth-ddywedyd yn effeithiol."

[3] Llew Penrhys, "Drama Gymraeg yn y Rhondda — perfformiad llwyddiannus o *Ffarwel i Addysg*", *Y Darian* (22 Rhagfyr 1932), t. 8. Llwyfannwyd y ddrama ym Mhentre, Rhondda, nos Fercher, 14 Rhagfyr, gan y Gymdeithas Hyrwyddo Dramau Cymraeg. Un o'r actorion oedd y bardd J Kitchener Davies. Ceir llun o Gwmni Drama Tonypandy, tua'r un cyfnod, yn Derec Llwyd Morgan, *Bro a Bywyd* (Caerdydd, 1981), t. 33.

75

7 Kenry Street
Tonypandy
2 Chwefror 1933

F'Annwyl Saunders Lewis,

Fy nghydymdeimlad! Onid yw'r ffliw yma'n hen sglyfaeth? Ond yn wir, a wnewch chwi beth doeth fyned i'r Gogledd ddydd Sadwrn? Ac eto bwriadaf fyned yno fy hun! Yr oeddwn i fod i fynd yno yfory, ond ni theimlaf yn ddigon da i fentro a gobeithio'r wyf y teimlaf yn ddigon da at y Sadwrn.

Os byddwch yn mynd, ai gyda'r tren ai gyda'r car yr ewch? Meddwl y cawn eich cwmpeini yr oeddwn, oblegid mae'n gas gennyf wneud y daith yna ar fy mhen fy hun. Nid yw'n wahaniaeth gennyf pa ffordd yr af, gan fod yn rhaid imi fynd i'r Drenewydd ddydd Mawrth ar fy ffordd yn ol. Siaradaf yno'r noson honno. Gallaswn ohirio'r daith o ran mam, ond fy mod i'n medru cynhilo wrth fod pobl y Drenewydd yn talu fy nghostau hyd yno.[1]

Fe gefais i'r adwyth yma'n waeth lawer gwaith, ond nid yr un fath. Fe gefais ryw beswch y tro hwn sy'n tynnu fy ais o'r gwraidd wrth geisio rhoi pesychiad, a bu popeth yn f' erbyn i fendio. Nos Sul fe fostiodd y tanc sydd yn y seilin ar ol y dadmer a llifodd y dwr trwy'r *bathroom* ac i'r pantri. (Meddyliwch am bobl yn adeiladu ty a rhoi'r tanc dwr oer yn y seilin yn wynebu'r gogledd ddwyrain — a'r ty hwnnw cyn uched yn ei gefn a thŵr Eiffel, a rhoi'r tanc dŵr poeth yn y seler!). Fe geisiais godi ddydd Llun, a'r dyn yn y seilin yn trwsio; ac yn ol ac ymlaen o hyd drwy'r drysau. Euthum i'm gwely nos Lun yn gynnar a chodi'n well o lawer ddydd Mawrth. Nos Fawrth bu'r ty yma cyn brysured â ffair, rhywun yma o hyd i fyny hyd 11 y nos — nid bod neb yn dwad yma i edrych amdanaf i. Euthum i'm gwely yn teimlo'n waeth o lawer.

Ddoe daeth Isander yma o'r awyr o rywle ac arhosodd neithiwr.[2] Gorfu i Morus fynd allan neithiwr am tuag awr a hanner, ac Isander yn y fan yma yn darllen englynion a sonedau o'i waith ei hun, a'r rheiny heb hanner eu gorffen, ac yn gweiddi ar ddiwedd pob lein "Be ddyliwch chi o honna?" A pherchennog y pen oedd bron a hollti yn dweud "Ardderchog!" cyn iddo eu gorffen er mwyn cael heddwch. Mae Isander fel llawer o ddynolryw, yn garedig ei galon ond yn fyr o reswm. Neithiwr yr oeddwn bron yn lloerig o eisiau i'r hen frawd gau ei geg neu i Morus ddwad i'r ty i weiddi "Ardderchog" neu "Gogoniant"! neu rywbeth yn fy lle. Ond heddiw medraf chwerthin am ben y cyfan. Mi ddywedodd un reit dda bore yma adeg brecwast am rywun wrth smocio yn poeri ar y bwrdd ac yn taflu ei bibell i'r tân.

---

[1] Ceir adroddiad am y cyfarfod yn y Drenewydd a gynhaliwyd nos Fawrth, 7 Chwefror 1933, yn *Y Ddraig Goch* (Mawrth 1933), t. 9: "Noson o fwyniant llawn gafodd Cymry'r Drefnewydd gyda Kate Roberts ar y nofel Gymraeg. Clywais iddi gynnig siarad ar y Blaid Genedlaethol; ond sangu ar dir rhy beryglus fyddai hyn i Ryddfrydwyr y Drefnewydd."

[2] Lewis Roger Williams ("Isander", ?1867—1942). Bardd a brodor o Lanberis. Bu'n brentis *ironmonger* yng Nghaernarfon ac yna yn gynrychiolydd yn chwarel Dorothea. Treuliodd flynyddoedd olaf ei oes yn Llandudno a chafodd ei gladdu yn Rhostryfan. Yr oedd yn hoff iawn o hela a chadwai gŵn hela. Gweler W W Price, cyfrol 29, t. 198.

Edrychaf ymlaen at gael sgwrs efo mam. Anghofiais ddweud wrthych wedi imi fod gartref ym mis Rhagfyr, fod mam wedi darllen *Monica*, neu *Monīca* fel yr ymgana hi ef yn y dull Cymraeg. Mae hi wedi darllen pob nofel sy gennyf ond ni roddais *Monica* iddi gan na thybiwn yr hoffai hi. Mae mam yn fodern iawn mewn rhai pethau ond nid mewn pethau eraill. A chan y gwyddwn mai presenoldeb storïau fel *Monica* yn y Beibl sydd yn gwadu ei ddwyfol ysbrydoliaeth iddi hi, tybiais mai doethach oedd ei gadw rhagddi. Modd bynnag, rhoes fy chwaer yng nghyfraith ef iddi yn anrheg pen blwydd ym mis Tachwedd yn hollol ddiniwed. Modd bynnag, pan welais mam wedyn yr oedd wedi ei fwynhau yn fawr, ond yn meddwl eich bod yn od o ddilachar (ei gair hi yw hwnna am "beidio malio dim") wrth son am y cathod. Tybia hi i Fonica gael ei haeddiant am ddwyn cariad ei chwaer.

Son am lenyddiaeth, daw diflastod arnaf wrth ddarllen llawer peth yn y wasg y dyddiau hyn. Meddylier am Rowland Hughes yn *Y Cymro* yn enwi R T Jenkins fel perchen arddull mewn Cymraeg.[1] Mae Cymraeg RTJ o'r gorau, ond nid oes ganddo arddull. Am y ddau arall, y Dr P Wms a W J Gruffydd, mae'n eithaf cywir, am WJG beth bynnag. Rhaid cyfaddef bod gan yr Athro Arddull. Ond nid wyf i mor sicr bob amser am y Dr, os darllenwch ei ysgrifau'n fanwl ac yn feirniadol dowch ar draws ambell frawddeg hollol anystwyth. Mae'n wir y cewch baragraffiau godidog ganddo, ond weithiau dowch yn sydyn at frawddeg sydd bron yn annealladwy o drwsgl. Gyda llaw, ni fedrais byth wneuthur eich cystrawen chwi o Edward James yn glir i mi fy hun. Byddaf yn hoffi medru dehongli cystrawen yn fathemategol hollol.

Mater arall. Ni wn ddigon am hanes llenyddiaeth Cymru i basio barn ar adolygiad WJG ar eich llyfr yn *Y Llenor*. Ond dywedaf hyn; na wn i beth ar y ddaear yr oedd arno eisiau llurgunio Pantycelyn i mewn rwan, ac ni'm argyhoeddir i gan ei resymau. Pam nad adolygwyd mo *Ysgrifau* chwaith?[2] Ni welaf fod gan WJG na T G Jones hawl i'ch cyhuddo o ddefnyddio dawn y nofelydd at lyfr o'r math yma, oblegid dyna yn anad dim a wna TGJ o hyd ac a wnaeth WJG yn ei Fabon ab Modron.[3] Mae i'r damcaniaethau yma eu lle, ac efallai mai hwy yw'r unig bethau y medrwn eu cael yng Nghymru gan fod cynifer o lawysgrifau ar goll. Modd bynnag, fe hoffais i ysbryd beirniadaeth Ifor Williams. Yr oedd hi'n wir hoffus ac Iforaidd.[4]

Fe anfonais at olygydd *Y Llenor* yn yr Hydref i ddweud y cai stori gennyf erbyn rhifyn y gaeaf os hoffai. Cefais air yn ol yn dweud bod ganddo ddigon ar gyfer y rhifyn hwnnw. Anfonais wedyn fis yn ol i ddweud y cai un erbyn rhifyn y gwanwyn os

---

[1] T Rowland Hughes, "Campwaith Theophilus Evans" (sef adolygiad ar argraffiad Bodfan o *Drych y Prif Oesoedd*). Wrth drafod y modd y cafwyd orgraff newydd ac y purwyd y gystrawen yn ystod blynyddoedd cyntaf y ganrif, dywed: "Ond gan bwy y mae arddull fyw, goeth, a gwir effeithiol? Gan rai o'r beirdd, efallai, a Mr R T Jenkins, y Dr T H Parry-Williams, a'r Athro Gruffydd mewn rhyddiaith."

[2] Ymddangosodd *Ysgrifau* T H Parry-Williams yn 1928.

[3] Cyhoeddodd W J Gruffydd ddwy erthygl Saesneg ar Fabon fab Modron, y naill yn y *Revue Celtique*, cyfrol XXXIII (1912), tt. [452]—61, a'r llall yn *Y Cymmrodor*, cyfrol XLII (1931), tt. [129]—47. Mae'n debyg mai cyfeirio at yr erthygl yn *Y Cymmrodor* y mae KR yma.

[4] Cyfeiriad sydd yma at adolygiad gan Ifor Williams ar gyfrol SL, *Braslun o Hanes Llenyddiaeth Gymraeg*, a gyhoeddwyd yn *Yr Efrydydd*, cyfrol IX (1933), tt. 88—94.

dymunai. Ond ni chefais ateb. Mae gennyf ddwy neu dair stori fer y medrwn eu hysgrifennu ar f'union rwan, a bydd yn rhaid imi gael llyfr arall allan yn o fuan er mwyn cael arian i gael bara a chaws. Fe wrthodwyd *Rhigolau Bywyd* am yr ail dro gan y Bwrdd Canol, a dyna fo, fy llyfr gorau wedi gorffen gwerthu am fod ynddo un cyfeiriad at blentyn siawns, a hefyd am na ŵyr Cymru na'r Athro WJG fod *Rhigolau Bywyd* yn well nag *O Gors y Bryniau*.

Wedyn rhaid imi sgrifennu un eto; a gwn heddiw y medraf ysgrifennu pethau gwell, oblegid mae gennyf erbyn hyn ddigon o oruchafiaeth ar fy nheimladau i fedru bod yn berffaith greulon, ac yn gywir. Teimlaf heddiw fy mod yn llawn dwf fy nghanol oed, ac fel y dywedodd mam wrthyf, "Mi fyddi fel yr wyt ti rwan am ryw ddeng mlynedd, ac wedyn mi ddechreui fynd ar y goriwaered". Beth bynnag am y ffaith yna'n gorfforol, teimlaf fy mod felly'n feddyliol.

Beth felly a wnaech chwi, gan fod arnaf eisiau ysgrifennu? Bu D Francis Roberts[1] yn crefu am stori gennyf i'r *Traethodydd*, a chyfaddawd oedd yr ysgrif ar R.W. Ac fe gawn bunt amdani gan y Methodistiaid. Ond rywsut nid wyf yn hoffi gadael *Y Llenor* gan mai ef yw'r unig gylchgrawn llenyddol pur yn Gymraeg. Gobeithiaf hefyd fedru ysgrifennu ysgrif wir bwysig ar fwydydd a choginio i'r *Western Mail*. Peidiwch â meddwl fy mod yn ei chadw oddiwrth *Y Dd Goch* oherwydd fy nhroi oddiar y Pwyllgor Canol, eithr mae gan *Y Dd Goch* ddigon o ddeunydd o ryw fath ar hyn o bryd. Bu f'ysgrif ar "Gwm Rhondda" fisoedd heb fynd i mewn, ac anfonodd Morus lythyr yn ateb i Tom Lewis ar fater yr Ymherodraeth i'r *Dd Goch* ers misoedd ac ni welodd olau dydd eto.

Ac mae'n rhaid cyfaddef bod rhai pethau hollol ddifudd yn *Y Dd G*. Gobeithio'r nefoedd nad yw Francis Jones ddim yn mynd i ddechrau ar gyfres eto.[2] Mae o'n lladd cenedlaetholwyr ac nid papur i ddiddori yw'r *Ddraig* i fod. Felly, bydd yn well i mi, gan na wêl y Blaid unrhyw werth ynof mwy, anfon fy ngwaith i'r lle y caf dâl amdano, ac anfon yr arian i'r Blaid. Efallai y gwerthfawrogant yr arian yn fwy na'm gwaith.

Aeth y llythyr hwn yn rhy hir eisoes, ond rhaid i mi fod yn sal cyn cael amser i sgrifennu llythyr. Gobeithiaf yn fawr eich bod yn well ac na fentrwch i'r gogledd heb fod yn 'tebol.

Yn gu iawn
Kate Roberts

LlGC 22723D, ff. 101—6ᵛ

1   Y Parchedig David Francis Roberts (1882—1945), gweinidog yng Nghapel Tegid (MC), Y Bala, rhwng 1929 a 1945 a golygydd *Y Traethodydd* dros yr un cyfnod. Gweler *Y Bywgraffiadur* [2], tt. 49—50.

2   Ysgrifennodd Henry Francis Jones, Hen Golwyn, ('Tegid', 1874—1949), gyfres o erthyglau ar Tom Ellis, AS, a chyhoeddwyd un ymhob rhifyn o'r *Ddraig Goch* yn ystod 1932. Ceir portread ohono yn *Y Ddraig Goch* (Rhagfyr 1932), t. 3. Gwireddwyd ofnau KR — cyhoeddodd H Francis Jones gyfres faith ar "Michael Jones yr Ail" yn rhifynnau Hydref 1933 — Gorffennaf 1934. Gweler hefyd W W Price, cyfrol 14, t. 293.

76

[Marc post 12 Mawrth 1933]

Annwyl Mrs Williams,
Diolch yn fawr iawn am y llyfr y mae Dadi newydd ei ddarllen imi.

Yr eiddoch yn annwyl
Mair

PS Anfonaf i Montreuil-sur-Mêr i ofyn eu telerau yn ôl yr wythnos. Y mae'n un o'r lleoedd tlysaf heb fod fawr o ffordd allan o Boulogne.

SL

Kate Roberts 192

Swansea
17 Mai 1933

F'Annwyl Kate Roberts,
Yr wyf yn sicr y gellwch fod yn gwbl dawel am un peth — ni bydd rhyfel y rhawg. Y mae'r rheswm am fy sicrwydd yn syml a dyma fo: tra na bydd rhyfel nid oes siawns i chwyldro yn Lloegr, ond os daw rhyfel a gorfod rhoi arfau yn nwylo'r werin ddi-waith, yna fe fydd y chwyldro yn sicr ac yn llwyddiannus. Yn awr, ni all na wêl y llywodraeth hynny, ac y mae'r polisi presennol o wneud byddin Lloegr yn fyddin fechan, ond yn fyddin "fechanyddol" wir effeithiol, yn awgrymu'n bendant fod y llywodraeth yn deall yr amseroedd — a dyna'r pam y credaf i na bydd rhyfel. Canys gan na feiddia Lloegr fynd i ryfel yn Ewrop, ni feiddia gwledydd Ewrop fynd i ryfel a gadael Lloegr yn niwtral — ac felly ni bydd rhyfel. — Peth ardderchog, fel y dengys y ddadl hon, yw Cynghrair y Cenhedloedd!

Mae'n gwbl amhosibl i Fargred a Mair ddyfod i sosial yn y Rhondda. Mae gan Fair alwadau ysgol sy'n wyrthiol bwysig bellach, ac am Fargred, ni allai'r holl seintiau Catholig gyda'i gilydd, mi ofnaf, ei gwneud hi'n hapus mewn sosial. Amdanaf innau, mi allaf wynebu sosial os bydd rhaid ac os caniata amgylchiadau, ond yr wythnosau hyn bydd gennyf aroliadau i'w marcio ac y mae iechyd fy nhad yn darfod yn gyflym fel na allaf addo'n bendant y deuaf. Ond os bydd modd a rhwyddineb, gwnaf fy ngorau.

Newydd da iawn i mi yw bod gennych stori wedi ei gorffen. Ychydig iawn o bethau newydd pwysig mewn Cymraeg a geir mewn blwyddyn, onidê? A dyma sibrwd yn eich clust — darllenais ddwy act fy "Mlodeuwedd" innau neithiwr, a synnais dipyn eu bod yn well nag a feddyliais. Os caf hamdden yr haf yma odid na cheisiaf eu gorffen hwy'n bedair act. Ond ni allaf hynny heb esgeuluso'r Blaid am dymor.

Cofion cynhesaf
Saunders Lewis

Kate Roberts 194

9 St Peter's Rd
Newton, Mumbles
Pnawn Mercher [5 Gorffennaf 1933]

F'Annwyl Kate Roberts,
Darllenais neithiwr "Y Diwrnod i'r Brenin", a chytunaf yn galonnog â'r hyn a ddywed Prosser Rhys amdano yn *Y Faner* heddiw.[1] Y mae'n arwydd na chollodd eich llaw ei medr, a dyma'r unig arwydd hyd yn hyn fod ymwybod llenyddol Cymru yn teimlo dim oddi wrth greisis y blynyddoedd presennol, — y mae'r stori yn bwysig iawn gan hynny yn natblygiad ein llên.

Maddeuwch air mor fyr, ond rhaid dal y post 4.15 yma mewn tri munud. Y mae gorfod gwarchod fy nhad bob yn ail noson gyda'm modryb yn prinhau fy amser yn enbyd. Nid oes siawns iddo wella, ac nid oes ond aros y terfyn oediog ac yntau'n nychu mewn hir boen gwendid — y math gwaethaf o ddiwedd i'm dychymyg i.
Cofion caredig
Saunders Lewis

Kate Roberts 197

7 Kenry Street
Tonypandy
12 Rhagfyr 1933

F'Annwyl Saunders Lewis,
Yr wyf newydd ddychwelyd o'm dosbarth Cymraeg (Dosbarth gwirfoddol o dan nawdd y Blaid) ac mae Morus wrthi'n partoi'r *Welsh Nationalist*,[2] a daeth rhyw feddwl imi ein bod ni'n ddieithr iawn i'n gilydd (y chi a fi a feddyliaf), a dyma fi'n sgrifennu pwt o lythyr. Fe wnai les i'ch calon weld y brwdfrydedd sydd yn y dosbarth. Euthum yno heno gan feddwl na byddai neb yn y dosbarth, ond yn wir yr oedd pawb agos yno, a rhai wedi dyfod o ben ucha Tre Wiliam a'r lleill o Flaen Clydach. Er na fedrant lawer o Gymraeg, maent yn methu deall paham na orfodir y Gymraeg yn yr ysgolion nid yn unig fel pwnc ond fel moddion gyfrannu addysg ym mhob pwnc. Mae yno un ddynes bach yn methu deall paham y mae pobl Trewiliam yn mynnu colli yr hyn sydd

---

[1] Ymddangosodd "Diwrnod i'r Brenin" gyntaf yn *Y Traethodydd* (Gorffennaf 1933), tt. 149—56, ac ail-gyhoeddwyd y stori yn y gyfrol *Ffair Gaeaf* (1937). Cyfeirir yma at *Y Faner* (4 Gorffennaf 1933), t. 4, lle y dywed Prosser Rhys, dan sylwadau "Euroswydd", fod cyhoeddi'r stori hon "yn ddigwyddiad llenyddol yng Nghymru . . . Ceir yr un feistrolaeth ar ran yr awdur yma eto, ond nid yw dywedyd bod y stori'n un gampus yn ddigon. Stori yw sy'n ddarn o fywyd; stori y mae ei darllen yn brofiad i'r neb a'i darlleno gyda'r cefndir angenrheidiol i ddarllen llenyddiaeth o'r radd uchaf."

[2] *Welsh Nationalist* oedd enw gwreiddiol y *Welsh Nation*. Cyhoeddwyd y rhifyn cyntaf ar 15 Ionawr 1932 ar gyfer y di-Gymraeg. Y golygydd yn ystod y flwyddyn gyntaf oedd y Parchedig Philip J Jones, Caerdydd. Dilynwyd ef, o 1933 hyd 1935, gan MTW. Am grynodeb o hanes y *Welsh Nation* gweler J E Jones, *Tros Gymru* (Abertawe, 1970), tt. 83—4.

ganddynt, neu oedd ganddynt, sef eu Cymreictod. Maent i gyd yn cytuno na ddaw dim ond llywodraeth â'r pethau hyn yn ôl. Mae yno un wraig sy'n cyfuno dwy genhedlaeth. Ar ôl mynd adref o'r dosbarth mae hi'n mynd dros y wers a roddaf i gyda'i phlentyn, ac yn dweud yr hyn a ddywedaf yn ail ran y wers (ar addysg) wrth ei thad sy'n Gymro hollol Gymreig, yn darllen popeth Cymraeg y caiff afael arno. Os digwyddaf son yn anuniongyrchol am *Theomemphus* Pantycelyn, mae hi'n prynu *Theomemphus* i'w roi i'w thad.

Eleni, yn ail ran y wers, yr wyf yn son am addysg Cymru ac yn ceisio dangos bod addysg yng Nghymru cyn 1485 yn ddiwylliant, ond ar ôl hynny yn ddim ond moddion i gyrraedd rhywbeth arall, i gyrraedd crefydd neu lwyddiant bydol. Teimlaf petawn i'n cael dweud y pethau hyn wrth hanner Cwm Rhondda y byddwn wedi eu troi at y Blaid cyn pen mis.

Ddydd Gwener, yr oedd un o swyddogion Byddin yr Iechydwriaeth yma. Yr haf diwethaf fe rannodd hi'r dillad a ddaeth yma o'r Bala ac Aberystwyth gyda'r bwriad o gael *Jumble Sale*, ond a rannwyd yn ol cais myfyrwyr y Bala, a gasglodd y dillad dan yr argraff mai i'w *rhoi* i'r diwaith yr oeddynt. Anfonodd y myfyrwyr arian hefyd, ac am i'r swyddog yma fod mor garedig â rhannu'r dillad i angenusion y capeli Cymraeg, tybiais yn ddoeth roi'r arian iddi hi eu rhoi i angenusion y Fyddin. Ond dyma oedd gennyf i'w ddweud. Mae'r Fyddin yma yn rhoi pedwar brecwast bob wythnos i ddau gant o blant am ddwy geiniog y pen, ac mae ugain o weithwyr gwirfoddol yn codi am 5.30 y bore i fynd i'w baratoi. Bore Gwener yr oedd yno helynt mawr yn un gornel, bachgen wedi ei ddal yn lladrata bara a *margarine* i fynd adre. Pan aeth y Major ato, dywedodd mai mynd ag ef adref i'w fam yr oedd am ei bod yn newynnu. Addawodd hithau alw yno i'w gweled, ac ni chlywais hyd yn hyn a ydoedd yn achos cyfiawn ai peidio. Dywedodd y Major wrthyf mai dyma'r lle tlotaf y bu hi ynddo erioed ac mae ganddi 25 mlynedd o brofiad gyda'r Fyddin. Fe fuaswn yn hoffi cnocio rhai o'r ffeithiau hyn i bennau'r rhan fwyaf o bwyllgor Canol y Blaid.

Yr wyf wrthi'n ddygn ar fy nofel at Gastell Nedd (ond na fyneger i neb mai at Gastell Nedd y mae).[1] Ambell ddiwrnod caf hwyl dda iawn er yn teimlo wrth eistedd i lawr na bydd gennyf ddim i'w ddywedyd. Ysgrifennais bennod felly ddydd Sul diwethaf.

Aeth fy nannedd â rhan helaeth o'm hamser ers tair wythnos. Cefais waew garw a bu'n rhaid mynd i dynnu rhai o'm dannedd. Ac os drwg cynt, gwaeth wedyn. Maent yn gwrthod dyfod allan. Ddydd Gwener diwaethaf bu'r deintydd yn tirio am allan o hydion am wreiddyn un dant, a hwnnw yn torri'n sgyrion yn fy mhen; ac yntau o'r diwedd yn rhoi gorau iddo a dweud ei fod yn ofni bod darn o'r gwreiddyn yno ond y gwnai fwy o ddrwg mynd ar ei ol na'i adael.

---

[1] Ysgrifennodd KR nofel o'r enw "Suntur a Chlai" ar gyfer cystadleuaeth y nofel yn Eisteddfod Genedlaethol Castell-nedd, 1934. Fe'i cyhoeddwyd yn 1936 o dan y teitl *Traed mewn Cyffion*. Ei ffugenw yn y gystadleuaeth oedd "Y Foelfran". Daeth yn gydradd gyntaf gyda Grace Wynne Griffith am ei nofel *Creigiau Milgwyn*. Cedwir drafftiau cynnar o "Suntur a Chlai" ymhlith Papurau Kate Roberts, rhifau 2610–12.

Mae ein tanc ni wedi rhewi ers wythnos ac nid oes yma ddwr poeth. Fe ddadmerodd ddwywaith yn ystod yr amser yna, a rhewi wedyn erbyn y bore. Meddylier am neb yn adeiladu ty a'r tanc dwr poeth yn y selar, a'r tanc dwr oer yn y seilin, yn wynebu at y gogledd. Sut ydych chwi ar y tywydd oer yma? A ydyw Mair yn dal heb gael annwyd?

Cofion cynnes
Kate Roberts

LlGC 22723D, ff. 107—8^v

80

9 St Peter's Rd
Newton, Mumbles
17 Rhagfyr 1933

F'Annwyl Kate Roberts,
Mae'n ddrwg gennyf na fedrwn aros i'ch cyfarfod chi a Morris yng Nghaerdydd ddoe, ond addawswn fod yng Nghastell Nedd cyn saith heb wybod y byddech yng Nghaer-dydd. Fy niolch i'r Golygydd am gyhoeddi'r erthygl yn y *Nationalist*, os gwelwch yn dda[1] — ni allaf ymatal chwaith rhag cydnabod y gwelliant anghyffredin sydd yn y papur er pan ychwanegwyd at ei faint. Mae'n rhagorol drwyddo y ddau dro diwethaf — ni welais eto y rhifyn hwn. Mi geisiaf anfon rhywbeth bob mis o hyn ymlaen, oblegid gwn o hir brofiad yn y blynyddoedd gynt mor flin oedd sgrifennu'r rhan fwyaf o'r *Ddraig*. Bellach ni wnaf ddim i'r *Ddraig* o gwbl ond Nodiadau'r Mis.

Da gennyf glywed am y nofel. Yr oeddwn innau gynt yn nofelydd — *et ego in Arcadia fui*, — fel y gwn sut brofiad yw hynny; ac yn wir yr wyf yn lled-hyderu cael ail-gychwyn ar yrfa lenyddol wedi'r haf nesaf yma. Nid oes un gwaith arall (y gwn i ei fedru) a rydd yr un pleser wrth ei wneud, hyd yn oed pan fo'r gwaith yn anodd a di-hwyl — mae'n union fel magu plentyn; 'rydych yn *byw* gydag ef. Ond y mae'n ddrwg gennyf glywed am eich dannodd, mae hynny'n cymryd pob hwyl allan o fyw . . .

Fy nghofion cynnes — gwelaf chwi yn Aberystwyth ond odid,
Saunders Lewis

Kate Roberts 202

81

9 St Peter's Rd
Newton, Mumbles
Bore Mercher 23 Mai 1934

Fy Annwyl Kate Roberts,
Y peth gorau yw imi roi popeth heibio ac ymroi i ateb eich llythyr ar unwaith, neu siawns nad oedi ac oedi a wnaf unwaith eto.

---

[1] Cyhoeddwyd erthygl o waith SL yn dwyn y teitl 'The First Step Towards Recovery' yn y *Welsh Nationalist* (Tachwedd 1933), tt. 4—5.

Yr ydych wedi gorffen nofel, meddwch. Beth yw nofel? Mae gennyf ryw atgof pell ac ansicr imi glywed yr enw o'r blaen. Diau mai mewn ymgnawdoliad arall, cynharach, pan oeddwn innau — mae gennyf brofion o hyn drwy weld fy enw ar lyfrau — yn sgrifennu ac [yn] llenydda . . .

Ond, a rhoi heibio ysmalio, y mae'n dda iawn gennyf glywed eich bod wedi ei gorffen hi a'i hanfon i mewn. Ond beth a ddigwyddodd? Hanes sydd ynddi, meddwch chi'n awr, am fyw yn Nyffryn Nantlle o 1880 ymlaen. Ond, os iawn y cofiaf, nofel am deulu'n dwad i lawr i Gwm Rhondda o'r gogledd oedd i fod, onidê? Felly fe newidiodd y cwbl wrth gychwyn arni. Os felly, mi warantaf y bydd hi'n nofel dda, oblegid pan fo stori'n cymryd y ffrwyn i'w dannedd ac yn mynd ar garlam ei llwybr ei hun, y mae hi'n fyw'r pryd hynny ac yn tynnu'r darllenydd i'w chanlyn.

Pam y canmol'soch chwi gymaint ar *Gerrig y Rhyd* Winnie Parry?[1] Yr wyf yn cytuno bod ganddi beth dawn, ond ni chafodd ei dawn hi siawns yn y byd. Llethwyd ef gan ei meddwl a'i haddysg foeswersol boenus, ac nid yw ei straeon hi nac yn straeon plant nac yn straeon pobl mewn oed, ond straeon ydynt (fel straeon Tegla Davies hefyd) i bobl mewn oed a gadwodd safonau deall plant. Ond — er mwyn bod yn gyfiawn — buaswn yn barod i roi "Cwyn y Rhosyn", er gwaethaf ei dlysni rhy barod, mewn blodeuglwm o ysgrifau Cymraeg.

Er na chaf hamdden mwyach i sgrifennu, yr wyf yn gweithio'n bur drwyadl ar fy narlithiau yn y coleg. Cefais hwyl eleni ar ddau gwrs, un cwrs o ddehongli cywyddau ymryson Edmwnd Prys — bardd Cymraeg mwy nag a ddychmygodd neb eto yng Nghymru — a'r ail gwrs ar hanes y Cofiant Cymraeg. A ddarfu i chwi sylwi — nid oes yn y llyfrau hanes na'r erthyglau ar lenyddiaeth y ganrif ddiwethaf yng Nghymru un sôn am y cofiannau? Ac er hynny, y Cofiant oedd prif gyfrwng rhyddiaith drwy gydol y ganrif. Darllenais nifer helaeth ohonynt a chefais ddigonedd o ddeunydd llyfr sylweddol pe cawswn amser. Gwnaeth gwrs o ddarlithiau, beth bynnag, i'r dosbarth clod, a chefais innau ymddifyrru mewn maes pur newydd. Da chwi, peidiwch â meddwl i ddim yn eich llythyr am grefydd fy narfu. Pe dechreuech sgrifennu ataf yn rhithgrefyddol, mi anfonwn at Gwent ap Glasnant i'ch archwilio'n drwyadl.[2] Mae'ch

---

[1] Sarah Winifred Parry ("Winnie Parry", 1870—1953), awdures a ysgrifennai i blant. Ei llyfrau enwocaf oedd *Y Ddau Hogyn Rheiny* a *Sioned*. Cyhoeddwyd *Cerrig y Rhyd* gyntaf yng Nghyfres y Fil yn 1907 a chafwyd ailargraffiad yn 1915. Ysgrifennodd KR am Winnie Parry yn *Y Faner* (29 Ebrill 1953), t. 4, adeg ei marwolaeth, a chyhoeddwyd adolygiad ganddi ar *Y Ddau Hogyn Rheiny* yn *Y Faner* (25 Rhagfyr 1928), t. 5. Ymddangosodd cerdd yn dwyn y teitl "Cerrig y Rhyd" gan Winnie Parry yn *Cymru'r Plant*, cyfrol 3, rhif 31 (Gorffennaf 1894), tt. 175—6. Cyhoeddwyd "Cwyn y Rhosyn" yn *Cymru'r Plant*, cyfrol 4, rhif 38 (Chwefror 1895), t. 57. Ar Winnie Parry gweler traethawd M.Addysg Robert Palmer Parry, Prifysgol Cymru, 1980. Mae'n debyg bod bwlch yn yr ohebiaeth cyn y llythyr hwn a bod KR wedi canmol Winnie Parry mewn llythyr sydd bellach wedi ei golli.

[2] Dr Gwent Jones (1910—62), meddyg teulu yn Abertawe. Yr oedd yn fab i'r Parchedig Glasnant Jones, (1869—1951), gweinidog Ebeneser (A), Dynfant, ac yn frawd i'r Dr Iorwerth Hughes Jones. Yr oedd yn aelod blaenllaw o Gymdeithas Cyfeillion Gŵyr a neilltuwyd cyfrol XV (1962) o *Gower* i'w goffáu. Ceir portread o Gwent a Gwladwen Jones (*née* Huws), adeg eu priodas ar 11 Mehefin 1938, yn *Y Ddraig Goch* (Gorffennaf 1938), t. 3.

paganiaeth chwi yn fwy Cristnogol na phregethau Moelwyn Hughes,[1] er na wn i a ydyw dweud hynny yn siom i chi!

Cofiwch fi at eich priod — yr wyf yn hanner-disgwyl gweld yn y *Western Mail* bob dydd ei fod wedi sefydlu plaid newydd y Comiwnyddion Cenedlaethol Cymreig!

Cawsom dridiau o niwl — y mae'r haul yn taro drwyddo yn sydyn y funud hon a rhaid i minnau fynd i'r coleg.

Fy nghofion gorau,
Saunders Lewis

Kate Roberts 204

82

9 St Peter's Rd
Newton, Mumbles
14 Medi 1934

F'Annwyl Kate Roberts,
Mae i chi groeso wrth gwrs i'm henwi fel *reference*, ond cofiwch fy mod i yn enbyd amhoblogaidd gyda'r BBC, fel na wn i ddim a fydd fy enw yn fantais neu'n anfantais.

Ond os "gofyn ffafr' yw hyn a wnewch, y mae'ch syniad am "ffafr" yn ddelicet iawn (a defnyddio gair THPW). Nid yw'n fwy o ffafr na phe gofynnwn i i'm llaw dde estyn cwpan i'm genau. Mae gennych lawn hawl ar bopeth a allaf, fy nghyfaill.

Atebaf ail ran eich llythyr yn llawn a manwl yfory neu drennydd. Ond diolch i chi amdano.

Ceisiaf ddyfod i gynhadledd Caerdydd ac i bwyllgor o'r *Nationalist* yr un pryd.

Fy nghofion — yn "nawddogol" fel arfer! — atoch eich dau,
Yr eiddoch mewn lludw,
Saunders Lewis

Kate Roberts 207

83

9 St Peter's Rd
Newton, Mumbles
15 Medi 1934

F'Annwyl Kate Roberts,
Dyma fi'n eistedd i geisio ateb eich llythyr, ond wedi eistedd fe'm clywaf fy hun yn rhy swrth braidd i ymgymryd ag unrhyw fath o ymddiffyniad. Wedi'r cwbl, ni fedrodd neb erioed, erioed ddangos i ddadleuydd ei fod yn gywir a'r llall ar gam, ac ni fedrodd chwaith erioed dderbyn ei argyhoeddi ei fod ef ar gam a'i wrthnebydd yn iawn. Felly, i ba beth yr ysgrifennaf? Ni wnaf ond peri i chwithau ysu eto am f'ateb a'm cywiro.

Ond mi soniaf er hynny am ddau bwynt yn eich llythyr.

---

[1] Cyfeiriad at John Gruffydd Moelwyn Hughes (1866–1944), yr emynydd a gweinidog (MC) yn Aberteifi a Phenbedw. Gweler *Y Bywgraffiadur* [2], t. 21.

106

Y cyntaf yw hyn. Dywedais fy mod yn tybio bod profiad Llandysul[1] wedi dwyn Morris eto i ganol y Blaid.

Nid i ganol cwmni llawen y meddyliais o gwbl. Fy meddwl oedd ei fod yn ymddangos yn awr yn fwy cytun â'r Pwyllgor Canol a'i ddull o weithio, ac nad oedd ganddo bellach gred y dylai ef dorri â ni a chychwyn mudiad arall, neu o leiaf adran fwy "republicanaidd" yn y blaid. Ef ei hun, mewn ymddiddan yn Ffestiniog yn gyntaf, ac yn ail mewn llythyr ataf, a ddywedodd ddwywaith wrthyf y gallai hynny fod yn angenrheidiol iddo. Y mae'r llythyr o'm blaen yn awr.

Yr ail bwynt yw hyn. Teimlaf (fwy na thipyn) eich cyhuddiad fy mod wedi sgrifennu'n "nawddogol" at Morris am imi wneud fy ngorau i'w ddwyn i ddylanwad yn y Blaid. Yn awr, yr unig reswm y soniais i am ddim o'r fath beth erioed oedd i'm hamddiffyn fy hun. Dywedodd ef fy mod wedi cadw ei lawlyfr economaidd ef yn ôl ac felly "rwystro imi gael sylw papurau newydd ac ennill bri ymysg y tyrfaoedd yng Nghymru trwy gyhoeddi fy memorandum".[2] Fy unig amcan innau (edrychwch ar fy llythyr) oedd dangos nad oedd eiddigedd yn gyson iawn â'm gweithredoedd.

Mae arnaf gryn gywilydd o sgrifennu fel hyn. Y mae arwain mudiad politicaidd a chadw cyfeillion bron iawn yn amhosibl, — gwelais hynny ers tro hir. I un fel fi, sydd wrth natur yn "glên" yn ystyr ddrwg y gair, mae'r profiad yn ddisgyblaeth go od. Ond yr ydych chwi'n perthyn i'm cyfnod cynnar amholiticaidd i, pan nad oedd ond crefft llenyddiaeth yn llenwi ein bryd, a byw a beirniadu a bwriadu yn nefoedd gennym, ac oblegid hynny mae gennych o hyd ryw afael arnaf na fedraf ddim ymddatod oddi wrthi er popeth — rhaid fy mod i wedi colli fy nghalon i chwi rywdro, neu, myn cebyst, nid eisteddwn ar brynhawn teg i grefu eich maddeuant fel hyn.

Yr eiddoch yn ffyrnig gynddeiriog — fel oen — Saunders

Gwelaf nad wyf wedi dweud dim am fy mrawddeg gas am "eich tipyn bygwth". Wel, yr oeddwn i'n teimlo'n flin ac yn teimlo'n gas erbyn gorffen fy llythyr, ac yr oedd Morris *yn* bygwth. Felly, 'does dim amdani ond cydnabod fy mai a gofyn i chwi dderbyn f'ymddiheuriad. Peidiwch ag ateb y llythyr yma.

Kate Roberts 208

84

9 St Peter's Rd
Newton, Mumbles
Y Nadolig 1934

F'Annwyl Kate Roberts,

Mae hi'n noson Nadolig ac o'r diwedd y mae Mair yn ei gwely ar ôl cael diwrnod oedd o ben bore tan saith ar gloch yn un cyffro a thymestl o nwyfiant. Y peth gwaethaf ar

[1] Cynhaliwyd Ysgol Haf y Blaid yn Llandysul, 13—16 Awst 1934, gweler *Y Ddraig Goch* (Medi 1934).

[2] Cadwyd copi o'r memorandum hwn, dyddiedig 1 Rhagfyr 1932, ymhlith Papurau Kate Roberts, rhif 3939. Ceir ynddo draethawd gwleidyddol, yn cefnogi gwladwriaeth Gymreig, ar ffurf deuddeg o benodau yn trafod y gwahanol ddiwydiannau, trafnidiaeth, ynni, tai, cyllid ac addysg.

ddyddiau gŵyl fel hyn pan na bo ond un plentyn yw bod tad a mam yn gorfod gwneud y tro yn lle brawd a chwaer hefyd, a bod yn frawd a chwaer yn gystal â thad a mam; ac o'r herwydd yr wyf yn ymglywed y funud hon yn debyg ryfeddol i gadach olchi.

Ond rhaid imi geisio hel fy meddwl at ei gilydd i adrodd wrthych yr argraffiadau a wnaeth darllen eich nofel arnaf yr wythnos ddiwethaf, ac mi wnaf hynny'n hamddenol, os maddeuwch chi lythyr go faith.

Ac yn gyntaf dim, mi fentraf gyfaddef nad wyf i'n meddwl cyn uched o'r nofel ag y meddyliaf o'r straeon yn *Rhigolau Bywyd*. Yn y straeon mi gaf angerdd a chywasgiad nerth mewn meddwl ac ymadrodd sy'n briod ddawn gennych. Nid oes disgwyl cael yr un angerdd cynnil mewn nofel, bid sicr; ond mi gredaf fod crefft y stori fer wedi mynd yn ail natur i chi, ac nad ydych wedi cael yr un afael ar grefft nofel. (Maddeuwch fy rhyfyg!). Hynny yw, mewn *darnau* y caf i eich gorau digymar chi yn disgleirio yn y nofel hon. I mi, y drydedd a'r bedwaredd bennod ar ddeg oedd man ucha'r llyfr. Yn y rheiny yr oedd cryfder *Rhigolau Bywyd* mor eglur ag erioed.

Ac eto, wedi darllen y cwbl, mi deimlwn fod darn mawr o fywyd ac o brofiad wedi ei gyfleu imi, ac yr oeddwn wedi cael trem ar fywyd teulu yn ardal y chwareli a adawai arnaf argraff wirioneddol. Y mae llawer iawn o fyw a llawer o fyfyrio wedi mynd i mewn i'r nofel, a chaiff y darllenydd brofi hynny . . . ond?

Wel, yn gyntaf (a bod yn gecrus yn awr) a ydyw ysgol a choleg yn llenwi gymaint â hyn o fywyd chwarelwyr? Y mae llawer iawn o'r nofel yn ail-ddweud stori *Laura Jones* (gyda'r amrywiadau naturiol), ac y mae'r diddordeb cyffredinol yn bur brin i mi yn y cwbl hyn.

Y mae'r bywyd a ddisgrifir yn y nofel ar y cyfan yn undonog iawn. Pam?

Yr Awdur yn Ateb:- Wel, undonog y gwelaf i fywyd y teulu, a hynny oedd fy mwriad.

Minnau:- ond os felly, ni ddylech fod wedi sgrifennu *nofel* ar y fath destun. Ond y gwir, mi gredaf, yw eich bod, oherwydd gonestrwydd a gwroldeb eich natur, yn gwrthod ymdrin â mater sy'n anghytnaws â'ch ysbryd, ond sydd, er hynny, yn rhan hanfodol o fywyd teuluoedd Cymreig, yn arbennig yn y ganrif ddiwethaf a hyd at 1914, sef profiad crefyddol. Y mae'ch cymeriadau chi'n byw ar yr wyneb i gyd; nid oes ganddynt du-mewn a dim dyfnder ynddo; nid oes ganddynt fywyd ysbrydol o gwbl. Y mae eu bywyd yn Biwritanaidd o undonog, ac eto nid ydych yn awgrymu nac unrhyw *raison d'être* am eu hundonedd piwritanaidd, nac ychwaith yn dangos bod dan y dôn unrhyw seiniau dyfnach. Os eich barn yw nad oes gan eich cymeriadau yn y nofel fywyd ysbrydol, yna dylech yn ddiau (er mwyn amlygu'ch barn) ddangos hynny drwy ddadansoddiad mwy treiddiol, a dylai'ch darlun fod yn llai caredig a bodlon ar adrodd helyntion yr arwynebedd.

Fe welwch mai mater technegol yw hyn. Nid wyf yn gofyn o gwbl a ydyw eich portread yn dweud y gwir am fywyd yn Rhostryfan. Nid oes a wnelo hynny â beirniadaeth lenyddol o gwbl. Fy nghwyn i yw bod undonedd y bywyd yn y nofel i'w briodoli i'r ffaith fod yr ymdriniaeth yn aros gydag arwynebedd profiad, ac yn bodloni ar fod y profiad arwynebol yn ddihelynt. Rhaid i nofelydd roi diddordeb (1) yn arwynebedd profiad trwy amrywiaeth, neu (2) trwy ddewis arwynebedd undonog ond bod y diddordeb yn yr ymchwil i fywyd cynhyrfus oddditanodd.

Y bywyd cynhyrfus, dwys hwn odditan amgylchiadau a digwyddiadau cyffredin, dyna'n union y dwyster sydd yn eglur yn eich straeon byrion chwi, megis yr olaf oll yn *Y Llenor*,[1] a hynny yw cyfrinach eu mawredd hwy. Ond i'm barn i, nid ydych wedi medru ei gyfleu yn y nofel ond yn unig ar ysbeidiau. Ac yr wyf hefyd mor hy ag awgrymu mai oherwydd eich bod yn gwrthod edrych yn hir ac yn ymofyngar ar oddi mewn y bywyd crefyddol y buoch yn aflwyddiannus.

Wel, dyna ddigon. Byddaf yn synnu at eich amynedd tuag ataf os darllen'soch hyd at hyn! Ond y diolch gorau am gael darllen y llawysgrif yw ymboeni i ddeall a dweud y gwir am a brofais.

26.12.34

Postiaf y llythyr yma heddiw a'r nofel yfory, gan nad yw swyddfa'r post ar agor heddiw. Fy nghofion gorau a diolch mawr, a dymuniadau calon am flwyddyn newydd dda i chwi eich dau,

Saunders Lewis

Kate Roberts 212

85

7 Kenry Street
Tonypandy
28 Rhagfyr 1934

F'Annwyl Saunders Lewis,

Diolch yn fawr am eich dau lythyr.

Ynglyn â'r gwir, mae'n rhaid inni ein dau syrthio ar ein bai a chydnabod mai anghofio'n llwyr a wnaethom am ein penderfyniad yn y Pwyllgor Canol y llynedd. Eich llythyr chwi ddydd Llun oedd y peth cyntaf a'm hatgofiodd o'r penderfyniad. A theimlwn i yn drist iawn wedi cael eich llythyr, yn union yr un fath ag y teimlais ganwaith yn blentyn pan wnawn rywbeth oedd yn dda yn fy ngolwg i, ond oedd yn ddrwg yng ngolwg fy mam. (Y Blaid Genedlaethol a achosodd fy holl anhapusrwydd i bron y flwyddyn hon). Ac un o benderfyniadau'r Flwyddyn Newydd i mi fydd cofio nad wyf i anfon anrheg i neb o aelodau'r Blaid y flwyddyn nesaf.

Cefais lythyr arall ddydd Llun a'm gwnaeth yn drist. Clywais fod mam wedi cael damwain. Beic bach wedi mynd iddi a'i thaflu i lawr wrth iddi ddyfod o'r siop. Ond clywsom wedyn nad yw'n ddrwg iawn. Ei braich a anafodd fwyaf. Ond gallasai'n hawdd fod wedi ei lladd mae'n debyg. Clywsom hefyd mai'r peth cyntaf a ddywedodd wrth fachgen y beic oedd, "Wel, dyna chdi *wedi* fy lladd".

---

[1] "Y Tro Olaf", *Y Llenor*, cyfrol XII (1933), tt. 202—6; ailgyhoeddwyd y stori yn *Ffair Gaeaf* (1937).

Yr wyf yn eithriadol ddiolchgar i chwi am eich llythyr heddiw, am fynd i'r holl drafferth o sgrifennu eich beirniadaeth ar fy nofel (os teilwng o'r enw nofel). Yr wyf yn cydweled ac yn anghydweled. Cydwelaf â'ch rhan olaf am ei thechneg, ond ni chydwelaf â chwi o gwbl am fywyd chwarelwyr nac am eu crefydd. Ac mae'n amhosibl inni gydweld ar y pen hwn. Oherwydd (a) Nad yw ein hagwedd at grefydd yr un (b) nad yw ein hadnabyddiaeth o Gymru yr un. Fe faddeuwch imi os af yn faith, ac os dywedaf bethau i'ch brifo ar y materion hyn.

(a) Nid gwrthod wynebu'r broblem grefyddol a wneuthum. Nid wyf, hyd y cofiaf, erioed wedi gwrthod ymdrin â pheth y mae'n gas gennyf, ond nid oes grefydd gan deulu "Suntur a Chlai" o gwbl, ac nid oes grefydd o gwbl gan y rhan fwyaf o'r ardalwyr. Ant i'r capel, ond mater arall yw hynny. Ac ni chredaf, yr un fath â chwi, fod Cymru *yn* grefyddol yn y bedwaredd ganrif ar bymtheg. Yr oedd yna haen o grefyddolder yma, ond yr oedd yna haen letach, os rhywbeth, o baganiaeth. Eithr am y bobl grefyddol yr ysgrifennid i bapurau ac i gylchgronau. A gwn am bobl Rhosgadfan (nid Rhostryfan os gwelwch yn dda) mai paganiaid yw'r mwyafrif ohonynt wrth natur ond eu bod yn mynd i'r capel o ran arfer. Ni wnaeth Diwygiad 1904—5 fawr argraff yno. Dyna paham y gwneuthum i'r wraig fynd i'r Capel yn lle dal at yr Eglwys. Nid oedd ganddi argoeddiadau y naill ffordd na'r llall. Fy mwriad i oedd sgrifennu nofel am bobl yn byw ar yr wyneb yn ysbrydol beth bynnag. Dywedwch y dylwn felly fod wedi rhoi dadansoddiad mwy treiddiol, a dangos rheswm dros eu bywyd undonog piwritanaidd. Fy ateb i hynyna ydyw fy mod wedi ceisio gwneud hynny yn y stori ar ei hyd, o'r dechrau i'w diwedd. Yr oedd gan y bobl ddigon i'w wneud i dynnu eu bywioliaeth o'r ddaear, ac ymladd yn erbyn Ffawd. Sylwais mai'r bobl sy'n meddwl fwyaf am grefydd ac am ryw yw'r bobl nad yw cael y ddeupen llinyn ynghyd yn poeni dim arnynt. Problem economaidd yw holl broblem bywyd chwarelwyr o grud i fedd. Os adrodd helyntion yr arwynebedd a wneuthum, yr oedd yn fy mryd ddangos bod rhywbeth dyfnach yn eu bywydau, sef cariad at y pridd a wrthodai eu cynnal ac at foethau bywyd pan gaent hwy. Ped ysgrifenaswn am gyfnod mwy llewyrchus yn y fasnach lechi, fe ddisgrifiaswn bobl yn cyrchu i dafarnau ar nos Sadwrn, yn gwario'n hael ac yn caru'n ddwfn. Synnais na fedrasoch chwi weled bod yna rywbeth dyfnach yn y nofel na hynyna. Ond mae'n amlwg na fedrais gyfleu'r peth.

Petaswn i'n mynd i ysgrifennu nofel am fywyd crefyddol mi wnawn fy ngwron yn anffyddiwr ac fe ymosodwn ar grefydd ym mhob ffurf arni. Mae'n gas gan fy enaid Gristionogaeth. Yr wyf yn caru rhai Cristnogion ond am grefydd, credaf mai hi sydd yn gyfrifol bod y fath drefn ar y byd heddiw, y hi sydd wedi noddi cyfalafwyr rhagrithiol ar hyd y canrifoedd ar ol yr Eglwys fore. Pan ddaeth rhywun i'n ty ni i gasglu at y genhadaeth rywdro, fe ddywedodd mam na roi hi ddim at wneud pobl yn fwy anhapus nag oeddynt. Fe ellwch chwi gyfrif holl ddyled llenyddiaeth a chelfyddyd i Gristionogaeth, ond mi fuasai'n well gennyf i weld mwy o hapusrwydd yn y byd heddiw. Ond i ddychwelyd at yr undonedd am funud. Methaf ddeall sut y dywedwch fod bywyd y bobl yma'n undonog, a chwithau wedi darllen y nofel ar un eisteddiad, meddwch chwi. Methaf ddeall hefyd paham y gelwch yr undonedd yn un Piwritanaidd.

110

Ni welais i'r un arwydd o biwritaniaeth o'i gwmpas. Petai ganddynt fwy o arian, buasai llai byth. Wrth gwrs nid wyf yn cau fy llygaid i'r ffaith bod yno bobl fel arall, oedd yn gwario ac yn meddwi ac yn cadw cyffodenau[1], ond am y tro nid oedd a wnelwyf â'r math hwnnw o deulu. Efallai y caf ysgrifennu rywdro am bobl felly. Ond fe sylwais ar yr oes hon, mai'r gwroniaid ganddynt yw'r bobl sy'n anonest ac yn anfoesol, ond eto nid oes digon o blwc yn yr edmygwyr i fyw'r bywyd hwnnw eu hunain. O safbwynt awdur, nid yw'r naill fywyd na'r llall ond yr un peth i mi. Y cwbl oedd arnaf eisiau ei ddangos yn y nofel hon oedd ymdrech pobl weddol onest am eu byw. Nid oedd a fynnwyf â'u cymeriadau ond yn ol fel y plygent neu y safent wrth gael y ddeupen llinyn ynghyd.

(b) Nid wyf yn fodlon o gwbl i chwi ddweud y pethau a ddywedasoch am chwarelwyr, a chwithau yn gwbl ddieithr i'w bywyd ac i fywyd gweithwyr yn gyffredinol. Mae'n sicr y gwyddoch fwy na mi am hanes Cymru ac fel mae'r bywyd sydd yma heddiw yn dwf y gorffennol. Fe fedr eich treiddgarwch weled holl dwf y bywyd hwnnw yn ei gyfanrwydd. Ond ni wyddoch ddim am fywyd un dosbarth o bobl yn fwy na'i gilydd am na ddigwyddodd ichwi fod yn un ohonynt na'ch magu yng Nghymru. Dim ond edrych o'r tu allan y buoch erioed. Nid af i awgrymu fel golygydd Y Llenor mai eich bai yw hynny. Eich anffawd ydyw'n hytrach, ac anffawd fawr i chwi fel beirniad ar lenyddiaeth Gymraeg ac fel gwleidydd Cymreig, yr olaf yn fwy na'r cyntaf. Ond fe wn i am fywyd un gongl o Gymru yn drwyadl am fy mod yn rhan ohoni, ac fel y dywed y Dr Parry Williams, yn ei chario gyda mi i bobman.[2] Daliaf i mai dyna'r wybodaeth y mae'n rhaid ei chael i sgrifennu nofel ac nid y llall, er y gellir gwneud nofel o deip neilltuol â'r wybodaeth arall. Felly ni ellwch chwi byth ddeall yn berffaith holl ystyr bywyd y chwarelwyr, neu ni wnaethech y sylw yna ar addysg. Fe all bod son am addysg yn anniddorol i chwi am na chawsoch erioed drafferth i'w gael. Ond yn "Suntur a Chlai", rhan o'r broblem economaidd ydyw. Tra fo cyflwr economaidd y gweithiwr fel y mae, ni chewch mohono byth i edrych ar addysg o safbwynt gwahanol. Moddion i wella ei gyflwr economaidd yw addysg iddo ef. Dyna paham mae cymaint o fyfyrwyr Cymru'n mynd yn athrawon. O safbwynt eu rhieni mae eu cyflogau'n ddiogel, yr hyn nad ydyw cyflog y tadau. Ac ni ellwch feio pobl (y rhieni a feddyliaf yn awr) am geisio diogelwch pan ystyrrir i'w bywyd hwy fod mor ansicr ar hyd y blynyddoedd. Yr oedd hynny'n fwy gwir yn hanes chwarelwyr na neb arall. Fe wyddai gwas ffarm tua 1910 mai 12/— yr wythnos a gai o gyflog, ond ni wyddai chwarelwr pa un ai 7/6 ai punt. Cofiaf yn dda ar f'ail flwyddyn yn y Coleg imi feddwl y cawn *cubicle* gweddol rad yn yr Hostel, ond erbyn imi fynd yno nid oedd i'w gael a bu'n rhaid imi ysgrifennu adref am £6.10 yn rhagor, ac nid anghofiaf byth yr ing yr euthum drwyddo wrth ysgrifennu ac wrth feddwl am mam yn derbyn fy llythyr bore trannoeth ac yn methu gwybod sut i

---

[1] *Cyffodenau* — gwragedd gordderch, puteiniaid; gweler *cyffoden* yn *Geiriadur Prifysgol Cymru*, t. 730, ond ni cheir y ffurf luosog hon yno.

[2] Mae'n bosibl mai cyfeirio at y llinell "Nes mynd o'u moelni i mewn i'm hanfod i" y mae KR yma. Ymddangosodd y soned "Moelni" yn *Y Llenor*, cyfrol X (1931), t. 5.

fenthyca'r arian. Cyfaddefaf mai nofel gyfyng ei chylch yw'r nofel, ac oblegid hynny fe all ei diddordeb fod yn llai i bobl na ŵyr yr amgylchiadau. Erbyn hyn tybiaf fod y bywyd yna mor ddieithr i chwi fel na all hyd yn oed eich treiddgarwch chwi weled unrhyw ddyfnder odditan wyneb a ymddengys yn ddigon ysgafn. Gwn fod lle i nofelau o deip arall, lle mae'r diddordeb yn gyffredinol, ond, onid oes le i nofel o'r teip hwn hefyd? Fe sgrifennir nofelau o deip "Suntur a Chlai" yn Lloegr ac Iwerddon, ond nid ydych chwi yn edmygydd o'r nofelau hyn ai ydych? A ddarllenasoch chwi *Islanders* gan Peadar O'Donnell.[1] Ni ddigwydd *dim* yn honno, ac nid oes gennych ond arlliw gwan o syniad am y bobl. Nid oes ynddi ddim ond cefndir, ac eto mae'n ddiddorol. Nid oes arnaf i lawer o awydd i roi fy nhrwyn ormod i mewn yn nheimladau a phrofiadau pobl. Efallai fy mod i wedi cael cymaint o brofiadau chwerw yn fy mywyd i fy hun fel fy mod wedi gorfod troi clust fyddar i boen, rhag digwydd ohonof golli fy synhwyrau yn hollol. Ac nid rhyfel na diffyg gwaith sydd wedi rhoi'r holl boen a gefais.

Peth arall, onid peth perthnasol yw poen, ac undonedd?

A chyn imi dewi, oni fedrwch roi credyd imi am iaith ac iddi asgwrn a gwaed, ai ynte, a ydych wedi cynefino cymaint â Chymraeg diasgwrn diwaed myfyrwyr nes i chwi golli eich synnwyr aroglau at iaith. Yr oedd y synnwyr hwnnw'n gryf iawn ynoch ers talwm, pan âi llenyddiaeth â'ch bryd.

Maddeuwch fy hir wyntedd. Fe'i ysgrifennwyd bob yn hwb ers tridiau. Yr wyf yn mynd i gael fy nhe rwan (ddydd Sul) efo bara *raisins* a *walnuts*, ac mae Morus wrthi'n toddi'r menyn. Beti Davies a ddywedodd am y bara hwn wrthyf, rhoi *walnuts* wedi eu malu ac ychydig *raisins* ac wy yn y toes, a thua'r un faint â chneuen o lard. Mae'n dda dros ben.

Eto fy niolch mwyaf caredig am eich trafferth. Mae dadlau fel hyn yn lles mawr. Anfonais *Y Genedl* i chwi weld stori a gyfansoddais mewn tua dwy awr ac i chwi weld dynwared haerllug J O Wms.[2]

Fy nghofion cynnes
Kate Roberts

LlGC 22723D, ff. 109—14ᵛ

[1] Peadar O'Donnell (1893—1986), nofelydd, golygydd a diwygiwr cymdeithasol. Ymddangosodd ei nofel gyntaf, *Storm* yn 1926 a daeth cryn amlygrwydd iddo pan gyhoeddwyd ei ail nofel *Islanders* yn 1927. Ymddangosodd *Islanders*, gyda rhagymadrodd gan Robert Lynd, yn rhan o gyfres *The Traveller's Library* gan Jonathan Cape, Llundain, yn 1933. Prif thema ei waith yw ei ofid dros dlodi ffermwyr a physgotwyr gorllewin Iwerddon, a'r newyn sy'n mynd law yn llaw â'r tlodi hwnnw. Cadwyd copi KR o *Islanders* ymhlith ei llyfrau yn LlGC. Cawsai'r copi yn rhodd gan y Fonesig Mallt Williams ar 15 Chwefror 1928.

[2] Y stori a gyfansoddwyd mewn dwyawr oedd "Dau Aeaf", *Y Genedl Gymreig* (24 Rhagfyr 1934), t. 8. Hon yw'r stori sy'n dwyn y teitl "Dwy Storm" yn y gyfrol *Ffair Gaeaf* (1937). Yn yr un rhifyn cyhoeddodd John Owen Williams, Bethesda (1892—1973), cyd-awdur *Llyfr Mawr y Plant*, stori sy'n dwyn y teitl "Dau Wr a aeth . . . " (t. 5). Y mae'r stori yn adleisio "Y Condemniedig", stori a gyhoeddwyd gyntaf gan KR yn *Y Faner* (29 Rhagfyr 1931), t. 3. Hwyrach hefyd fod KR yn teimlo chwithdod o weld stori J O Williams yng nghanol y papur, gyferbyn â'r golygyddol, tra bod ei stori hi ar y tudalen olaf.

9 St Peter's Rd
Newton, Mumbles
29 Rhagfyr 1935

Fy Annwyl Kate Roberts,

Gair yw hwn i ddymuno i chwi eich dau flwyddyn newydd ddibryder a da. Bûm yn gweld sut oedd Prosser Rhys ddoe yn Aberystwyth, — ar ddamwain yr wythnos ddiwethaf y clywais am ei afiechyd, a bûm cyn hynny yn rhegi a methu â deall beth a ddaethai o'm *Daniel Owen*[1] a addawsid cyn y Nadolig, — a dywedodd ef wrthyf fod llun addawol arnoch yn Ninbych a bod Morris yn cael ei draed tano. Mae'n hyfryd gennyf glywed hynny, a diau y cewch chwithau'r to arnoch yn ddiddos cyn gynted â hynny, ac yna cewch hamdden i iawnbrisio mwynder Dyffryn Clwyd; — os byddaf i, drwy wyrth, fyw yn ddigon hen i riteirio a chanu'n iach i wleidyddiaeth a sgrifennu, bydd Dyffryn Clwyd yn un o'r ddau neu dri lle yng Nghymru y meddyliaf am gweirio fy ngwely ynddo.

'Does gennyf fawr o newydd, yn wir nid oes gennyf ddigon o hamdden i gasglu newyddion na chael ymddiddan di-frys gyda neb. Ond dymunaf i chwi galennig o iechyd a hyder a sirioldeb a phob dim da,

Yn gu iawn
Saunders Lewis

Kate Roberts 222

9 St Peter's Rd
Newton, Mumbles
14 Chwefror 1936

Fy Annwyl Kate Roberts,

A wnewch chwi'n gyntaf roi'r MS amgaeedig i feistr Gee a'i Fab, i'r *Nationalist*, a dweud wrtho y daw "Notes & Comments" ddydd Llun, gobeithio. Ond yn bennaf dim a wnewch chwi ddweud wrtho fy mod yn ei longyfarch yn ddiffuant hollol ar wedd y *Daniel Owen*. Yn wir, gwnaeth waith godidog arno ac y mae'r llyfr yn hardd ei olwg yn gwbl y tu draw i'm disgwyliad. Awgrymaf i chwi anfon copi at Jenkin James, ysgrifennydd Bwrdd Gwasg Prifysgol Cymru, a dweud y bydd yn dda gennych gael cynnig am argraffu i'r Wasg. Gyda llaw, ai Gee a'i Fab rwymodd y llyfr hefyd? Y mae'r cwbl yn wych.

A ddaeth y tŷ i drefn eto? Mae'n beth anodd ei ddeall sut y geill crefftwyr mewn lle fel Dyffryn Clwyd fodloni ar wneud gwaith mor sâl. Mae'n arwydd o'r dirywio enbyd sydd wedi dyfod ar addysg ac ar safonau bywyd gwlad.

---

[1] Yr oedd KR a MTW wedi symud i Ddinbych erbyn hyn ac yn berchnogion ar Wasg Gee. Y wasg honno a oedd yn gyfrifol am argraffu *Daniel Owen — Yr Artist yn Philistia II*, ond Gwasg Aberystwyth a oedd yn cyhoeddi'r gyfrol, sy'n egluro ymwneud E Prosser Rhys â'r fenter.

'Does gennyf i fawr o newydd i'w ddweud wrthych. Gwaith y Blaid a gwaith y coleg a bywyd beunyddiol gartref, dyna'r cwbl, — ac ambell godiad calon, megis gweld bod Elidir Sais[1] wedi gorffen ei yrfa fer ac annisglair gyda'r BBC yng Nghymru. Bu gennyf dipyn o ran yn ei helpu i fynd — ac arhosaf yn ddiamynedd i weld Appleton[2] yn mynd hefyd. Ped elai Lloyd a William George gyda hwy, deuai'r byd yn wellwell o hyd.

Cyhoeddwch eich straeon byrion yn fuan. Y mae'r nofel a gydwobrwywyd gyda chwi wedi ei damnio drwy ei chyhoeddi; gellwch fforddio aros!

Mi gofiaf yn ddiolchgar am eich cyngor imi anfon at Gilbert Williams am hanes Glasynys.[3] Fy marn i am arddull llyfr o feirniadaeth lenyddol yn awr yw hyn — y dylwn geisio peidio â sgrifennu fyth frawddeg a dyn sylw ati ei hun. Ni osodwn hynny yn safon i eraill; mae Cymraeg *Elfennau Barddoniaeth*, er enghraifft, yn ddihafal.[4] Ond i mi y mae gwrthod y blodau a cheisio ffrwyth yn unig bellach yn nod. Dymunaf sgrifennu'n foel.

Fy nghofion cu iawn
Saunders Lewis

Kate Roberts 224

88

9 St Peter's Rd
Newton, Mumbles
6 Mai 1936

Fy Annwyl Kate Roberts,

Byddwch yn sicr yn beio ar fy anghwrteisi; ond er derbyn ohonof eich nofel ers tro, a bod yn ei ddarllen eilwaith hefyd yn hamddenol y nos cyn mynd i'r gwely, prin iawn fu

---

[1] "Elidir Sais" — William Hughes Jones (1885—1951), brodor o'r Rhyl a gafodd ei lysenw wrth fynnu siarad Saesneg â'i ffrindiau o Gymry. Aeth i Lundain yn ysgrifennydd preifat i Ernest Rhys, ac yn 1935 derbyniodd swydd gyda'r BBC yng Nghaerdydd, ond dychwelodd i Loegr ymhen dim o dro. Ymhlith y llyfrau a gyhoeddwyd ganddo y mae *A Challenge to Wales* (1938) a ysgrifennwyd i gefnogi'r Tân yn Llŷn yn 1936. Gweler *Cydymaith*, t. 336.

[2] E R Appleton oedd pennaeth Rhanbarth Cymru a Gorllewin Lloegr o'r Gorfforaeth Ddarlledu Brydeinig hyd 1935, pan aethpwyd ati i ffurfio rhanbarth ar wahân i Gymru ac y llwyddwyd i ddenu Rhys Hopkin Morris yn bennaeth. Ceir cyfeiriadau at E R Appleton yng nghyfrol Dyfnallt Morgan (gol.), *Babi Sam* (Dinbych, 1985), tt. 12, 18, 33—4. Yr oedd David Lloyd George a'i frawd, William George, yn gwasanaethu ar Bwyllgor Ymgynghorol y BBC yng Nghymru, corff yr oedd SL yn aelod ohono.

[3] William Gilbert Williams (1874—1966), ysgolfeistr Rhostryfan, hanesydd lleol ac awdur nifer o lyfrau i blant. Ceir erthygl amdano o waith W Jones Roberts yn *Taliesin*, cyfrol XXV (1972), tt. [141]—8. Cadwyd pedwar llythyr oddi wrtho ymhlith Papurau Kate Roberts, rhifau 396, 931, 1195 a 1282. Pan fu farw fe ddywedodd KR amdano mewn erthygl goffa yn *Y Faner* (27 Hydref 1966), t. 5: "Fe aeth darn mawr o ddaear ardal Rhostryfan i fynwent Cefnfaes, ac anodd meddwl y daw neb tebyg iddo eto."

[4] Cyhoeddwyd cyfrol T H Parry-Williams, *Elfennau Barddoniaeth* gyntaf yn 1935.

fy hamdden i sgrifennu yn ystod y dydd ers pythefnos, — mynd i Lundain a darlledu a brys enbyd i ddwyn darlithiau'r coleg i ben cyn yr aroliadau, ac yn awr wele dwmpath o lythyrau i'w hateb ar ôl y sgwrs o Lundain.[1]

Hoffaf y nofel yn fwy lawer yr ail dro y darllenaf. Y mae eich Cymraeg yn ddigon ei hunan i roi gwynfyd i Gristion — y mae'n ddi-ben-draw o ardderchog, fel rhyw win lleol arbennig iawn yn Ffrainc, gwin y mae'n rhaid mynd i'r lle a'r fan y tyf y gwinwydd er mwyn gwybod ei rin, Jurançon 1924 er enghraifft, a blas mynyddoedd y Pyreneau ar bob diferyn. Felly'ch brawddegau chwithau, sy'n rhoi imi ffydd newydd yn ein hiaith a'n llenyddiaeth. Yr ydych yn un o'r meistri mawr ar briod-ddull, a rhaid aros ar bob paragraff i ymglywed i'r byw â rhinion y dywediadau a chyfoeth yr eirfa.

Y mae sgrifennu fel yna yn act o amddiffyniad i'r genedl.

Cofion gorau
Saunders Lewis

Kate Roberts 228

89

Y Cilgwyn
Parc Bach
Dinbych
9 Hydref 1936

F'Annwyl Saunders Lewis,

Diolch yn fawr am eich cyngor gwerthfawr yn eich llythyr diwethaf. Ond ni soniech ddim amdanoch eich hun. Gair ydyw hwn i ddymuno'n dda i chwi — gobeithio y daw popeth fel y dymunwch. Byddaf yng Nghaernarfon ddiwrnod y praw, ond ni wn a gaf ddyfod i mewn i'r llys.[2] Ni chefais ateb i'm cais eto. Fe hoffwn yn fawr fod i mewn, ond mae'n debyg mai allan y bydd yn rhaid inni ein dau fod. Fe godech eich calon pe clywech fel mae gweithwyr y wlad yn siarad o'ch plaid, a phawb yn bwrw ei geiniog i'r casgliad.

---

[1] Darlledwyd darlith gan SL ar "The Case for Welsh Nationalism", nos Wener, 1 Mai 1936, am 10 p.m., ar rwydwaith Brydeinig y BBC. Hon oedd y drydedd mewn cyfres yn dwyn y teitl "Three Nations". Gweler *Radio Times* (24 Ebrill 1936), t. 68.

[2] Cyneuwyd y Tân yn Llŷn yn oriau mân y bore, 8 Medi 1936; gweler yr hanes yn llawn yng nghyfrol Dafydd Jenkins, *Tân yn Llŷn* (Aberystwyth, 1937). Cynhaliwyd y Brawdlys yng Nghaernarfon ar 12—13 Hydref 1936. Gweler Papurau Kate Roberts, rhif 2980, am galendr y carcharorion. Cafwyd adroddiad gan KR, "Tu mewn i'r Llys", yn *Y Ddraig Goch* (Tachwedd 1936), t. 9.

Mwynheais eich barddoniaeth yn *Y Llenor*, er na fedraf i siarad dros y naill ochr na'r llall, ond fel darn o farddoniaeth mae'n dda. Y gair *Vogue* oedd yn rhincian dipyn.[1]

Cewch ragor amdanom ni'n hunain a'r busnes wedi'r elo'r praw heibio.

Ein cofion cu a dymuniadau cywir

Kate Roberts

LlGC 22723D, f. 115^{r-v}

90

9 St Peter's Rd
Newton, Mumbles
Dydd Sadwrn 10 Hydref 1936

F'Annwyl Kate Roberts,

Cofiaf yn dda fod fy llythyr diwethaf atoch yn fusnes i gyd a dim arall; ond ar y pryd yr oedd llythyrau yn llwyth arnaf, ac yr oedd y pwynt busnes yn ddigon pwysig i'w ateb ar unwaith er nad oedd gennyf amser i fawr ddim ond hynny.

Y mae popeth yn dda yma ac yn dawel. Mae'r wraig fel hi ei hun ac yn mynd i ddyfod i fyny i'r llys gyda mi, — y tro cyntaf bron iddi ddyfod gennyf i unrhyw gyfarfod cyhoeddus o unrhyw fath. A'r rheswm a ddyry hi dros ddyfod y tro hwn yw fel y gwisgwyf grys glân i fynd i'r carchar ac i hithau gymryd yr un budr i'r golch yn ôl. Ni chaf un rheswm arall ganddi. Creodd Duw lot o bethau od, ond nid dim odiach na chwi'r gwragedd.

A ddaeth rhywbeth o'r awgrym am godi arian? Awn i fyny yfory i Gaergybi ac i Gaernarfon nos Lun.

Fy nghofion cynnes iawn

Saunders Lewis

Kate Roberts 232

---

[1] Cyhoeddodd SL gerdd, dyddiedig 1 Gorffennaf 1936, "I'r Sagrafen Fendigaid (*Ar ymweliad nifer o'm cyfeillion gwrth-babyddol ag eglwys gatholig.*)" yn *Y Llenor*, cyfrol XV (1936), tt. 131–2. Ceir y cyfeiriad at *Vogue* yn llinell deuddeg: "A'r santes Teresa fel darlun ffasiynau yn *Vogue*." Gweler hefyd R Geraint Gruffydd (gol.), *Cerddi Saunders Lewis* (Caerdydd, 1992), tt. 2 a [71].

[Abertawe]
11 Ionawr 1937

Fy Annwyl Kate Roberts,

Ni allwn gael amser i anfon gair atoch. Bûm wrthi wyth awr y dydd am ddeufis gyda "Buchedd Garmon". Ond yn awr, cyn mynd i dorri fy ngwallt yn Wormwood Scrubs, dyma air o gyfarch a diolch i chwi am addo cyflwyno'ch llyfr nesaf i mi.[1] I mi y mae'r anrhydedd, ac yn ddi-haeddiant iawn.

Cofion atoch eich dau,
Hyd fyth
Saunders Lewis

Kate Roberts 236

9 St Peter's Rd
Newton, Mumbles
28 Tachwedd 1937

Fy Annwyl Kate Roberts,

A gaf i bardwn gennych am oedi ateb gyhyd? Digwyddodd peth od — gafaelodd rhyw ddiddordeb ysol mewn trydan ynof y pythefnos diwethaf, a llosgodd fy holl hamdden yn llwyr, ac ni losgodd allan eto, oblegid yr wyf yn darparu memorandwm arno i'r Cyngor Datblygiad Cenedlaethol, — a dyna'r pam na chawsoch ateb cwrtais i'ch gwahoddiad, na chwi na Mrs Wynne, Garthewin[2], na Chathrin Daniel[3] na neb arall o rianedd Gwynedd a daflodd obenyddiau lafand at fy mhen, a'm gwahodd i'w byrddau.

A gaf i ddyfod atoch, fel yr awgrymasoch, nos Wener, o Ros? Ac a gaf i adael nos Sadwrn i'w setlo eto, oblegid hanner dwsin o leiaf o droeon addewais ar fy llw fynd i'r Garthewin a thorri f'adduned; felly, efallai yr af y tro hwn.

Fy nghofion a'm diolch
Saunders Lewis

Kate Roberts 252

---

[1] Cyflwynwyd *Ffair Gaeaf a storïau eraill* (Dinbych, 1937), gan KR "I Saunders Lewis — I'w fawredd fel dyn a llenor". Dedfrydwyd SL, Lewis Valentine a D J Williams i naw mis o garchar yn Wormwood Scrubs mewn ail brawf a gynhaliwyd yn yr Old Bailey yn Llundain. Y carchariad hwnnw, o Ionawr hyd Awst 1937, sy'n cyfrif am y bwlch yn yr ohebiaeth rhwng llythyr 91 a llythyr 92.

[2] Cyfeiriad at Mrs Nina Wynne, gwraig R O F Wynne, Garthewin, Llanfair Talhaearn. Yn eu cartref hwy y sefydlwyd Theatr Garthewin lle perfformiwyd rhai o weithiau SL am y tro cyntaf. Cyhoeddodd SL awdl foliant i Robert Wynne, Garthewin, yn *Y Faner* (22 Ionawr 1941), t. 4, ac fe'i hailgyhoeddwyd yng nghyfrol R Geraint Gruffydd (gol.), *Cerddi Saunders Lewis* (Caerdydd, 1992), tt. 6–7.

[3] Cathrin Daniel (*née* Huws), (1911–71), yn wreiddiol o Gaerdydd, priododd â'r Athro J E Daniel, Bangor. Ceir portread ohoni yn "Oriel y Blaid", *Y Ddraig Goch* (Tachwedd 1934), t. 3, a cheir erthygl deyrnged iddi gan KR, adeg ei marwolaeth, yn *Y Faner* (25 Chwefror 1971), t. 7.

9 St Peter's Rd
Newton, Mumbles
10 Rhagfyr 1937

Fy Annwyl Kate,

Darllenais neithiwr yr "Orymdaith" a'r "Plant."[1] Da iawn, onidê? Darllenais hefyd neithiwr lyfr T J Morgan;[2] mae ganddo Gymraeg cywir a llyfn, ac fe allasai sgrifennu'n dda iawn pe buasai ganddo rywbeth o werth i'w ddweud. Ond blinwn wrth ei ddarllen o'r diwedd oblegid nad yw pethau bychain beunyddiol bywyd yn datguddio fawr iddo eto — nid ydynt ond yn ei ddifyrru. Dyna'r gwahaniaeth rhwng prentis ag awdur *Traed Mewn Cyffion*. Y mae'r "Orymdaith" yn ymddangos i mi yr orau o'ch straeon am y Rhondda. Y mae'n ardderchog mai un o awenyddion y Blaid Genedlaethol sydd wedi cadw am byth i lenyddiaeth Gymraeg chwerwder seithug y siwrneio a'r protestio a fu'n rhan y diwaith yng nghyfnod duaf Cymru.

Rhaid imi redeg i ddal y post. Prin y mae amser imi ddweud mor gynnes yw fy niolch i chwi am y ddeuddydd braf a roisoch chwi a Morris imi yn eich cartref, ac am yr anrhydedd a roisoch arnaf yn *Ffair Gaeaf*, a hefyd — gan mai un yw bywyd yn ei amrywiaeth — am dorth o fara haidd megis y cafodd Daniel yn y stori olaf. Blasus iawn, medd Margaret a Mair hwythau, a diolch calon

Saunders

Kate Roberts 255

9 St Peter's Rd
Newton, Mumbles
27 Rhagfyr 1937

Fy Annwyl Ddau,

Diolch yn gynnes am eich llythyrau. Dywedodd G J Williams wrthyf pan adroddwn wrtho hanes fy neuddydd gyda chwi, "Nid oes gwell cwmni i'w gael na chwmni Kate a Morris", a themtir finnau i ddweud nad oes gwell llythyrau chwaith, na diddanach. Y gwaethaf yw na chaf i hamdden i ateb yn llwyr a llawn, gan gymaint y llythyrau busnes

---

[1] "Gorymdaith" a "Plant" oedd y ddwy stori olaf yn *Ffair Gaeaf*. Yn wahanol i'r saith stori arall yn y gyfrol, nid oedd y ddwy wedi gweld golau dydd mewn na phapur na chylchgrawn cyn hynny. Un o brif gymeriadau'r stori "Plant" yw'r Daniel y cyfeirir ato yng nghyd-destun y bara haidd ar ddiwedd y llythyr hwn.

[2] Cyhoeddwyd cyfrol gyntaf o ysgrifau T[homas] J[ohn] Morgan (1907–86), *Dal Llygoden* yn 1937. Yr oedd yn ddarlithydd Cymraeg yng Ngholeg y Brifysgol, Caerdydd, ar y pryd. Bu'n Gofrestrydd Prifysgol Cymru am ddeng mlynedd rhwng 1951 a 1961 cyn dychwelyd i'w hen goleg yn Abertawe yn Athro'r Gymraeg.

sy'n hawlio'u hateb ac yn difetha'r hwyl a'r sioncrwydd ysbryd. Ond bydd yn dda gennyf gael darllen y llith ar addysg i'r *Ddraig*,[1] ac mi anfonaf y memorandwm trydan i'r Cynghorydd[2] wedi imi ei sgrifennu.

Ond Kate, gofynnwch am nofelau i'w darllen — amheuaf fod eich gwybodaeth yn ehangach na'm gwybod i. A ddarllensoch chwi Turgenev, y Rwsiad sydd i'w gael mewn Saesneg yn dda, ac felly hefyd straeon byrion Pushkin? Un arall sydd i'w gael yn Saesneg yw'r Eidalwr Giovanni Verga[3] y cyfieithodd D H Lawrence ei *Mastro-Don Gesualdo* yn odidog. Fe welwch mai awduron meirw a enwaf, felly waeth imi fynd ymlaen yn ddigywilydd i ddweud mai mewn cyfieithiadau y darllenais i yr Iliad ac Odysews a Don Quixote a sagâu Sgandinafia a nofel fawr Siapan gan Murasaki (os iawn yr enw) a droswyd yn fendigedig gan Arthur Waley i'r Saesneg — ac mai dyna'r pethau a ail-ddarllenaf i fynychaf bellach — prawf fod canol oed wedi fy ngoddiweddyd. Ond yr wyf yn awr am ddarllen straeon byrion Cervantes yn eu Sbaeneg gwreiddiol, gan imi gael crap ar Sbaeneg yn Wormwood Scrubs yn fy oriau hamdden yno. Mewn llyfr sydd o'm blaen i yn awr dywed Maurice Baring[4] fod brawddeg gyntaf Don Quixote yn frawddeg agoriadol nad oes mo'i gwell mewn llenyddiaeth:

> "Mewn pentref yn La Mancha, a adawaf heb ei enwi, ers tipyn bach o amser yr oedd gŵr bonheddig yn byw, un o'r boneddigion hynny sy'n arfer cadw gwayw ar glwyd, hen fwcled, march tindenau a bytheiad."

Dywed Baring fod agoriad *Anna Karenina* gan Tolstoi yn dda hefyd:

> "Y mae teuluoedd dedwydd oll yn debyg i'w gilydd; y mae pob teulu annedwydd yn annedwydd yn ei ffordd ei hun. Aethai popeth o chwith yn nhŷ'r Oblonsky."

Oni ellid dweud fod agoriad *Enoc Huws* yn llawn cystal:

> "Mab llwyn a pherth oedd Enoc Huws, ond nid yn Sir Fôn y ganed ef."

A gwych iawn hefyd — gan roi awyrgylch y nofel oll — yw brawddeg gyntaf *Traed Mewn Cyffion*. Ond mor gwbl amhosibl fyddai cyfieithu brawddeg gyntaf *Enoc Huws*; dengys hynny anfantais gorfod dibynnu ar gyfieithiadau. Ond, er hynny, diolch i'r nefoedd am y cyfieithwyr mawr sy'n agor i ninnau gymdeithas y cymeriadau a'r personau crandiaf mewn llenyddiaeth. Onid yw'n bwysicach i ninnau ymgydnabod â'r

---

[1] Hwyrach mai'r erthygl ar addysg y cyfeirir ati yma yw "Athrawon Cymwys", *Y Ddraig Goch* (Chwefror 1938), t. 5. Nid ymddengys enw KR wrthi, dim ond y pennawd "Cronicl y 'Crwydryn'".

[2] Cawsai MTW ei ethol yn gynghorydd ar Gyngor Tref Dinbych yn enw'r Blaid.

[3] Giovanni Verga (1840–1922), nofelydd, storïwr, dramodydd ac awdur pwysicaf ysgol Realwyr yr Eidal. Mae ei ddisgrifiadau o fywyd tlodaidd pysgotwyr Sicilia yn arbennig o drawiadol. Cyfieithodd D H Lawrence *Mastro-don Gesualdo* a *Cavalleria rusticana* i'r Saesneg ac fe'u cyhoeddwyd gan Jonathan Cape, Llundain, y naill yn 1925 a'r llall yn 1932.

[4] Maurice Baring (1874–1945), awdur toreithiog, bardd, dramodydd a newyddiadurwr. Bu'n swyddog gyda'r gwasanaeth diplomyddol, gan wasanaethu yn Rwsia a Manchuria. Gweler *Who Was Who*, IV (1941–1950), tt. 59–60. Y llyfr a oedd o flaen SL yn yr achos hwn oedd *Have you anything to declare? — a notebook with commentaries* (London, [1936]), t. 195.

rheiny, pobl Homer a Cervantes er enghraifft, na gwybod am fân greadigaethau nofelwyr poblogaidd America heddiw? Neu Ffrainc? Un peth sy'n loes i mi yw bod mawredd ysbryd yn eglur yn nychu yn llên Ffrainc y deng mlynedd diwethaf yma. Ond yr ydych wedi darllen peth o waith Proust.

Rhaid imi dewi. Y mae Mair yn llunio Doethion o'r Dwyrain mewn clai *plastiscene* ar gyfer ei phreseb Nadolig — peth a rydd ddiddordeb mawr iddi yng ngwyl y Geni.

Yn gu iawn
Saunders Lewis

Kate Roberts 257

95

[Castell-nedd]
17 Mawrth 1938

Fy Annwyl Kate Roberts,

'Does gennyf i ddim yn erbyn torri'r darn am y papurau Cymraeg allan, er fy mod yn dal ei fod yn gyfiawn. Sgrifennwyd ef wrth gwrs cyn i'r *Faner* wythnos ddiwaethaf ddyfod yma — y mae yn honno welliant mawr yn naturiol.[1]

Am eich *quid pro quo* y dylasai'r Blaid fod wedi anfon memorandum, sgrifennais eisoes at J E Jones[2] i alw sylw at yr esgeulustra mawr na fu neb o'r Pwyllgor Canol yn codi'r peth. Y mae memorandum yn awr yn rhy hwyr; blwyddyn yn ôl y dylasid fod wedi mynd ati pan gyhoeddwyd gyntaf sefydlu'r pwyllgor a gwahodd tystiolaeth. Y mae'n digwydd nad myfi sydd ar gam y tro hwn, gan nad oeddwn i yng Nghymru. Felly'n naturiol yr wyf yn llawn hunan-gyfiawnder annioddefol. Ond er hynny y mae'r peth yn anffodus. Diolch i chwi am awgrymu dileu'r llinellau hyn.

Yn gu iawn
Saunders Lewis

Kate Roberts 262

---

[1] Yn rhifyn 8 Mawrth 1938 o'r *Faner* ceir "Euroswydd" sef E Prosser Rhys yn ei golofn "Ledled Cymru" yn amddiffyn ei hun am fod yn aelod o'r Blaid wedi i rai ddwyn cyhuddiadau yn ei erbyn am feirniadu cynnwys papurau'r Blaid yn barhaus. Wrth nodi ei deyrngarwch i'r mudiad cenedlaethol dywed: "Ond buaswn yn fradwr i'r mudiad cenedlaethol i beidio â mynegi fy marn yn eglur pan dybiwyf fod rhai o'r gwŷr sydd yn sgrifennu i'w phapurau yn traethu syniadau sy'n dra annerbyniol, ac y mae'r farn hon yn lled gyffredinol yn rhengoedd y Blaid . . . Yn wir er mwyn osgoi rhwyg a eill o bosibl ddyfod, yn y man, y sgrifennaf. Canys y mae hi eto yn bell o fod yn rhy ddiweddar."

[2] J[ohn] E[dward] Jones (1905–70), brodor o Felin-y-wig a fu'n Ysgrifennydd a Threfnydd Plaid Cymru o 1930 hyd 1962. Ysgrifennodd gyfrol ar hanes y Blaid, sef *Tros Gymru — J.E. a'r Blaid* (Abertawe, 1970). Ceir portread cynnar ohono yn *Y Ddraig Goch* (Mehefin 1933), t. 3, a dwy erthygl deyrnged yn dilyn ei farwolaeth gan Gwynfor Evans a Hywel D Roberts yn *Y Ddraig Goch* (Awst 1970), t. 8.

Hen Dŷ Abermad[1]
Llanfarian
Aberystwyth
Dydd Llun 25 Ebrill 1938

Fy Annwyl Kate Roberts,

Ni chefais hamdden o gwbl i sgrifennu llythyrau, canys pythefnos sydd er pan ddaethom yma ac ni chawsom eto drefn ar bethau. Yr ydych yn debyg i chwi eich hunan hael yn gofyn imi ddewis rhodd i'r tŷ newydd, a bûm mor hy ar awr wan ddydd Gwener â gofyn i Forris am lamp oel seml. 'Wyddoch chwi, byddai'n well gennyf i chwi beidio, pe bawn yn siwr na byddwn yn eich brifo wrth ofyn hynny! Yr wyf yn gecrus y dyddiau hyn, ac yn cael achos ffraeo yn rhwydd lle bynnag y trof, ac amhriodol iawn i ddyn yn y dymer honno yw derbyn rhoddion!! Prynais gi, terrier Cymreig blwydd oed, yr wythnos ddiwethaf,[2] a'i rôl achau gydag ef sy'n dweud ei fod yn bendefig ers naw cenhedlaeth a rhagor. Cefais ef yn rhad iawn gan gefnder imi sy'n bridio cŵn ac yn farnwr arnynt mewn siouiau. Ond y mae'r ddwy fenyw sy'n byw gyda mi yn bwrw'r dyddiau mewn braw oblegid bod defaid ac ŵyn yn ein hamgylchu yma, ac o'n cwmpas o fewn deugain llath ym mhob cyfeiriad, a hwythau'n dychmygu gweld y ci bob munud yn erlid y preiddiau. Hawyr bach, sôn am ffraeo!

Fy nghofion yn gynnes atoch
Saunders Lewis

Kate Roberts 264

Hen Dŷ Abermad
Llanfarian
29 Ebrill 1938

Fy Annwyl Kate Roberts,

Nid oedd yn fwriad gennyf fod yn haerllug nac anfoesgar wrth wrthod eich rhodd. Ond fe ymddangosai imi nad oedd yn weddus imi ei derbyn gennych ac yn union wedyn ffraeo â chwi! Ac yr oedd gennyf destun ffrae.

Y peth gorau, — ond, ysywaeth, ei fod yn cymryd amser, — yw dweud fy stori. Daeth golygydd y *Nationalist*[3] ataf ar ôl Pwyllgor Aberystwyth, a dangos imi broflen erthygl fwriedid i'r *Nationalist* yn beirniadu'r papurau Cymraeg ac yn bennaf *Y Cymro* ac yn

---

[1] Ceir llun o'r Hen Dŷ, Aber-mad, a fu'n gartref i SL a'r teulu o 1938 hyd 1940, yng nghyfrol Mair Saunders, *Bro a Bywyd*, t. 62. Dywedir yno: "Pan ryddhawyd Saunders o'r carchar yn 1938 yr oedd yn ddi-waith ac yn ddigartref. Cafodd loches dderbyniol a chydnaws yn Aber-mad, ger Aberystwyth ac yn ystod y blynyddoedd canlynol cynhaliodd ei deulu mewn amryfal ffyrdd."

[2] Cyhoeddwyd llun Cymro'r ci yn Mair Saunders, *Bro a Bywyd*, t. 62. Gweler llun rhif 12 yn y gyfrol hon.

[3] Golygydd *The Welsh Nationalist* y pryd hwn oedd R C Richards, gweler *Tros Gymru*, t. 83.

dangos y cyfle oedd iddynt. Erthygl gymedrol ac nid angharedig, yn fy marn i. Dywedodd y golygydd eich bod chwi yn bygwth ymosod yn ôl ar y *Nationalist* os cyhoeddid yr erthygl, ac yr oedd yn gofyn fy marn a oedd yr erthygl yn un gas neu annheg. Dywedais wrtho am ei chyhoeddi.

Yn awr, mewn tegwch, Kate, dyma'r ail waith i chwi ymyrryd ag erthyglau oedd i ymddangos yn y *Nationalist* i rwystro unrhyw feirniadaeth ar bapurau sy'n gas ddigon eu beirniadaeth ar y Blaid yn aml. Nid y pwynt yw — a ydyw'r erthyglau yn deg neu beidio. Y pwynt gennyf i yw eich bod chwi, drwy ein bod ni yn rhoi'r gwaith printio i'ch cwmni chwi, yn ceisio atal, *fel printiwr*, rai pethau rhag ymddangos. A wnewch chwi ystyried yn bwyllog, a ydyw hynny'n iawn? Yn ail, os gwelwch yn dda, peidiwch â sôn gair am hyn wrth olygydd y *Nationalist*, nac wrth neb arall. Ond yr wyf yn bersonol yn pwyso arnoch i ystyried fod eich swydd o brintiwr y Blaid yn ei gwneud yn beth braidd yn *delicate* i chwi ymyrryd â chynnwys erthyglau. Peth tipyn yn wahanol yw i chwi anfon yn bersonol ataf i — oblegid mi dderbyniaf i bopeth gennych, gerydd neu gernod, a digio'n blwmp am ddeuddydd a'ch caru wedyn.

Yn gu iawn

Saunders

Kate Roberts 265

98

Hen Dŷ Abermad

Llanfarian

30 Mehefin 1938

Fy Annwyl Kate,

Gwnawn lawer er mwyn y pleser o ufuddhau i chwi, ond ysywaeth ni fedraf yn y mater hwn o sgrifennu drama i Ddinbych.[1] Dowch i mi egluro.

Yr wyf wedi cychwyn ar waith ymchwilus "ysgolheigaidd" nabondigrybwyll ar ryddiaith Gymraeg. Pe dechreuwn ar ddrama fawr byddai'n rhaid imi ei roi o'r neilltu. Yn awr, — er y byddai'n well gennyf y gwaith creadigol — fy unig siawns i aros yng Nghymru yn y blynyddoedd nesaf yma yw gwneud rhywbeth go sylweddol a "pharchus" mewn maes a gydnabyddir yn ysgolheigaidd fel na ellir dweud fy mod wedi rhoi hynny heibio. Ac felly yr wyf yn barnu mai cadw at yr ymchwil yma sydd orau imi am y flwyddyn nesaf yma. Fe wyddoch nad yw awdurodau'r brifysgol yn rhoi fawr o bwys ar waith creadigol — tyst o'r ymddygiad a gaiff RWP ganddynt.[2]

---

[1] Yn Ninbych yr oedd Eisteddfod Genedlaethol 1939.

[2] Yr oedd RWP wedi ceisio dadlau ag awdurdodau Coleg Bangor y dylid ei benodi'n ddarlithydd celfyddyd llenyddiaeth Gymraeg ar sail ei waith creadigol. Hyn a oedd i gyfrif paham yr aeth ar streic am gyfnod heb gyhoeddi dim. Adroddir yr hanes yn llawn gan Thomas Parry yn ei erthygl "Enaid Digymar heb Gefnydd", yng nghyfrol Alan Llwyd (gol.), *R Williams Parry — Cyfres y Meistri (1)* (Abertawe, 1979), tt. 45–57.

Mae'n ddrwg gennyf am eich helbulon, yn bennaf oll y cryd cymalau, hen beth annifyr iawn. Onid oes modd cael *vaccine* ar ei gyfer yn awr? Ac y mae'n flin gennyf glywed am golli ohonoch Phyllis dawedwst a'i diarwybod droed. Fy nghofion atoch eich dau, yn gu iawn.

Saunders Lewis

Kate Roberts 268

99

Hen Dŷ Abermad
Llanfarian
21 Medi 1938

Fy Annwyl Kate Roberts,
Diolch i chwi am eich llythyr ac i Morris am broflen y *WN*, sy'n gywir, a dyma fi'n ei hanfon yn ôl.

Am y pwyllgor yfory. Mi fyddaf mewn gwell ffordd i fedru rhoi pethau ger eich bron mewn ychydig ddyddiau. Yr wyf wedi cael cynnig gwaith dysgu Cymraeg i ddarpar-offeiriaid pabyddol Aberystwyth bob bore, ac efallai y bydd y tâl gymaint â chan punt y flwyddyn, neu'n agos at hynny.[1] Os cytunir ar hyn, — a chaf wybod yn fuan — byddaf yn medru ymdopi, ac ni bydd angen imi dderbyn y tâl a roddir imi drwy bwyllgor O M Roberts[2] etc ar ôl y mis Tachwedd nesaf yma. Dymunaf i'm cyfeillion sy'n pwyllgora wybod hyn. Bydd angen eu pres arnynt hwythau cyn bo hir, ac ni ddylwn gymryd dim wedi unwaith y byddwyf yn ennill digon i gadw'r teulu yn fyw.

---

[1] Gwahoddwyd SL i ddysgu Cymraeg yng Ngholeg y Carmeliaid, Aberystwyth — sef Castell Brychan, pencadlys y Cyngor Llyfrau Cymraeg erbyn hyn, a hynny gan y Tad Malachi Lynch. Gweler Mair Saunders, *Bro a Bywyd*, t. 64. Dywedir yno iddo ddal y swydd rhwng 1940 a 1951, a bod yr Esgob Mullins yn un o'i ddisgyblion.

[2] Yn ôl Mr O M Roberts, Llanbedr-y-cennin, mewn sgwrs ffôn, fe ddaeth y syniad am godi cronfa i gynorthwyo SL, yn dilyn ei ddiswyddo yn Abertawe, o blith mynychwyr Ysgol Haf y Blaid 1937. Cadeirydd y pwyllgor oedd Griffith John Williams, y trysorydd oedd Dr Gwent Jones, a Mr Roberts, ei hun oedd yr ysgrifennydd. Cysylltwyd yn gyfrinachol trwy lythyr â'r rhai y tybid y byddai arnynt awydd cyfrannu. Gwahoddwyd addewidion am symiau penodol bob blwyddyn tros gyfnod amhenodol. Derbyniwyd ymateb hael, gyda'r rhai hynny yn cynnig symiau rhwng 10/- a £25 y flwyddyn. Yn y diwedd penderfynwyd bod modd cynnig cynhaliaeth o £330 y flwyddyn iddo. Wedi oedi pythefnos ar ôl derbyn y cynnig, ymatebodd SL gan ddweud bod dau beth yn ei boeni — (1) ofn bod yn faich ar rai heb lawer o fodd eu hunain, a (2) ofn colli ei annibyniaeth. Derbyniodd y cynnig am flwyddyn yn unig. Cyfeirir eto yn nes ymlaen yn y llythyr hwn at Mr O M Roberts. Crybwyllir y ffaith iddo dreulio cyfnod yn Ysbyty Talgarth yn ystod 1937 oherwydd cysgod ar ei ysgyfaint. Ceir portread cynnar o O M Roberts yn *Y Ddraig Goch* (Ebrill 1933), t. 3.

Brynallt sy'n gyfrifol am y byr rybudd am bwyllgor y Ddeiseb.[1]

Mae'n newydd sobr am eich brawd. Oni ellid ei anfon i Dalgarth fel OM? Gwnai les ac fe oedai gyflymder y drwg, onis rhwystrai'n llwyr.

Y mae Lloegr a Ffrainc wedi gwerthu Benes[2] yn waradwyddus heb golli dim eu hunain ar hyn o bryd. Ond yn nhermau gwleidyddiaeth nerth, buddugoliaeth Hitler yw hi; a chollodd Chamberlain gyfle mawr. Gallasai, petai wedi mentro ar y llwybr a awgrymais yn fy llythyr i'r *Guardian*, fod wedi ennill buddugoliaeth foesol fawr, a diplomyddol fawr hefyd. Ond fel arall y bydd hi bellach, ac y mae'n weddol sicr mai dyma gychwyn gofidiau i Loegr yn ei hymerodraeth yn y Dwyrain ac yn y Môr Canoldir. *Danegeld* yw Tsecoslofacia, ond ni phrynir diogelwch felly chwaith. Mi ddaliaf [swllt] (fel dyn tlawd!)[3] y daw consgripsiwn, heb ryfel hyd yn oed, yn Lloegr a Chymru yn bur fuan bellach.[4] Oblegid bydd yn rhaid i Loegr ymladd y tro nesaf, ac o gwmpas Palestina y dechreua'r drwg.

Ond dyma fi'n sgrifennu atoch fel petai chwi oedd y *Ddraig Goch*. Maddeuwch imi.

Cofion gorau
Saunders Lewis

Maddeuwch y cyfeiriad Saesneg ar yr amlen, ond ofni'r wyf i'r broflen oedi ar y ffordd.

Kate Roberts 272

[1] Lawnsiwyd Deiseb yr Iaith yn 1938 i hawlio dilysrwydd cyfartal i'r Gymraeg ym mhob agwedd ar fywyd cyhoeddus a chyfreithiol Cymru. Casglwyd ymron i hanner miliwn o lofnodion, sef pedwar ugain y cant o'r holl bobl a holwyd, a hynny o fewn naw mis. Daeth y gweithgareddau i ben yn sydyn gyda dechreuad yr Ail Ryfel Byd. Unig ymateb yr Ysgrifennydd Cartref, Herbert Morrison, oedd Deddf Llysoedd Barn Cymru (1942), a roddai hawl i dystion ddefnyddio'r Gymraeg mewn llysoedd barn heb orfod talu am gyfieithwyr. Yr oedd "Brynallt", Gwilym Edwin Williams, (1887–1973), y newyddiadurwr a'r eisteddfodwr o Lanelli, yn ysgrifennydd i'r Ddeiseb. Ceir erthygl ar "Brynallt" gan Maxwell Fraser yn *Y Ddinas* (Tachwedd 1958), tt. 12+23.

[2] Edvard Benes (1884–1948), arlywydd Tsiecoslofacia o 1935 ymlaen. Daeth yn argyfwng arno yn 1938 pan gollodd gefnogaeth y gwledydd a fuasai'n gynghreiriaid iddo a bu raid iddo ildio i ofynion Hitler. Collwyd y Sudetenland i'r Almaenwyr ym mis Medi 1938 ac ymddiswyddodd Benes ar 5 Hydref y flwyddyn honno, gan droi'n alltud. Bu'n arwain pwyllgor cenedlaethol dros Tsiecoslofacia yn Ffrainc wedi dechrau'r Ail Ryfel Byd a symudodd hwnnw i Lundain yn 1940. Ailsefydlwyd y llywodraeth ar dir Tsiecoslofacia ar 3 Ebrill 1945, ond buan iawn y cryfhaodd grym y comiwnyddion a bu raid i Benes ymddiswyddo eto ychydig cyn ei farwolaeth yn 1948.

[3] Y gair "gwyllt" a geir yn y llythyr gwreiddiol, ond mae'n amlwg mai "swllt" a olygir.

[4] Cyhoeddwyd erthygl ar y pwnc gan Wynne Samuel ar ddalen flaen rhifyn Tachwedd 1938 o'r *Welsh Nationalist*.

Hen Dŷ Abermad
Llanfarian
30 Mehefin 1939

Fy Annwyl Kate Roberts,

Yr wyf yn ddigon tebyg i chwi, yn methu cael amser i ddim a phopeth ar ôl gennyf. Y mae'r ysgrifau llenyddol yn *Y Faner* yn golygu darllen a myfyrio dwys a chaled a didor; er enghraifft yr wyf yn paratoi adolygiad ar lyfr newydd D J Jones ar Athroniaeth Roeg[1] ers pythefnos, gan ddarllen y llyfrau safonol, a dyna fydd gennyf yr wythnos nesaf. Ond yr wyf yn benderfynol o ddangos i ddarllenwyr Cymraeg y gellir gwneud yn Gymraeg, megis y gwna'r Ffrancwyr a'r Eidalwyr gorau, lenyddiaeth mewn newyddiaduraeth. Y mae'n fy llethu weithiau, ond mae rhyw ymdeimlad o falchter yn y peth hefyd.

Ni allaf ddyfod i annerch yr Aelwyd. Rhois ddiofryd llwyr i annerch cyfarfodydd oddieithr i'r Blaid. Felly gofynnaf am f'esgusodi.

Ond anfonais delegram y prynhawn yma i dderbyn gwahoddiad yr Eisteddfod — er bod hynny hefyd yn anghyson ynof, ond gan y byddaf yno i draddodi fy meirniadaeth gofynnaf i Morris *drefnu'r ddau yr un dydd*, ac yna mi ddof.[2]

Un peth arall, a wnewch chwi ofyn i Gwilym R Jones[3] f'esgusodi i rhag sgrifennu i'r atodiad o'r *Faner* ar farddoniaeth yr Eisteddfod. I rifyn arbennig ac atodiad bydd yn well iddo (1) gael rhywun llai cyson yn *Y Faner* (2) gael rhywun sy'n medru darllen barddoniaeth yr Eisteddfod.

Cofion cynnes iawn
Saunders Lewis

Kate Roberts 293

Llygad-y-glyn
Llanfarian
29 Rhagfyr 1940

Fy Annwyl Kate Roberts,

Dydd Sul a hanner awr o hamdden i ateb eich llythyr o'r diwedd. Efallai fod newydd-iaduraeth wythnosol wedi torri fy awch i i sgrifennu. Ychydig iawn o amser a gaf yn awr i lythyrau, ysywaeth.

---

[1] Ymddangosodd adolygiad SL ar lyfr D James Jones, *Hanes Athroniaeth y Cyfnod Groegaidd* (Caerdydd, 1939) yn *Y Faner* (19 Gorffennaf 1939), t. 10, yn dwyn y teitl "Lle Pyncid Cerddi Homer".

[2] Yr oedd SL yn beirniadu'r ddrama hir yn Eisteddfod Genedlaethol Dinbych 1939, a hynny ar y cyd gyda W J Gruffydd. Traddodwyd y feirniadaeth honno brynhawn Iau yn y Babell Lên, yn dilyn y Cadeirio. Mae'n debyg mai cyfeiriad sydd yma at sesiwn yn y Babell Lên ar y bore Gwener pan fu SL yn agor ar y testun "Anghenion Llenyddiaeth Cymru Heddiw".

[3] Gwilym R Jones (g. 1903), prifardd a newyddiadurwr; gweler *Cydymaith*, tt. 313—14. Daeth yn olygydd *Baner ac Amserau Cymru* yn 1939, gan barhau yn y swydd hyd ei ymddeoliad yn 1977. Am bortread cynnar ohono gweler "Oriel y Blaid" yn *Y Ddraig Goch* (Ebrill 1934), t. 3.

Clywais gan Morris eich bod wedi cael Nadolig digon trafferthus a phrysur. Fel arall y bu arnom ni. Aethom ein tri i'r offeren ganolnos yn Aberystwyth, dychwelyd adref a chael brecwast tua hanner awr wedi dau, mynd i'r gwely bedwar ar gloch, codi unarddeg a chael cinio Nadolig am chwech, a bwrw'r noson honno yn darllen a chwarae *backgammon* a chwist deirllaw ger y tân! Yr oedd yn dawel a hyfryd. Trannoeth aethom i'r theatr Saesneg sydd yn Aberystwyth a gweld *Charlie's Aunt*[1], a chwerthin llawer iawn ar dwpdra rhwydd yr hen ffars honno, — un iawn i blant. Gwelaf fod yr Eisteddfod yn cynnig gwobr am orffen eich nofel chwi.[2] Mawr obeithiaf y gwnewch chwithau gystadlu, rhag i rywun ddifetha cychwyn da. Cyrsio'r byd — fel llysywen ar drywydd y Bardd Cwsc — yw'r unig sgrifennu a wnaf innau, ar wahan i ambell bwt o gerdd ddychan. Clywais eich bod yn noson lawen Garthewin. Yr oedd fy nghyfaill, y Tad Malachi Lynch, yno. Daeth un ato a dweud mewn llais gwan, fel petai'n dangos iddo beth a dalai'n llawn am y daith o Aberystwyth, "Welwch chwi'r ferch acw, dyna Kate Roberts, y nofelydd". Ond ni chafodd ef gyfle ar ymddiddan llawer gyda chwi, ond dywedodd wrthyf iddo fwynhau sgwrs gyda Morris.

Ni ddarllenais eto gyfieithiad Walter Dowding o'ch stori yn y Penguin,[3] ond ceisiaf wneud. Ac eto — o'm hanfodd hefyd; ni chaf fyth flas ar gyfieithiad o ddim a ddarllenais unwaith yn y gwreiddiol. Ac er hynny, gwn fod gwerth cywir iawn mewn cyfieithiadau.

Ac yn awr dymunaf i chwi flwyddyn newydd o heddwch ysbryd, beth bynnag a ddigwydd y tu allan.

Yn gu iawn
Saunders Lewis

Kate Roberts 305

[1] Awdur y ddrama dair act *Charlie's Aunt* oedd Brandon Thomas (1849–1914). Perfformiwyd y ddrama hon gyntaf yn 1892 yn y Royalty Theatre, Llundain. Y mae'n enghraifft glasurol o ffars Seisnig.

[2] Oherwydd yr Ail Ryfel Byd, bu'n rhaid gohirio Eisteddfod Genedlaethol Bae Colwyn, 1941. Yn lle hynny, trefnodd Cyngor yr Eisteddfod restr o ugain o gystadlaethau llenyddol ar gyfer Eisteddfod Genedlaethol Lenyddol i'w chynnal "mewn neuadd gyfleus yng nghylch Bae Colwyn". Rhestrir y cystadlaethau hyn yn *Y Faner* (25 Rhagfyr 1940), t. 8, o dan y pennawd "Testunau'r Wyl Genedlaethol Lenyddol". Rhif 18 yn y rhestr honno yw: "Ymgais i gwplau y nofel 'Ysgolfeistr y Bwlch' o waith Kate Roberts yn *Y Llenor* cyf. V a VI."

[3] Ymddangosodd "Sisters", sef cyfieithiad Walter Dowding o stori fer KR "Chwiorydd", yng nghyfrol Gwyn Jones (gol.), *Welsh Short Stories*, llyfr a gyhoeddwyd gan Penguin yn 1941 ac nid yn 1940 fel yr awgryma'r llythyr hwn. Cyhoeddwyd "Chwiorydd" gyntaf yn *Y Llenor*, cyfrol VIII (1929), tt. 146–53, ac yna yn y gyfrol *Rhigolau Bywyd* (Aberystwyth, 1929), tt. 49–58. Tua'r un cyfnod cyhoeddwyd tri chyfieithiad arall o waith KR gan Walter Dowding: "The Victory of Alaw Jim", *Life and Letters To-day*, XXIV (1940), tt. 280–7, "The Loss", *ibid.*, XXVIII (1941), tt. 158–66, a "Between two pieces of toffee", *ibid.*, tt. 242–52. Ail-gyhoeddwyd "Sisters", "The Loss" a "Between two pieces of toffee" yn *A Summer Day and other stories* (Cardiff, 1946).

Y Cilgwyn
Dinbych
17 Ebrill 1941

F'Annwyl Saunders Lewis,

Bob hyn a hyn, wrth fyned o gwmpas fy ngoruchwylion yn y tŷ yma, byddaf yn cofio nad anfonais atoch i ddiolch i chwi am anfon y Glasynys imi. Gyda'ch cennad yr wyf am ei gadw oni chaf amser i wneud copi ohono i mi fy hun fel y caffwyf anfon hwn i chwi am byth. Darllenais *Gymru Fu*[1] y gaeaf hwn wedyn a deuthum i'r casgliad mai Glasynys a ddetholodd y llyfr ac mai efe yw awdur y gweithiau dienw sydd ynddo. Ceisiais wybodaeth o Wrecsam (fel y gwnaethoch chwithau yn ôl a ddeallaf) ond ni allant hwy ddweud dim mwy na bod traddodiad yn y Swyddfa mai Glasynys a ddetholodd y llyfr. Eithr credaf fod tystiolaethau diamwys yn y gweithiau dienw eu hunain mai Glasynys a'u hysgrifennodd. Nid oes gennyf amser rŵan i fynd ar eu holau. Credaf y byddai'n werth mynd trwy *files Yr Herald*, a darllen ei holl ryddiaith yno ac yn yr hen *Frython* er mwyn cael mwy o sicrwydd. Ac yn ddilys ddigon mae'n hen bryd cael llyfr safonol ar Lasynys oblegid credaf ei fod yn un o wŷr mawr y ganrif o'r blaen. Yr oedd yn dda gennyf weld yn *Y Faner* eich bod yn bwriadu cynnwys storïau ganddo mewn llyfr i'r Clwb. Yr oeddwn i ar fin sgrifennu i awgrymu y byddai llyfr o rai o weithiau Glasynys a rhagymadrodd maith gennych chwi yn llyfr da i'r Clwb, a thrwy hynny fe gaech gwblhau eich cyfres *Yr Artist yn Philistia*. Efallai y cawn siarad am y peth rywdro.

Cefais aeaf digon caled (o ran gwaith), pryderus ac eithaf hapus. Ar wahan i astudio tipyn ar Lasynys paratoais yn ddyfal ar gyfer fy nosbarth WEA. Darllenais bopeth y medrwn gael gafael arno ar y Ddeunawfed Ganrif, ac yn eu plith eich llyfr chwi ar Bantycelyn. Darllenais ef drosodd a throsodd a throsodd drachefn, a meddwl, fel yn yr adeg y daeth allan, ei fod yn llyfr mawr iawn ar destun mawr. Yn wir, agorwyd fy llygaid i fawredd ac athrylith gwŷr y Ddeunawfed Ganrif yng Nghymru. Cefais lawer o hapusrwydd wrth baratoi. Bum yn darllen hefyd yn ddiweddar *Amlyn ac Amig* a'i mwynhau'n fawr iawn. Ni wn pa un ai hi ai *Buchedd Garmon* a hoffaf fwyaf. Clywais ddarlledu'r olaf ddwy waith, ac efallai fod yr amgylchiadau ynglyn â hynny yn fy ngwneud yn llai beirniadol ohoni. Bu'n rhaid imi redeg i Rosgadfan yn bur aml er mis Ionawr. Cymerwyd mam yn wael gan ddolur cefn, ac ni bu fawr o drefn arni byth. Fe gafodd wared â'r boen ond nid oes lawer o hwyl arni ac ni ellir ei gadael ei hunan. Erbyn hyn mae fy mrawd o Lerpwl a'i deulu yn byw efo hi — y fô wedi colli ei waith oherwydd bomio ei warws (gotwm) ac ofn arnynt y gallai gwaeth ddigwydd iddynt hwy eu hunain.[2] Mae'n chwith iawn i mam fynd i fethu gwneud dim, a thrwy hynny golli ei

---

[1] Cysylltir *Cymru Fu, yn cynnwys hanesion, traddodiadau, yn nghyda chwedlau a damhegion Cymreig (oddiar lafar gwlad a gweithiau y prif awduron;)* (Lerpwl, 1864) ag enw Isaac Foulkes, "Llyfrbryf".

[2] Cadwyd nifer o lythyrau oddi wrth John a Maggie Roberts a'r teulu yn Bootle ymhlith Papurau Kate Roberts, rhifau 298–300, 302, a 304 a cheir ynddynt ddarlun byw iawn o'r bomio yn Lerpwl.

hannibyniaeth, peth a garodd mor fawr ar hyd ei hoes. Mae ei meddwl mor hoew a chraff ag y bu erioed, yn llawer mwy hoew na'i chorff. Rhyw rygnu byw yr ydym ni, ond o ganol yr holl drybini yn medru lladrata llawer awr hapus o ddannedd Ffawd. Yng nghanol y newyn materol ac ysbrydol, credaf ein bod yn medru cnoi cil heddiw ar fwyd (materol ac ysbrydol) a gawsom yn y gorffennol. Mae'n amser anodd, ond mae gennyf ryw gred ddirgel ers blynyddoedd nad aeth neb gweithgar, gonest a thipyn yn ei ben o dan draed amgylchiadau. Byddaf yn dweud yn aml wrth Morus, "Os â pethau i'r pen, fe af allan i weini, buasai rhywun yn falch o'm cael yn forwyn a gallem dalu i bawb rywdro". Nid oes gennyf unrhyw feddwl o'r cyfieithiadau i'r Saesneg o'm storïau — Cymraeg yw fy iaith i — ond petai modd iddynt ddyfod ag arian imi yn yr iaith honno buaswn yn fwy na bodlon o weled eu cyfieithu, er mwyn defnyddio'r arian at Wasg Gee. Mor falch wyf o'r *Faner!* Mor falch o'i gweled yn sefyll allan fel gem pur yng nghanol sbwriel newyddiaduriaeth; ac o glywed ei llais clir, melys yng nghanol pob croch lafar radio.

Mae "Cwrs y Byd" yn odidog, a'i ddylanwad yn fwy nag y credasoch erioed ei fod.[1] Fy mhoen i ydyw eich bod yn cael cyn lleied am ei ysgrifennu. Pe deuai'r breuddwydion sy gennyf am gyfieithu fy storïau i ben, chwi gaech fwy. Ond, mae byd newydd ar fin agor inni. Fe eill fod yn well, fe eill fod yn waeth. Credaf fod rhyddid fy ngwlad ar fin dyfod a hynny o gwymp gwlad arall. Nid oes eisiau neb peniog iawn i weled hynny erbyn hyn.

Cewch weled Morus yfory.

Fy nghofion fel arfer
Kate Roberts

LlGC 22723D, ff. 116—18

103

Llygad-y-glyn
Llanfarian
21 Ebrill 1941

Fy Annwyl Kate Roberts,

Diolch i chwi am anfon ataf ac am lythyr mor garedig a diddan. Na frysiwch gyda'r Glasynys. Casgliad o waith Glasynys mewn gwirionedd yw'r llyfr a addewais o straeon y ganrif ddiwethaf i'r Clwb Llyfrau. Bu yn fy mryd unwaith wneud llyfr yng nghyfres yr Artist yn Philistia arno, ond ni ellir hynny hyd oni bydd pobl yn gwybod am ei waith; felly daw hwn gyntaf, ac yna fe wêl pobl ei fod gyda'r llenorion mwyaf oll o'i ganrif. Nid Gwrecsam, ond Ffoulkes Lerpwl (Llyfrbryf) oedd cyhoeddwr cyntaf *Cymru Fu*, ac

---

[1] Dechreuodd SL ar ei gyfres "Cwrs y Byd" yn *Y Faner* yn Ionawr 1939, gan ysgrifennu ar faterion politicaidd rhyngwladol. Parhaodd yr erthyglau hyn tan 2 Gorffennaf 1951, sef cyfanswm o ryw 560 o erthyglau i gyd. Fel arfer byddai'r cyfraniadau yn cynnwys ymdriniaeth â phump neu chwech o faterion gwahanol, ond weithiau byddai'r sylwadau yn ymwneud yn gyfan gwbl ag un testun. Gweler D Tecwyn Lloyd, *JSL I*, t. 369.

amheuaf ai Glasynys oedd y golygydd, er mai ei waith ef sy'n llywodraethu'r gyfrol, a'i ysbryd ef a'i wlatgarwch Cymreig hefyd. Yr oedd hi'n gyfrol fawr iawn a phwysig yn ei dydd, yn agor drws i Gymru, oedd wedi anghofio ei gorffennol ei hun cyn y diwygiad crefyddol, ac yn dangos iddi ei harwyr, ei hen lenyddiaeth a'i hen ddiwylliant, a'r bywyd Cymreig gwledig drwy'r canrifoedd. Yr oedd *Cymru Fu* yn sialens i holl chwyldro'r bedwaredd ganrif ar bymtheg. Dyna fydd byrdwn fy rhagymadrodd i i'r llyfr Clwb Llyfrau.

Mae'n dda iawn gennyf eich bod yn falch o'r *Faner* ac yn fodlon ar "Gwrs y Byd"! Clywais gan Prosser fod D T Davies wedi ceisio hau drwg rhwng rheolwyr y *Faner* a minnau yn y cyfarfod yng Nghaer. Ond y mae bod *Y Faner* yn cythruddo gweision y llywodraeth ymhlith y Cymry yn wrogaeth iddi. Gwelais ysgrif Saesneg arnoch chwi bwy ddydd gan Walter Dowding yn *Life and Letters* ac yr oedd yn dda gennyf amdano.[1] Amheuaf a wnewch chwi ffortun drwy'ch trosi i Saesneg, ond y mae'n arwydd teg eich bod wedi ennill eich lle'n ddiogel, a hynny yn eich byw — peth digon dymunol a phrin.

A welsoch chwi hanes am ddiwedd Virginia Woolf,[2] un o'r unig ddau nofelydd Saesneg a ddarllenais i'n gyson, sef darllen popeth a welwn o'i gwaith? Y llall yw Aldous Huxley. Byddaf yn meddwl ei bod hi'n galed y dyddiau hyn ar lenorion Saesneg, hyd yn oed y goreuon. Ac eithrio Eliott, nid oes gan neb ohonynt sy'n cyfrif unrhyw ffydd na gobaith, Cristnogol nag arall, a gwelant holl adeilad Seisnig y byd yn cwympo. Nid oes ganddynt, y rhai pwysig, hyd yn oed ffydd neu hyder Comiwnyddiaeth i'w cynnal i edrych y dyfodol yn ei wyneb. Y mae hi'n well lawer ar lenorion ac artistiaid Ffrainc nag yw hi ar y Saeson hyn. Y maent wedi arfer â chysur a chyfoeth y dosbarth canol a'r dosbarth uchel Seisnig hefyd. Ni allai neb o'u gwragedd, er enghraifft, ddweud fel chwi "mi af yn forwyn". 'Wn i ddim a ydych chwi wedi dyfod yn ôl at Gristnogaeth yn eich argyhoeddiad neu beidio, ond ni ddigiwch wrthyf am ddweud mai mewn geiriau fel yna y gwelaf i arwriaeth a nerth ac ieuenctid diddarfod y traddodiad Cristnogol Cymreig. Ond nid cerydd post mortem i Virginia Woolf yw hyn chwaith. Y mae hi yn fy meddwl, ac ar fy ngweddi, os caf i fod mor hy â dweud hynny, er pan ddarllenais am ei diwedd trist, y druan.

Cofiwch fi at eich Mam, y wraig fawr, nobl. Ni chefais air o gwbl gyda Morris yn Aber. Yr oedd hi'n bwyllgora di-ben-draw arnaf, pwyllgor Diogelu Diwylliant yn cydredeg â Phwyllgor Gwaith y Blaid.

Cofion cu iawn
Saunders Lewis

Kate Roberts 308

---

[1] Walter Dowding, "The World of Kate Roberts", *Life and Letters To-day*, XXVIII (1941), tt. [128]—35.

[2] Lladdodd Virginia Woolf ei hun ar 28 Mawrth 1941 yn dilyn cyfnod o salwch meddwl. Ceir yr hanes yn llawn yn rhagymadrodd Nigel Nicolson i'w olygiad o'r chweched gyfrol o lythyrau Virginia Woolf, *Leave the Letters till we're Dead* (Llundain, 1980), tt. xi-xvii a 486—7.

Llygad-y-glyn
Llanfarian
6 Medi 1942

Fy Annwyl Kate Roberts,
Diolch yn fawr am y Glasynys ac am eich llythyr caredig iawn. Gwyddwn drwy Brosser fod Morus yn ei wely'n wael, ond clywais ddoe ddiwethaf mai'r newydd yw ei fod yn gwella a bod y gorffwys yn llwyddo ac y mae hynny'n codi llawer ar ein c'lonnau.

Am eich Glasynys chwi, ni wn i eto'n iawn beth a wnaf ohono. Mae o'n dda, 'wyddoch chwi, yn crynhoi'r hanes amdano mor sicr a diymdroi fel y mae arnaf flys ei roi fel y mae yn fy rhagymadrodd, — gan deimlo na fyddai dim arall yn gwbl deg tuag atoch chwi. Os penderfynaf yn y diwedd wneud felly, a gaf i eich caniatâd, a gofyn i'r Clwb Llyfrau dalu i chwi am yr ysgrif? Fe arbedai lawer o drafferth i minnau.

Rhyngoch chwi a minnau y felltith ar "Gwrs y Byd" yw fy mod yn cael pleser ynddo ond bod darllen ar ei gyfer yn mynd â chymaint o'm hamser fel na allaf dynnu fy meddwl oddi wrth bethau politicaidd ac economaidd a'i osod ar lenyddiaeth a beirniad-aeth lenyddol fel y dymunwn. Bydd sgrifennu rhagymadrodd Glasynys yn dasg drom oherwydd hynny. Mae arnaf awydd hefyd gwneud astudiaeth o Ann Griffiths, ond ni chaf egwyl i roi'r stwff sy gennyf ynghyd. Ac am ddrama farddonol arall, — rhad arnaf. Echnos yr oeddwn yn sychedig am gael teirawr o ddarllen clasur Cymraeg yn y gwely, ac euthum i'r gwely'n gynnar a darllenais drwy *Traed Mewn Cyffion* am y bumed neu'r chweched gwaith, ni chofiaf p'run.

Cofion annwyl atoch
Saunders Lewis

Kate Roberts 314

Y Cilgwyn
Dinbych
18 Medi 1942

Fy Annwyl Saunders,
Diolch yn fawr am eich llythyr hoffus. Atebaswn ef cyn hyn petasai gennyf amser, ond rhedeg a'm gwynt yn fy nwrn yw fy hanes y dyddiau hyn. Sgrifennu i chwi yn y tren sgrytlyd y dydd o'r blaen. Nid yw peth felly'n deilwng o'r sawl sy'n derbyn y llythyr, ond yn wir mae'n gyfyng ar rywun yn aml efo'r rhyfel yma. Y bore hwnnw, yr oeddwn wrthi'n tylino am 7.15 y bore, a'r bara wedi eu crasu ymhell cyn imi gychwyn o'r tŷ.

Mae Morus yn well o lawer, da gennyf ddweud. Dyna'r ffisig gorau o lawer oedd yr wythnos honno o orffwys a byw ar lwfans llwgu. Teimla mor dda y dyddiau hyn fel y gwna deirgwaith gymaint o waith yn yr offis, ac nid yw wedi blino pan ddaw adre. Mae hynny'n beth braf iawn, oblegid yr unig gysur sydd i'w gael y dyddiau hyn yw cysur aelwyd a chartref.

Gresyn garw am fam Prosser ynte?[1] Mae'n llawn mor drist gweld yr hen yn mynd ag yw gweld yr ifanc. Yn wir, mae colli hen bobl y dyddiau hyn yn golli oes na welwn byth mohoni eto. Ni fedraf i wneud dim ond edrych i'r gorffennol. Gobeithio na chaiff hi ddioddef llawer o boen.

Am y Glasynys, gellwch wneud y defnydd a fynnoch ohono yn y rhagymadrodd, y peth hwylusaf a'r peth gorau i chwi. *Ond, ni* chymeraf ddimai o arian amdano, mae hynyna ar ei ben.

Anfonaf fenthyg y llyfr yma i chwi, rhag ofn y bydd o help (ystyr y "rhag ofn" yna ydyw "gan obeithio"). Fe rydd i chwi syniad da am amgylchfyd Glasynys, a geill y llyfr fod o ddiddordeb economaidd i chwi. Mae ei Gymraeg yn hynod anghywir, megis yr oedd Cymraeg llawer yn 1889, ond mae'r termau chwarel yn odidog ynddo. Credaf ei fod yn anghywir wrth sôn am y "faen" o hyd. "Y Fengoch" a ddywedai nhad bob amser, a chredaf mai llygriad o *"vein"* ydyw. Ni chlywais i erioed ddefnyddio'r gair "maen" yn fenywaidd yn yr ardaloedd yna.

Mae gennyf un ffaith arall i'w hychwanegu at y Glasynys, sef y cyfeiriad sydd gan Robert Roberts, y Sgolor Mawr, ato yn ei hunangofiant, pan oedd Glasynys yng Nghlynnog. Caf ei hanfon eto, nid oes amser i fynd i chwilio amdani rwan.

Soniwch am *Traed mewn Cyffion*. Wyddoch chi na byddaf i byth yn ei ddarllen — mae'n ormod o loes i mi weld fy methiant — wedi ceisio gosod cyfnod o hanner can mlynedd ar ganfas mor fychan. Pan ddarllenaf *Laura Jones* medraf chwerthin yn iawn. Ac ni fedraf byth ddarllen y "Condemniedig" heb wylo.

Yn yr ychydig funudau sbar oedd gennyf yn ddiweddar, bum yn darllen dramâu poblogaidd Lloegr yn y blynyddoedd 1934, 35, 36. Mae'n ddiddorol dros ben gweld pethau mor ysgeifn a ddiddorai bobl, a gweld mor bwdr oedd bywyd y deunydd crai i ddramâu yn Lloegr. Maent fel yslywennod. A ydych yn hoffi stori fer orau Aberteifi?[2] Edrychaf ymlaen yn eiddgar at Lasynys, a gobeithio y cewch amser i wneud Ann Griffiths. Mae Gwilym R Jones yn ymddiddori'n fawr ynddi hi. Gallaf ddychmygu ei bod yn astudiaeth ddiddorol. Fe hoffwn i wybod mwy amdani cyn ei throedigaeth. Dyna un peth a wna imi deimlo'n ddig wrth Ddaniel Owen — na roes fwy o hanes Gwen Tomos inni cyn iddi droi at y Methodistiaid. Rhaid tewi.

Ein cofion cynnes iawn
Kate

LlGC 22723D, ff. 119—20[v]

---

[1] Cyfeiriad at salwch Mrs Elizabeth Rees, mam Prosser Rhys. Bu farw yn ei chartref yn Nhrefenter ar 27 Hydref 1942 yn 83 mlwydd oed ac fe'i claddwyd ym mynwent Llangwyryfon ar 31 Hydref. Cyhoeddwyd hanes yr angladd yn *Y Faner* (4 Tachwedd 1942), t. 3.

[2] KR oedd beirniad y stori fer yn Eisteddfod Genedlaethol Aberteifi 1942. Dyfarnodd y wobr i Kate Bosse-Griffiths am waith "cwbl anghyffredin" ar ffurf pennod o ddyddiadur. Cyhoeddwyd y stori fer fuddugol yn *Cyfansoddiadau a Beirniadaethau . . . 1942*, tt. 145—50, a'i hailgyhoeddi yng nghyfrol Kate Bosse-Griffiths, *Fy Chwaer Efa a storïau eraill* (Dinbych, 1944), tt. 56—64.

Llygad-y-glyn
Llanfarian

Fy Annwyl Kate,

Maddeuwch imi am oedi anfon diolch am lyfr y chwareli. Darllenais ef i gyd, ond gyda'r cynhaeaf a'r tywydd ar y ffarm[1] ni chefais hamdden i lythyrau yr wythnos diwethaf, a dyma hi'n Sul yn awr. A ŵyr R J Thomas am y llyfr, tybed?[2] Mae ynddo eirfa sy'n bwysig ar gyfer y geiriadur mawr.

Bu G J Williams a Mrs W yn Aberystwyth am wythnos, ac yntau'n gweithio yn y llyfrgell. Ni welais lawer ohono, dim ond cael te ynghyd un prynhawn am awr fer. Ac y mae T H Parry-Williams wedi dyfod a'i wraig i Aberystwyth — ar ôl y *Lloffion*.[3] Un prynhawn yn y llyfrgell yr oedd yno Bob Owen a Dyfnallt a Tom Ellis a GJW a Gwenallt, — te parti Cymraeg.

Gyda llaw, dywedwch mai i fod yn *pupil teacher* am 4/- yr wythnos yr aeth Glasynys i Gaernarfon gyntaf. Amheuaf hynny braidd. Onid mynd i'r *Institute* yno megis Robert Roberts a wnaeth, a chael ysgoloriaeth werth 4/- megis Roberts hefyd? Nid wyf yn siwr o gwbl, ond rhaid ei fod wedi cael rhywfaint o addysg Ladin ac ychwaneg o addysg reolaidd nag a eglurir gan eich byr-gofiant chwi a'r tri arall sy wedi adrodd ei hanes.

Fy niolch i chwi'n gu
Saunders

Kate Roberts 315

Llygad-y-glyn
Llanfarian
13 Hydref 1942

Fy Annwyl Kate,

Mawr ddiolch am eich llythyr. Clywswn am eich pwl o salwch drwg gan Prosser, a dylaswn fod wedi sgrifennu. Gobeithio y cewch ymwared buan. Pam nad ewch chwi at arbenigwr yn Lerpwl? Mae llawer o ddioddef poen afreidiol oblegid anfedrusrwydd

[1] Bu SL am gyfnod yn denant i Moses Griffith ar ffarm fynyddig Llwynwnwch, Trisant, ger Pontarfynach. "Bu cyfnod yr oedd hi'n weddol gyfyng arnaf i, ac i un o dduedd braidd yn afradlon yr oedd hynny weithiau'n gaethiwus. Cymerodd Moses Griffith fi'n denant iddo ar ffarm fynydd a dysgu imi elfennau ffarmio defaid. Gofalodd fy mod i ar fy ennill rywfaint bob blwyddyn. Nid oedd hynny ond degwm o'i gymwynasau." Mair Saunders, *Bro a Bywyd*, t. 70.

[2] R[ichard] J[ames] Thomas (1908—76), golygydd *Geiriadur Prifysgol Cymru*. Cyhoeddwyd coffâd iddo gan J E Caerwyn Williams yn *Studia Celtica*, cyfrolau XII/XIII (1977/8), tt. 412—15, a cheir dwy ddarlith goffa wedi eu cyhoeddi ynghyd gan Vincent H Phillips ac Elfyn Jenkins, *R J Thomas 1908—1976 — agweddau ar ei fywyd a'i waith* (Caerdydd, 1980).

[3] Cyhoeddwyd *Lloffion* T H Parry-Williams yn Awst 1942. Ceir adolygiad ohono yn *Y Faner* (14 Hydref 1942), t. 7. gan Stephen J Williams. Ym mis Awst 1942 hefyd y priodwyd T H Parry-Williams ac Amy Thomas o Bontyberem.

doctoriaid lleol, anfedrusrwydd nad oes mo'r help amdano; ond mae'n ddigon tebyg y gallai arbenigwr ddarganfod y drwg a'ch rhoi ar y ffordd i fendio. Yr ydwyf i fy hunan yn dioddef ers blynyddoedd boenau beunyddiol, ond fe'm sicrhawyd nad oes dim ymwared imi, felly mae gennyf hawl i bregethu fel doethor i chwi.

Yr wyf wedi darllen popeth, mi gredaf, yn awr sy wedi ei sgrifennu ar Lasynys. Yn fy annwyl bentref innau, sef Llanfaethlu ym Môn, y sgrifennodd ef y rhan fwyaf o'r straeon sy ganddo yn rhan olaf *Cymru Fu*, felly mae gennyf ddiddordeb arbennig ynddynt. Gyda'ch cennad, dyfynnu popeth sy'n *wahanol* ac felly'n bwysig yn eich traethawd chwi a wnaf yn fy rhagymadrodd. Mae'n syn mor ansicr yw'r ffeithiau amdano. Er enghraifft, dywed *Y Gwyddoniadur* iddo fod yn gurad yn Nhyddewi ar ôl bod ym Mhontlotyn. Dywed hefyd iddo fod yn y coleg yn Birmingham ar ôl bod yn Llanymawddwy. Ni chefais gadarnhad o gwbl i'r gosodiadau hynny gan neb arall. Onid yw'n ddiddorol? Cefais yn union yr un profiad pan ddechreuais chwilio hanes bywyd Ceiriog gynt.

Cofion a diolch, a dymuno i chwi wella'n fuan,

Saunders

Kate Roberts 316

108

Llygad-y-glyn
Llanfarian
21 Rhagfyr 1942

Fy Annwyl Kate Roberts,

Dyma air i ddymuno i chwi adferiad buan a gwyliau Nadolig heb boen. Mae'n ddrwg calon gennyf wybod eich bod wedi bod mor wael ac mewn cymaint o boen a gwendid. Ond yr ydych o wehelyth cadarn ac yn ifanc fel finnau, beth bynnag ddywed y calandr wrthym! Felly rhaid i chwi ymroi i wella.

Nid oes gennyf i ddim newydd i'w roi i chwi. Darllenaf lawer yn y papurau am etholiad y Brifysgol,[1] ac y mae'n destun sgwrs gennym yn stafell Prosser yn fynych, ond hyd yn hyn, heblaw sgrifennu'r anerchiadau a ddisgwylir, ni chymerais i eto ddim rhan yn yr etholiad! Mae'n debyg y dechreuaf ar ôl y calan. — Oh, do, mi atebais y bondigrybwyll Artemus yn y *L'pool Post*.[2]

---

[1] Cynhaliwyd isetholiad y Brifysgol ar 25—29 Ionawr 1943. Bu'n rhaid cynnal isetholiad oherwydd i Ernest Evans gael ei benodi yn Farnwr Llys Sirol. Ceir y canlyniad yn llawn yn Beti Jones, *Etholiadau Seneddol yng Nghymru, 1900—75* (Tal-y-bont, 1977), t. 97. Enillwyd y sedd gan W J Gruffydd dros y Rhyddfrydwyr gyda mwyafrif o 1768 dros SL, ymgeisydd y Blaid Genedlaethol.

[2] Dechreuodd yr ohebiaeth rhwng SL a Syr Thomas Artemus Jones yn y *Liverpool Daily Post* ar 5 Rhagfyr 1942 pan gyhoeddwyd llythyr gan TAJ, dyddiedig 19 Tachwedd 1942, fel rhan o erthygl "Sir Artemus Jones and the Welsh by-election". Yr oedd TAJ wedi gwrthod cefnogi ymgeisyddiaeth SL ac yn ei lythyr yr oedd yn mynnu gwybod safbwynt SL ar y Rhyfel, o gofio iddo ymddangos ger ei fron yn cefnogi gwrthwynebwyr cydwybodol ar sail cenedlaetholdeb. Yr oedd hefyd yn achwyn mai cynfyfyriwr o Brifysgol Lerpwl oedd SL ac nid o Brifysgol Cymru. Cafwyd cyfres o lythyrau ar 8, 10, 12, 15 a 17 Rhagfyr 1942, gan gynnwys llythyrau cefnogol i SL gan John Georgeson, Bryn Teg, Môn, a Gwilym R Jones.

Rhaid imi bostio'n awr. Rhyw air ar frys yw hwn i ddeisyf arnoch wella ac i ddangos ein bod ni yma'n meddwl amdanoch yn gynnes iawn.

Fy nymuniadau gorau
Saunders

Kate Roberts 319

109

Llygad-y-glyn
Llanfarian
17 Ebrill 1943

Fy Annwyl Kate,

Newydd ddychwelyd o dridiau yn Llanbedr, a chael eich llythyr yn fy aros. Gellwch roi "ardaloedd cyfagos" yn lle Rhostryfan yn y frawddeg am y tri storïwr yn dyfod o Rostryfan, — yn fy Nglasynys i, a rhoi William Williams yn lle KR yn y ddwy enghraifft lle y priodolais i chwi ei eiriau ef.

Ni allaf anfon eich traethawd heddiw oblegid ei bod yn brynhawn Sadwrn ac nad oes gennyf amlen ddigon o faint heb fynd i Aberystwyth i brynu un. Ond anfonaf ef ddydd Llun. Maddeuwch air mor gwta. Y gwaethaf o fynd oddi cartref am dridiau yw bod cymaint i'w wneud wedi dychwelyd, yn enwedig gyda'r ffarm. Mae hi'n haf yma eisoes a'r tywydd yn rhyfedd o sych a phoeth.

Cofion a diolch mawr,
Saunders

Kate Roberts 322

110

Llygad-y-glyn
Llanfarian
31 Hydref 1943

Annwyl Mrs Williams,

Cefais rybudd gan Mr Morris Williams ddoe ei fod yn trefnu i derfynu *debentures* Mr ROF Wynne a'i gefnogaeth ef i *overdraft* Cwmni Gee a'i Fab. Rhoes Mr Williams hefyd rybudd i mi derfynu fy nghysylltiad â Gee a'i Fab fel cyfarwyddwr.[1]

Yr wyf wedi ateb mai trwy benderfyniad cyfarfod o'r Cyfarwyddwyr yn unig y gellir yn gyfreithiol basio i derfynu *debentures* a chefnogaeth Mr Wynne, ac mai'n unig trwy

---

[1] Mae'n debyg bod Cwmni Gwasg Gee, wrth brynu offer newydd am fil o bunnoedd yn 1939, wedi cael benthyg rhywfaint o arian gan Mr R O F Wynne, Garthewin. Yn hytrach na bod yn gyfarwyddwr ei hun, dewisodd Mr Wynne enwebu SL yn gyfarwyddwr yn ei le. Mae'n amlwg o'r llythyr hwn fod MTW wedi llwyddo i ad-dalu'r arian benthyg erbyn 1943, a'i fod felly yn tybio bod cyfnod SL ar y bwrdd cyfarwyddwyr wedi dod i ben. Nid oedd SL o'r un farn, fodd bynnag, fel y dengys y llythyr hwn.

benderfyniad y rhoir rhybudd ohono mewn ysgrifen i holl gyfranddeiliaid y Cwmni a phleidleisio arno mewn cyfarfod blynyddol y gellir diswyddo cyfarwyddwr, ac yr wyf yn gofyn i Mr Williams alw cyfarfod o'r cyfarwyddwyr yn ebrwydd. Yr wyf yn anfon hyn o air yn ffurfiol at yr holl gyfarwyddwyr gan obeithio yr anfonant oll i gefnogi fy nghais am gyfarfod i ystyried mantolen y flwyddyn a'r ohebiaeth a fu rhwng Mr Williams a minnau.

Yr eiddoch yn gywir
Saunders Lewis

Kate Roberts 323

111

Llygad-y-glyn
Llanfarian
2 Chwefror 1944

Annwyl Kate Roberts,
Yn *Y Faner* heddiw y gwelais i'r hanes am farw eich Mam,[1] ac ni allaf beidio ag anfon gair i fynegi fy ngofid ar eich rhan a'm cydymdeimlad. Ni all geiriau leddfu dim ar boen hiraeth, ond y mae gennych atgofion am ei bywyd a'i chymeriad i'ch cysuro ac i barhau gyda chwi.

Yn garedig,
Saunders Lewis

Kate Roberts 328

112

Y Cilgwyn
Dinbych
22 Chwefror 1944

Annwyl Saunders Lewis,
Diolch yn garedig iawn i chi am eich cydymdeimlad â mi yn fy mhrofedigaeth. Er i mam gael oes faith, teimlaf yn fawr o'i cholli, a hynny mae'n debyg am na heneiddiodd hi lawer o gwbl. Yr oedd ei llais a'i meddwl fel eiddo dynes ifanc bron i'r diwedd. Anfantais oedd hynny yn ei chystudd olaf meddai'r meddyg, oblegid yr oedd mor

---

[1] Bu farw Catrin Roberts (1854–1944), mam KR, ar 1 Chwefror a'i chladdu ym Mynwent Rhosgadfan ar 4 Chwefror 1944. Cymerwyd rhan ar lan y bedd gan y Parchedig Lewis Valentine a darllenodd ei gyfieithiad ei hun o'r bennod olaf o Lyfr y Diarhebion. Cadwyd copïau printiedig o'r darlleniad fel rhan o daflen goffa Catrin Roberts ymhlith Papurau Kate Roberts, rhif 2990. Cadwyd tri dwsin o lythyrau cydymdeimlad a anfonwyd at KR ar yr achlysur hwn yn y casgliad hefyd, sef rhifau 327–62. Ceir teyrnged fer i Catrin Roberts yn *Y Faner* (2 Chwefror 1944), t. 8, dan y pennawd "Marw Gwraig Anghyffredin". Cyhoeddwyd llun Catrin Roberts a llun y daflen goffa yn Derec Llwyd Morgan, *Bro a Bywyd*, t. 12.

ymwybodol o'i dioddef. Ac fe gafodd ddioddef mawr am bedwar mis o amser, oddi wrth gasgliad ar y bledren, hwnnw'n casglu ac yn torri o hyd ac o hyd. Fe ddioddefodd y cwbl heb gwyno dim bron. Y peth a gofiaf o hyd yw ei gwên hoffus y tair noson olaf y bu byw, ac ambell bwt o ddywediad a ddangosai mor chwim ei meddwl o hyd. Gweithiodd yn galed drwy oes faith, helbulus, a'r peth a saif amlycaf i mi drwy'r cwbl yw ei charedigrwydd a'i hysbryd hollol ddi-hunan. Yr oedd yna ryw bump ar hugain o ddyddynnod bychain o gwmpas capel Rhosgadfan pan oeddwn i'n blentyn, a phobl fel fy rhieni yn magu plant ynddynt. Cymry unieithog oeddynt, yn byw yn syml, yn heddychlon ac yn gymwynasgar, yn batrwm o gymdeithas dda. Maent i gyd wedi mynd erbyn heddiw, a mam oedd yr olaf ohonynt. Mae'r syniad yn rhy drist i feddwl amdano, yn enwedig mewn byd creulon, anniwylliedig fel y sydd heddiw.

Teimlaf weithiau mai dim ond fy mhlentyndod sy'n ffaith, mai breuddwyd yw gweddill fy einioes. Ac eto dyna'r amser tlotaf yn fy mywyd.

Eto fy niolch cywir iawn,

Yn garedig
Kate Roberts

LlGC 22723D, f. 121^{r-v}

113

Post Office Telegram Aberystwyth
Kate Roberts
Cilgwyn
Denbigh
[7 Ionawr 1946]

Newydd glywed am eich profedigaeth fawr. Deuaf i'r angladd[1].

Saunders Lewis

Kate Roberts 461

---

[1] Bu farw MTW ar 6 Ionawr 1946 yn 45 mlwydd oed, a'i gladdu ym Mynwent Newydd Dinbych ar 9 Ionawr. Cyhoeddwyd y newydd am ei farwolaeth ar ddalen flaen *Y Faner* (9 Ionawr 1946) a neilltuwyd y rhifyn dilynnol (16 Ionawr 1946) yn rhifyn coffa iddo. Cadwyd dros dri chant ac ugain o lythyrau cydymdeimlad ar yr achlysur hwn ymhlith Papurau Kate Roberts, rhifau 377–699.

Llygad-y-glyn
Llanfarian
23 Tachwedd 1946

Annwyl Olygydd,
Llawer o ddiolch i chwi ac i'r Cyfarwyddwyr am ychwanegiad tra derbyniol at fy siec wythnosol. Fel y digwyddodd hi, doe'n unig yr agorais i'r amlen a mynd i'r banc a gweld eich llythyr, — ni thybiais nad y siec arferol heb arall a fyddai yn yr amlen. Dymuniadau da a chofion caredig atoch oll yn Ninbych,
Yr eiddoch
Saunders Lewis

Kate Roberts 718

Llygad-y-glyn
Llanfarian
21 Tachwedd 1947

Fy Annwyl Kate,
Arnaf i mae'r bai am y ddwy siec, ac felly ni ofynnais amdanynt — trwy aflerwch, wrth geisio clirio fy nesg ddwywaith, fe'u llosgais hwynt, — ysywaeth, dyna'r math o ynfytyn a fûm i erioed.

Am Gymraeg ein haelwyd ni yn Lerpwl:[1] Ar ffarm yn sir Gaerfyrddin y magwyd fy nhad. Priododd â merch Owen Thomas. Codasid fy mam yn Lerpwl, a'i chwaer, fy modryb. Yr oedd fy nhad yn llenor Cymraeg da, casglai argraffiadau cyntaf yr holl glasuron Cymraeg a fedrai. Yn Lerpwl bwriodd ymaith, o reidrwydd, dafodiaith Sir Gaerfyrddin a siaradai ar yr aelwyd yn naturiol iaith y pulpud. Cywirai gystrawen ein siarad ni yn feunyddiol; ni chaem fyth ddianc os byddai'n hidiom yn wallus, neu ryw yn anghywir, neu air Saesneg diangc yn ein sgwrs. A gwae ni os siaradem Saesneg wrth chwarae. Euthum i i'r ysgol, — ysgol breifat a rhy ddrud i gyflog gweinidog, ond mynnai fy nhad a'm mam gadw at draddodiad Owen Thomas o fynnu'r addysg orau a fedrid — heb fy mod yn medru dim Saesneg, fwy na phe'm magesid yn Llanddeiniolen, hen gartref y Thomasiaid.

Dyna'r dechrau, a mawr fy nyled iddo, — a llyfrgell wych iawn fy nhad gyda'r clasuron Cymraeg a Saesneg a Lladin, ac athroniaeth yn brif ddeunydd ei lyfrau ef. A Chymraeg a ddarllenaf innau fwyaf fyth oddi ar hynny, ail-ddarllen o hyd ac o hyd, a Ffrangeg yn ail, a rhyw hanner awr o Ladin bob dydd yn rheolaidd rhag imi ei golli,

---

[1] Am gefndir teuluol SL yn llawn, gweler y bennod gyntaf yn D Tecwyn Lloyd, *JSL I*, tt. 25—44, a'r ail bennod am ei ddyddiau ysgol, tt. 45—94.

byddaf felly'n mynd drwy Fyrsil bob blwyddyn. Ond clod mewn Saesneg a gymerais yn y brifysgol. Ar ddau awdwr Saesneg yn unig erbyn hyn yr wyf yn barod i sefyll prawf arholiad, Shakespeare a Coleridge, — y ddau y gweithiais ddyfalaf arnynt ddyddiau coleg.

Rhaid rhedeg i ddal y post.

Yn gu iawn
Saunders Lewis

Kate Roberts 755

116

Llygad-y-glyn
Llanfarian
29 Chwefror 1948

Fy Annwyl Kate Roberts,

'Ground-nuts' yw'r enw Saesneg ar y cnau a elwais i'n 'gnau daear' — nis gwelais hwynt erioed ond dyma lun ohonynt allan o'r *Times*. Ni allwn eu galw yn 'gnau pridd' na 'chnau llawr'. Ni thybiaf mai'r un math o beth oedd eich cnau daear chi. Wrth eich disgrifiad mi dybiwn mai math o *truffle* oedd eich cnau chwi. Byddant yn ei gyfrif yn amheuthun mawr yn Ffrainc, y *truffle*, a byddant yn rhoi pennor yn safn mochyn a gadael i'r mochyn dyrchu am y *truffle*. Fe'i ceir, mewn *'pâté de foie gras truffé'* yn y siopau groser yma weithiau. — Mae arnaf ofn mai lol botes yw'r hyn a ddywedais uchod, oblegid gwelaf fod gan eich cnau daear chwi ddail; planhigyn yw. Nid planhigyn mo'r *truffle* o gwbl, ond math o fadarch dan y pridd. Felly dyna ben!

O'r diwedd cefais deipsgript "Blodeuwedd" gan Morris Jones.[1] Bydd rhaid imi sgrifennu rhagair ond disgwyliaf fedru ei danfon atoch, os dymunwch ei chyhoeddi, yn fuan yn awr. Y mae hi'n faith, — pedair act. Tybed a fedrid ei chael allan mewn pryd i'r perfformiad cyntaf?

Yr wyf yn grynedig ddigon wrth feddwl bod y *British Council* wedi rhoi grant tuag ati heb wybod fawr ddim amdani. Gallwn anfon y ddrama foel ar unwaith, a'r rhagair etc wedyn petai hynny'n help.

Cofion cynnes
Saunders Lewis

Kate Roberts 764

---

[1] Morris Jones (1908–86), Hen Golwyn, oedd cynhyrchydd Cwmni Theatr Garthewin. Perfformiwyd *Blodeuwedd* yng Ngarthewin ar 15–16 Hydref 1948. Cadwyd defnyddiau sy'n ymwneud â'r cynhyrchiad ymhlith Papurau Theatr Garthewin yn LlGC, gan gynnwys cynlluniau dyfrlliw o'r gwisgoedd (rhif 11). Cyhoeddwyd argraffiad cyntaf *Blodeuwedd* gan Wasg Gee ym mis Awst 1948. Gweler hefyd t. 144, nodyn 2, isod.

Llygad-y-glyn
Llanfarian
12 Mawrth 1948

F'Annwyl Kate,

Er ei bod hi'n ddiwrnod "Cwrs y Byd" rhaid imi anfon gyda'r troad i ddiolch am eich llythyr heddiw.

Ni welodd neb ond Morris Jones y ddrama, ac ni wn i sut feirniad yw ef. Yr oeddwn yn ofnus enbyd am "Flodeuwedd" ac yn anfodlon iawn ar y ddwy act gyntaf. Ceisiais eu carthu o'r pethau barddonllyd a llenyddol a oedd ynddynt; anelais at foelni garw ac ymddiddan a dynnai'r llen oddi ar waelod natur. Ond hyd oni ddaeth eich llythyr chwi heddiw, 'wyddwn i ddim beth a fyddai'r effaith.

Rhoisoch ollyngdod mawr imi.

A ddywedwch chwi wrth Miss Ellis[1] am beidio â ffwdannu dim? Arhosais chwarter canrif cyn gorffen y ddrama — gallaf aros mis arall yn dawel.

Diolch calon i chwi
Saunders Lewis

Kate Roberts 765

Lynwood
Ena Avenue
Neath
13 Mai 1948

Fy Annwyl Kate,

Diolch yn fawr i chwi am eich llythyr caredig iawn. Y mae Mair yn gwella'n gwbl foddhaol yn ôl y doctor, ac fe fydd yn gadael y sanatorium y mis nesaf. Rhaid iddi gael tri mis o seibiant wedyn cyn ymaflyd mewn gwaith, ond gyda gofal a doethineb dylai ddyfod yn iawn.

Yma yng Nghastell Nedd yn gofalu am fy hen fodryb a'm magodd i yr wyf i.[2] Bu'r wraig yma bythefnos, minnau'n awr dros y Sulgwyn. Y mae hi'n wael, priododd ei

---

[1] Olwen S Ellis oedd ysgrifenyddes Gwasg Gee ar y pryd, gyda gofal am weinyddiaeth y Wasg.

[2] Ellen Elizabeth Thomas (1867—1951) oedd y fodryb hon, plentyn ieuengaf y Parchedig Owen Thomas, Lerpwl. Pan fu farw mam SL, Mary Margaret Lewis (ail ferch Owen Thomas) ar 30 Medi 1900 roedd Owen yn naw, Saunders yn saith a Ludwig yn dair oed. Aeth Modryb Ellen i fyw gyda'r teulu a chymryd lle eu mam. Hi a'u cadwodd mewn cysylltiad â'u gwreiddiau ym Môn a'u llenwi â brwdfrydedd am hanes y teulu yno. Pan symudodd y Parchedig Lodwig Lewis i Abertawe o Wallasey yn 1917, aeth Modryb Ellen gyda'r teulu er mwyn gwneud cartref i SL a'i dad. Wedi i Lodwig Lewis ymddeol o gapel Crug Las, symudodd y ddau i fyw i Lynwood, Ena Avenue, Castell-nedd. Bu tad SL farw yno ar 14 Gorffennaf 1933 a hithau ar 27 Gorffennaf 1951.

morwyn ddeufis yn ôl wedi bod deng mlynedd gyda hi, a hyd yn hyn ni chawsom neb i gymryd ei lle, ac y mae hi'n rhy wanllyd i'w gadael ei hun. Er cynnig hyd at dair punt yr wythnos ni chafwyd neb eto.

Gan i chwi ganmol "Cwrs y Byd", a gaf innau ddweud y pleser mawr iawn a gefais i yn y stori fer yn lle "Ledled Cymru" dro bach yn ôl.[1] Ac yr oedd y sgrifennu mor feistraidd hefyd.

Maddeuwch air byr — ond gwas tŷ ydwyf i'r dyddiau yma, newydd orffen cinio a golchi!!

Yn gu
Saunders Lewis

Kate Roberts 772

119

Llygad-y-glyn
Llanfarian
1 Mehefin 1948

Annwyl Kate,

Llythyr oddi wrth Tegla Davies heddiw yn gofyn am gael cyhoeddi sgyrsiau'r stori fer[2] yng nghyfres Pobun. Telerau: £3 i bob awdur, sef £18 am y gyfrol.

Anfonais yn ôl i ddweud yr anfonwn at y storïwyr cyn gynted ag y gallwn ond fy mod yn ystyried y tâl yn rhy isel, ac y dylai fod yn £5. Ond ymddengys mai £15 y gyfrol a delir am gyfres Pobun.

Chwi oedd gyntaf — beth amdani? Os cytuno, a wnewch chwi anfon eich sgript terfynedig ataf rywbryd wedyn.

Cofion cynnes
Saunders Lewis

Nid anfonaf at y lleill cyn cael eich ateb chwi. Felly bydd yn well i chi gael gweld llythyr Tegla Davies; fe'i danfonwch yn ôl, os gwelwch yn dda.

Kate Roberts 774

---

[1] "Teulu" oedd y stori fer dan sylw a ymddangosodd yn "Ledled Cymru" yn *Y Faner* (7 Ebrill 1948), t. 4, ac a ailgyhoeddwyd yn *Gobaith a storïau eraill* (Dinbych, 1972), tt. 51—8.

[2] Cyfeirir yma at gyfres o gyfweliadau yn ymwneud â'r stori fer a ddarlledwyd ar Raglen Cymru'r BBC yn ystod gaeaf 1947—8, gydag Alun Llywelyn-Williams yn cynhyrchu. SL oedd yr holwr a darlledwyd y rhaglen gyntaf, pan holwyd KR, ar 15 Hydref 1947. Ymddangosodd y gyfrol, *Crefft y Stori Fer* yn Ionawr 1949 o dan olygyddiaeth SL. Cyhoeddwyd y gyfrol gan Y Clwb Llyfrau Cymreig a'i hargraffu gan J D Lewis a'i Feibion, Llandysul. Y cyfranwyr eraill oedd D J Williams, J O Williams, Islwyn Williams a John Gwilym Jones. Yn ystod y cyfweliad hwn y gwnaeth KR y sylw dadlennol: "Marw fy mrawd ieuengaf yn rhyfel 1914—18, methu deall pethau a gorfod sgrifennu rhag mygu."

Llygad-y-glyn
Llanfarian
4 Mehefin 1948

Annwyl Kate,

Da gennyf am eich llythyr sy'n cadarnhau fy nghred i na ddylwn dderbyn telerau'r Brython. Anfonaf at Tegla Davies i wrthod. Os dymuna Gwasg Gee gynnig am y sgyrsiau ar gyfer Llyfrau Pawb, a rhannu 12½% *royalties* yn gyfartal rhwng y chwech ohonom, mi fodlonaf i ac mi olygaf y gyfrol. Ond nid rhaid i Wasg Gee wneud! Beth bynnag, yr wyf yn gwrthod Cyfres Pobun. Bydd yn wers werthfawr ac yn ergyd fechan ar ran awduron Cymraeg.

Diolch am holi am fy modryb. Cawsom o'r diwedd wraig i fynd ati ac y mae hi'n well ei hiechyd. Ond bu'n bur isel a bu raid i Margaret[1] aros yno bythefnos, a bûm innau yno'n bwrw Sadwrn a Sul am chwe wythnos bron yn olynol. Ond daeth tro er gwell.

Gwych oedd Cymraeg y golofn ar fara ceirch yr wythnos hon.[2] Byddaf yn cael *blas*, atgofus ysywaeth yn rhy aml, ar y golofn honno gymaint ag a gaf ar un dim yn y *Faner* bob wythnos. Drwg gennyf fod cymaint o hel ar Elisabeth druan am wneud yr hyn a drefnwyd iddi ym Mharis. Nid oedd ganddi ddewis![3]

Yn gu
Saunders

Kate Roberts 775

Llygad-y-glyn
Llanfarian
11 Mehefin 1948

Annwyl Kate,

Anfonais at Miss Ellis ynglŷn â chywiriadau'r gosodwr. Chwarae teg iddo, yr oedd ei atalnodi yn welliant mawr, ac ar un idiom yn unig yr oedd ef ar gyfeiliorn yn llwyr, sef y frawddeg annibynnol gydag 'a' yn Gymraeg; cymysgai ef hi â'r Saesneg '*with*'. Am yr 'yn' yn 'canu yn y dre', rheol lenyddol ddiogel yw peidio â chywasgu — 'canu'n y dre', — ond mewn siarad 'does neb yn cadw'r rheol, ac felly mewn drama ni chredaf ei bod yn rheidiol. Ceisiais gymysgu iaith lafar a rhithmau llafar â'r iaith lenyddol fwy ym "Mlodeuwedd" nag a fentraswn erioed o'r blaen.

---

[1] Mrs Margaret Lewis (*née* Gilcriest), gwraig SL. Fe'u priodwyd ar 31 Gorffennaf 1924 yn eglwys Gatholig Workington. Gweler Mair Saunders, *Bro a Bywyd*, tt. 16 a 28.

[2] "Bara ceirch a phennog ffres", erthygl gan KR yn y gyfres "Colofn y Merched", *Y Faner* (2 Mehefin 1948), t. 3.

[3] Cyfeiriad at erthygl grafog gan DEW [?Dafydd Edmwnd Williams, brawd yng nghyfraith KR] yn dwyn y teitl "Miri y Sul ym Mharis", *Y Faner* (2 Mehefin 1948), t. 3, sy'n trafod ymweliad y Dywysoges Elisabeth a'r Tywysog Philip â Pharis. Ymddengys iddynt ymweld â rasys ceffylau ar brynhawn Sul a mynychu dawns mewn clwb nos yr un noson. Bu cryn feirniadu arnynt am dorri'r Saboth.

Yn awr, ynglŷn â'r sgyrsiau radio. Yn gyntaf, a gaf i glirio Gwenallt? Ef a ddaeth yma gyda chynnig o'r clwb Llyfrau ac ni wyddai fy mod i wedi anfon atoch chwi i gynnig y sgyrsiau i Lyfrau Pawb — yr un diwrnod, fel y digwyddodd hi. Felly, y tro hwn, y mae ef yn gwbl ddi-euog. Myfi'n unig sydd ar fai am anwadalu. Ond y mae gennyf reswm dros dderbyn y Clwb Llyfrau os bodlonwch chwi . . .gwell gennyf fynd at gyhoeddwr arall, nid cyhoeddwr *Y Faner* sy'n fy nghyflogi i, ac nid cwmni Kate Roberts, sy'n gyntaf o awduron sgyrsiau'r stori fer! . . .Am gwmni Gee, yr wyf wedi rhoi *Blodeuwedd* i chwi ac fe gewch y cynnig cyntaf ar unrhyw beth arall a ysgrifennaf, oni bydd rhyw gais am lyfr arbennig yn dyfod oddi wrth gyhoeddwr arall. Ond cofiwch nad yw fy llyfrau i ddim yn boblogaidd. Mae'n amheus gennyf a fydd gwerthu buan na mawr ar *Flodeuwedd.* Mis yn ôl yr aeth *Buchedd Garmon* i'w ail argraffiad — cyhoeddwyd ef yn 1937.

Dyna fi wedi sgrifennu'n arswydus o hirwyntog. Maddeuwch y tro,

Saunders

Kate Roberts 776

122

Megis o'r Cilgwyn
Dinbych
14 Mehefin 1948

Annwyl Saunders,

Diolch yn fawr i chwi am eich llythyr ac am eich holl drafferth . . . fy ymddiheuriad dros roddi amcanion anghywir i Gwenallt. Yn wir, gwelaf erbyn hyn y byddai'n well i Wasg Aberystwyth eu cael . . . rhag i neb gael dweud ddarfod i mi ddylanwadu dim yn y mater. Buasai'n wahanol pe gofynasai Gwasg Gee amdanynt gyntaf, ond ni wnaeth hynny am ei bod yn methu'n glir dyfod i ben â'i gwaith mewn cyfeiriadau eraill. Mae'r Brodyr Lewis yn bobl anrhydeddus iawn, neu felly y cefais i hwynt erioed.

Diolch yn fawr i chwi hefyd am eich addewid i Wasg Gee gael eich gwaith. Mae hynny'n galondid mawr inni. Mae'n bwysicach inni gael llyfrau o safon na llyfrau sy'n gwerthu, er bod y ddau beth yn wir am eich llyfrau chwi.

Da gennyf na wnaeth y gosodwr fwy o lanast ar eich gwaith — mae o'n weithiwr da, ond — a'r "ond" hwnnw mewn mwy nag un cyfeiriad sy'n rhoi cur pen i bobl eraill — ond na fyneger hyn yn Gath, a phethau felly a oedd o flaen fy meddwl pan ysgrifennais. I sôn eto am "ganu'n y dre", wyddoch chi nad fel yna y siaradwn ni ond "canu yn y dre" bob amser. Gall fy nghlust ei glywed yn Rhosgadfan rŵan.

Nid wyf yn hoffi ymddangosiad *P'le* ar dudalen chwaith, er ei fod yn iawn. Mae *Ple* yn ddeliach.

Pa bryd y bydd ar Gwenallt ac arnoch chwithau eisiau'r sgwrs? Byddai'n dda gennyf gael aros tipyn, gan fy mod wedi ymlâdd. Ar hyd diwedd y gaeaf a'r gwanwyn, cefais ryw gasgliadau hyd fy nghorff, rhai ohonynt yn fawr iawn. 'Rwyf newydd gael un rŵan, a chael tri *injection* ato. Cyn y Sulgwyn bu'n rhaid agor fy mys efo gwenwyniad y gwaed

142

1a   Kate Roberts yn ifanc.

1b   Kate Roberts gydag un o ddosbarthiadau Ysgol Ramadeg y Merched, Aberdâr.

2   Saunders Lewis ar falconi ei gartref, 9 St. Peter's Road, Newton, Y Mwmbwls.

3   Ysgol Haf y Blaid, Llangollen, 1927.

4   Ysgol Haf y Blaid, Llandeilo, 1928.

5   Y Cilgwyn, Dinbych, cartref Kate Roberts rhwng 1935 a 1985.

6   158 Westbourne Road, Penarth, cartref Saunders Lewis rhwng 1952 a 1985.

DYDD GWYL DDEWI

am 9.15

★

'SIWAN'

GAN

SAUNDERS LEWIS

Y gerddoriaeth gan
Grace Williams

Y CYFARWYDDO GAN DAFYDD GRUFFYDD

Llywelyn Fawr..*Raymond Edwards*
Siwan, ei wraig..*Gwenyth Petty*
Alis, morwyn i Siwan..................................*Sheila Huw Jones*
Gwilym Brewys, arglwydd Normanaidd.........*Wyn Thomas*

Ynghyd a

| *David Close-Thomas* | *Prysor Williams* | *Moses Jones* |
| *Brinley Jenkins* | *Cynddylan Williams* | *W. D. Roderick* |

Y Cantorion Cymreig

a rhan o'r Gerddorfa Gymreig dan arweiniad Alwyn Jones

Cymer y ddrama le rhwng Calan Mai yn y flwyddyn 1230 a Chalan Mai,
1231, yng nghastell y Tywysog Llywelyn Fawr yng Ngwynedd

'Y CYNDDRWS'

gan Kate Roberts

Digwydd y ddrama mewn cynddrws rhwng y byd a'r byd a ddaw. Mae'r
cymeriadau i gyd wedi marw, ac yn gorfod aros yn y cynddrws oherwydd
iddynt fod yn anhapus neu'n anfodlon yn y byd hwn.

Y CYFARWYDDO GAN ANEIRIN TALFAN

★

Cymeriadau:

GORONWY OWEN
(*bardd o'r ddeunawfed ganrif*)
W. H. Roberts

WMFFRA'R GEULAN
(*ffermwr cefnog*)
Ifor Lloyd Roberts

SIÔN LLWYD
(*crwydryn digartref*)
Charles Williams

MISS CITI
(*hen ferch a chyn-athrawes*)
Sheila Huw Jones

LEUSA HUWS
(*gweddw a gollodd ddau fab yn y*
rhyfel) Nesta Harris

SALI'R SGALLAN
(*dynes a fu farw 'n ifanc*)
Lowri Evans

★

am 7.0

KATE ROBERTS

---

7   Manylion o'r *Radio Times* am ddwy raglen a ddarlledwyd yn 1954:
"Siwan", Saunders Lewis (Dydd Gŵyl Dewi); a "Y Cynddrws", Kate Roberts (25 Mai).

8 Kate Roberts a Gwilym R Jones yn Swyddfa'r *Faner*, Hydref 1954.

8 Lon Isa.
Rhiwbina,
Caer Dydd.

25 . 1 . 29.

F'Annwyl Saunders Lewis,

Mae'n wir
ddrwg gennyf fod cyd heb anfon
yr amgaeedig yn ol. Bwriadaswn
ei anfon cyn cychwyn o Rosgadfan.
Ond ni wneuthum, ac unwaith y
deuthum i lawr yma. nid oedd gyfle
Nid oes s'amis i sgrifennu dim
yn ateb i'ch llythyr chwithau ond
diolch yn gynnes amdano. Cewch
air gwell stwar Yn araf iawn y
daw'n ty i drefn. Nid oes ond disgwyl
iddi fod felly, oblegid yr wyf yn trio
cadw ty a gwneud y pethau eraill
megis llenni ffenestri &c. Ond unwaith
y daw pethau i drefn bydd genhyf lot
o amser. Cofion Cynnes Kate Roberts

9   Llythyr yn llaw Kate Roberts (LlGC 22723D, f. 57).

1 FFYNONE VILLAS,
SWANSEA.

Ionawr 20, 1923.

Annwyl Miss Roberts,

[llythyr mewn llaw-ysgrif]

Saunders Lewis.

10 Llythyr yn llaw Saunders Lewis (Papurau Kate Roberts 58).

11   Morris T Williams, gŵr Kate Roberts.

12   Saunders Lewis, Mrs Margaret Lewis a Chymro'r ci, tu allan i'r Hen Dŷ, Aber-mad, 1937.

13   Kate Roberts gyda'i chi, Tos, Nadolig 1948.

14 Saunders Lewis wrth ei ddesg yn 1962, adeg llunio'r ddarlith radio, *Tynged yr Iaith.*

15 Kate Roberts a'i hail gi, Bob, yng ngardd Y Cilgwyn, gyda bryniau Dyffryn Clwyd yn y cefndir.

16   Saunders Lewis mewn derbyniad i'w anrhydeddu yng Nghaerdydd, 15 Mawrth 1973,
pan gyflwynwyd copi o'r gyfrol *Presenting Saunders Lewis* iddo.

— rhedeg at y meddyg ar ganol smwddio tua 9.30 ryw noson am fod y boen yn mynd i fyny ar hyd fy mraich. Ac yr wyf newydd orffen erthygl go hir i gylchgrawn Bibby ar "Dyddynnod a Thyddynwyr".[1] Gwnaf bethau felly er mwyn ennill tipyn o arian weithiau, er gorffen talu fy nyledion.[2] Yr wyf bron allan o'r gors honno erbyn hyn, a gobeithiaf gael llenydda tipyn er mwyn fy mhleser yn y man. Fe hoffwn newid tipyn ar y sgwrs, a dweud y pethau y bwriedais eu dweud ar y cychwyn. Cyhoeddaf hi ar un amod, sef fy mod yn cael trosglwyddo fy nghyfran i o'r elw i chwi.

Maddeuwch fy aml ddiffygion a'r drafferth a roddais i chwi. Yr wyf wedi blino.

Fy nghofion cynnes
Kate

LlGC 22723D, ff. 122—3ᵛ

123

Y Cilgwyn
Dinbych
23 Gorffennaf 1948

F'Annwyl Saunders,

Diolch yn fawr. Ni fedrais ychwanegu dim at y sgript, oblegid gwelwn, pe gwnawn hynny, y byddai'n rhaid imi newid llawer peth yn y sgript fel y mae, a rhoi cwestiynau i chwi na ofynasoch erioed mohonynt. Credaf y daw yn ddigon naturiol fel hyn, a bod y pethau pwysicaf wedi eu dweud. Hoffwn gael y proflenni, nid i'w cywiro, eithr i weld a gafwyd popeth i mewn.

Do, fe glywais "Henaint" ar y Drydedd Raglen.[3] Darllenwyd hi'n rhagorol gan D. Lloyd James, mab yr Athro a'r awdurdod ar *Phonetics* o'r Rhondda y bu ei fywyd yn gymaint o drasiedi.[4]

---

[1] Cyhoeddwyd yr erthygl hon yn *Bibby's Hearth and Farm* (Hydref 1948) ac ailgyhoeddwyd talfyriad ohoni yn *Y Faner* (9 Chwefror 1949), t. 6.

[2] Bu KR mewn trafferthion ariannol am flynyddoedd lawer ar ôl claddu MTW. Nid y lleiaf o'i phroblemau oedd dynion y Dreth Incwm, a bu'n rhaid cysylltu â Henry Brooke yn y Trysorlys cyn diwedd yr helynt. Gorfodid KR i drosglwyddo hanner pob ffi a dderbyniai oddi wrth y BBC a chyhoeddwyr i ddynion y Dreth Incwm. Erbyn hynny, 1954, sylweddolwyd bod gormod o amser wedi mynd heibio oddi ar farwolaeth MTW, ac felly ni ellid hawlio'r £524—17s—2c a oedd yn ddyledus er 1946. Gweler Papurau Kate Roberts, rhif 1031.

[3] Darllenwyd "Old Age", cyfieithiad o "Henaint" KR, gan David Lloyd James ar Drydedd Raglen y BBC, nos Sul, 4 Gorffennaf 1948, rhwng 9.25 a 9.40 pm.

[4] Tad David Lloyd James oedd Arthur Lloyd James, (1884—1943), brodor o Don Pentre, Y Rhondda, ac Athro Ffoneteg yn yr Ysgol Astudiaethau Dwyreiniol yn Llundain. Dechreuodd ddioddef o salwch meddwl tua 1940 ac ar 14 Ionawr 1941 cafodd ei arestio am ladd ei wraig, a'i gael yn euog ond yn wallgof ar y cyhuddiad hwnnw yn yr Old Bailey ar 10 Chwefror 1941. Gweler W W Price, cyfrol 12, tt. 300—1, a'r *Western Mail* (11 Chwefror 1941), t. 2, "Professor Guilty of Wife Murder, but Insane".

Y pleser a gaf fi ydyw bod hyn yn profi fy nadl i er erioed nad yw'n rhaid ysgrifennu yn Saesneg i'r byd ddyfod i wybod am lenyddiaeth y Cymry.

Byddai'n dda gennyf pe bai gennyf amser i sgrifennu rhagor o straeon. Da iawn gennyf glywed bod Mair cystal. Gobeithio y daw yn iawn.

Fy nghofion cynnes,
Kate

LlGC 22723D, f. 124ʳ⁻ᵛ

124

Llygad-y-glyn
Llanfarian
Pnawn Mercher 20 Hydref 1948

Fy Annwyl Kate,
Mi hoffwn yn fawr iawn gael copi da o'r llun ohonoch sydd yn *Y Winllan* Awst 1948.[1] A rowch chwi gopi imi? Yr wyf yn anfon at swyddfa'r *Winllan* am y tri rhifyn i'w cadw, ond hoffwn feddu copi o'r llun ar wahan. Y mae'r Atgofion yn bwysig. Ac yr wyf newydd ddarllen eich beirniadaeth ar y perfformiad yng Ngarthewin.[2] A diolch o galon amdani. Yr oedd ofn mawr ar ôl nos Wener — beth ddywed Kate Roberts, tybed? — a phawb yn gofidio nad ar nos Sadwrn y daethech, gan eu bod lawer gwell a llai nerfus yr ail dro. Yn wir yr oedd Blodeuwedd yn agos at grio nos Wener wedi i bawb fynd. Chwarae teg i Morris Jones — ef a'i darganfu hi, ac y mae deunydd addawol ynddi. Bydd eich adolygiad chwi yn galondid rhiniol i'r cwmni i gyd.

Maddeuwch air byr — yr wyf newydd dorri f'enw ar 32 o gopïau a ddanfonodd eich swyddfa yma ar gyfer nos Wener a Sadwrn nesaf.

Cofion cu
Saunders

Kate Roberts 785

125

Llygad-y-glyn
Llanfarian
7 Rhagfyr 1948

Fy Annwyl Kate,
Wel, can mil diolch am y llun. Yr wyf yn meddwl y byd ohono, oblegid bod crewr y storïau yn arbennig eglur i mi ynddo. Nid yn aml y bydd ffotograff yn dweud llawer, ond y *mae* hwn. A da gennyf gael y rhifyn o'r *Winllan* a oedd allan o brint. Fe ddylech

---

[1] Cyhoeddodd KR "Atgofion y Prifion" yn *Y Winllan* (Awst 1948), tt. 143—7; (Medi 1948), tt. 163—6, a (Hydref 1948), tt. 183—7. Y llun y cyfeirir ato yw'r llun cyfarwydd o KR yn anwylo Tos, y ci, gweler llun rhif 13 yma.

[2] Ceir adolygiad KR ar gynhyrchiad Theatr Garthewin o *Blodeuwedd* (15—16 Hydref 1948) yn *Y Faner* (20 Hydref 1948), t. 8, yn dwyn y teitl "*Blodeuwedd* yng Ngarthewin — perfformiad o'r radd flaenaf."

ddatblygu'r braslun yma yn llyfr llawn. Mae'r stwff yn ddiddorol ac yn werthfawr, ac yn peidio a'r darllenydd yn cael siom, yn union megis disgyn grisiau yn y tywyll heb gyfrif a rhoi troed ar y llawr gwastad yn annisgwyl wrth roi cam arall tuag i lawr.

Gweithiais yn o galed ar y ddau "Gwrs y Byd" diwethaf, felly y mae'ch gair da yn werthfawr gennyf. Wrth gwrs y mae gagendor enbyd rhwng Gwilym R Jones a heddychwyr y Blaid ar un llaw a minnau ar y llall. *Un* rheswm y penderfynais i fynd allan o fywyd cyhoeddus y Blaid oedd fod yn eglur na ddilynid polisi Penyberth; nid yr unig reswm, yr oeddwn i erbyn hynny'n rhy wan yn ariannol i fedru cadw'r arweiniad. Ond gwnaeth heddychaeth y Blaid hi'n haws o lawer i mi ymddeol. Nid wyf wedi dweud y pethau hyn yn gyhoeddus erioed, ond y mae heddychaeth Cymry ifainc yn siom chwerw i mi. Ond dyna ddigon am hynny.

Gyda'm holl ddiolch
Saunders

Kate Roberts 788

126

Llygad-y-glyn
Llanfarian
15 Rhagfyr 1948

Fy Annwyl Kate,

Dyma broflen *Crefft y Stori Fer* a ddaeth heddiw. Ni chefais gyfle i'w darllen ond anfonaf eich ymddiddan chwi atoch heb oedi.

A rhaid imi ddweud wrthych fy mod yn mawr drysori eich llythyr diwethaf ataf. Yn wir, yn wir, rhaid i chwi sgrifennu'r atgofion hyn yn llyfr llawn, er bod rhai pethau na fedrwch eu dweud. Ond 'welwch chi, cofio sy'n rhoi grym angerdd yn eich gwaith erioed, ac felly byddai cyfrol o'r fath yn help i chwithau ac fe fyddai'n ddarn mawr o lenyddiaeth ac o hanes cymdeithasol. Bûm innau'n gwrando ar "Hen Oruchwyliaeth" Dr Mathew Williams ar y radio yr wythnos diwethaf.[1] Ai chwi yw Gwrandawr *Y Faner*? A gaf i fentro dweud fod y ddrama'n haeddu chwaneg o glod nag a roir iddi yn *Y Faner* heddiw?[2] Oblegid yr oedd hi'n simbol o'r hyn sy'n digwydd yng Nghymru heddiw, y bwrw heibio safonau, a'r hen angorau yn colli gafael a barbariaeth yn trechu; ac fe ddangosodd y ddrama hynny oll; drama drist, brudd a dwys, ond geirwir a nerthol a ffiaidd, darn o gelfyddyd greadigol bwysig, gwaith onest, peth prin yn y Gymraeg, a

---

[1] Mae'r cyfeiriad hwn at "Hen Oruchwyliaeth" Dr Mathew Williams ychydig yn ddyrys. Y ddrama a ddarlledwyd nos Iau, 9 Rhagfyr 1948 ar Raglen Cymru, 9.30–10.30 pm, oedd "Yr Oruchwyliaeth Newydd" gan Ieuan Griffiths, wedi ei chyfarwyddo gan Dafydd Gruffydd.

[2] Y Gwrandawr, 'Egluro'r Noson Lawen i'r Saeson', *Y Faner* (15 Rhagfyr 1948), t. 5: "Yr oedd amryw bethau da yn y cyflead radio o'r ddrama 'Yr Oruchwyliaeth Newydd' gan Ieuan Griffiths. Hoffais yr actio, yn enwedig y ffraeo ynghylch y darn cae yn ymyl y fynwent, a safiad Morfydd yn erbyn yr hen ddiacon cyn y diwedd. Creodd y darllediad ddarluniau ym meddyliau'r gwrandawyr, ac er na setlwyd mo'r broblem fe'n gorfodwyd i fyfyrio ar y gwrthdaro, rhwng dwy genhedlaeth a dwy ffordd o fyw."

heb fod yn amrwd a chwrs fel cynifer o ddramâu Cymraeg sy'n esgus rhoi darlun o fywyd diwydiannol. Ac fe'i chwaraewyd hi'n fedrus odiaeth, yn gyflym a'r llefaru'n dda.

Fy nghofion atoch yn gu iawn,

Saunders

Kate Roberts 789

127

Lynwood
Ena Avenue
Neath
29 Rhagfyr 1948

Fy Annwyl Kate,

Maddeuwch air byr. Deuthum yma at fy modryb a'm magodd, sy dros ei phedwar ugain. Cafodd godwm noswyl Nadolig, a'i thendio hi y bûm i er hynny heb egwyl ond yn oriau cysgu'r nos.

Ond mi hoffwn ddweud blwyddyn newydd dda wrthych a dweud y pleser a gefais o'r stori "Y Cyfarwydd".[1] Darllenais hi deirgwaith. Y mae'r cwbl o'r terfyn yn feistraidd ac yn rhoi ystyr i'r cyfan. Hoffais hi'n fawr iawn. Gwych ar yr un tudalen yw cerdd B T Hopkins.[2] Eto, blwyddyn newydd dda i chwi, da a chynhyrchiol,

Yn gu iawn

Saunders

Kate Roberts 791

128

Llygad-y-glyn
Llanfarian
7 Ionawr 1949

Fy Annwyl Kate,

Dychwelais yma ddydd Calan a gadael fy modryb yn ei gwely ond yn gwella a'r doctor yn dweud y gallwn ymadael heb bryder.

A diolch am eich llythyr caredig iawn a'r newydd fod gennych lyfr arall ar ym-ddangos.[3] Hen bryd! Hynny yw, yr ydym ni bawb yn dyheu am gael chwaneg o'ch

---

[1]   Cyhoeddwyd stori fer KR "Y Cyfarwydd" yn *Y Faner* (22 Rhagfyr 1948), t. 8, a'i hailgyhoeddi, yn dwyn y teitl "Marwolaeth Stori", yn *Te yn y Grug* (Dinbych, 1959), tt. 27—37.

[2]   "Ein Tir", y gerdd gyfarwydd sy'n dechrau gyda'r geiriau: "Darn o wylltion afonydd . . ." oedd cerdd B T Hopkins yn *Y Faner* (22 Rhagfyr 1948), t. 8. Ailgyhoeddwyd y gerdd yng nghyfrol Ben T Hopkins, *Rhos Helyg a cherddi eraill* (Lerpwl, 1976), t. 30.

[3]   Y llyfr a oedd ar fin ei gyhoeddi gan KR oedd *Stryd y Glep* a ymddangosodd gyntaf o Wasg Gee, Dinbych, ym Mai 1949.

gwaith creadigol. Yn fy amser sbâr, gweithio rwan ar gyfer *Efrydiau Catholig* 1949 a wnaf i; fe welsoch *Gwŷr Llên*,[1] mae'n siŵr, a chwithau'n un o'r gwŷr! Y mae Myrddin Lloyd[2] yn dda bob amser, yn gydwybodol a dyfal ac yn ddeallus. Mae o'n tyfu i fod yn athronydd campus heblaw beirniad llenyddol da. Fy unig gŵyn i yw ei fod yn gyrru ormod ar y gymhariaeth rhyngoch chwi a Katherine Mansfield. Ac y mae un gwendid ynddo fel beirniad llenyddol — nid oes ganddo glust fain i arddull. Syniadau yw ei fyd ef — felly yr oedd pan oedd yn efrydydd yn Abertawe. Ond hoffaf ef yn fawr, un o'r cywiraf o ddynion.

Blwyddyn newydd dda i chwithau,
Saunders

Kate Roberts 793

129

Llygad-y-glyn
Llanfarian
21 Chwefror 1949

Fy Annwyl Kate,

Oni bai am orfodaeth newyddiaduraeth, nid ysgrifennwn i air am Sina na Phalestina na dim o'r gwledydd na wn i ddim amdanynt. Rhyngoch chwi a mi, "Cwrs y Byd" yw hunllef fy mywyd i. Ond pan gaffwyf destunau fel Henry James, byddaf yn ymgysuro dipyn.[3] Yn rhyfedd ddigon, yr wythnos wedi i mi sgrifennu arno, wele ysgrif yn y *Times Lit*.[4] ar lyfr newydd Leavis; ni welais i lyfr Leavis eto, ond ers pymtheng mlynedd o leiaf yr wyf wedi meddwl mai ef yw'r beirniad llenyddol gorau yn Lloegr ar hyn o bryd. Amgaeaf erthygl y *Times Lit*; nid oes arnaf ei eisiau eto.

Na, 'ddarllenais i ddim o lyfr Rebecca West ar Iwgoslafia,[5] ond gwn am ei enw da, — fe'i cyfrifir eisoes yn glasur, meddan nhw, yn ei faes.

---

[1] Aneirin Talfan Davies oedd golygydd *Gwŷr Llên — Ysgrifau beirniadol ar weithiau deuddeg gŵr llên cyfoes ynghyd â'u darluniau*. Fe ymddangosodd gyntaf yn Rhagfyr 1948 wedi ei gyhoeddi gan W Griffiths a'i frodyr, Llundain. KR oedd yr unig ferch ymhlith y gwŷr llên a cheir ymdriniaeth arni gan D Myrddin Lloyd ar dd. 215—28.

[2] David Myrddin Lloyd (1909—81), Ceidwad y Llyfrau Printiedig yn Llyfrgell Genedlaethol yr Alban rhwng 1953 a 1974. Cyhoeddwyd coffâd iddo gan David Jenkins yn *Y Faner* (4 Medi 1981), t. 7. Am bortread cynnar ohono, gweler cyfraniad D J W[illiams] i "Oriel y Blaid" yn *Y Ddraig Goch* (Ebrill 1936), t. 5.

[3] Trafodwyd Henry James gan SL yn "Cwrs y Byd", *Y Faner* (9 Chwefror 1949), t. 8.

[4] "Intelligence and Imagination", *The Times Literary Supplement* (12 Chwefror 1949), t. 104, sef adolygiad ar F[rank] R[aymond] Leavis, *The Great Tradition — George Eliot, Henry James, Joseph Conrad* (London, 1948). Gweler hefyd t. 153, nodyn 2 isod.

[5] Rebecca West, *Black Lamb and Grey Falcon : the record of a journey through Yugoslavia in 1937* (London, 1942). Cyhoeddodd KR erthygl yn dwyn y teitl "Gwerinwyr Croatia" sy'n gyfieithiad o ran o lyfr Rebecca West yn *Y Faner* (16 Mawrth 1949), t. 7.

Bûm, bythefnos yn ôl, yn eich hen ysgol chwi yn Aber Dâr yn gweld y Gymraeg a'r Saesneg yn y 5ed a'r 6ed, — job o arolygu a roir imi ryw deirgwaith bob tymor ysgol yn awr. Yr oedd Miss Rees, yr athrawes Saesneg,[1] yn sôn amdanoch chwi a'r dyddiau yr oeddech chwi yno. Y drwg yno yw eu bod yn dysgu gormod ar y merched, yn eu dysgu, dysgu, nes lladd y wreichionen fach o feddwl gwreiddiol a fo yn neb o'r genethod. Petai athrawon ac athrawesau yn ddiocach byddai'n lles dirfawr i addysg uwchradd. Ond y mae dysgu yn tyfu'n math o wanc arnynt.

Cefais dridiau yn Abergwaun hefyd, a chwmni DJ yno. DJ yw un o'r ffyddlonaf o'ch deiliaid chwi, 'wyddoch chi hynny?

Yn gu iawn
Saunders

Kate Roberts 795

130

Llygad-y-glyn
Llanfarian
Llun y Pasg 1949 [18 Ebrill 1949]

Fy Annwyl Kate,

Arhosaf yn amyneddus am y stori,[2] diau na bydd hi'n hir yn ymddangos mwyach. Deallaf yn hawdd eich bod braidd yn ofnus amdani, ac y mae'r oedi yn y wasg yn bryfoclyd. Gweithio fel lladd nadredd ar *Efrydiau Catholig* 1949 yr wyf i'n awr, er mwyn eu danfon i'r wasg yr wythnos nesaf. Bydd yn Fai cyn y dônt allan eleni. Bydd yn rhifyn llenyddol y tro hwn yn bennaf, a thestun gan Siôn Dafydd Rhys ac ysgrif arno gan G J Williams. Yr wyf innau'n trafod arddull Charles Edwards a'r cyfieithwyr Cymraeg o Thomas à Kempis. Gyda llaw, a glywsoch chwi sgwrs radio J R Jones ar Ann Griffiths?[3] Un o'r pethau godidocaf a glywais i erioed ar y radio, a'r peth gorau o gwbl oll ar AG mewn beirniadaeth lenyddol.

---

1 Winifred Rees, (1896—1990), brodor o Gwmtwrch a dirprwy brifathrawes a phennaeth yr Adran Saesneg yn Ysgol Ramadeg y Merched, Aberdâr. Cadwyd nifer o'i llythyrau at KR, dyddiedig 1928—85, ymhlith Papurau Kate Roberts. Cyhoeddwyd ysgrif ganddi ar KR fel cyd-athrawes yng nghyfrol Bobi Jones (gol.), *Kate Roberts — Cyfrol Deyrnged* (Dinbych, 1969), tt. 188—91. Ceir coffâd iddi gan Rona Lewis yn *Clochdar* (Papur Bro Cwm Cynon), (Mawrth 1990) t. 7.

2 Cyfeiriad arall at *Stryd y Glep* a oedd yn dal heb ymddangos.

3 Darlledwyd y sgwrs hon ar gyfriniaeth Ann Griffiths, y gyntaf mewn cyfres yn dwyn y teitl "Ail Feddyliau", ar nos Lun, 4 Ebrill 1949, rhwng 8.00 ac 8.15 pm ar Raglen Cymru'r BBC. Cadwyd y sgript ymhlith Casgliad Sgriptiau'r BBC yn LlGC, bocs 29, ac fe gyhoeddwyd y sgwrs yn *Efrydiau Athronyddol* XIII (1950), tt. 38—42, a'i hailgyhoeddi yng nghyfrol William Morris (gol.), *Cofio Ann Griffiths* (Caernarfon, 1955), tt. 30—6. Ar yr Athro J[ohn] R[obert] Jones (1911—70), gweler *Cydymaith*, t. 322.

Nid oes gennyf ddim newydd ond hynny. Gwyn eich byd yn cael cip ar Bob Parry. Mae achos i dybio ei eni ef heb bechod gwreiddiol, 'dydy' o ddim yn debyg i'r hil ddynol gyffredin, ond yn aros yn y diniweidrwydd cyn y cwymp.

Fy nghofion yn gynnes iawn
Saunders

Kate Roberts 802

131

[Llanfarian]
27 Ebrill 1949

Fy Annwyl Kate,

Daeth proflenni eich stori y bore yma. Dechreuais arni heno saith ar gloch; gorffennais hi rwan, 9.30 p.m.

Nid oes gennyf eto lawer i'w ddweud amdani, mae'n rhy gynnar a minnau newydd ei rhoi o'm llaw a mynd yn syth am bapur sgrifennu. Ni wnawn hynny ychwaith heb fod arnaf frys i ddweud un peth: mae'r stori hon yn gampwaith. Y mae mawredd sicr, mawredd dwys ynddi. Y mae hi wedi fy ngorchfygu i. Tebyg gennyf nad ydych erioed wedi cael cyfle i ddarllen rhai o nofelau byrion André Gide, er bod un neu ddwy, mi dybiaf, wedi eu trosi i Saesneg. I bethau Gide, y *Symphonie Pastorale* er enghraifft, y mae eich stori chwi yn peri imi ei chyffelybu.[1] Y mae argyfwng enaid yn ymddatguddio drwy awgrymiadau cynnil; — y mwyaf cynnil, — bron rhy gynnil oddieithr i ddarllenydd gofalus, yn y terfyn oll.

Bendith arnoch, yr ydych wedi cyrraedd yr hyn y bûm yn dyheu am i chwi ei gyrraedd, — ymhell y tu hwnt i'r holl straeon blaenorol, i ddeall dyfnach.

Ni chywirais ddim ar y proflenni er bod amryw gamgymeriadau ynddynt. Pwynt neu ddau neu dri cyn terfynu: Nid wyf yn hoffi "Stryd y Glep" na "Chapel y Twb". Awgrymant ddychan poblogaidd, — Hogiau'r Gogledd;[2] y mae'r nofel yn rhy *gyfrwys*, rhy *subtle*, i hynny. Ond efallai fod yn rhy hwyr i'w newid.

Tudalen (*Galley 21*) y frawddeg olaf Medi 10:- 'A oes rhywun yn ein gweld megis ag yr ydym ar wahan i Dduw?' A gaf i awgrymu newid bychan, sef:- 'A oes rhywun yn ein gweld megis ag yr ydym, Rhywun?' *Comma* yn unig, *rh*ywun gydag *r* fach, y tro cyntaf, gyda'r brif lythyren yr ail tro, — i awgrymu'r naid yn ei meddwl sy'n peri iddi anfon am

---

[1] Cyhoeddwyd y gyfrol *La Symphonie pastorale* yn 1919 gan André Gide (1869–1951). Mae'r nofel fer hon yn un o gyfres sy'n adlewyrchu ymgais Gide i ymgyrraedd at gytgord yn ei briodas, trwy ddarlunio problemau pobl yn eu cydberthynas â phobl eraill.

[2] Parti o ddynion a gymerai ran yn y rhaglen radio "Noson Lawen" o Neuadd y Penrhyn ym Mangor yn y blynyddoedd wedi'r Ail Ryfel Byd oedd Hogiau'r Gogledd, sef Ifan O Williams, Emrys Cleaver, Robin Williams, Huw Jones, Cledwyn Jones, Islwyn Ffowc Elis, Tecwyn Jones, a T Gwynn Jones (Llanfair-fechan). Ceir llun ohonynt yng nghyfrol Dyfnallt Morgan (gol.), *Babi Sam* (Bangor, 1985), gyferbyn â th. 120.

y gweinidog i ddweud ei chyffes. Oh, yr ydw'i wedi glân feddwi ar y stori; o'r diwedd dyma ddyfnder seicolegol ac aeddfedrwydd nofelydd mawr yn y Gymraeg. Diolch amdanoch

Saunders

Da chi, peidiwch ag anfon siec am *Efrydiau Catholig*. Bydd yn hyfryd cael rhoi copi i chwi pan ddêl o'r wasg.

PS eto!
Ar yr wyneb-ddalen 'Stori *fer hir*'! Rhyw dwpdra Saesneg yw hyn. *Nouvelle* yw gair y Ffrancwyr. Y peth gorau fyddai '*Stori*' heb ychwaneg, heb hyd yn oed '*ar ffurf dyddiadur*'.[1]

Kate Roberts 804

132

Y Cilgwyn
Dinbych
30 Ebrill 1949

Fy Annwyl Saunders,
Wel wir, 'd wn i ddim beth i'w ddweud. Buaswn i'n fodlon iawn pe dywedasech fod fy stori wedi osgoi bod yn un chwerthinllyd a dyna'r cwbl. Ofn hynny a oedd arnaf fi, na byddai neb yn credu ynddi, am y pethau anhygoel ynddi. Pobl ddychmygol ydynt ag eithrio Joanna, mae Joanna yn fyw heddiw, a hi yw'r fwyaf anhygoel ohonynt. Ac mae'r un wreiddiol yn wirionach na hon. Wrth gwrs mae'r prif gymeriad ym mhob stori bron yn fath o fynegiant o'r awdur. Mae'n ddrwg iawn gennyf erbyn hyn na fedrais roddi'r llawysgrif i chwi, oblegid cytunaf â'r cwbl a awgrymwch yn welliannau ynddi. (Fe gywirais ragor o'r gwallau print, ond digon posibl bod eraill ynddi eto). Ond ni ellir gwneud dim yn yr argraffiad hwn, gan ei fod wedi ei argraffu.

Cytunaf am y teitl a'r "Capel y Twb". Pan ddechreuais ei hysgrifennu, meddwl am ysgrifennu comedi gymdeithasol yr oeddwn yn troi o gwmpas gwely'r wraig glaf, ond heb sôn dim am ei salwch. Dyna paham y rhoed y teitl. Wedi i'r stori ddatblygu'n rhywbeth arall, dywedais wrthynt yn y swyddfa ei fod yn rhy wamal, ond ni fynnent hwy gan ei fod yn deitl da i werthu. Am "Gapel y Twb", y peth cyntaf a ddaeth i'm pen ydoedd, gan fod arnaf eisiau dieithrio lle'r stori gymaint ag oedd yn bosibl, rhag ofn fod rhyw Joanna yn mynd i Jerusalem neu Seion. Ond fel y dywedais gresyn na fedrais anfon y llawysgrif i chwi. Ail-ysgrifennais y rhan olaf bersonol yna fwy nag unwaith, ac erbyn hynny, yr oedd y rhan gyntaf gan y gosodwr. Mae eich awgrym am y Rhywun yn werthfawr iawn, ac fe fanteisiaf arno os â'r stori i ailargraffiad.

---

[1] "Stori hir fer ar ffurf dyddiadur" yw'r disgrifiad a argraffwyd ar ddalen deitl *Stryd y Glep.*

Ni wn i ddim am seicoleg, ond trwy brofiadau bywyd, rhai digon chwerw yn aml. Profiad chwerw iawn o anniolchgarwch a ddysgodd imi yn ystod y tair blynedd diwethaf yma fod dyn rhy garedig yn nesa' peth i ffwl, a bod pobl sentimental yn galed eu calonnau.

Ni ddarllenais ddim o André Gide. Bu fy addysg i yn ddiffygiol iawn, er imi gael digon ohoni, ac nid ar y cyfranwyr yr oedd y bai bob amser. Gwyddoniaeth a Mathemateg oedd fy mhynciau cryfaf i yn nechrau fy nghwrs, a newid a wneuthum wedyn — mynd i ben fy nhennyn mewn *Geometry* wrth wneud *Higher Maths* — yr adrannau eraill yn iawn. Buasai'n well imi pe na ddangosaswn unrhyw addaster at y pynciau hyn. A phob tro y bu newid mewn rhyw drefniant addysgol, yr oeddwn i yno, er colled i mi fy hun. Yr oeddwn yn y newid pan ddaeth yr *Higher* ar ôl yr hen *Lower Honours*, yr oeddwn ar ganol fy mlwyddyn gyntaf yn y Coleg pan symudwyd o'r hen goleg i'r newydd, a newid y bwrdd amser, er mawr ddrwg imi y tro hwn, oblegid yr oeddwn yn gwneud *inter* mewn Cymraeg pan ddylswn fod yn gwneud cwrs yr ail flwyddyn. Ein prifathro a gymerai Ffrangeg yn ysgol Gaernarfon, gŵr o Jersey a ddirmygai'r Cymry, ac ni fedrais i hoffi Ffrangeg o'i herwydd.[1] Ond ychydig iawn o waith a fyddai gennyf ddysgu ei darllen a'i deall ped awn i Ffrainc i aros am gyfnod.

Mae fy niolchgarwch yn fawr iawn i chwi am eich gwerthfawrogiad a'ch help, ac am eich trafferth a'ch amynedd. Ni waeth gennyf fi beth a ddyfyd neb amdani rŵan, a gwn y bydd rhai yn gweld llawer bai ynddi. Gyda llaw, bûm yn meddwl dweud wrthych lawer tro fy mod yn synnu at grintachrwydd Gwyn Griffiths wrth adolygu *Blodeuwedd*.[2] A synnais yn fawr ato yn galw'r stori yn boblogaidd, yn lle ei bod yn gyntefig ei deunydd. Yr wyf yn dra siomedig mewn pethau a ysgrifennodd GG yn ddiweddar, ac mae'r *Fflam* yn siomedig iawn.[3]

Nid wyf am gymryd yr *Efrydiau* am ddim. Rhaid i gylchgrawn fyw. Os gwelwch yn dda, derbyniwch y siec yma.

Unwaith eto, fy niolch cywir iawn am eich geiriau tra charedig.

Yn gynnes iawn
Kate

LlGC 22723D, ff. 127—8ᵛ

---

1   Prifathro Ysgol Sir Caernarfon yn ystod cyfnod KR yno oedd J de Gruchy Gaudin. Cawsai ei addysg yng Ngholeg Victoria, Jersey, Coleg Clare, Caergrawnt, a phrifysgolion Berlin a Marburg yn yr Almaen. Gweler J Ifor Davies, *The Caernarvon County School — A History* (Caernarfon, 1989), tt. 120—1, lle dywedir amdano: "As a linguist, he had taken up the study of Welsh and hoped not only to understand but also to speak it."

2   Cyhoeddwyd adolygiad J Gwyn Griffiths ar *Blodeuwedd* yn *Y Faner* (27 Hydref 1948), t. 7.

3   *Y Fflam* — cylchgrawn llenyddol a gyhoeddwyd rhwng 1946 a 1952 dan olygyddiaeth Euros Bowen, Pennar Davies a J Gwyn Griffiths. Cyhoeddwyd un rhifyn ar ddeg o'r cylchgrawn rhwng 1946 a 1952. Gweler *Cydymaith*, tt. [214]—15.

Llygad-y-glyn
Llanfarian
9 Mai 1949

F'Annwyl Kate,

Diolch yn fawr am y llyfr hardd. Mae'r print yn lân a'r papur yn dda a'r siaced yn hyfryd. Fe'i darllenaf eto. Bydd yn ddiddorol odiaeth gweld beth a ddywed eich adolygwyr. Nid oes gennyf i feddwl uchel o'r beirniaid llenyddol Cymraeg at ei gilydd. Nid ydynt, ond ambell un, yn darllen yn ddigon manwl a myfyrgar, ac ychydig o ddysgu iddynt sut i ddarllen a gawsant. Dyna'r pam y maent mor ddibynnol ar feirniadaeth lenyddol Saesneg.

Diolch i chwi hefyd am agor fy llygaid ar H T Edwards.[1] Ei farnu wrth adroddiadau'r papurau newydd yr oeddwn i, gan mai unwaith yn unig y gwelais ef.

'Does gen i fawr o ddim arall i'w ddweud. Yr wyf yn myfyrio drama radio arall, ond anodd gennyf sgrifennu heb i rywun ofyn yn derfynol imi i'w wneud. Gofynnodd Cwmni Garthewin am ddrama lwyfan at 1950, a bwriadaf wneud honno ar ôl yr haf, neu ddechrau arni. Pan allwyf, darllen yn llenyddiaeth yr ail ganrif ar bymtheg yr wyf o hyd ers blwyddyn. Darllen Pascal yn awr, a chywiro proflenni cyntaf *Efrydiau Catholig*, lle y rhoddais ddwy astudiaeth ar waith yr ail ganrif ar bymtheg.[2] Bydd yn ddechrau Mehefin cyn y daw'r *Efrydiau* allan. Cwyna siop Jack Edwards[3] yn Aberystwyth fod gwerthu ar lyfrau Cymraeg wedi mynd i lawr yn arw ac nad yw athrawon ysgol yn prynu llyfrau fel y buont, ond bod angen mawr am nofelau newydd; felly dylai fod mynd ar *Stryd y Glep*.

Cytunaf â chwi am lastwreiddiwch Plaid Cymru. Awgrymais y peth yn gynnil fwy nag unwaith yng "Nghwrs y Byd"; ond dyna'r unig fudiad sy gennym a rhaid glynu wrtho; byddai'n dywyll ar Gymru hebddo er mor ofalus barchus yw ei bropaganda. Gweld nad oedd obaith am i'r Blaid ddilyn esiampl y tân yn Llŷn a wnaeth i mi fynd allan o fywyd cyhoeddus yn llwyr, — hynny a'r ffaith na allwn fforddio mwyach aros yn y llywyddiaeth. Mae'n od i mi fod dadlau ffyrnig ynghylch status gweriniaeth neu

---

[1]   Huw T[homas] Edwards (1892—1970), arweinydd undebau llafur. Gweler ei gyfrolau hunangofiannol *Tros y Tresi* (Dinbych, 1956) a *Troi'r Drol* (Dinbych, 1963). Cyhoeddodd hefyd gyfrol o farddoniaeth, *Tros f'Ysgwydd* (Dinbych, 1959). Gweler hefyd W W Price, cyfrol 7, tt. 68—70.

[2]   Y ddwy astudiaeth ar yr ail ganrif ar bymtheg gan SL yn *Efrydiau Catholig* IV (1949), oedd: "Thomas à Kempis yn Gymraeg", tt. [28]—44, ac "Arddull Charles Edwards", tt. [45]—52. Ailgyhoeddwyd y ddwy erthygl yn R Geraint Gruffydd (gol.), *Meistri'r Canrifoedd* (Caerdydd, 1973), tt. 183—205 a 172—82. Cyhoeddid *Efrydiau Catholig* gan SL dan yr enw Llyfrau Sulien, Llanfarian, Aberystwyth.

[3]   Jack Edwards (1853—1942), llyfrwerthwr yn 13 Y Stryd Fawr, Aberystwyth. Bu'n fyfyriwr cerdd gyda Dr Joseph Parry yn fuan wedi sefydlu Coleg Aberystwyth. Gweithiodd am gyfnod yn Cincinnati, Ohio, rhwng 1880 a 1887, a chadwyd ei lythyrau oddi yno yn llawysgrif LlGC 20995E. Yr oedd yn frwd iawn ei gefnogaeth i'r iaith Esperanto. Parhaodd "Siop Jack Edwards" mewn bodolaeth am flynyddoedd ar ôl ei farwolaeth dan ofal ei nith, Megan Edwards Hughes. Gweler W W Price, cyfrol 7, tt. 78—9.

ddominiwn, sy'n bwnc hollol academig ac anymarferol hyd oni ddangoso'r Blaid fod ganddi ewyllys gwleidyddol a dychymyg i ddarganfod dulliau propaganda i hoelio sylw'r wlad ar ei nod.

Wel, dyna ddigon ar hynny.

Yn gu,
Saunders

Kate Roberts 806

134

Llygad-y-glyn
Llanfarian
Dydd Iau 9 Mehefin 1949

F'Annwyl Kate,

Da chi, cymerwch ofal o'ch iechyd a byddwch yn gall a mynd am orffwys a newid. Mae'n rhaid eich bod wedi mynd yn bur wael cyn mynd fel y gwnaethoch wrth y teleffôn. Ac yn wir, nid rhaid diolch i mi am a sgrifennais ar *Stryd y Glep*.[1] Gyda llaw — a oedd fy nehongliad i o'r stori yn gywir yn ôl eich bwriad chi? 'Wn i ddim hynny.

Dylwn ddweud wrthych nad Cristion mo Leavis, Iddew ac agnostig, yn ôl a ddeallaf, yw ef, — ond Iddew amlwg iawn, Iddew Iddewig.[2] Nid wyf i'n meddwl y dylech chwi ofidio dim na ddarllen'soch yr holl Saeson pwysig llenyddol; peth drwg i awdur creadigol yw darllen gormod. Darllen y pethau sy'n rhoi maeth iddo a ddylai'r creadigol.

Ai llaw Bob yw'r llythyr hwn ai copi gennych chwi?[3] Os y gwreiddiol mae'n fy nychryn na sylweddolais o'r blaen fod ei law mor debyg i'ch llaw chithau. O ran hynny, unwaith mewn pum mlynedd y caf air ganddo.

Mendiwch!
Saunders

[1]   Cyhoeddwyd adolygiad SL ar *Stryd y Glep* fel rhan o'i golofn "Cwrs y Byd" yn *Y Faner* (1 Mehefin 1949), t. 8. Dywedodd am y gyfrol: "Yn wir, prin ein bod ni'n haeddu llyfr mor aeddfed dreiddiol â hwn. Yn Ffrangeg y dylesid fod wedi ei sgrifennu. Llyfr i bobl mewn oed yw ef ac i ddarllenwyr profiadol, clasur bychan o gyfrwystra seicolegol ac o foeseg."

[2]   Cyfeiriwyd eisoes at gyfrol F R Leavis, *The Great Tradition* uchod ar d. 147, nodyn 4. Mae'r paragraff cyntaf yng ngholofn SL "Cwrs y Byd" yn *Y Faner* (1 Mehefin 1949), t. 8, yn trafod y gyfrol hon. Fe'i disgrifir gan SL fel "y peth pwysicaf sydd wedi ei sgrifennu ar y nofel Saesneg o gwbl." Ar F[rank] R[aymond] Leavis (1895–1978), gweler *Who Was Who*, VII (1971–1980), t. 458. Yr oedd yn Gymrawd yng Ngholeg Downing, Caergrawnt, rhwng 1936 a 1962 a bu'n Ddarllenydd Prifysgol Caergrawnt mewn Saesneg rhwng 1959 a 1962. Yn groes i'r hyn a ddywed SL yma, nid oedd F R Leavis yn Iddew, ond Sais o waelod y dosbarth canol. Ei wraig, Queenie, oedd yn Iddewes, a chafodd hi ei diarddel gan ei theulu yn dilyn eu priodas.

[3]   Mae'r adysgrif o lythyr RWP sy'n dilyn yn llaw KR — hynny sydd i gyfrif am benbleth SL.

Coetmor
Bethesda
30 Mai 1949

Annwyl Kate,
Mae Myfanwy a minnau yn dra diolchgar i chwi am eich rhodd o'ch stori newydd, *Stryd y Glep*. Buaswn wedi cydnabod ei derbyniad cyn hyn oni bai fod M ar ganol ei Springclin bondigrybwyll, ag arni hithau hefyd eisio'i darllen.

Mwynhasom hi'n fawr — M yn fwy na mi! Ni fedrwn i anghofio'i chwiorydd hŷn, *O Gors y Bryniau* a *Ffair Gaeaf* yn arbennig, ac yr wyf yn gwbl unfarn â Mignedd ym *Maner* yr wythnos dwytha'.[1] A ydyw hyn braidd yn debyg i'r hyn a eilw y Sais yn *"looking a gift horse in the mouth"*? Na ato Duw. Y cwbl a olyga yw, fel *na* ddywedodd Shakespeare — "Ni charaf Doli'n llai, ond Dora'n* fwy".[2]

Ein cofion cynnes atoch
Bob Parry

* "Dora Lloyd" wrth gwrs.

Kate Roberts 813

135

Llygad-y-glyn
Llanfarian
5 Ionawr 1950

Fy Annwyl Kate,
Yr wyf newydd ddychwelyd o Gastell Nedd a dyma'r cyfle cyntaf i ddiolch i chwi am eich llythyr. Neithiwr y dychwelais ar ôl bod yn cadw tŷ a choginio i'm modryb tra oedd Mair gartref yma yn gweld ei mam. Felly os dymunwch imi gymryd gofal o golofn y merched a dweud sut i wneud saws brandi bendigedig gyda phwdin Nadolig cartref — myfi yw eich dyn. Ond y mae cadw tŷ *a* gwneud gwaith meddwl ac ysgrifennu a darllen yn fwy nag a fedraf; ac felly deuthum adref gydag edmygedd adnewyddol o'ch cyfuniad chwi o ddoniau. Y gorau a fedrwn i ar derfyn diwrnod o waith oedd cymryd bath poeth a dyfod i lawr wedyn at y tân yn fy ngŵn nos a smocio sigâr a darllen pregethau Islwyn nes mynd i'r gwely. Y mae Griffith J Williams yn Aberystwyth heno a byddaf yn mynd i fwrw'r hwyr gydag ef toc.

---

1 Ffugenw a ddefnyddid gan Gwilym R Jones oedd "Mignedd". Ysgrifennodd sylwadau ar *Stryd y Glep* yn y golofn "Ledled Cymru", *Y Faner* (25 Mai 1949), t. 4: "Nid yw arddull na defnyddiau llenor yn aros yr un, ac y mae'n bosibl i dechneg awdur aeddfed newid. Dysgir hyn wrth ddarllen stori newydd Kate Roberts *Stryd y Glep* (Gwasg Gee, 3/-). Nid ei ffurf yn unig sy'n anghyffredin er bod stori hir ar ffurf dyddiadur yn beth newydd yn Gymraeg eithr ei harwyddocâd fel cyfanwaith llenyddol seicolegol. Stori meddyliau yn anad dim yw *Stryd y Glep*, a meddyliau merch a droes ei gwely cystudd yn burdan ydynt. Fel pob stori iawn, y mae'r gwaith hefyd yn feirniadaeth ar y gymdeithas gyfoes. Yn wir y mae *Stryd y Glep* mor wahanol i bopeth a sgrifennodd Kate Roberts nes ein cymell i dybio mai rhyw awdur newydd a biau'r stori . . . "

2 Cymeriad yn *Stryd y Glep* oedd Doli, cyfnither i Ffebi Beca, y prif gymeriad. Dora Lloyd oedd y prif gymeriad yn "Y Wraig Weddw", un o'r naw stori fer a gynhwysir yn *O Gors y Bryniau*.

Yr wyf yn meddwl y bydd yn rhaid imi ymddeol o'r *Faner* tua'r gwanwyn nesaf yma. Mi sgrifennaf at y golygydd yn swyddogol mewn digon o bryd cyn rhoi'r gorau iddi. Ond mi gredaf mai dweud wrthych chwi yn breifat gyntaf sydd decaf. Yr wyf wedi cwblhau deng mlynedd o "Gwrs y Byd" yn awr. Dymunaf arnoch gadw hyn yn hollol gyfrinachol — yr wyf wedi trefnu i fynd dan operesion lawfeddygol tua mis Mawrth — dim byd difrifol enbyd, ond gohiriais yn rhy hir o flynyddoedd a rhaid bodloni 'rwan. Felly bydd yn gyfleus imi ymddeol o'r *Faner* yr un pryd. Os na wnaf, bydd fy ngobaith am sgrifennu rhai o'r llyfrau yr wyf yn awyddus am eu sgrifennu cyn fy marw yn siwr o fethu; ni fedraf ar hyn o bryd gael amser i astudio ar eu cyfer.

Wel, dyna fi wedi bwrw drwyddi i ddweud wrthych! Y ffaith yw y buaswn wedi ymddeol ers talm onibai amdanoch chwi eich hunan. Chwi fu yn fy rhwymo i. Gan hynny, blwyddyn newydd dda iawn i chwi, a'm diolch oll,

Saunders

Kate Roberts 830

136

Y Cilgwyn
Dinbych
Nos Wener 6 Ionawr 1950

Fy Annwyl Saunders,

Yr wyf newydd ddychwelyd o Gaerdydd, lle y bûm ym mhwyllgor llên yr Eisteddfod Genedlaethol, a chael eich llythyr wedi cyrraedd y tŷ. Teimlwn yn drist iawn drwy'r dydd oherwydd ei bod yn ben blwydd y storm fwyaf a fu ar fy mhen erioed,[1] ac wedi derbyn eich llythyr heno teimlaf yn ddwbl drist, o weld cyfnod arall yn dyfod i ben, ac efallai na ddylwn ysgrifennu heno o gwbl. Ond fe ddaw yfory a'i waith a minnau wedi cyrraedd gartref ddwyawr yn gynt nag y tybiaswn.

Ar ôl pedair blynedd o geisio ysgrifennu rhyw fymryn i'r *Faner* gallaf yn hawdd iawn gydymdeimlo a deall eich dymuniad i roddi gorau iddi. Nid oes dim sy waeth i lenor na'i fod yn gorfod ysgrifennu bob wythnos ar bethau na buasai fel arall yn ysgrifennu arnynt. Yn eich achos chwi, mae'r hyn a sgrifennwch o orfod yn wych bob amser, bron na ddywedwn cyn wyched â'r hyn a sgrifennwch o ddymuniad, a bu eich deng mlynedd o gyfraniad i'r *Faner* y peth gwychaf a fu erioed mewn newyddiaduraeth Gymraeg. Gwn y bydd *Y Faner* yn dlawd iawn wedi i chwi orffen, ond fe gaf, mi obeithiaf, roddi teyrnged i'ch gwaith eto. Mae bywyd yn fyr ar ei hwyaf, a gallaf ddeall eich awydd chwi i frysio ysgrifennu'r pethau yr hoffech eu hysgrifennu.

Yr ydych yn ddoeth iawn yn myned dan y weithred law-feddygol, a gobeithiaf y bydd yn llwyddiant perffaith, fel y cewch fod yn ddiboen i gyflawni eich gwaith.

Bu'n boen arnaf fi na chawsoch eich talu'n well am y gwaith mawr a wnaethoch inni, ond ni fedraf byth egluro mor rhwym yr oeddwn, ac na fedrwn ddadlau am ychwaneg i chwi. Erbyn hyn, prin y mae'r *Faner* yn talu amdani ei hun, oherwydd

---

[1]   Aethai pedair blynedd heibio oddi ar marwolaeth MTW.

prinder hysbysiadau, ac i Stafford Cripps y mae'r diolch am hynny.[1] Cedwch hynyna i chwi eich hun a'r peth nesaf. Yr ydym yn gorfod oedi cyhoeddi rhai llyfrau yn awr, ac yn gorfod cymryd mwy o *jobbing* er mwyn gwneud i'r busnes dalu oherwydd bod yr hysbysiadau wedi mynd i lawr. (Wrth gwrs, fe wneir ymdrech arbennig i gyhoeddi unrhyw lyfr gennych chwi). Ond, fe welwch fy mhwynt, petai'r arian yn dyfod trwy bethau mor rhwydd â hysbysiadau, fe allem fforddio cyhoeddi mwy o lyfrau.

Nid i mi mae'r boen hon yn unig, mae'n fwy poen mae'n debyg i'm cyd-gyfarwydd-wyr. Yr wyf yn ffodus iawn fod gennyf bobl gydwybodol weithgar fel hwynt yn gefn imi. Hwy, ac nid y fi, sy'n gorfod dyfod wyneb yn wyneb â phroblemau ynglyn â'r gweithwyr, ac mae'r problemau hynny'n fawr heddiw ym mhob swyddfa. Fel ym mhob man arall mae gennym rai gweithwyr da a rhai fel arall, ac yn yr amser hwn ar fyd gall gweithwyr wneud fel y mynnont â'u cyflogwyr. Yn wir, bûm yn poeni'n ddychrynllyd yn ddiweddar, ac yn meddwl ym mha le y diwedda pethau fel hyn.

Yr ydym yn myned drwy amser caled, a digon tebyg fod pethau gwaeth yn ein haros. Felly y bu i'n tadau o'n blaen. Byddai'n dda iawn gennyf fi fod heb gyfrifoldeb fel hyn o gwbl, yn yr oed yr wyf ynddo. Petawn i'n ifanc byddai'n wahanol. Teimlaf weithiau y dylwn werthu'r tŷ yma a mynd i fyw i ddwy ystafell, ond yr ychydig lawenydd materol sydd ar ôl imi yw fy nhŷ, er ei fod yn golygu digon o waith. Ie, dyna sy'n gwneud y gwaith yn galed yw neidio o'r naill beth i'r llall. A wyddoch chi sut yr ysgrifennais *Stryd y Glep*? Yr oedd gennyf dabledi yn y tŷ a gefais gan y meddyg rywdro i roi ynni imi. Heb ddweud wrtho cymerais un bob ganol dydd (yn lle dwy yn y bore) ryw bedair gwaith yn yr wythnos, ac aros ar fy nhraed i sgrifennu hyd ddau a thri yn y bore o fis Hydref hyd fis Ionawr y llynedd. Ond ni wnaf hynny byth eto. Ar ôl ysgrifennu'r stori ddwaethaf i'r *Faner* bûm yn cyfrif, a chredaf fod gennyf ddigon o storïau byrion at gyfrol arall.[2]

Da chwi, ysgrifennwch eich profiadau cadw tŷ i "Golofn y Merched". Mae hi'n mynd yn brin iawn am ddeunydd i honno hefyd. Buaswn yn hoffi treio eich saws brandi. Ie, gefais innau saws brandi, ond efo phwdin pryn y tro yma, am y tro cyntaf yn fy mywyd, a chacen bryn hefyd. Ni chefais amser i wneud un. A sut mae eich modryb? Ai heb neb i gadw tŷ iddi y mae o hyd? Mae problem hen bobl yn un ddyrys odiaeth.

Ie, hoffwn i sgrifennu llawer mwy ond rhaid ymatal. Credaf, os medrwch, mai'r peth gorau fyddai i chwi ddweud wrth y golygydd cyn gynted ag y mae'n bosibl. Ni bydd yn hawdd iawn imi gerdded o gwmpas y swyddfa a chyfrinach fel hyn yn fy mynwes. Byddaf yn teimlo fel twyllwr. A fyddai'n ormod imi ofyn eich barn ar olynydd i chwi o'r rhai a fu'n sgrifennu yn ystod eich gwyliau? A pha un fyddai orau, cael un ynteu panel

---

[1] Syr Richard Stafford Cripps (1889–1952), AS Llafur dros Ddwyrain Bryste, 1931–50, a Changhellor y Trysorlys rhwng 1947 a 1950. Ar ei hanes gweler *Who Was Who*, V (1951–1960), t. 257, a chofiant Colin Cooke, *The Life of Richard Stafford Cripps* (London, 1957). Mae'n debyg mai effaith cyffredinol cyllidebau Stafford Cripps ar gwmnïau a oedd i gyfrif am y diffyg hysbysebion yn *Y Faner*.

[2] Ymddangosodd y stori "Yfory ac yfory" yn *Y Faner* (21 Rhagfyr 1949), t. 5. Ni chyhoeddwyd cyfrol o storïau gan KR y pryd hwn yn unol â'i bwriad. Ymddangosodd "Yfory ac yfory" yn *Yr Wylan Deg* (Dinbych, 1976).

o sgrifenwyr? Gwn yr ysgrifennwch ambell erthygl inni pan deimlwch ar eich calon sgrifennu ar ryw bwnc neilltuol. Gobeithiaf yn fawr y cewch iechyd a nerth yn y flwyddyn newydd a bob amser. Byddai'n well gennyf i chwi gael hynny nag ysgrifennu i'r *Faner*.

Pob bendith i chwi.
Yn gu iawn
Kate

LlGC 22723D, ff. 129–30ᵛ

137

Llygad-y-glyn
Llanfarian
Pnawn Sul 12 Mawrth 1950

F'Annwyl Kate,

Nid wyf yn mynd i'r ysbyty cyn dydd Gwener nesaf, — methu cael gwely tan hynny. Yr wythnos diwethaf yr oeddwn yn eich ardal, yn yr Wyddgrug ac yng Ngwrecsam, yn yr ysgolion gramadeg. Ond yr oedd y niwl y nos cynddrwg fel nad oedd modd imi fynd nag i'r Garthewin nac i Ddinbych i'ch gweld, dim ond yr ysgol y dydd a'r gwesty gyda'r nos, oddieithr cael un noson gyda Mr Hugh Jones[1] a Moses Jones[2] a Cheiriog Williams[3] yn yr Wyddgrug. Yr wyf yn ymglywed yn euog o dwyll, — yn gweithio'n braf a phawb yn disgwyl darllen fy nghofiant yn y papurau, ac ambell lythyr o gydymdeimlad dwys; a minnau ar ganol ail act o ffars anghyfrifol i chwaraewyr Garthewin,[4] — gobeithiaf ei gorffen (yr ail act) cyn mynd i'r byr-gartref neu'r hir gartref.

Diolch yn gynnes iawn am y ddwy siec a ddaeth heb imi eu hennill. Derbyniaf hwynt yn wir ddiolchgar. Ond a wnewch chwi eu hatal ar ôl yr wythnos hon er mwyn i chwi dalu i bwy bynnag a sgrifenno "Gwrs y Byd" y pythefnos cyntaf o Ebrill, gan fod yn sicr na byddaf allan o'r gwely cyn hynny? Yr wyf yn dymuno hyn er mwyn fy nhawelwch meddwl i fy hun. Ni fûm i erioed yn gyfoethog, ni fûm erioed yn dlawd, — ond bu'n gyfyng braidd arnaf ar ôl 1937 am rai blynyddoedd, a dyna'r pam y mae gennyf

---

[1] Hugh Jones (1900–80), cyfreithiwr wrth ei alwedigaeth yn Yr Wyddgrug a fu'n Glerc Cyngor Sir y Fflint.

[2] Moses Jones (g. 1905) — brodor o Flaenau Ffestiniog. Wedi gyrfa ddisglair yng Ngholeg y Brifysgol, Caerdydd, a chyfnod yn dysgu, ac yn diwtor yng Ngholeg Harlech, bu'n Ddirprwy Gyfarwyddwr, ac yna'n Gyfarwyddwr Addysg Sir y Fflint, ac iddo ef y mae llawer o'r diolch am bolisi iaith goleuedig y sir honno.

[3] [Thomas] Ceiriog Williams (1903–92) — brodor o Langollen a fu'n dysgu yn Lerpwl ac yn brifathro yn Abergele a'r Wyddgrug cyn cael ei benodi'n Arolygydd Ysgolion. Yr oedd yn flaenllaw iawn ym mywyd diwylliannol Yr Wyddgrug ac yn awdurdod ar fywyd a gwaith Daniel Owen.

[4] Y ffars hon oedd "Eisteddfod Bodran" a berfformiwyd gyntaf yn Theatr Garthewin ar 24 Awst 1950 gydag Edwin Williams yn cynhyrchu. Fe'i cyhoeddwyd ynghyd â "Gan Bwyll" yn y gyfrol *Dwy Gomedi* a ymddangosodd o Wasg Gee yn Awst 1952.

deimladau cynnes tuag at *Y Faner.* Y peth gorau pan ddechreuaf sgrifennu'n rheolaidd bythefnosol fydd parhau ar y termau presennol, ond bydd y dreth incwm yn wahanol wrth gwrs.

Fy nghofion atoch yn gynnes
Saunders

Kate Roberts 831

138

Brunswick Nursing Home
Ffynone
Abertawe
31 Mawrth 1950

Fy Annwyl Kate,

Cefais godi ac eistedd am awr yn y gadair esmwyth yn fy ystafell am y tro cyntaf heddiw, ac felly dyma anfon gair o gyfarchiad atoch. Disgwyliaf gael mynd adref i orffen fy ngwellhad yn bur fuan bellach, efallai ddechrau'r wythnos. Y mae'r llaw-feddyg yn fodlon ar ei waith ac yr ydwyf innau'n fy nghlywed fy hun yn hybu'n arw.

Hoffais yn fawr WER yng "Nghwrs y Byd" heddiw.[1] Peidiwch â rhoi dim newydd amdanaf yn *Y Faner,* os gwelwch yn dda.

Maddeuwch air mor aflêr.

Yn gu
Saunders

Kate Roberts 832

139

Y Cilgwyn
Dinbych
26 Ebrill 1950

F'Annwyl Saunders,

Yn gyntaf peth, gadewch imi ddweud pa mor falch oeddwn o ddeall drwy Mr Gwilym R Jones eich bod yn gwella mor dda. Gobeithiaf eich bod yn dal i gryfhau.

Fe fyddai'n dda iawn gennyf gael eich gweld i siarad â chwi yn lle fy mod yn ysgrifennu'r pethau yma yr wyf am eu dweud yn y llythyr hwn. Petawn yn siarad â chwi, fe ofynnwn yn gyntaf a gawn i eich caniatâd i drafod y materion a fu rhyngoch chwi a Mr Jones yr wythnos hon ynghylch eich ysgrifau i'r *Faner.* Nid fy mwriad yw busnesa o gwbl rhyngoch chwi a Mr Jones fel golygydd *Y Faner.* Nid ysgrifennaf ychwaith fel aelod o ffyrm Gee a'i Fab, ond fel ffrind, a gobeithiaf y cymerwch bopeth a ddywedaf yn ysbryd cyfeillgarwch. Mae'n wirioneddol ddrwg gennyf fod yr

---

[1] Erthygl yn ystyried sefyllfa Cymru yn dilyn yr etholiad cyffredinol a oedd newydd fod ar 23 Chwefror a gafwyd yng ngholofn "Cwrs y Byd" yn *Y Faner* (29 Mawrth 1950), t. 8, gan W E R, sef W Eilian Roberts, yr economegydd a pherthynas i SL.

ymosodiadau ar Babyddiaeth wedi eich brifo,[1] a'ch bod yn teimlo cymaint o'r herwydd fel na fynnwch ysgrifennu "Cwrs y Byd" bob yn ail wythnos. Deallaf eich dadl na bydd rhediad unffurf i'r ysgrifau wrth ysgrifennu bob yn ail â rhywun arall. Ond ni welaf fod yr ymosod ar Babyddiaeth yn ddigon o reswm dros i chwi beidio ag ysgrifennu ar y tudalen hwn ac o dan y pennawd. Yr wyf yn greadur croen denau fy hun, a gallaf ddeall fel y'ch brifir. Ond ar y mater hwn, fe wn i farn pobl y tu allan, gan nad wyf yn Babydd. Ychydig iawn o bobl wedi'r cwbl sy'n cymryd yr agwedd yma o ymosod ar Babyddiaeth, ychydig mewn cymhariaeth. Ac mae naw o bob deg sy'n gwneud hynny yn bobl y mae Cymru yn blino eu cydwybodau. Fe wyddant â'u rheswm fod dadl Plaid Cymru yn iawn, ond rhaid iddynt gael rhyw esgus i beidio gweithio yr un ffordd â Phlaid Cymru. Felly, er mwyn taflu Cymru oddi ar eu cydwybod, codant fwgan i fod yn fwch dihangol iddynt. A phe na byddai'n Babyddiaeth, byddai'n rhywbeth arall. Nid yw'r bobl hyn yn caru Cymru o ddifrif, neu ni byddai ganddynt esgus o gwbl dros beidio â gweithio drosti. Ond mae hi'n poeni tipyn ar eu cydwybodau.

Eich tuedd chwi yw mynd i'ch cragen oherwydd yr ymosodiadau hyn, heb gofio am eich ffrindiau, ac mae gennych gannoedd lawer ohonynt yng Nghymru, ar wahan i'ch cylch bach o gyfeillion agos. A phan ewch i'ch cragen, mae eich ffrindiau yn teimlo i'r byw, a chânt hwythau eu brifo, (maddeuwch imi am ddweud hyn hefyd), yr un fath ag y brifir chwithau. Ni ddowch chwi i wybod y pethau hyn, ond fe ddown ni. Yr wythnos hon fe ddaeth llythyr preifat i Mr Gwilym R Jones oddi wrth ddyn nad adwaenwn mohono o gwbl o Lanegryn, a châs llythyr wedi ei stampio wedi ei amgau, yn gofyn beth oedd wedi digwydd i lenor mwyaf Cymru, paham nad ysgrifennai "Gwrs y Byd", a pham yr oeddem mor ddistaw yn ei gylch. Ac fel yna, ar hyd a lled Cymru, mae pobl, yn wreng a bonedd, yn holi amdanoch ac yn ei gweld yn chwith heb eich ysgrifau.

Soniasoch cyn myned i'r ysbyty fod arnoch eisiau mwy o amser i ysgrifennu llyfrau. Gallaf ddeall hynny'n iawn, ac fe ddaeth peth fel hyn i'm meddwl. Beth petaech yn ysgrifennu rhai o'r llyfrau hyn i'r golofn newydd yn *Y Faner*, bob pythefnos, (os nad ydynt yn rhy academaidd) a'u cyhoeddi'n llyfr wedyn? Ni byddai'r ffaith iddynt ymddangos yn flaenorol yn unrhyw rwystr rhag i'ch lyfrau chwi werthu (fe fyddai petawn i'n sgrifennu fy storïau ymlaen llaw). Dim ond awgrym yw hwnna, er mwyn arbed eich nerth a'ch ynni.

Ac a gaf fi ddweud peth arall? Ni bu pethau'n hawdd o gwbl arnom fel ffyrm ers rhai blynyddoedd, ac onibai bod yma ysbryd da rhwng cyfeillion ni buasai yma *Faner* o gwbl. A bu'n ddigon tost arnaf finnau'n bersonol, ond fe geisiais ymdrechu, er imi ganwaith deimlo fel rhoi'r ysbryd i lawr. Ond mae gennyf gyfeillion cywir yn cyd-weithio â mi, a buoch chwithau'n nodedig o ffyddlon, a mawr yw fy ngwerthfawrogiad i

---

[1] Digwyddodd yr ymosodiad ar Eglwys Rufain yn erthygl D A ["Davies Aberpennar", sef Pennar Davies] yng ngholofn "Cwrs y Byd" yn *Y Faner* (19 Ebrill 1950), t. 8.

a'm cyd-gyfarwyddwyr o'ch gwaith disglair. Fe ddywedais y pethau hyn i gyd i geisio eich darbwyllo rhag ymgilio'n llwyr o'r byd. Yn y byd y rhoes Rhagluniaeth ni, ac yn y byd y mae'n rhaid inni weithio dros yr hyn a gredwn, petai ein gelynion yn filwaith mwy niferus ac yn filwaith mwy uffernol. Credwch fi fod y llythyr hwn yn yr ysbryd gorau.

Yn bur iawn
Kate

LlGC 22723D, ff. 131—3^v

140

Llygad-y-glyn
Llanfarian
28 Ebrill 1950

Fy Annwyl Kate,

Mae'ch llythyr chi'n garedig enbyd a minnau'n rhoi digon o drafferth i chwi. Ni ddywedaf ond hyn ar hynny, — oni bai am eich cysylltiad personol chi â'r *Faner*, buaswn wedi ymddeol ers talm. Fy mwriad cyntaf i ddeufis yn ôl oedd dal ar gyfle fy operesion i ymddeol, ond fe bwysodd GJW mor daer arnaf i beidio fel y bûm i'n rhy wan i ddal wrth fy mwriad. Beth bynnag, yr wyf wedi bodloni rwan i sgrifennu bob pythefnos, ac mi gadwaf at hynny am flwyddyn o leiaf, heb ragor o ffwdan.

Darllenais eich stori fer dair wythnos yn ôl a'i hoffi,[1] a'r wythnos hon eich adolygiad ar storïau DJ, adolygiad gwir werthfawr a *sownd*.[2] Yr wyf i ar hyn o bryd yn ceisio gorffen ail act ffars ar gyfer ffestifal ddrama Garthewin. Meddyliais wrth gychwyn mai rhwydd fyddai sgrifennu ffars ysgafn. Ni chefais erioed y fath ddadrithiad! Y mae'n drybeilig anodd ac fe fyddwn wedi sgrifennu dwy drasiedi gyda llai o boen.

Yr wyf yn ddiolchgar o galon i chi am eich llythyr.

Saunders

Kate Roberts 833

---

[1] Cyhoeddwyd stori KR "Y Trysor" yn *Y Faner* (12 Ebrill 1950), t. 3, a'i hailgyhoeddi yn *Gobaith a storïau eraill* (Dinbych, 1972), tt. 20—7.

[2] Ymddangosodd adolygiad KR ar *Storïau'r Tir Du* D J Williams yn *Y Faner* (26 Ebrill 1950), t. 7.

Llygad-y-glyn
Llanfarian
15 Gorffennaf 1950

F'Annwyl Kate,

Dyma'r newydd allan yn swyddogol yn awr am eich DLitt![1] Yr oeddwn wedi clywed yn gyfrinachol fis yn ôl, ond bernais mai cyfrinach yw cyfrinach. Buont yn hwyrach nag arfer yn cyhoeddi'r graddau anrhydeddus eleni. Yr wyf yn llawen eich bod wedi ei derbyn (yn ogystal â'i chael!), gan fod eisiau mawr am ddangos bri llenorion creadigol, a gradd DLitt y brifysgol yw'r unig foddion i wneud hynny. Yn wir, mi ddeuwn i lawr yn unswydd i weld eich cyflwyno onibai mai yn Abertawe, yn anffodus i mi, y mae'r seremoni.

Felly llongyfarchion, a byddwch lawen iawn ac yfwch *champagne* i ginio ar ôl y graddio!

Saunders

Kate Roberts 846

Y Cilgwyn
Dinbych
19 Gorffennaf 1950

F'Annwyl Saunders,

Ymhlith y pentwr llythyrau (yn cynnwys biliau a ffurflenni treth incwm) a'm disgwyliai wedi imi ddychwelyd o Abertawe heno, nid oedd yr un yn fwy derbyniol na'r eiddoch chi a Bob Parri.[2] Ein cyfaill o Fethesda yn diweddu fel hyn:- "Bu ei ddarllen yn esmwythhâd mawr i'm cydwybod i!!" Gallaf finnau ddweud yr un peth am eich llythyr chwithau, oblegid buoch ar fy nghydwybod. Fe all ein cyfaill cywir, boneddig, G J Williams ddweud wrthych fel y bu imi ysgrifennu ato ef, (am y dyfalwn ei fod ef yn gwybod y cawn gynnig gradd o'm blaen i) cyn derbyn yr anrhydedd, i ofyn a ddylwn ei dderbyn ai peidio, oblegid triniaeth y Brifysgol ohonoch chwi. Petai modd i'm gwallt fyned yn wynnach nag y mae yn ystod y dyddiau hynny fe aethai, oblegid teimlo ar fy nghalon wrthod yr oeddwn i. Cofiwch, nid yw rhai ohonom byth yn anghofio'r driniaeth a gawsoch gan y sefydliad a wasanaethasoch mor wych. Dywedodd GJW yn

---

[1] Am enghraifft o'r ymateb i ddyfarnu D Litt i KR, gweler sylwadau Mignedd (Gwilym R Jones) yn *Y Faner* (19 Gorffennaf 1950), t. 4: "Y mae hi wedi hen haeddu'r anrhydedd, ac mae'r Brifysgol wedi gosod arbenigrwydd arni hi ei hun wrth ei hurddo'n Ddoethur Llenyddiaeth. Bydd yn anodd gennym ei chyfarch fel 'y Dr Kate Roberts', ac ni bydd hi mewn gwirionedd damaid mwy o lenor ac ysgolaig ar ôl cael y ddoethuraeth hon, ond llawenhawn wrth weled bod y Brifysgol wedi cael troedigaeth bwysig." Cadwyd pedwar ugain a chwech o lythyrau yn llongyfarch KR ar dderbyn y radd hon, gweler Papurau Kate Roberts, rhifau 839–924.

[2] Cadwyd cerdyn post RWP, dyddiedig 16 Gorffennaf 1950 ymhlith Papurau Kate Roberts, rhif 852: "Yr oeddwn yn falch gynddeiriog o weld eich enw ym mhapur ddoe ymysg anrhydeddedigion Prifysgol Cymru am eleni. Bu ei ddarllen yn esmwythâd mawr i'm cydwybod i! R.W.P."

wrthyf am ei dderbyn oblegid (a) mai ein prifysgol ni ydyw, a (b) os deil pobl i wrthod graddau o hyd, fe ânt i'r Saeson a'r Sais-Gymry na wnaethant ddim erioed i Gymru.[1]

Fy nheimlad i ydyw, y dylai fod gan y Brifysgol rywbeth heblaw doctoraeth i'w gynnig, rhyw wobr neu anrhydedd (fel y sy ganddynt mewn gwledydd eraill) na byddai'n rhaid i greadur o ddyn ei gario o gwmpas ei wddf weddill ei oes. Nid yw'r teitl 'doctor' yn gweddu i mi. Ond fe fyddai rhyw "Wobr Dafydd ap Gwilym" neu "Wobr Daniel Owen"[2] neu rywbeth felly.

Buasai'n well gennyf ei dderbyn ym mhob Coleg nag yn Abertawe. Hen dref hyll yw hi erbyn hyn, os bu hi erioed fel arall, a'i chanol wedi diflannu, ac oherwydd y gorffennol mae'n gas gennyf ei choleg. Nid wyf yn meddwl fod rhai pobl yn rhy hapus wrth siarad â mi. Diflannent yn reit sydyn. Yr oedd y tywydd yn wlyb iawn, ac ni chafodd fy mrawd a minnau le da i aros o gwbl. Mae hi wedi mynd yn y wlad yma, wir, ni bydd neb yn gallu gwneud bwyd gyda hyn. Yr ydym fel anwariaid. O flaen y seremoni yr oedd y cinio, ac ni fedrais i fwynhau llawer arno, oblegid yr oedd arnaf ofn bod yn sâl yn ystod y seremoni. Bu'n rhaid imi wrthod y gwin! Rhaid imi ddweud bod cinio'r Brifysgol yn ardderchog.

Yr oedd arnaf eisiau chwerthin a chrio wrth fy mharatoi fy hun ar gyfer y siwrnai. Meddwl beth petai Arglwydd Harlech[3] yn fy ngweld yn golchi Tos, cyn mynd ag ef i gael ei warchod, yn brysio gwneud jam *currants* duon, rhag ofn na chadwent erbyn imi ddyfod adref, yn glanhau grât a gogrwn lludw, yn golchi a smwddio, yn cyfieithu *Hansard*, yn cywiro proflenni'r *Faner*. Ac eisiau crio am lu o bethau.

Credaf mai araith G J Williams oedd y peth gorau yno. Efallai i chi ei chlywed ar y radio.[4] Ni wn a glywsoch fod Mrs Williams wedi syrthio a brifo. Wythnos i ddoe fe syrthiodd ar y ffordd wrth ddyfod i gyfeiriad y tŷ. Y ffordd a oedd yn ddrwg, a hithau heb neb efo hi. Aeth Mr Williams â hi i'r ysbyty a chafodd *X-ray*. Wedi cracio asgwrn pen ei hysgwydd yr oedd (ni wn ai'r trybedd oedd ai peidio) a chafodd ddyfod adref ddydd Sadwrn. Nid yw wedi brifo'n ddrwg iawn, ond wrth reswm, iddi hi, yn y cyflwr y mae, mae pob dim fel hyn yn ei gyrru'n ôl. Yr oedd yn rhaid iddo ef fyned adref ar ei union o Abertawe ddoe. Gresyn garw dros y ddau. Gallasent gael cymaint o hapusrwydd yn awr petai Mrs Wiliams yn iach. Ac fel y gwyddoch, mae help yn y tŷ yn beth mor anodd i'w gael, a phan geir ef, mae'n help mor sâl. Mae GJW yn un o ddynion mwyaf ein cenedl ni, ac mae hithau mor gywir a chadarn.

---

[1] Gwelir y llythyr hwn oddi wrth Griffith John Williams at KR ymhlith Papurau Kate Roberts, rhif 829.

[2] Yr Eisteddfod Genedlaethol, nid Prifysgol Cymru, a sefydlodd Wobr Goffa Daniel Owen, a hynny ar gyfer ysgrifennu nofel. Cynhaliwyd y gystadleuaeth gyntaf yn Eisteddfod Genedlaethol Caerdydd 1978.

[3] William George Arthur Ormsby-Gore, (1885–1964), pedwerydd barwn Harlech, oedd Is-ganghellor Prifysgol Cymru rhwng 1945 a 1956 ac felly ef oedd yn cyflwyno'r radd D Litt i KR yn rhinwedd ei swydd.

[4] Darlledwyd crynodeb o seremoni cyflwyno graddau anrhydeddus Prifysgol Cymru yng Ngholeg Abertawe ar Raglen Cymru'r BBC, 18 Gorffennaf 1950, rhwng 8.30 a 9.00 pm.

Yr oedd arnaf eisiau ysgrifennu atoch cyn y storm yma, ond fel na feiddiwn gan eich bod ar fy nghydwybod, i ddweud fel yr wyf yn mwynhau eich ysgrifau newydd yn *Y Faner*. Soniai GJW ddoe y dylid eu cael yn llyfr, a chytunwn. Mae degau o bobl wedi dweud wrthyf eu bod wedi mwynhau'n rhifyn R ap Gwilym Ddu yn arbennig.[1] Dywedodd un o'm dosbarth Ysgol Sul ei bod hi wedi ei gadw, ac ar y gair dyma J H Griffith[2] ein gweinidog heibio i'r dosbarth a dweud yr un peth. "Yr oedd ysgrif SL yn hoffus dros ben" meddai.

Dywedodd hefyd fod R ap G Ddu wedi myned â'r tân o'r Mynachdy i'r Betws Fawr, yn ôl y traddodiad Cymreig o beidio â gadael i'r aelwyd oeri.

Bu Jarman[3] yma wythnos i ddoe, a rhoes grynhodeb imi o'ch darlith ar Islwyn.[4] Diddorol iawn. Gobeithio y cawn ei gweld mewn print.

Nid wyf fi erioed wedi medru mwynhau'r "Storm", a hynny, mae'n debyg, am na fedrais ei deall. Ond pan oeddwn yn hogan ddeunaw yn yr Ysgol Sir yng Nghaernarfon byddwn yn dotio at ddarnau ohoni, ac yn eu codi i gopi bach. Rhaid imi fynd yn ôl ati eto.

Bu Gwenallt yma'n aros nos Sadwrn, wedi bod yng nghyfarfod coffa T Gwynn Jones.[5] Gofynasai imi chwilio am le iddo aros yn Ninbych, ac ni fedrwn yn hawdd adael iddo fyned i le arall, a chennyf innau lofft wag. Buom yn trafod Daniel Owen, a chytuno'n dau ei fod yn broffwyd ac yn llenor rhyfeddol, a mwy a mwy yn dyfod i'r golwg ynddo o hyd. Araith Gwenallt oedd y peth gorau yn y cyfarfod. Credwn fod pob dim a ddywedai Tegla Davies yn anghywir. Dweud bod Gwynn J yn ddyn pendant. Dyn hollol amhendant ydoedd. Dadlennwyd peth rhyfedd iawn ar y radio y noswaith o'r

---

1 Rhifyn 5 Gorffennaf 1950 o'r *Faner* oedd rhifyn arbennig Robert ap Gwilym Ddu. Cynhwysai erthygl gan SL, t. 8, a chan Gwenallt, t. 3, gydag erthygl arall gan Gwenallt yn y rhifyn dilynol, 12 Gorffennaf 1950, t. 3, ar Ddewi Wyn o Eifion. Y rheswm dros roi amlygrwydd i'r beirdd hyn oedd cynnal cyfarfodydd coffa yng Nghapel y Beirdd, Eifionydd, ar 8—10 Gorffennaf pan ddadorchuddiwyd cofebau i'r ddau.

2 John H Griffith (1890—1972), brodor o Rydymain, gweinidog gyda'r Methodistiaid Calfinaidd yn Llangoed, Môn, ac yna, o 1932 ymlaen, yn y Capel Mawr, Dinbych. Yr oedd yn heddychwr mawr a cheir coffâd iddo yn *Y Blwyddiadur . . . 1973*, tt. 260—1.

3 A[lfred] O[wen] H[ughes] Jarman (g. 1911). Cafodd ei benodi yn ddarlithydd Cymraeg yng Nghaerdydd yn 1946 a bu'n Athro'r adran honno rhwng 1957 a'i ymddeoliad yn 1979. Gweler *Cydymaith*, t. 299.

4 Traddodwyd Darlith Goffa Islwyn am 1950, o dan nawdd Coleg y Brifysgol Caerdydd, gan SL yn Neuadd Reardon Smith, yr Amgueddfa Genedlaethol, brynhawn Sadwrn, 20 Mai 1950. Testun y ddarlith oedd "Islwyn a'r Bryddest Arwrol". Wrth ddechrau'r erthygl "Thema *Storm* Islwyn" yn *Meistri'r Canrifoedd* (1973), tt. 357—70, ceir nodyn gan SL sy'n esbonio mai arddull Islwyn oedd pwnc y rhan gyntaf o'r Ddarlith Goffa a draddododd yn 1949 [*sic*], ac mai'r erthygl honno ar thema'r gerdd oedd sylwedd yr ail ran o'r Ddarlith Goffa. Ymddangosodd yr erthygl gyntaf yn *Llên Cymru* IV (1956—7), tt. 185—95.

5 Cynhaliwyd cyfarfod i goffáu T Gwynn Jones ym Metws-yn-Rhos, brynhawn Sadwrn, 15 Gorffennaf 1950. Ceir hanes y cyfarfod yn llawn yn *Y Faner* (19 Gorffennaf 1950), tt. 1+5. Penderfynwyd sefydlu cofeb genedlaethol i TGJ a gofynnwyd i Gyngor yr Eisteddfod Genedlaethol alw cyfarfod cyhoeddus yn ystod Eisteddfod Genedlaethol Llanrwst 1951 i drafod cynllun sefydlu neuadd goffa ym Metws-yn-Rhos er cof am TGJ. Siaradodd Gwenallt ar "Y Dr T Gwynn Jones fel Bardd ac Athro"; "T Gwynn Jones y Llenor a'r Newyddiadurwr" oedd testun E Morgan Humphreys; a phwnc E Tegla Davies oedd "T Gwynn Jones — y dyn a'r cyfaill".

blaen. J R Lloyd Hughes yn rhoi sgwrs *Gymraeg* ar ei atgofion am Swyddfa'r *Herald*.[1] Yn naturiol soniai lawer am TGJ, a dyfynnai o'i lythyrau. *Saesneg* oedd iaith rhai o'r llythyrau, a dilornai T G Jones feirniaid Cymraeg heb eu henwi, yn Saesneg, am nad oeddynt, mae'n debyg, yn deall ei waith ef. Fel dyn, credaf na bu TGJ erioed yn gywir iddo ef ei hun, ond yr oedd yn fardd mawr ar ei orau.

Fy niolch cynnes.

Yn bur

Kate

LlGC 22723D, ff. 134—6[v]

143

Llygad-y-glyn

Llanfarian

15 Medi 1950

F'Annwyl Kate,

Nid ydwyf yn sgrifennu at bawb a gyfrannodd i'r llyfr arnaf i,[2] ond mi hoffwn ddweud wrthych chwi gymaint o bleser a gefais o ddarllen eich pennod ar fy arddull. Mae hi'n gytbwys dda, ac y mae'r tri dyfyniad helaeth yn codi tri darn y cofiaf imi ymboeni â hwynt wrth eu llunio. Diolch yn gynnes iawn i chwi am *ddarllen* sy'n gwneud sgrifennu'n werth ymdrafferthu ag ef.

Bûm yn ceisio deall holl ystyr siaced Meirion Roberts,[3] sy mor hardd ac yn dweud ei neges gystal: y llythrennau gothig, oblegid mai ar yr Oesoedd Canol y bu llawer o'm gwaith; y llyfr agored ar y pen uchaf a'r rhes llyfrau dan eu mantell yn y gwaelod, y ddau gwilsyn ar bob ochr fel mewn arf-bais, gan mai brwydr fu fy sgrifennu gan mwyaf. A wnewch chwi ddweud wrtho fy ngwerthfawrogiad o'r meddwl da sydd yn y llun?

Yn gu

Saunders

Kate Roberts 928

[1] Darlledwyd sgwrs J R Lloyd-Hughes, "Swyddfa'r Herald 1901", ar Raglen Cymru'r BBC, nos Lun 3 Gorffennaf 1950, rhwng 8.00 a 8.15 pm. Cadwyd y sgript ymhlith Casgliad Sgriptiau'r BBC yn LlGC, bocs 32.

[2] Cyhoeddwyd y gyfrol *Saunders Lewis ei feddwl a'i waith*, wedi ei golygu gan Pennar Davies, gan Wasg Gee, Dinbych, yn Awst 1950. "Rhyddiaith Saunders Lewis" oedd cyfraniad KR i'r gyfrol, tt. 52—64.

[3] E[dward] Meirion Roberts — yr arlunydd o Fae Colwyn a gynlluniodd ryw chwe chant o gloriau llyfrau ac a luniodd gartwnau i'r *Cymro* dros gyfnod hir. Gweler Thomas H Davies, *Pwy yw Pwy yng Nghymru* (Lerpwl, 1981), t. 57.

Llygad-y-glyn
Llanfarian
1 Rhagfyr 1950

Fy Annwyl Kate,

Yr oedd yn garedig anfon fel yna ataf am y sgwrs radio.[1] Ni chefais i eich sgwrs chwi a'm rhagflaenodd yn y gyfres;[2] yr oeddwn oddi cartref ar y pryd. Ac fe welsoch Bob Parry! Nis gwelais er na wn i ddim pa bryd.

Rhydwen Williams oedd yn darllen gyda mi yn y darllediad; mae ganddo lais pêr ac y mae'n ŵr ifanc dymunol dros ben a naturiol a diymhongar. Yr wyf wedi anfon fy sgwrs i'r *Faner* nesaf, gan ei bod yn dilyn Jeremi Owen yn ddigon priodol.[3]

Cefais lythyr oddi wrth D J Williams, Abergwaun, sydd wedi mendio'n bur dda, meddai fo, ac yn ail-ymroi i sgrifennu. Mi addewais innau sgrifennu drama i fod yn barod fis Mai; ond ni fedraf gael amser hyd yn oed i'w dechrau; mae'n annhebygol y gorffennir hi!

Yr wyf yn gobeithio eich bod chwithau'n iach ac yn myfyrio nofel arall.

Fy nghofion yn gu
Saunders

Kate Roberts 936

Llygad-y-glyn
Llanfarian
20 Mehefin 1951

F'Annwyl Kate,

Gweld yn *Y Faner* heddiw eich bod yn wael[4] a, gyda'r un post, clywed oddi wrth Cathrin Daniel iddi eich cael yn gorwedd dan gryd cymalau, ac yn ddigon poenus hefyd. Dyma air felly i ddweud fy mod yn gobeithio y cewch adferiad gweddol fuan o leiaf; mi wn nad peth y gellir ei fwrw heibio ar un sgydwad mo'r cryd.

1   Darlledwyd "Y Ffydd Ddi-ffuant" gan SL ar 28 Tachwedd 1950, rhwng 10.15 a 10.45 pm ar Raglen Cymru'r BBC, yn y gyfres "Orig gyda'r Clasuron", a'i chyhoeddi yn *Y Faner* (6 Rhagfyr 1950), t. 8; yn *Llafar* I (1951), tt. 7–16; ac yn *Meistri'r Canrifoedd* (1973), tt. 164–71. Cadwyd copi o'r sgript yn LlGC, Casgliad Sgriptiau'r BBC, bocs 32.

2   Sgwrs ar Daniel Owen a gafwyd gan KR yn y gyfres "Orig gyda'r Clasuron", ac fe'i darlledwyd ar 31 Hydref 1950, rhwng 10.15 a 10.45 pm. Cedwir copi ohoni ymhlith Casgliad Sgriptiau'r BBC yn LlGC, bocs 32.

3   Cyhoeddwyd dwy erthygl gan SL ar Jeremi Owen yn *Y Faner* (8 Tachwedd 1950), t. 8, a (22 Tachwedd 1950), t. 8, a'u hailgyhoeddi gyda'i gilydd yn *Meistri'r Canrifoedd* (1973), tt. 248–58. Adolygiad oeddynt ar argraffiad R T Jenkins o *Golwg ar y Beiau* Jeremi Owen a oedd newydd ymddangos yn y gyfres "Llyfrau Deunaw" o Wasg Prifysgol Cymru.

4   Ymddangosodd nodyn yn *Y Faner* (20 Mehefin 1951), t. 7, i egluro mai Margiad Lewis a luniodd "Colofn y Merched" yr wythnos honno oherwydd gwaeledd KR.

Bu'r wraig a minnau'n gwylio gorymdaith yr Orsedd i gyhoeddi'r Eisteddfod y pnawn yma yn y dref.[1] Gwelsom THP-W a Gwenallt ac Aneirin Talfan yn y dorf a wyliai, ac adnabûm wedd yr Arch-dderwydd, ond nid neb arall, yn yr orymdaith. Ond gwelais y Dr Lloyd-Owen yn siop lyfrau Miss Hughes yn y bore, — mor ifanc ag erioed a chanddo farf newydd a phraff.[2] Aflêr oedd gorymdaith y beirdd, yn debyg i orymdaith y di-waith yn y Deheudir yn y dyddiau gynt, ond bod y beirdd yn eu gwisgoedd lliw. Arweiniwyd hwynt gan fand y *British Legion* yn canu Gwŷr Harlech, — yr oedd y *British Legion* yn gorymdeithio fel beirdd iawn, rhuthm sionc heb gywilydd na gwladeiddiwch. 'Ddaru 'ni ddim aros i glywed yr areithiau na gweld yr olygfa ar lawnt y castell — yr oedd yno ormod o dyrfa i bobl fyrion fedru gweld dim. 'Roedd hi'n weddol oer hefyd, ond fe gadwodd y glaw draw.

Yr wyf i'n bustachu i orffen trydedd act comedi i gwmni Garthewin.[3] 'Wn i yn y byd sut lun sydd arni, ond mae hi wedi costio llawer o lafur a llawer cur pen imi. Ail-sgrifennais rai rhannau drosodd a throsodd, ac wedyn digalonni nes crïo neu regi wrth ddarllen y cais newydd. Ond rhaid imi ei gorffen cyn canol Gorffennaf. Cafodd y cwmni'r ddwy act gyntaf.

Dyna fi'n sgrifennu ar fy nghyfair i geisio pasio pum munud i chi yn eich gwely.

Gwellwch, da chi,
Saunders

Kate Roberts 970

146

Y Cilgwyn
Dinbych
23 Mehefin 1951

F'Annwyl Saunders,

Diolch yn fawr i chi am eich llythyr cysurlon. Yr oedd hanes yr Orsedd a Dr Lloyd-Owen yn ddigon i wneud imi anghofio'r boen am ychydig.

Ni bûm yn y Swyddfa ers pythefnos ond yr wyf ar fy nhraed yr wythnos hon, ac mae'r boen wedi mynd o'm cefn a'm hysgwyddau ond wedi setlo yn fy 'lode fel Barbara Bartli bellach, nes fy mod yn cael trafferth fawr i gerdded. Nid yw'r meddyg yn gobeithio dim gwellhad buan gan fy mod yn mynd yn hen. Ni bu llawer o hwyl arnaf

---

[1] Cyfeiriad at seremoni gyhoeddi Eisteddfod Genedlaethol Aberystwyth 1952, a gynhaliwyd ddydd Mercher, 20 Mehefin 1951, o dan arweiniad yr Archdderwydd Cynan. Ceir adroddiad ar y seremoni yn *Y Faner* (27 Mehefin 1951), t. 1.

[2] Dr [Edward] Lloyd Owen, Glasfryn, Cricieth, oedd Swyddog Meddygol De Sir Gaernarfon. Yr oedd yn un o'r cenedlaetholwyr cynnar. Gweler "Oriel y Blaid" yn *Y Ddraig Goch* (Mai 1935), t. 3. Gwelir ei lun hefyd yn Ysgolion Haf Llandeilo 1928 a Bryn Mawr 1932 (*Tros Gymru*, tt. 128 a 145) a Llandysul 1934 (*Y Ddraig Goch* Medi 1934, t. 7). Bu farw ar 10 Awst 1963 yn 91 oed.

[3] Y gomedi oedd *Gan Bwyll* a berfformiwyd gyntaf yn Theatr Garthewin ar 3 Mehefin 1952 gyda Morris Jones yn cynhyrchu. Cyhoeddwyd y ddrama hon yn y gyfrol *Dwy Gomedi* (Dinbych, 1952), tt. 77–157.

drwy'r gaeaf, cael annwyd, annwyd o hyd, peth anghyffredin iawn i mi. Ni wn a wyddoch imi golli fy mrawd yn sydyn iawn.[1] Buasai fy mrawd yn Lerpwl a'm brawd yn Rhosgadfan yn ddigon gwael trwy'r gaeaf, y naill yn dioddef gan y *bronchitis* ers blynyddoedd, a'r llall gan y diciâu ar damaid bach o'i ysgyfaint — hen beth, ond yn waeth y gaeaf hwn oherwydd iddo gael y ffliw. Yr oeddwn mewn tipyn o bryder yn eu cylch hwy, ond yn poeni dim ynghylch fy mrawd a gadwai'r post yn Llanberis. Y Sadwrn olaf yn Ionawr euthum i weld fy mrawd yn Lerpwl a'i gael yn ei wely. Wedi cyrraedd y tŷ am 9.45 pm teleffoniais at fy mrawd yn Llanberis, a'i gael fel arfer yn ei hwyliau gorau ac yn ddigrif tros ben. Cyn codi o'm gwely fore trannoeth daeth y newydd ei fod ef wedi marw. Cymerasid ef yn wael ymhen dwyawr wedi bod yn siarad â mi, cafwyd y meddyg, ond bu farw cyn pump y bore. Ni buaswn yn synnu pe clywswn hynny am fy mrawd o Lerpwl. Sioc ofnadwy. Nid oedd ond 55 oed, ac edrychai tua 45. Cafodd ei glwyfo yn erchyll yn 1916, a chafodd salwch mawr yn 1939, cael a chael byw, ond ni wyddai neb fod dim ar ei galon. Mae'n golled fawr i mi, ef a fu fy nghefn er pan gollais Morus, rhoes fenthyg £350 imi fel tynnu llaw hyd wyneb pan oedd pobl eraill am fynd â'r geiniog olaf oddiarnaf. Ni bu erioed fachgen mwy wyneb-lawen a charedig, felly y dyfyd pawb wrthych yn Llanberis heddiw. Gresyn mawr dros ei weddw, dynes nobl, sy'n ceisio cadw'r post ymlaen dan anawsterau mawr.

Rhyw ddigon symol yw fy mrodyr eraill, ac nid edrychaf ymlaen at aeaf arall. A dyma finnau. Wel dyna fo, gallai fod yn waeth. Hynyna yn f'atgoffa am lythyr a ddaeth oddi wrth Bob Parry at Mathonwy Hughes[2] ddydd Gwener, yn awgrymu yr hoffai ddyfod yma i edrych amdanaf ef a Mrs Parry, er mwyn "cyfnewid symptomau, ac i Kate gael gweld y gallai fod yn waeth arni"!!

Mae'n dda iawn gennyf eich bod yn cael hwyl ar eich drama, oblegid arwydd dda yw eich bod yn rhegi ac yn crio uwch ei phen.

Nid wyf fi'n sgrifennu dim ar hyn o bryd, ond yr wyf yn gwneud nodiadau ar gyfer nofel fer y bwriadaf ei hysgrifennu y gaeaf nesaf. Astudiaeth o effaith dyn priod yn rhedeg i ffwrdd efo gwraig weddw neu wraig arall, ar ryw bedwar o bobl — nofel fanwl o feddyliau pobl, a siaredir gan mwyaf.[3]

Wel, diolch yn fawr a'm

Cofion caredig

Kate

LlGC 22723D, ff. 137–8ᵛ

[1] Bu farw Evan Owen Roberts, postfeistr Llanberis, ar 28 Ionawr 1951. Cadwyd dros ddeg ar hugain o lythyrau cydymdeimlad at KR ar yr achlysur hwn ymhlith Papurau Kate Roberts, rhifau 937–69.

[2] Mathonwy Hughes (g. 1901), prifardd a newyddiadurwr. Bu'n olygydd cynorthwyol *Y Faner* rhwng 1949 a 1977. Gweler *Cydymaith*, t. 279.

[3] Y cyfeiriad cyntaf at ysgrifennu *Y Byw sy'n Cysgu* a gyhoeddwyd gan Wasg Gee yn 1956.

Llygad-y-glyn
Llanfarian
25 Awst 1951

F'Annwyl Kate,

Doe y dychwelais i o Iwerddon, wedi cymryd wythnos o orffwys tawel gerllaw llyn Killarney. A dyma eich llythyr a llythyr Mrs Bob Parry. Mi sgrifennaf ato fo. Gwn yn sicr ddigon iddo addo cyhoeddi ar yr amod y sgrifennwn innau ragair iddo,[1] ond mae'n debyg fod ei gymryd ar unwaith ar ei air wedi rhoi braw iddo. Rhaid arfer amynedd.

Gobeithiaf eich bod chithau'n well. Cefais i a'r wraig a Mair wythnos o fynd yn ôl i 1910 yn Iwerddon, a dysgu mai bod ddeugain mlynedd "ar ôl yr oes" yw ymgadw'n wareiddiedig a chadw bywyd yn fwyn. Ond mae arnaf ofn fod yr Wyddeleg wedi darfod amdani, neu dyna'r argraff a roddwyd ar fy meddwl, os iawn barnu ar brofiad mor brin.

Cofion
Saunders

Kate Roberts 973

Llygad-y-glyn
Llanfarian
27 Medi 1951

Fy Annwyl Kate,

Heddiw y cefais *Y Faner* a gweld eich cyfeiriad newydd.[2] Gan eich bod yn sgrifennu o'ch stafell yn yr ysbyty i'r rhifyn hwn yn helaeth, mae gennyf obaith cryf mai am gwrs o driniaeth yr aethoch ac y bydd y canlyniadau'n ffafriol ac y cewch waredigaeth neu gryn welliant.

'Does gen' i ddim newydd i'ch diddanu ag ef, ond mae cael post, mi wn, mewn ysbyty yn torri ar dreigl y dyddiau ac yn ddiddorol, — yn well lawer, yn y gwely, mi brofais i, na gweld pobl. Neu, ai fi sy'n od? Cefais i wyliau eleni, gwir wyliau afradlon, Llanrwst,

---

[1] Mae'n debyg mai cyfeiriad sydd yma at yr hir berswâd a fu ar RWP i gyhoeddi ail gyfrol o'i farddoniaeth. Cyhoeddwyd *Cerddi'r Gaeaf* ddiwedd 1952 gan Wasg Gee, ond nid oes ynddo ragair gan SL. Yr oedd amryw o edmygwyr gwaith RWP wedi casglu ei gynnyrch ynghyd yn gyfrinachol yn 1950 dan gyfarwyddyd Gwilym T Jones, Clerc Cyngor Sir Gaernarfon ar y pryd. Galwyd y casgliad yn "Rhiwafon I" a cheir copi yn llawysgrif LlGC 22329C, ynghyd â hanes y paratoi cyfrinachol gan Mr R Gwynn Davies, Waunfawr.

[2] Ar flaen *Y Faner* (26 Medi 1951) o dan y pennawd "Dr Kate Roberts mewn Ysbyty" ceir y nodyn: "Yn Ysbyty Alexandra, yn y Rhyl, y sgrifennodd y Dr Kate Roberts ei chyfraniadau i'r *Faner* yr wythnos hon. Aeth i'r ysbyty ddydd Mercher diwethaf i dderbyn triniaeth. Y mae staff a darllenwyr *Y Faner* yn dymuno iddi adferiad buan."

Killarney, Normandi a Chartres, fy nheulu gyda mi yn Iwerddon, Moses Griffith[1] ac Alun Pugh[2] gyda mi am wythnos yn Ffrainc.[3] Ac nid wyf wedi gwneud dim tebyg i waith, oddieithr dechrau llosgi pethau personol yng Nghastell Nedd, ers deufis. Yn awr mae fy nosbarthiadau yn y coleg Catholig yn Aberystwyth wedi ail-gychwyn.

A oes dim y medrwn i ei wneud, eroch neu drosoch, tra byddwch yn yr ysbyty? Os oes, hyd yn oed sgrifennu i'r *Faner*, gofynnwch i un o'ch cwmpas anfon ataf. Onid e, peidiwch ag ateb y llythyr hwn. *Derbyn* llythyr sy'n dda, nid ei ateb, cato pawb.

Mendiwch gan bwyll

Saunders

Kate Roberts 975

149

Lynwood
Ena Avenue
Neath
25 Ionawr 1952

F'Annwyl Kate,

Maddeuwch imi na fedraf i ddim adolygu'r llyfr hanes i chwi ar hyn o bryd. Ar derfyn yr haf nesaf, os byw ac iach, mi ddechreuaf eto ar ysgrifennu'n weddol gyson i chwi i'r *Faner* — a'ch bod yn dymuno hynny, wrth gwrs. Ond tan hynny mae hi'n o galed arnaf. Mae'r wraig yn Aberystwyth, minnau yma ac yn teithio i Gaerdydd, a byddwn yn symud o gwmpas y Pasg os llwyddwn i werthu'r ddau dŷ sy ar ein dwylo. Mae paratoi darlithiau yn yr amgylchiadau presennol gymaint bob dim ag y medraf.[4] Chwerthin am fy mhen i'n anghrediniol y mae GJW pan ddywedaf fod arnaf *ofn* y dosbarth clod ar ôl pymtheng mlynedd yn yr anialwch.

Bu farw fy modryb yn yr haf;[5] priododd fy merch wedi'r Calan.[6] Prynais dŷ iddi a'i ddodrefnu, ond bydd eto fisoedd cyn y gorffennir ewyllys fy modryb ac ar fenthyg gan y banc ar gorn y tŷ hwn a'r tŷ yn Llanfarian y gwneuthum bopeth hyd yma. Felly fe ddeëllwch mai ffwdanus y bu hi ac yr erys hi arnaf y rhawg. Ond fe ddaw hoe rywbryd cyn hir, sbo!

---

[1]   Moses Griffith (1893—1973), yr ymgynghorydd amaethyddol. Un o sylfaenwyr y Blaid Genedlaethol a'i thrysorydd cyntaf. Gweler "Oriel y Blaid", *Y Ddraig Goch* (Awst 1934). t. 3; pennod Llywelyn Phillips yn Derec Llwyd Morgan (gol.), *Adnabod Deg* (Dinbych, 1977), tt. 96—105; a theyrnged SL iddo yn *Y Ddraig Goch* (Ebrill 1973), t. 4.

[2]   Y Barnwr Syr [John] Alun Pugh (1894—1971). Un o gefnogwyr cynnar y Blaid Genedlaethol ac un a fu'n gynghorwr cyfreithiol i'r Blaid yn y cyfnod cynnar. Gweler *Who Was Who*, VII (1971—1980), t. 644.

[3]   Yr oedd SL wedi bod yn Ffrainc gyda Moses Griffith cyn hyn, yn 1949, yn gweithredu fel cyfieithydd wrth iddo ymweld â fferm fagu ceffylau yng ngogledd Ffrainc, yn ôl Mair Saunders, *Bro a Bywyd*, t. 69.

[4]   Yr oedd SL newydd ei benodi'n ddarlithydd yn Adran y Gymraeg, Coleg y Brifysgol, Caerdydd.

[5]   Cyfeiriad arall at Ellen Elizabeth Thomas a fu farw ar 27 Gorffennaf 1951, gweler t. 139, nodyn 2, uchod.

[6]   Priodwyd Mair Saunders a Haydn Jones yn yr Eglwys Gatholig, Llanbedr Pont Steffan, gweler Mair Saunders, *Bro a Bywyd*, t. 78.

Gobeithiaf eich bod wedi mendio o leiaf ddigon i fedru wynebu'ch problemau heb ddigalonni ormod. A ydych chwi'n gweld tipyn ar Gathrin Daniel? 'Wn i ddim a ydyw'r tywydd oer yma yn dygymod â chwi neu beidio — mae'n gas gen' i, mae hyd yn oed fynd at y bwrdd oddi wrth y tân i sgrifennu llythyr yn flin gennyf. Ac nid henaint mo'r achos, felly yr oeddwn i'n blentyn, — o na bai hi'n haf o hyd! Ond ar ben y bore, y tu allan i'm ffenestr, ar frig pren, mae 'na fronfraith yn canu fel petai'r Ionawr yma y gorau oll o fisoedd y flwyddyn. Porthaf hi â chrwyn Camembert yn dâl!

Saunders

Kate Roberts 977

150

Bryn-y-môr
Lower Westbourne Road
Penarth
13 Mai 1952

F'Annwyl Kate,
Diolch am eich llythyr heddiw. Fy nghyfeiriad sicraf i yw bws y Western Welsh rhwng Caerdydd a Chastell Nedd, oblegid yno y treuliaf ran o bob wythnos. Ond nid yw'r postmon yn galw ar y bws! Mae Mair yn ysbyty Cimla yng Nghastell Nedd, ac yno (yn Ena Avenue) y mae'r wraig er mwyn bod yn agos a dwyn bwyd a moethau iddi, oblegid difrifol o sâl yw coginio pob ysbyty yng Nghymru, — anhygoel o sâl ac anghymwys.

Mae'n ddrwg iawn gennyf glywed am eich brawd. Ond rhaid dal y post mewn pum munud; mi sgrifennaf yn helaethach reit fuan, — yr wythnos nesaf efallai wedi i'r darlithio sefyll.

Yn gu
Saunders

Kate Roberts 979

151

Bryn-y-môr
Lower Westbourne Rd
Penarth
Morgannwg
3 Gorffennaf 1952

F'Annwyl Kate,
Yng nghanol y gwres mawr yr wythnos hon mi gefais i ffliw, — os gwelwch yn dda!

'Rydw i'n mendio rwan ac ar lawr heddiw. Ddoe, yn y gwely, darllenais eich tair colofn ar eich Modryb Neli,[1] — a dyna'r pam y sgrifennaf. 'Ddarllenais i ddim a roes

---

[1] Ceir hanes Modryb Neli gan KR yn y golofn "Ledled Cymru" yn *Y Faner* (18 Mehefin 1952), t. 4, a (2 Gorffennaf 1952), t. 4. Ailgyhoeddwyd yr hanes yn *Y Lôn Wen* (Dinbych, 1960), pennod X, "Perthnasau Eraill", tt. [119]—23.

170

gymaint o bleser na chymaint o *ias* o fath imi ers tro, — ysgrif fawr, a bendith arnoch amdani. Gan fod yn rhaid imi gadw yn tŷ am rai dyddiau ymrois i ail-ddarllen Jane Austen, *Pride and Prejudice* y tro hwn, — hi yw'r *unig* nofelydd Saesneg heblaw Henry James y gallaf i ei ail-ddarllen droeon a throeon. Edrychwch ar dair brawddeg gyntaf pennod gyntaf *Pride and Prejudice*[1] — wel, dyna'r sut yr wyf i'n aros i'r annwyd fynd o'm pen a'r gwres ostwng, dotio ar grefftwaith merched, — chi a Jane Austen.

Da b'och chwi.

Saunders

Kate Roberts 143

152

Bryn-y-môr
Lower Westbourne Rd
Penarth
21 Gorffennaf 1952

F'Annwyl Kate,

Euthum â'ch llythyr chi i Fair ddydd Sadwrn ac y mae hi'n dwys-werthfawrogi eich anrheg. Bydd hi'n sgrifennu atoch ei hunan, ond mae arni ofn anfon atoch yn Gymraeg a chywilydd arni anfon atoch yn Saesneg. Y tebyg yw gan hynny y bydd hi rai dyddiau'n gloywi ei Chymraeg i geisio diolch nid yn rhy annheilwng i chi! Fe ddar'u'ch rhodd a'ch llythyr sirioli llawer ar ei hysbryd.[2]

Yr wyf yn anfon un o gampweithiau Henry James i chi. Mae'n anodd, ond yn wych! A chyda llaw, fe ddylech wneud llyfr o'r atgofion yn *Y Faner*.

Yn gu iawn
Saunders

Kate Roberts 982

153

Y Cilgwyn
Dinbych
23 Gorffennaf 1952

F'Annwyl Saunders,

Yr wyf yn wirioneddol falch o nofel Henry James a anfonasoch imi,[3] ac yn gwerth-fawrogi eich caredigrwydd a'ch meddylgarwch yn fawr. Dechreuais arni eisoes, a chael

---

[1] Ymddengys fod KR wedi mynd allan a phrynu copi o *Pride and Prejudice* yn unol ag awgrym SL, oherwydd ar y copi o'r nofel a gadwyd ymhlith ei llyfrau yn LlGC ceir 6/52 fel nod stoc y llyfrwerthwr.

[2] Cadwyd llythyr diolch Mair Saunders a anfonwyd ar 27 Gorffennaf 1952 ymhlith Papurau Kate Roberts, rhif 984.

[3] Y gyfrol o waith Henry James a dderbyniwyd gan KR oedd *The Awkward Age* (London, 1948). Mae'r copi ymhlith llyfrau KR yn LlGC yn dwyn y geiriau "Kate Roberts oddi wrth Saunders".

blas, wrth symud yn araf iawn, ar ei frawddegau. Mwynheais *The Turn of the Screw* yn fawr iawn, a gwerthfawrogwn ei allu i greu'r awyrgylch yna o ofn drwy gymeriadau, ond ni chyffrodd fi ddigon imi ei chofio yn hir.

Gobeithiaf nad â Mair i'r drafferth i ysgrifennu llythyr imi. Nid wyf yn disgwyl gair ganddi, oblegid gwn beth mor anodd yw i rywun mewn gwendid ysgrifennu llythyr. Mae fy mrawd yn teimlo mai sgwennu llythyr yw'r peth mwyaf atgas ganddo. Da gennyf ddweud ei fod ef gryn dipyn yn well ac yn mynd allan i'r ardd am ychydig yrŵan. Felly, os gwelwch yn dda, dywedwch wrthi am beidio, mae ei gair drwoch chwi yn ddigon i mi.

Mae gennyf newydd syfrdanol i chi. Cydiwch mewn rhywbeth rhag ofn i chwi syrthio. Daeth gair *heb* ei gymell yma (i'r swyddfa felly) oddi wrth Bob Parry yn dweud ei fod am gyhoeddi ei waith, ac yn gofyn a ydyw Gwasg Gee yn dal i fod yn barod i'w gyhoeddi!!! Wel, mae'r ateb wedi mynd yn y cadarnhaol, yr un fath â'r frawddeg a gafodd Bob ei hun pan oedd yn marcio'r Bwrdd Canol. Cwestiwn "Ysgrifennwch frawddegau yn dangos y gwahaniaeth rhwng *ai, a'i, âi, â'i*". A dyma frawddeg o eiddo bachgen o athrylith. "Gofynnodd y bachgen i'r henwr os oedd mecryll yn y bau. Atebodd yr henwr. Ai". Fel y gellid disgwyl Bob Parri a gafodd em fel yna, ac nid yr un o'r marcwyr eraill. "Ai" oedd ein hateb ninnau heddiw. Dwy bluen yn ein het cyn y Nadolig, eich llyfr chwi ac eiddo RWP. O, ie, mae G R Jones a minnau, ar gais RWP, i fynd i Fethesda yn un swydd i nôl y llawysgrif.

Fy niolch cynnes,
Yn gu iawn
Kate

LlGC 22723D, f. 139^{r–v}

154

158 Westbourne Road
Penarth
28 Gorffennaf 1952

Fy Annwyl Kate,

Rhaid imi anfon nodyn i'ch llongyfarch ar lythyr RWP, ac i ddweud mor llawen yr wyf. Mi sgrifennwn ato i ddweud hynny wrtho yntau, ond ofnaf "roi fy nhroed ynddi". Canys nid oedd dim amheuaeth am ei addewid i minnau adeg eisteddfod Llanrwst. Ond dyma bopeth yn troi o'r gorau o'r diwedd. Gwn y gwnewch gyfrol hardd. A gaf i awgrymu argraffiad *de luxe* hefyd, a Bob i dorri ei enw ar bob copi, pris 30/-, neu £2. Byddai hynny'n elw sylweddol iddo ef ar wahan i'r argraffiad cyffredin am 10/- neu hanner gini. A chyda llaw — pam nad ewch chwi ati i lunio rhaglen gyhoeddi uchelgeisiol i Wasg Gee ac anturio'n eofn? 'Rwy'n tybio fod yr adeg wedi dyfod y gellid hynny'n llwyddiannus. Y mae'r ysgolion Cymraeg yn creu galwad newydd.

A chan fy mod i'n sgrifennu, fydd o'n hunanol iawn os dywedaf fy mod i'n meddwl fod "Gan Bwyll" ac ail act "Eisteddfod Bodran" yn gam ymlaen tuag at lunio arddull fyw a modern i farddoniaeth, a bod mwy o arbrofi ynddynt nag mewn dim a sgrifennais erioed cynt, — er enghraifft, y proestau a'r mesurau, a'r telynegion dramatig yn "Gan Bwyll", nad oes raid i'r gwrandawyr yn y theatr sylwi mai telynegion ydynt. At hynny, ateb i gam-ddeall y beirniaid ar ystyr *Blodeuwedd* yw rhan bwysig o "Gan Bwyll".

Darllenais lith Gwyn Griffiths ar yr arbrawf darllen yn Aberystwyth lle y byddwch chwithau'n darllen stori o'ch gwaith eich hun.[1] Ni fedraf ddyfod yno oblegid Mair, ond mi garwn ddyfod yn anghyffredin. Y mae'r cynllun yn rhagorol ac yn beth y meddyliais droeon am ei geisio. Hai lwc i chi.

Cofion
Saunders

Kate Roberts 983

155

Penarth
14 Awst 1952

Adolygwyr? 'Wn i yn y byd, dewiswch o'r rhain: WJG, ICP, BJ, JGJ, DP neu'r adolygydd rheolaidd; chwi piau penderfynu hynny.[2] Peidiwch â phoeni i anfon llythyr, mae gennych ddigon o waith.

Saunders

Kate Roberts 985

156

158 Westbourne Rd
Penarth
31 Rhagfyr 1952

Fy Annwyl Kate,

Cewch rywbeth gennyf i'r *Faner* gyda'r post cyntaf fore Llun nesaf.[3] Mi gefais dynnu fy holl ddannedd ddeuddydd cyn y Nadolig, dywedodd y deintydd mai dyna a ddylid, 'henaint ni ddaw ei hunan'. Felly rwy'n rhegi ac yn griddfan oddi ar hynny ac yn ceisio

---

[1] Gwall am Aberteifi sydd yma. Yr oedd Ysgol Haf Plaid Cymru i'w chynnal yn Aberteifi rhwng 1 a 5 Awst 1952, sef cyn yr Eisteddfod Genedlaethol yn Aberystwyth. Cyfeirir at erthygl J Gwyn Griffiths "'Seiat Ddarllen' yn Ysgol Haf Aberteifi" a ymddangosodd yn *Y Faner* (23 Gorffennaf 1952), t. 8. Yr oedd bardd, Waldo Williams, a nofelydd, sef KR, i ddarllen o'u gweithiau a rhoi sylwadau dehongliadol arnynt yn ystod yr ysgol haf. Gwynfor Evans a awgrymodd y syniad ac ymddiriedwyd y gwaith o drefnu'r cyfarfod i J Gwyn Griffiths.

[2] Mae'n debyg fod KR, mewn llythyr a gollwyd, wedi gofyn barn SL ynglŷn â phwy yr hoffai ei weld yn adolygu ei gyfrol *Dwy Gomedi* yn *Y Faner*. Yr oedd y gyfrol newydd ei chyhoeddi gan Wasg Gee a chynhwysai "Eisteddfod Bodran" a "Gan Bwyll". Mae SL yn awgrymu nifer o enwau: W J G[ruffydd], I[orwerth] C P[eate], B[obi] J[ones], J[ohn] G[wilym] J[ones] a D[afydd?] P[arri?]. Yr oedd Dafydd Parri, Llanrwst, ar ganol cyfrannu cyfres o erthyglau ar wyliau yn Sweden a Denmarc i'r *Faner* ar y pryd. D Llewelyn Jones a adolygodd y gyfrol, fodd bynnag, a hynny yn rhifyn 8 Hydref 1952, t. 7.

[3] Cyfeiriad at erthygl "Cwrs y Byd" a ymddangosodd yn *Y Faner* (7 Ionawr 1953), t. 8, yn trafod Syr Goscombe John, Addysg a Chrefydd, a Diwylliant a Chrefydd.

dygymod â'r pethau gosod yma nas profais ac na wyddwn eu bod mor ddieflig. Ni chefais gymaint o benyd ar wyliau Nadolig erioed o'r blaen. Sôn am ŵydd a thwrci! Diolch i'r Mawredd fod gwin Ffrainc a Sbaen i'w gael, — o leiaf mi fedrwn yfed, a dyna fy unig gysur. Ac mi yfaf y flwyddyn newydd i'w chrud heno ac mi wnaf addunedau fil i ddilyn y llwybr lletaf a fedraf am weddill y flwyddyn, i wneud iawn am y Nadolig.

Codwch eich calon, Kate annwyl, a boed i chwi flwyddyn newydd wellwell, llai ei dolur, llai ei phryder, — a pheth chwerthin di-ddaint, ni frathaf fyth mwy.

Saunders

Kate Roberts 990

157

158 Westbourne Rd
Penarth
Pnawn Mawrth 5 Mai 1953

Fy Annwyl Kate,
Newydd weld yn y *Western Mail* gyhoeddi marw eich brawd.[1] Yr oeddych yn disgwyl hyn ac yn gwybod ei fod yn dyfod, ond ni wna hynny ddyn yn fwy bodlon na thagu ei ofid. Nid yw llythyrau chwaith fawr o help, ond yn unig efallai eu bod yn dangos nad ydych heb rai sy'n meddwl amdanoch; a dyna'r cwbl yw'r llythyr hwn. Peidiwch â thrafferthu i'w gydnabod. A gaf i fentro dweud y bydd fy ngweddi drosoch a thros enaid eich brawd y dyddiau hyn.

Yn gu,
Saunders

Kate Roberts 997

158

158 Westbourne Road
Penarth
3 Mehefin 1953

F'Annwyl Kate,
Mi gefais y tri thraethawd oddi wrth Hugh Bevan[2] ac fe'u danfonais atoch ddydd Llun.[3] Ni bydd angen i chwi ond bwrw trem arnynt, na darllen y lleill oll chwaith, oddieithr

---

[1]   Bu farw Richard Cadwaladr Roberts ym Maes Teg, Rhosgadfan ar 1 Mai 1953, yn drigain oed. Gweler *Western Mail* (5 Mai 1953), t. 5, a hefyd t. 32, nodyn 4, uchod.

[2]   Hugh Bevan (1911—79), beirniad llenyddol a darlithydd yn Adran y Gymraeg, Coleg y Brifysgol, Abertawe. Gweler *Cydymaith*, t. 42.

[3]   Cyfeiriad sydd yma at gystadleuaeth y Fedal Ryddiaith yn Eisteddfod Genedlaethol Y Rhyl, 1953. Y beirniaid oedd Hugh Bevan, SL a KR. Y gofyn oedd: "Deunydd cyfrol o ryddiaith greadigol heb fod dim ohoni wedi'i gyhoeddi o'r blaen." Yr oedd naw yn cystadlu ond ataliwyd y wobr, gw. *Cyfansoddiadau a Beirniadaethau . . . 1953*, tt. 114—18. Paragraff yn unig a geir yno gan SL, yn nodi ystyr y term "rhyddiaith greadigol": " . . . nid ydys yn disgwyl cael thesis M.A. neu B.D. i'w ddarllen. . . . mae'r term 'rhyddiaith greadigol' yn rhy amwys. Awgrymaf i bwyllgorau'r dyfodol roi'r fedal am gofiant o hyd arbennig neu am nofel neu am ddrama ryddiaith neu am chwedl tylwyth teg; nid am 'ryddiaith greadigol'."

Mab Gwydyr ac *Efryd Afraid*. Ysgrifau sy gan y ddau, ac y mae *Efryd Afraid* yn ysgrifwr Tegläaidd go fedrus. Ond y mae *Mab Gwydyr* yn rhoi darlun o gymdeithas drwy gyfrwng ysgrifau, a gwell gennyf i ei waith ef. Ac er hynny amheuaf a ydyw ef na'r *Efryd Afraid* yn haeddu medal ryddiaith (sydd i fod yn gydradd mewn parch â'r goron neu'r gadair), a'm tuedd i yw atal y fedal oni byddwch chwi a Hugh Bevan yn gryf o blaid rhyw un. A fernwch chwi *Mab Gwydyr* yn ddigon da? Cyfeiriad Hugh Bevan, — 41, Eaton Crescent, Abertawe.

Fy nghofion atoch, yr ydych yn fynych yn fy meddwl,

Saunders

Kate Roberts 1002

159

158 Westbourne Rd
Penarth
26 Gorffennaf 1953

Fy Annwyl Kate,
A ddaethoch chi'n ôl o'ch wythnos o seibiant? 'Ydych chi'n well hefyd eich iechyd o'r herwydd? Rhaid i chi a Hugh Bevan setlo'r Fedal Ryddiaith yn Eisteddfod y Rhyl. Nid oes modd imi ddyfod yno.

Anfonaf gerdd fechan arall i'r *Faner* os dymunwch ei defnyddio.[1] Fy nghofion yn gynnes,

Saunders

Kate Roberts 1003

160

158 Westbourne Road
Penarth
21 Awst 1953

F'Annwyl Kate,
Mawr ddiolch am eich ateb — a'ch llythyr. Mi anfonaf MSS yr *Efrydiau Catholig*[2] atoch i'r Swyddfa ddechrau'r wythnos nesaf yma.

---

[1] Cyhoeddwyd cerdd fechan SL "Hen Ŵr" yn *Y Faner* (5 Awst 1953), t. 8:

> Llwch ar fy llyfrau, minnau ar bwys y grat
> Ni wisgaf spectol ond i weld fy mhlat.
>
> Pa raid it ofni tlodi ym mhen dy rawd ?
> Nid tlodi a ofnaf, ond fy ngweld yn dlawd.
>
> Pam y cynhyrfa'r pedwar ugain oed ?
> Aeth croten heibio a dawns ei phais a'i throed.

Ailgyhoeddwyd y gerdd hon yn R Geraint Gruffydd (gol.), *Cerddi Saunders Lewis* (Caerdydd, 1992), t. 70.

[2] Ymddangosodd *Efrydiau Catholig*, cyfrol VI, yn 1954. Cafwyd bwlch o dair blynedd cyn hynny, gyda chyfrol V yn ymddangos yn 1951.

Gwrandewais i — nid ar Goleg Harlech — ond ar yr ymddiddan yng nghornel y llenor[1] ar y radio ar Tecwyn Lloyd a Ffowc Ellis a'r ddau arall. Dyma a'm trawodd: mai R S Thomas, sy'n fardd Saesneg gwir dda, oedd yr unig feddwl *creadigol* yn eu plith, ac oherwydd mai wedi dysgu Cymraeg y mae ef yr oedd yn dawedog iawn ac ychydig iawn a gafwyd ganddo. Nid oedd un o'r lleill yn meddwl yn Gymraeg nac yn meddwl y tu mewn i'r bywyd sydd yng Nghymru, ac yr oeddynt yn boenus yn eu trosglwyddiad o syniadau Seisnig ail-law, megis Tecwyn Lloyd a'i sôn am "bersonoliaeth sofran", ac wedyn, i egluro ei ystyr, sylwch, yn trosi i'r Saesneg, *Sovereign personality* — yr oedd y peth yn efrydyddol enbyd — yn farw academaidd o'r dechrau i'r diwedd. Fel y dywedais i ddengwaith, mae darllen beirniadaeth lenyddol Saesneg yn lladd pob annibyniaeth a gwreiddioldeb yn y beirdd a'r beirniaid ifainc Cymraeg. Nid oedd Tecwyn Lloyd na Gareth Davies yn disgrifio cefndir meddyliol Cymru o gwbl, nid oedd yn bod iddynt. Er enghraifft, dywedent gyda'r Saeson, nad oes bellach gorff o sumbolau a dderbynnir gan y gymdeithas ac y geill y bardd modern bwyso arno. — Ac eto, os oes un peth yn gwbl eglur yn holl awdlau a phryddestau'r Eisteddfod Genedlaethol o 1900 i 1953, y mae'n eglur fod y beirdd *oll* yn pwyso ar yr holl gorff o draddodiad Cristnogol ac mai dyna o hyd *fater* y cwbl bron o'r beirdd Cymraeg. A dyna un gwahaniaeth dwfn a sylfaenol rhwng sefyllfa bardd yng Nghymru a bardd yn Lloegr neu Ffrainc neu'r Almaen heddiw. Cwestiwn ar wahan yw, pa faint o sylwedd ac o bwer sydd yn y sumbolau hyn i'r bardd Cymraeg; dyna lle y dylai *beirniadaeth* Gymraeg fod o ddifri. Ond dynwarediad o'r Saeson yw cymaint a chymaint o'n beirniadaeth ni.

Dyna fi wedi arllwys fy nghwd yn enbyd! Mi hoffwn gael sgwrs gyda chi am y *Faner* rywdro.

Fy nghofion cynnes,
Saunders

Kate Roberts 1004

161

158 Westbourne Rd
Penarth
15 Medi 1953

F'Annwyl Kate,
Mae'n ddrwg iawn gen' i glywed am eich salwch, a salwch go beryglus hefyd. Anfonwch eto — ac yn amlach — i ddweud sut yr ydych.

---

[1] Cyfeirir yma at ddwy raglen radio. "Wythnos Gymraeg Harlech" oedd yr un a glywsai KR. Fe'i darlledwyd ar Raglen Cymru'r BBC, nos Lun, 17 Awst 1953, rhwng 7.00 a 7.30 pm. Adroddiad ydoedd ar Ysgol Haf ar Lenyddiaeth Gymraeg a Cheltaidd yr ugeinfed ganrif a gawsai ei chynnal yr wythnos gynt yng Ngholeg Harlech. Cynhwysai ddetholion o ddarlithoedd Thomas Parry, W J Gruffydd ac Idris Foster, ynghyd â dyfyniadau o'r drafodaeth a ddilynai'r darlithoedd. Mae SL yn cyfeirio at y rhaglen "Cornel y Llenor" a ddarlledwyd nos Fercher, 12 Awst 1953, rhwng 7.00 a 7.30 pm. "Trafodaeth am y llenor a'i gredo" yw disgrifiad *Radio Times* o'r rhaglen, a chymerwyd rhan gan Islwyn Ffowc Elis, Tecwyn Lloyd, R S Thomas a Gareth Alban Davies.

Mi wnaf adolygu pryddest Kitchener[1] a beirdd Cadwgan[2] i chi — mae'r llyfrau gennyf (siop newydd Beti Rhys[3] yng Nghaerdydd) felly peidiwch â'u danfon ataf. Nid wyf yn meddwl mai ar linellau fy llythyr am y sgwrs radio y sgrifennaf chwaith, ond cawn weld.[4]

Yr wyf i ar ganol drama a addewais i'r BBC ar Siwan, gwraig Llywelyn Fawr.[5] Ysywaeth, bydd y coleg a'i ddarlithiau'n cychwyn mewn pythefnos arall, felly nid oes obaith am ei gorffen cyn y Calan. Ond gorffennais yr act gyntaf ddoe a dechrau ar yr ail act. Ceisiaf orffen honno cyn i'r darlithiau agor. Peidiwch â son dim am hyn yn *Y Faner;* 'rwy'n hoffi gweithio'n dawel.

Mwynheais eich atgofion am eich Mam yn ddwfn.[6] A dyma gyfrinach arall i chi — mae'n bwysig iawn ei gadw'n gyfrinach hefyd — yr wyf wedi — neu bron wedi — cael gan Gyngor y Celfyddydau gytuno i roi gwobr o gan punt i RWP am *Gerddi'r Gaeaf.* Daw'r peth gerbron y cyfarfod llawn o'r Pwyllgor Cymreig Hydref 15 yn Abertawe. Ac os pesir — Wyn Griffith[7] yw'r Cadeirydd — fe'i cyhoeddir yn fuan wedyn. Ysywaeth, y mae siarter y Cyngor Celfyddydau yn gwahardd rhoi gwobr am ryddiaith. Ond efallai y bydd hyn yn rhoi awgrym i Gyngor yr Eisteddfod sut i adael yr hen rigolau i roi bri ar lenyddiaeth.

---

[1] Ymddangosodd adolygiad SL ar bryddest radio J Kitchener Davies, *Sŵn y Gwynt sy'n Chwythu,* yn *Y Faner* (21 Hydref 1953), t. 7. Cyhoeddwyd y bryddest gan Wasg Gee, Dinbych, gyda sylwadau gan Aneirin Talfan Davies a rhagair gan Gwenallt yn 1953. Ar James Kitchener Davies (1902–52), gweler *Cydymaith,* t. 142.

[2] Cyhoeddwyd adolygiad SL ar *Cerddi Cadwgan* yn *Y Faner* (18 Tachwedd 1953), t. 7. Gwaith D R Griffiths, Pennar Davies, Gareth Alban Davies, Rhydwen Williams a J Gwyn Griffiths a geir yn y gyfrol, a gyhoeddwyd gan Wasg Cadwgan, 1 Eaton Crescent, Abertawe. Ar Gylch Cadwgan gweler *Cydymaith,* tt. 111–12.

[3] Beti Rhys — merch i'r Parchedig James Ednyfed Rhys ("Ap Nathan", 1876–1960) ac wyres i Jonathan Rees ("Nathan Wyn", 1841–1905) a oedd yn frawd i'r archdderwydd "Dyfed" (Evan Rees, 1850–1923). Sefydlodd Beti Rhys siop lyfrau yn y Castle Arcade, Caerdydd, yn 1950 a bu'r siop yn gwasanaethu anghenion darllen Cymry'r brifddinas hyd 1968, gyda changen yn Stryd yr Amgueddfa yn gwasanaethu myfyrwyr Coleg y Brifysgol.

[4] Cyfeiriad at lythyr 160 uchod.

[5] Darlledwyd y ddrama radio "Siwan" ar Raglen Cymru'r BBC ar Ddydd Gŵyl Dewi 1954, rhwng 9.15 a 10.30 pm, gyda Raymond Edwards, Gwenyth Petty, Sheila Huw Jones a Wyn Thomas yn chwarae'r prif rannau, a Dafydd Gruffydd yn cyfarwyddo. Ceir cyflwyniad i'r ddrama gan SL yn *Radio Times* (26 Chwefror 1954), t. 4. Cafwyd perffformiad llwyfan o "Siwan" gan Gwmni Theatr Garthewin yr haf dilynol a chyhoeddwyd *Siwan a cherddi eraill* gan Lyfrau'r Dryw, Llandybïe, yn 1956.

[6] Ysgrifennodd KR am ei mam yn y golofn "Ledled Cymru" yn *Y Faner* (8 a 29 Gorffennaf, 26 Awst, 9 a 23 Medi, 1953), t. 4 ym mhob achos. Ymgorfforwyd y sylwadau yn *Y Lôn Wen* (Dinbych, 1960), pennod IX, tt. [98]–118.

[7] Llewelyn Wyn Griffith (1890–1977), brodor o Ddolgellau a dreuliodd ei oes yn y Gwasanaeth Sifil yn Llundain. Yn nofelydd ac yn awdur gweithiau hunangofiannol ei hunan, cyfieithodd lawer o waith KR i'r Saesneg. Gweler *Cydymaith,* t. 231.

Mae hi'n bwrw, ac ar y lawnt o flaen fy ffenestr y mae mwyalchen wrryw yn tynnu pry genwair o'r pridd ac y mae'r abwydyn yn hongian y ddwy ochr i'r pig melyn yn union megis cadwyn Arglwydd Faer Caerdydd, a'r fwyalchen foliog wrth ei bodd.

Fy nghofion cu,
Saunders

Kate Roberts 1005

162

158 Westbourne Rd
Penarth
4 Rhagfyr 1953

F'Annwyl Kate,

Diolch yn fawr am y David Bell.[1] Fe'i hadolygaf gyda phleser. Amgaeaf adolygiad ar *Y Llen*.[2] 'Rwyf wedi rhoi llawer o feddwl i'r tri adolygiad ar farddoniaeth — Kitchener, *Cerddi Cadwgan* a'r bryddest hon, gan obeithio drwyddynt fedru rhoi peth cyfeiriad i feddwl y beirdd ifainc ar hyn o bryd.

A ddywedwch chi wrth y golygydd nad yw'n debyg y medra'i sgrifennu dim arbennig i'ch rhifyn Nadolig, os na ddigwydd imi fedru gorffen llyfr Bell — ac y mae hynny'n annhebig? Ar hyn o bryd 'rwy'n ymsuddo yn *Hen Dy Fferm* DJ.[3] Y tro hwn y mae Dai wedi taro deuddeg — mae'r llyfr yn gampwaith o gyfoeth dihysbydd, yn waith mawr — hynny yw os yw'r gweddill gystal â'r ddwy bennod gyntaf a ddarllenais i.

Fy nghofion atoch yn gu,
Saunders

Kate Roberts 1007

---

[1] Cyfeiriad sydd yma at gyfrol David Bell, *The Language of Pictures* (London, 1953). Yr oedd [Ernest] David Bell (1915—59) yn ail fab i Syr Harold Idris Bell, gweler W W Price, cyfrol 1, tt. 201—2. Adeg cyhoeddi'r llyfr hwn yr oedd yn Guradur Oriel Glynn Vivian, Abertawe, a chyn hynny bu'n gweithio i Gyngor y Celfyddydau, yn Guradur Cynorthwyol tros Gymru. Ymddangosodd adolygiad SL yn *Y Faner* (28 Ebrill 1954), t. 7, yn dwyn y pennawd "Egluro Gwaith Peintwyr".

[2] Cyhoeddwyd *Y Llen*, pryddest Dyfnallt Morgan, gan Wasg Aberystwyth ddiwedd 1953. Hon oedd y bryddest a ddyfarnwyd yn orau gan SL yng nghystadleuaeth y Goron yn Eisteddfod Genedlaethol Y Rhyl, 1953. Ymddangosodd adolygiad SL arni yn *Y Faner* (23 Rhagfyr 1953), t. 6, dan y pennawd "Barn Saunders Lewis am y bryddest 'Y Llen'".

[3] Cyhoeddwyd *Hen Dŷ Ffarm* D J Williams gan Wasg Aberystwyth yn Hydref 1953.

158, Westbourne Rd
Penarth
[17 Ebrill 1954][1]

F'Annwyl Kate,
Dyma'r adolygiad.
Byddai'n well gennyf beidio ag adolygu drama Tom Parry.[2] Darllenais hi ddwywaith, ond gan fod gen' i ddrama ar yr un thema i ryw fesur, byddai'n foesgarach imi dewi am ei ddrama ef.

    Mae'n dda gen' i glywed fod gennych chithau ddrama radio wedi ei gorffen.[3] Pam nas hoffwn i hi? 'Does dim rhaid i ddyn sgrifennu'n debyg o gwbl i'm gwaith i er mwyn i mi ei leicio — na chwaith fod o'r un syniadau crefyddol â mi. Felly mi obeithiaf am gael gwrando ar eich drama cyn hir.

Cofion cu
Saunders

Kate Roberts 1025

158, Westbourne Rd
Penarth
26 Mai 1954

F'Annwyl Kate,
Gwrandewais ar eich drama mewn amgylchiadau go od neithiwr. Yr oedd *"At home"* gwraig y prifathro o 6 pm hyd 7.30;[4] a minnau'n paratoi i fynd dyma deulu o'r Amerig yn glanio yn y tŷ, Peter John Stephens ar hynt i chwilio am feirdd a dramawyr Cymraeg. Buont yma hanner awr neu ragor, ac am ddeg munud wedi chwech cychwynnais yn y car modur am dŷ'r prifathro yn Leckwith. Cyrraedd yno tua 6.30 a'r lle'n llawn

---

[1] Y dyddiad ar y llythyr gwreiddiol yw 17 Mai 1934. Mae'n amlwg o gynnwys y llythyr bod 1934 yn wall am 1954, gan mai yn y flwyddyn honno y cyhoeddodd Thomas Parry ei ddrama, *Llywelyn Fawr*. Byddai'n haws credu mai 17 Ebrill yw dyddiad y llythyr yn hytrach nag 17 Mai gan fod SL yn sôn am anfon adolygiad, sef yr adolygiad ar lyfr David Bell a gyhoeddwyd yn rhifyn 28 Ebrill o'r *Faner*.

[2] Ymddangosodd *Llywelyn Fawr — drama mewn tair act ac epilog* gan Thomas Parry o Wasg y Brython, Lerpwl, ym mis Mawrth 1954. Y ddrama ar yr un thema gan SL oedd *Siwan*. Adolygwyd drama Thomas Parry yn *Y Faner* (9 Mehefin 1954), t. 7, gan J Gwyn Griffiths.

[3] Y ddrama radio hon oedd "Y Cynddrws" a ddarlledwyd ar Raglen Cymru'r BBC, nos Fawrth, 25 Mai 1954. Ceir fersiynau o'r ddrama ymhlith Papurau Kate Roberts, rhifau 2636–8. Yn *Radio Times* (21 Mai 1954), t. 24, dywedir: "Digwydd y ddrama mewn cynddrws rhwng y byd a'r byd a ddaw. Mae'r cymeriadau i gyd wedi marw, ac yn gorfod aros yn y cynddrws oherwydd iddynt fod yn anhapus neu'n anfodlon yn y byd hwn." Mae'n debyg mai'r dehongliad hwn o Burdan yn y ddrama a wnaeth i KR awgrymu na fyddai SL yn hoffi'r ddrama gan nad oeddent yn rhannu'r un syniadau crefyddol.

[4] Prifathro Coleg y Brifysgol, Caerdydd, ar y pryd oedd Anthony Bedford Steel (1900–73). Bu'n brifathro rhwng 1949 a 1966.

o athrawon a darlithwyr a'u gwragedd (am 'wn i). Cadw fy llygaid ar y cloc, yfed tri sierri a siarad yma ac acw fel y bydd dyn mewn *"at home"* academig, ac yna ddau funud i saith ffarwelio'n bendant â'm gwestywraig a'r cwmni, a gyrru fy nghar o'r tŷ, rownd y gornel i lecyn tawel ar ymyl cae lle y canai'r gog, a throi radio fy nghar i wrando ar eich "Cynddrws", ac yno y bûm yn gwrando i'r pen, ganllath o'r *"at home"* hwyliog. Y tro cyntaf er pan brynais i'r car (fis yn ôl) imi gael y set radio ynddo'n dra hwylus.

Wel, mi hoffais eich drama, eich syniad chi am burdan a'r rheswm dros fod y cyfryw burdan. Do, fe'i hoffais a'i chael hi'n ddrama a dwyster a myfyrdod a phrofiad ynddi, ie a'i harddull yn gain a'i chymeriadau (oddieithr efallai Oronwy Owen) yn fyw ac yn *wir*. Aeddfedrwydd, dyna, mi dybiais i, rinwedd y ddrama. A drama radio iawn, oblegid tri chwarter awr o wrando tawel a gafwyd, ac nid oeddwn yn dymuno nac o gwbl yn clywed colli *gweld*. Drama i glust gyfrin atgof a myfyrdod — a barddoniaeth. Fy niolch i chi amdani,

Saunders

Maddeuwch yr amlen

Kate Roberts 1026

165

Y Cilgwyn
Dinbych
7 Mehefin 1954

F'Annwyl Saunders,
Rhaid imi ymddiheuro am fod mor hir heb anfon i ddiolch ichwi am eich llythyr caredig am "Y Cynddrws", ac am ymwrthod â'r fath gwmni i'w chlywed. Bydd yn anodd gennych gredu efallai fy mod wedi treio cael cyfle ddegau o weithiau ers deng niwrnod i sgrifennu gair i chwi, a dyma fi heno, wedi i'm dwy nith ymadael am Lerpwl, yn cael munud o gyfle.

Yr oedd yn dda iawn gennyf am eich geiriau cysurlon amdani. Gyda chryn dipyn o gryndod y mentrais roi honna o flaen y cyhoedd. Nid ceisio rhoi fy syniad am Y Purdan a wneuthum, dim ond am ran ohono, neu agwedd arno — gweld yr wyf fi mai'r meddiannu yma sy'n gwneud pobl yn anhapus, meddiannu cyfoeth, meddiannu plant, meddiannu cariadon, a meddiannu hapusrwydd ei hun fel yn achos GO. Nid oeddwn yn hollol sicr o gymeriad GO fy hun — anodd dweud am ddyn a fu farw mor bell yn ôl. Ond wrth ddarllen ei lythyrau caf yr argraff ei fod yn snob. Cred yr Athro G J Williams mai ffug ysgolheictod yw ei ddiddordeb mewn hen bethau. Un peth yr oedd arnaf eisiau ei osgoi oedd y rhygnu ar ei hiraeth.

Nid dyfod â barddoniaeth i mewn i glustogi a chwyddo'r ddrama a wneuthum, ond gyda bwriad pendant iawn, sef dangos mai clec y gynghanedd sy'n bwysig gan lawer o'r beirdd ac nid profiad.

Yr oeddwn i yn ddigalon iawn pan ysgrifennais hi, ac yn waeth na digalon, mewn anobaith. Ond fe wnaeth les imi gael dweud y pethau yna. Ceisiais er hynny roi ffurf ar y ddrama, yn lle gadael i'r siarad redeg a'i ffrwyn ar ei war, drwy'r crwydryn, ei ddyfodiad a'i fyned ymaith.

Bûm ym Methesda tua mis yn ôl a gwelais Bob Parry am funud, a dim ond munud. Mae'n rhy ddyryslyd ei feddwl i neb gael crap ar sgwrs hir gydag ef. Mae'n edrych yn wael hefyd. Gresyn ei weld wedi mynd fel yna, y fo a allai sgwrsio mor ddifyr.

A ydych yn cofio Ysgol Haf Machynlleth — 1926?

Gyda llawer iawn o ddiolch a chofion caredig,

Kate

LlGC 22723D, ff. 140–1ᵛ

166

158, Westbourne Rd
Penarth
25 Awst 1954

F'Annwyl Kate,

Daeth eich llythyr a'r *Faner* gyda'i gilydd y post cyntaf heddiw. Wel, diolch yn gynnes iawn i chi.[1] 'Rwy'n credu mai dweud hynny heb ragor sy orau imi, oblegid os dechreuaf ddweud dim amdanaf fy hun a'm syniadau, mi af ar unwaith yn anonest; diau mai dyna'r pam yr wyf yn hoffi ffurf y ddrama.

Un pwynt bychan — nid fel drama radio y meddyliais i gynta' am *Siwan* ond ar gyfer llwyfan Garthewin. Wedyn daeth y BBC a gofyn am ddrama Gwyl Ddewi, ac mi es ati wedyn yn syth. Bydd eich ysgrif chi'n hwb anghyffredin, nid i mi'n unig, ond i actorion Garthewin hefyd; ac y mae hynny'n bwysig.

Torrodd fy nghar modur fel na fedrais ddyfod i'r perfformiad. Mae'n bosibl y dof i'w gweld hi nos Wener os caf i'r car yn iach heddiw. Gallaf ddweud un peth yn onest wir — mi *weithiais* yn galed iawn ar y ddrama, yn enwedig act III, oblegid dipyn o *tour de force* oedd mentro act olaf heb ddim i ddigwydd ynddi o gwbl ond dau'n siarad, ac yna mymryn o basiantri rhoi'r goron ar ei phen hi i gloi. Unwaith eto, diolch i chi o galon,

Saunders

Kate Roberts 1032

---

[1] Mae SL yn diolch am adolygiad o berfformiad y ddrama "Siwan" gan Gwmni Theatr Garthewin a ysgrifennwyd gan KR. Ymddangosodd "'Siwan' yng Ngŵyl Ddrama Garthewin — drama fythgofiadwy Saunders Lewis" yn *Y Faner* (25 Awst 1954), tt. 1 ac 8. Soniodd KR yn ei herthygl mai fel drama radio y lluniwyd *Siwan* gyntaf. Mae SL yn cywiro'r honiad.

158, Westbourne Rd
Penarth
5 Mai 1956

F'Annwyl Kate,

Gwrandewais ar gychwyn eich nofel a chefais gymaint o fwynhad fel na fedraf beidio ag anfon nodyn byr i'ch llongyfarch. Cymraeg cyfoethog y dialog a aeth a'm serch i bennaf. Yr oedd yr actorion yn dda hefyd, yn arbennig Nesta Harris.[1]

Diolch yn fawr,
Saunders

Kate Roberts 1067

158, Westbourne Rd
Penarth
10 Mai 1956

F'Annwyl Kate,

Yr oeddwn i wedi clywed gan amryw am helbulon Gwasg Gee,[2] ond ni chlywais fanylion gan neb. Gwyddwn fod Moses Griffith a Gwynfor Evans wedi bod yn eich gweld, ond 'welais i na Mos na Gwynfor na chael dim hanes pendant. Clywais wedyn mai rhyw bobl eraill sy'n trafod gyda chi neu gyda Gwasg Gee fel cwmni.

'Fedrai'i ddim gan hynny roi barn o gwbl ar ddim, gan fod y cwbl yn ddieithr imi. Ond mi ddywedaf fy mod yn cydymdeimlo â'ch poen personol chi, ac mi fyddai'n dda gennyf helpu'n ymarferol petai rhyw gyfle.

A gaf i awgrymu'ch bod chi'n cyhoeddi'r nofel ar unwaith ar ôl gorffen y darlledu, ac yn mynnu bod y wasg yn dal y farchnad y pryd hynny. Y mae pobl Gwasg y Dryw yn cyhoeddi fy nrama ddiwethaf i. Nid wyf yn hoffi pennaeth Gwasg y Dryw, ond yr wyf yn ddigon cyfeillgar ag Aneirin Talfan, ei frawd. Ond Gwasg y Dryw yw'r unig wasg sy'n gofyn am fy ngwaith i, fel nad oes gennyf ddim dewis.

Yr wyf yn mynd i Lundain ben bore fory; byddaf yn ôl gartre nos Sadwrn. Byddwch lawer yn fy meddwl.

Yn gu,
Saunders

Kate Roberts 1068

---

[1] Darlledwyd *Y Byw sy'n Cysgu* yn ddrama gyfres wedi ei chyfaddasu a'i chyfarwyddo gan Emyr Humphreys, gyda Nesta Harris yn chwarae rhan Lora Ffennig, ar Raglen Cymru'r BBC. Clywyd y rhan gyntaf ar nos Wener, 4 Mai 1956, rhwng 8.30 a 9.00 pm.

[2] Oherwydd amgylchiadau ariannol anodd, bu'n rhaid i KR werthu Gwasg Gee yn 1956.

158, Westbourne Rd
Penarth
13 Ionawr 1957

Annwyl Kate,

Gair yn fyr i ddweud fy mod wedi gorffen darllen *Y Byw sy'n Cysgu*[1] am y tro cyntaf neithiwr a'i gael yn llyfr cyfoethog ac yn llyfr a oedd yn gwella ac yn grymuso wrth fynd ymlaen; yr oedd ei ddarllen y tro cyntaf (dydd Gwener y cefais fy nghopi) yn brofiad go fawr, a dyna beth pur ddieithr ynglŷn â dim newydd Cymraeg y dyddiau hyn.

Peidiwch ag anfon i ddiolch am y nodyn byr hwn, ond tybiais y gallai gair o werthfawrogiad fod yn hwb i chi roi'ch meddwl ar y nofel nesaf. Ac y mae'ch Cymraeg yn gyfoeth gogoneddus.

Yn gywir fyth,
Saunders

Kate Roberts 1083

Y Cilgwyn
Dinbych
24 Mawrth 1958

F'Annwyl Saunders,

Ymddiheuraf yn gyntaf am fod mor hir heb sgwennu atoch. Fe gefais wybod gan G J Williams mai chwi yn bennaf a fu'n gyfrifol am gael y pensiwn imi, ac ni fedraf fyth fynegi yn iawn fy niolch i chwi.[2]

Fe ddaeth y newydd ar adeg pan oeddwn bron wedi penderfynu rhoi fy ngwaith i fyny gyda Gwasg Gee, dim gwahaniaeth a fedrwn fyw ar yr hyn sy gennyf ai peidio. Ni buaswn yn medru dal lawer yn hwy, a dim ond hyd fis Mehefin 1959 yr oedd fy nghytundeb gyda hwy. Hefyd yr oedd symud *Y Faner* i'r Bala yn gwneud y sefyllfa yn gas i mi, oblegid am ysgrifennu i'r *Faner* ac am ddarllen llawysgrifau i'r Wasg y cawn i fy nhâl. Fe gymerai ormod o amser imi ddweud pa mor anodd oedd y gwaith i mi. . . . Yn lle rhoi fy marn ar lawysgrifau, disgwylid i mi eu cywiro, a chywiro'r proflenni. Ni wyddwn byth pryd i ddisgwyl y proflenni, a'r haf dwaetha ni chefais wyliau o gwbl oherwydd fy mod yn disgwyl proflenni i'w cywiro. Nis derbyniais am fisoedd lawer. Pwyllgor sy'n penderfynu pa lyfrau sydd i'w cyhoeddi.

---

[1] Ymddangosodd *Y Byw sy'n Cysgu* ar gyfer y Nadolig 1956 o Wasg Gee, wedi ei gyflwyno gan KR i'w hen ddisgybl Gwenallt.

[2] Cyfeiriad at y ffaith fod KR i dderbyn pensiwn y rhestr sifil oherwydd ei chynnyrch llenyddol. Ceir llythyr oddi wrth Blaise Gillie o'r Swyddfa Gymreig at SL ynglŷn â'r cais ymhlith Papurau Kate Roberts, rhif 1099. Adroddir hanes cefndir y cais gan Griffith John Williams mewn llythyr yn yr un casgliad, rhif 1100.

Wedi cael y pensiwn fe gaf fod yn berffaith rydd i wneud fel y fynnwyf a chael ysgrifennu wrth fy mhwysau. Ar frys y gwnaf bob dim yrŵan, ac nid oes graen arno o gwbl.

Bûm yn meddwl lawer gwaith y dylwn werthu'r tŷ yma, a mynd i fyw i dŷ llai, ond wedi ymgynghori â'm cyfreithiwr a phobl eraill, cynghorwyd fi i beidio, oblegid ni byddwn fawr ar fy ennill, gan i'r tŷ yma gael ei adeiladu ar amser pan oedd pethau'n rhad, ac nid yw'r llogau a'r dreth a'r yswiriant fawr fwy na rhent un o'r tai cyngor newydd yma. Yr wyf yn gosod y cwt modur ar rent. Ar hyn o bryd fe ymddengys fel petai prisiau pethau yn mynd i ostwng yn hytrach na chodi. Bydd hynny yn fantais fawr. Fe hoffwn sôn am lawer o bethau ond nid oes amser. . . .

Yr oedd yn dda iawn gennyf ddeall eich bod wedi gorffen eich drama newydd.[1] Llawenydd bob amser ydyw clywed eich bod chwi wedi gorffen gwaith llenyddol. Nid y teimlad hwnnw a gawn pan glywn hynny am rai eraill. Gobeithiaf y caf ei gweld a'i chlywed yng Nglyn Ebwy.

Er imi grwydro i bobman yn y llythyr yma, ei bwrpas yw diolch yn gynnes iawn i chwi am gymwynas mor fawr, y gymwynas fwyaf a ddaeth imi yn yr adeg yma ar fy mywyd.

Yn gywir iawn,
Kate

LlGC 22723D, ff. 142–3ᵛ

171

158 Westbourne Rd
Penarth
27 Mawrth 1957 [*recte* 1958]

Fy Annwyl Kate,

Yr wyf yn llawen iawn wedi cael eich llythyr a deall fod y pensiwn o'r *civil list* wedi ei sicrhau. Chwi, hyd y gwn i, yw'r llenor Cymraeg cyntaf erioed i gael y gydnabyddiaeth yma ac y mae hynny'n deyrnged i lenyddiaeth Gymraeg yn ogystal ag i chwi eich hunan. Mr Henry Brooke,[2] y Gweinidog sy'n gofalu am faterion Cymreig, piau'r clod am hyn. Yr oedd ei dad yn artist a'i daid yn bur enwog, Stopford Brooke, am ei gyfrol *History of English Literature* ac ysgrifau beirniadol lawer. Felly, gan fy mod wedi cael

---

[1] Cyfeiriad at y ddrama *Brad*, sef drama gomisiwn Eisteddfod Genedlaethol Glynebwy a berfformiwyd ar 7 ac 8 Awst 1958, gyda Herbert Davies yn cynhyrchu. Cafwyd perfformiad teyrnged o'r ddrama hefyd ar y radio, nos Iau, 13 Tachwedd 1958, gydag Emyr Humphreys yn cyfarwyddo. Ceir llun o'r cynhyrchiad yn Mair Saunders, *Bro a Bywyd*, t. 106. Yr actorion yn y darllediad oedd Emlyn Williams, Siân Phillips, Richard Burton, Hugh David, Gareth Jones, Meredith Edwards a Clifford Evans.

[2] Henry Brooke (1903–84), 'Baron Brooke of Cumnor' yn ddiweddarach, oedd y Gweinidog dros Faterion Cymreig rhwng 1957 a 1961. Gweler *Who's Who 1984*, t. 283. Yr oedd yn fab i L Leslie Brooke a Sybil Diana, merch y Parchedig Stopford Augustus Brooke (1832–1916), awdur *The History of English Literature* (1894) a nifer o gyfrolau eraill. Gweler *Who Was Who*, II (1916–1928), t. 130.

cinio preifat gydag ef a'i hoffi'n bersonol yn fawr, yr oedd yn hawdd imi ei gael i roi cychwyn i'r peth. Mi sgrifennaf ato i ddiolch iddo ac mi ddywedaf am eich llawenydd. Y mae bod yn gyfrwng i ddwyn hyn i ben yn llawenydd anghyffredin i minnau.

'Ddywedaf i ddim am *Y Faner*, ond diolch eich bod mwyach yn rhydd oddi wrthi. Y mae'r dirywiad yn drychinebus a syfrdanol.

Bûm am ddeuddydd yn darllen *Cofiant Idwal Jones* gan Gwenallt.[1] Cefais bleser mawr ynddo — gwaith gorau Gwenallt y tu allan i *Ysgubau'r Awen;* yn wir y mae'n gryn gampwaith ac yn rhyfeddol ddifyr.

Fe wyddoch, mae'n debyg, fod Cathrin Daniel wedi bod yn beryglus o sâl.' Chlywais i ddim amdani ers rhai wythnosau. Wel, fy nghofion a'm llongyfarchion,

Saunders

Kate Roberts 1101

172

Y Cilgwyn
Dinbych
20 Mai 1958

F'Annwyl Saunders,

Diolch am eich llythyr beth amser yn ôl. Anfonaf air heddiw i ofyn a wyddoch chi a wnaed yn hysbys yn y Senedd fod y pensiwn wedi ei roi i mi. Yn y llythyr a gefais o 10 Downing Street, Wyl Dewi, dywedwyd wrthyf nad oedd y ffaith i'w chyhoeddi hyd oni wneid y peth yn hysbys yn y Senedd, sef rhywdro ym mis Ebrill. Tybiais i mai o gwmpas amser y Gyllideb y gwneid hynny. Ond ni welais air yn unlle. Ni byddaf byth yn gweld *Hansard* yrŵan. Yn ôl eich awgrym chwi mae arnaf eisiau anfon gair o ddiolch i Mr Gillie. A chyda llaw i ba le yr wyf i anfon?[2]

Mae Cathrin Daniel yn gwella yn araf. Bu yma yn cael paned efo mi brynhawn dydd Mercher dwaetha. Edrychai'n well o lawer na phan welswn hi ym Modffari dair wythnos cyn hynny. Mae'n sôn ei bod am ddechrau dysgu eto ym mis Medi.

Af i'r Cwfaint ddwy waith bob wythnos ers tro i roi gwersi Cymraeg i Mother Louis, ac yr wyf wrth fy modd. Mae hi'n dysgu'n gyflym. Ei hanfantais ydyw nad yw'n clywed digon o siarad Cymraeg o'i chwmpas, nid yn y Cwfaint a feddyliaf, ond ar y bws ac ar y stryd.

---

[1] Cyhoeddwyd *Cofiant Idwal Jones* o waith Gwenallt gan Wasg Aberystwyth ym mis Chwefror 1958.

[2] Mae'n amlwg fod KR wedi cysylltu â Blaise Gillie, oherwydd ceir ateb ganddo ymhlith Papurau Kate Roberts, rhif 1105, dyddiedig 6 Mehefin 1958, yn dweud ei fod yn falch iddo fedru cynorthwyo KR i gael y pensiwn sifil. Darllenodd ei gwaith gyda llawer o bleser ac edmygedd; *Laura Jones*, yn wir, oedd un o'r pethau cyntaf iddo ei ddarllen yn Gymraeg. Dywed mai SL a awgrymodd ei henw i'r llywodraeth, a bu ei ddylanwad yn bwysig.

Mae Dinbych yn Seisnigo gyda chyflymder aruthrol. Saesneg a sieryd yr holl Gymry Cymraeg yn y dref erbyn hyn, ag eithrio rhyw ddyrnaid bach. Neithiwr bûm yn siarad o flaen Cyngor Eglwysi Rhyddion y dref dros y Gymdeithas Gymraeg, i gael Ysgol Gymraeg yma,[1] ac fe basiwyd gydag unfrydedd (dim ond dau o gyfarfod niferus a beidiodd â phleidleisio) ein bod yn symud ymlaen. . . .

Yr ydym yn byw mewn gwlad ryfedd. Mae saith nofel hir wedi dyfod yma o Lyn Ebwy.[2] Byddaf bob amser yn cofio eich ateb chi i Brosser Rhys, pan ofynnodd ef i chwi adolygu llyfr o farddoniaeth i'r *Faner* — nid wyf yn siŵr pa un ai barddoniaeth Crwys ai I D Hooson ydoedd. "Na wnaf, mi fydd yn rhaid imi ei ddarllen". Felly finnau.

Yr wyf yn mwynhau llyfr Gwenallt ar Idwal Jones yn fawr iawn. Hefyd farddoniaeth Waldo Williams.[3] Anwastad yw barddoniaeth WW, ond ar ei orau mae'n ysbrydoledig. Mae'n braf iawn nad oes orfod arnaf ysgrifennu i'r *Faner*. Mae rhywbeth braf mewn bod yn dlawd hefyd.

Fy nghofion
Yn gywir iawn
Kate

LlGC 22723D, ff. 144—5ᵛ

173

158, Westbourne Rd
Penarth
27 Mai 1958

Fy Annwyl Kate,

Nid wyf innau chwaith yn gweld *Hansard*, ond gellwch fod yn siŵr na chyhoeddwyd dim am eich pensiwn hyd yn hyn oblegid y mae'r papurau newydd yn cadw llygaid barcut ar newyddion o'r fath ac ni chyhoeddwyd dim oll hyd yn hyn. Cyfeiriad Blaise Gillie yw

> Welsh Office,
> Ministry of Housing and Local Government,
> Cathays Park,
> Cardiff,

---

[1] KR oedd ysgrifennydd y mudiad i gael Ysgol Gymraeg i Ddinbych rhwng 1958 a 1960. Gwelir llawer o'r ohebiaeth a dderbyniodd ynglŷn â'r ymgyrch ymhlith Papurau Kate Roberts, yn enwedig rhifau 1106—1278, a chofnodion a chyfrifon yn yr un casgliad, rhifau 2808—28. Agorwyd Ysgol Gymraeg Dinbych yn Ysgoldy'r Capel Mawr yn 1961 ac agorwyd adeilad newydd sbon, Ysgol Twm o'r Nant, Dinbych, gan KR ar 23 Ebrill 1968; gweler Derec Llwyd Morgan, *Bro a Bywyd*, tt. 48 a 50.

[2] Yr oedd KR a Gwilym R Jones yn feirniaid y nofel hir (heb fod dan ddeugain mil o eiriau) yn Eisteddfod Genedlaethol Glynebwy 1958. Nid oedd neb yn deilwng o'r wobr lawn o hanner canpunt, ond dyfarnwyd deugain punt i Catrin Lloyd Rowlands, Trawsfynydd.

[3] Ymddangosodd *Dail Pren* o Wasg Aberystwyth yn Nhachwedd 1956.

ond dyma lythyr a gefais i ganddo pan oedd y peth ar gerdded, ac efallai yr hoffech gael ei gadw yn *souvenir!*[1] Gellwch sgrifennu ato yn Gymraeg; dyna a hoffai ef 'rwy'n siŵr.

Bûm wrthi dros y Sulgwyn yn cywiro proflenni fy nrama "Brad". 'Does dim cywirwr proflenni salach na mi yng Nghymru; mae beiau ym mhob llyfr a gyhoeddais erioed. Mae'n debyg mai'r ffaith yw fod yn ddiflas gennyf ddarllen fy nramâu, maen' nhw'n fy siomi i ac yn fy nadrithio i, ac oblegid hynny ni fedraf eu cywiro gyda dim argyhoeddiad fod y gwaith yn werth ei wneud. Wrth gwrs, fel pawb arall, yr wyf wrth fy modd yn cael clod, ond yn y gwaelod sad 'fedra'i ddim fy nghymryd fy hun o ddifri. Felly gyda'r ddrama hon, pan oeddwn i'n ei sgrifennu 'roeddwn i'n meddwl fod mawredd ynddi (o'r diwedd!), ond yn awr, wedi cywiro'r proflenni, nid wyf yn debyg o fynd i Lyn Ebwy.

'Does gen' i ddim newydd arall o ddim diddordeb. Y mae'r *Faner* yn mynd yn dristach, dristach, onid yw?[2] Ac y mae polisi Plaid Cymru wedi mynd yn bell iawn oddi wrth neu oddi ar y llwybr a geisiais i ei dorri ers talwm gynt. Prawf fy mod wedi mynd yn hen. Yr hyn a hoffwn i fyddai mynd i'r Eidal i orffen fy nyddiau, ond nid eiddo gŵr priod, a chanddo wyrion, ei ffordd!

Fy nghofion atoch,
Saunders

Kate Roberts 1104

174

158, Westbourne Rd
Penarth
22 Hydref 1958

Fy Annwyl Kate,
Diolch i chwi am eich llythyr a'ch geirda i'r *Brad*, — yr oeddwn wedi darllen eich dyddlyfr arno neu arni yn *Y Ddraig Goch*, — ac yn cydymdeimlo â chi.[3]

Bu sôn yn y newyddion radio neithiwr fod cinio i'ch anrhydeddu wedi bod yn Llanfair.[4] Yr oeddwn wedi clywed am y bwriad gan H T Edwards. Gobeithiaf i chi gael noson ddifyr. Am y teledu, 'does gennym ninnau chwaith ddim set deledu ac nid wyf

---

[1] Papurau Kate Roberts, rhif 1099.

[2] Nid oedd pawb yn gytûn â KR a SL am *Y Faner* yn y cyfnod hwn, e.e. ar ddalen flaen rhifyn 21 Mawrth 1957, cyhoeddir nifer o lythyrau yn dwyn y teitl "Gair Da i'r 'Faner'", gan Herbert Davies, D Emyr Edwards, David Thomas ac Islwyn Ffowc Elis yn canmol diwyg ac arddull newydd y papur, yn enwedig y gyfres "Portread".

[3] Bu KR yn cyhoeddi cyfres yn dwyn y teitl "Tameidiau o Ddyddlyfr Kate Roberts" yn *Y Ddraig Goch* rhwng Gorffennaf 1958 a Chwefror 1959. Yn rhifyn Medi 1958, t. 5, ceir ei hanes yn Eisteddfod Genedlaethol Glynebwy. Ar y nos Iau cawn iddi hepian trwy ddarnau helaeth o'r ddrama "Brad": "Nid ar y ddrama nac ar yr actio yr oedd y bai. Henaint a blinder a wnâi i mi gau fy llygaid. Yr oedd yr actio yn rhagorol a'r ddrama yn gafael. Nid teg imi ddweud rhagor. Edrychaf ymlaen at ei darllen."

[4] Cynhaliwyd y cinio teyrnged i KR mewn gwesty yn Llanfair Dyffryn Clwyd, nos Lun, 20 Hydref 1958. Ceir adroddiad llawn am y digwyddiad yn *Y Faner* (30 Hydref 1958), t. 4, yn dwyn y teitl "Anrhydeddu Kate Roberts", ynghyd â chyfarchiadau ar ffurf englynion gan Mathonwy Hughes a Gwilym R Jones, ac englyn a phenillion o waith H[uw] T Edwards, sef llywydd y noson.

eto unwaith wedi gweld rhaglen gyfan, na Chymraeg na Saesneg. Ond y mae'r profiad o fod yn "ŵr gwadd" yn enbyd iawn o ddigri — wedi yr elo heibio. Yn wir, fe awgrymodd y profiad ddeunydd comedi imi ac efallai — ond efallai'n unig — y sgrifennaf hi. Y trwbl bellach yw mai'n unig os gofynnir imi ar gyfer rhyw oed pendant y sgrifennaf ddim. Y mae pobl Theatr Garthewin yn arfaethu ffestifal o'm dramâu i ar gyfer y flwyddyn nesaf; nid oes gennyf ddigon o ddewrder i'w rhwystro nhw, ond dyna a ddymunwn. Er hynny, yr wythnos diwethaf mi addewais ddrama radio i Emyr Humphreys ar gyfer dygwyl Dewi[1] er mwyn fy ngorfodi fy hun i fynd ymlaen. Ond 'mynd ymlaen' — pam? Chwedl Idwal Jones gynt wrth fynd heibio i'r dafarn.

Fy nghofion atoch,
Saunders

Kate Roberts 1129

175

158 Westbourne Rd
Penarth
24 Gorffennaf 1959

Fy Annwyl Kate,
Cyfeiriad S Kenneth Davies yw: George Elliot and Co, Collingdon Road, Cardiff.[2]

Yr oedd yn dda gennyf glywed gennych a chlywed eich bod mor ddiwyd, a'ch gwaith gymaint ag erioed. Darllenais *Te yn y Grug* ddwywaith drwyddo[3] — 'dydw' i ddim yn siŵr nad teirgwaith, a bu Emyr Humphreys yn trafod ei gampusrwydd ef gyda mi. Y mae graen proffesiynol ar bob un o'r straeon, ac nid wyf yn meddwl y gellir deud dim sy'n uwch clod na hynny i awdur Cymraeg — oblegid dyna'r peth sy brinnaf oll.

Yr oeddych yn awgrymu drygau ym myd y papurau Cymraeg; byddai'n hyfryd eu clywed — clecs yw'r stwff gorau yn y byd i lythyr — ond yr hyn na fedra'i mo'i ddeall yw'r cwymp echrydus ar Gymraeg ac ar safon a stwff *Y Faner*. Mae'n ymddangos i mi ein bod ni'n ôl *cyn* John Morris-Jones eto, er gwaetha' ymdrechion David Thomas.[4] Ond gyda hynny mae rhywbeth bas a thaeogaidd yn nhinc *Y Faner* bellach.

Mi fûm yn Lloegr gyda Margaret am wythnos o wyliau yn y car: mynd i swydd Gaint, aros yng Nghaer Gaint a gweld yr eglwys gadeiriol yno am y tro cyntaf; mynd i Rye a gweld tŷ a stydi Henry James a'i ardd a dotio ar yr hen dref hynafol a'r heolydd

---

[1] Ymddengys na wireddwyd y syniad hwn gan na chafwyd drama radio Gymraeg ar y radio Ddydd Gŵyl Dewi 1959. Fodd bynnag, ar y teledu, darlledwyd cyfieithiad a chynhyrchiad gan Emyr Humphreys o ddrama John Gwilym Jones, " Y Tad a'r Mab".

[2] Nid yw arwyddocâd y cyfeiriad hwn yn hysbys. Diau bod KR wedi holi amdano mewn llythyr blaenorol sydd bellach wedi ei golli.

[3] Cyhoeddwyd *Te yn y Grug* ddechrau Mawrth 1959 a chyflwynwyd y gyfrol i'r Athro Griffith John Williams a'i wraig. Gweler Papurau Kate Roberts, rhifau 1167 a 1172 am ymateb G J Williams.

[4] David Thomas (1880–1967), sefydlydd a golygydd y cylchgrawn *Lleufer*. Yr oedd ganddo golofn wythnosol, "Glendid Iaith", tua'r cyfnod hwn yn *Y Faner*, yn trafod cywireb wrth ddefnyddio'r Gymraeg. Ar David Thomas, gweler *Cydymaith*, t. 566.

(anhygoel o beth) yn hen gerrig palmant, *cobbles*, o hyd; croesi Hafren mewn cwch, y tro cyntaf imi wneud hynny efo'r car, profiad braf; noson mewn hen hen westy yn Salisbury ar y ffordd a chrwydro o gwmpas yr eglwys gadeiriol yno hefyd, ond bûm yno fwy na theirgwaith o'r blaen. Ac yn awr yr wyf yn fy melltithio fy hun am imi'n feddal roi drama ("Esther") i gwmni Sir Fôn i'w rhoi ar lwyfan Llangefni. Mi wn o'r gorau mai gwneud cawl ohoni a wnân' nhw.[1]

Fy nghofion atoch,
Saunders

Kate Roberts 1180

176

Y Cilgwyn
Dinbych
7 Hydref 1959

F'Annwyl Saunders,
Llawenydd mawr i mi oedd darllen y gwerthfawrogiad rhagorol o *Siwan* yn yr *Observer* wythnos yn ôl.[2] Gobeithiaf y gwelir ei hactio yn y West End yn fuan. Fe ddylech wneud mwy o arian o lawer ar eich dramâu. Meddyliwch am groten fel awdures *A Taste of Honey*[3] yn gwneud cymaint o arian o beth na ddeil i'w gymharu â'ch gwaith chi. Ni ddywedwn i fod *Siwan* yn well drama na *Brad*, ond mae'n well gennyf i *Siwan*. Mater o deimlad ydyw, ac nid anghofiaf fyth y perfformiad ohoni yng Ngarthewin. Ni ellais fynd i Langefni i weld "Esther", ac ni ddarllenais ddim amdani hyd yma, ddim ond yr hyn a ddywedodd Miss Myra Owen (y *Western Mail* heddiw).[4]

'Dwn i ddim a glywsoch am yr hyn a ddigwyddodd imi adeg yr Ysgol Haf yn Llangefni.[5] Aethwn yno brynhawn Gwener ac arhoswn gyda chyfnither i mi. Euthum i'r Gynhadledd fore Sadwrn, a phan oeddem ar ginio yn yr Ysgol, fe'm galwyd allan. Daethai neges i Orsaf y Plismyn yn Llangefni i ddweud fod fy mrawd yn Lerpwl wedi marw y bore hwnnw. Yr oedd yn cael *bronchitis* yn ddrwg bob gaeaf, ond nid hynny oedd achos ei farw eithr thrombosis. Cawswn air oddi yno ryw dridiau cyn mynd i'r

---

[1] Ceir adolygiad ar y perfformiad o "Esther" yng Ngŵyl Ddrama Llangefni gan Dewi Llwyd Jones yn *Y Faner* (8 Hydref 1959), t. 7.

[2] Cyfeiriad at adolygiad Alan Pryce Jones yn ei golofn "At the Theatre" yn *The Observer* (27 Medi 1959), t. 25. O dan yr is-bennawd "From the Welsh" dywedir bod "King's Daughter", cyfieithiad Emyr Humphreys o "Siwan", wedi agor yn y New Hampstead Theatre Club: " . . . *this play — written for and played by Siân Phillips in the title-role — fully justifies the reputation of Saunders Lewis as one of the most compelling dramatists now writing in any language* . . . ".

[3] Drama gan Shelagh Delaney oedd *A Taste of Honey* a enillodd Wobr Charles Henry Foyle am y ddrama newydd orau yn 1958. Yr oedd yr awdures y pryd hwnnw yn bedair ar bymtheg oed. Cyflwynwyd y ddrama gyntaf gan Joan Littlewood yn ei gweithdy drama yn nwyrain Llundain a chafwyd y perfformiad cyntaf ar 27 Mai 1958.

[4] Myra Owen oedd Cyfarwyddwr Cymru o Gyngor Celfyddydau Prydain Fawr rhwng 1954 a 1961.

[5] Cynhaliwyd Ysgol Haf Plaid Cymru yn Llangefni rhwng 31 Gorffennaf a 4 Awst 1959.

Ysgol Haf yn dweud ei fod yn debyg i arfer a'u bod yn methu penderfynu a dderbynient gynnig ffrind i gymryd eu tŷ am bythefnos yn Abergynolwyn. Cefais ysgytwad ofnadwy. Ef oedd fy mrawd olaf, a mi'n unig sydd ar ôl erbyn hyn. Mae wedi effeithio yn rhyfedd arnaf. Bûm yn methu cysgu'r nos oherwydd calon guro; ac yna cefais ryw helynt gyda chroen y pen a'm cadwodd yn effro am bedair noson. Ond teimlaf yn well o lawer erbyn hyn.

Diolch yn fawr am eich llythyr diwethaf a'ch geiriau caredig am *Te yn y Grug*. Rhyw storïau a ddaeth o'm hisymwybod oedd y rhai yna, a theimlaf eu bod yn nes i lên gwerin na dim a sgrifennais. Credaf mai anfantais fawr yw culni fy nefnydd — ni allaf fi ysgrifennu ond am y bywyd yna. Mae'n rhaid imi gael teimlo a synhwyro pob dim cyn y medraf ei ddisgrifio. Ni buaswn i'n cymryd y byd â gwneud yr hyn a wna Islwyn Ffowc Elis, sef sôn am fydoedd na bûm ynddynt erioed. Felly mae arnaf ofn mai bychan fydd fy ngwaith i byth, nid oes dim ond elfennau bychandra ynddo.

Soniech yn eich llythyr am yr hyn a awgrymaswn i yn y ffordd o glecs am *Y Faner* yn fy llythyr blaenorol. Mae'n anodd iawn eu dweud ar bapur, ond fe wnâi destun sgwrs ddiddorol. Gwir a ddywedwch ein bod yn ôl yn y cyfnod cyn John Morris-Jones. . . .

Mae hi erbyn hyn yn fore Llun, a minnau heb gael dweud hanner yr hyn a ddymunwn. Teimlaf yn ddigalon sobr oherwydd canlyniad yr etholiad i'r Blaid.[1] Cyfoeth sydd wedi cael y pleidleisiau. Beth bynnag yw ein barn am arweinwyr y Blaid heddiw, ni ellir eu cyhuddo o unrhyw awydd i elwa. Ymddengys i mi mai rhyw lefain yn y blawd a fyddwn byth. Ond da bod hynny yn y byd sydd ohoni.

Bydd arnaf eisiau crio wrth weld aelodau egniol ein cangen ni yma yn gweithio ac yn rhoi ac yn rhoi, pobl a ymunodd yn ddiweddar. A hwy yw halen pob bywyd o werth yn y dref yma.

Gofynnodd Emyr Humphreys imi sgrifennu drama deledu. Ar funud wallgof fe addewais, ac erbyn hyn poenaf yn arw. Mae gennyf ryw syniad yn fy mhen am thema ynglŷn â helyntion a fu yn fy hen ardal rywle rhwng 1800 a 1847, helyntion dwyn tri comin i agor chwarel a oedd yn cydfyned ag agor capeli, pan oedd yr Eglwys yn ei chysgadrwydd mwyaf, amaethyddiaeth mewn tlodi a gweision ffermydd yn llwgu. Mae digon o ddefnydd yna, ond yn fy myw ni allaf ei ddatblygu'n ddrama.[2] Gwn yn iawn at beth yr anelaf, ond yn fy myw ni allaf anelu.

Rhaid imi dewi rŵan, gyda'm cofion.

Kate

LlGC 22723D, ff. 146—9

---

[1] Ymladdodd Plaid Cymru ugain etholaeth yn Etholiad Cyffredinol 1959 gan ennill 77,571 o bleidleisiau. Ceir ymateb KR i'r etholiad yn llawn mewn erthygl, "Etholiad y 'Dwn i Ddim'", yn rhifyn Tachwedd 1959 o'r *Ddraig Goch*, t. 7.

[2] Cyhoeddwyd "Gras a Llechi: Pennod Ragarweiniol" (sef dechrau nofel ar Ymneilltuaeth gynnar a chychwyn y chwareli ar ochrau Moel Tryfan), yn *Yr Arloeswr*, rhif 3 (1958), tt. 24—6. Ymddengys mai dyma i gyd a ddaeth o'r bwriad i lunio drama deledu.

158 Westbourne Rd
Penarth
19 Chwefror 1961

Annwyl Kate,

Yr oeddwn wedi ordro'r *Lôn Wen* yn siop Beti Rhys cyn y Nadolig, ond yr wythnos dwaetha' y daeth yma a neithiwr y gorffennais ei ddarllen ef.

Rhaid imi anfon gair i ddweud fy mod yn un o'r miloedd — yn ôl a glywaf — sydd wedi dotio ar y llyfr.[1] 'Rwy'n credu fod y paragraff ar dudalennau 122–3 yn un o'ch darnau mawr iawn chi.[2] Mi sefais ar ôl ei ddarllen a'i ail-ddarllen ar unwaith yn araf — "a griddfan ei ing i'w mynwes".

Mi fedrwch sgrifennu, wraig dda. Ond mi ail-ddarllenaf y llyfr oll wrth gwrs.

Gobeithio nad yw hi ddim yn rhy hwyr i ddymuno i chwi flwyddyn newydd dda a blynyddoedd rai eto a chwaneg o sgrifennu.

Fy nghofion atoch yn gu,
Saunders

Kate Roberts 1314

Y Cilgwyn
Dinbych
8 Mawrth 1961

Annwyl Saunders,

Yr oeddwn yn hynod falch o gael eich llythyr. Peidiwch â mesur fy niolch wrth yr amser hir a gymerais i'w ateb. Un peth y mae henaint yn ei wneud yw arafu eich symudiadau wrth wneud gwaith cyffredin bob dydd. Mae fy iechyd yn dda iawn, ag eithrio poenau cricymalau, ac nid yw hwnnw'n llyffethair ar fy nhraed, oblegid bûm yn cymowta gryn dipyn yr wythnos dwaetha.

Nid yw pawb o'r un farn am *Y Lôn Wen*. Deallaf nad yw rhai o'r bobl ieuainc yn meddwl dim o gorff y llyfr, dim ond y bennod gyntaf a'r olaf. Mynegodd R Gerallt Jones hynny ar y radio.[3] Ni welant mai corff y llyfr yw'r dylanwadau a wnaeth i mi ysgrifennu. Petawn i wedi sgrifennu fy atgofion, byddai'r llyfr gymaint ddwywaith o leiaf. Fe welodd un gŵr ifanc hyn — Dafydd Glyn Jones o Goleg Bangor, bachgen o Garmel a pherthynas i Tom Parry.[4] Pobl ieuainc ddiwreiddiau yw'r lleill, ac nid yw'r gorffennol yn bwysig iddynt o gwbl. Y mae'n golygu popeth i mi, ac yr oedd i'm rhieni.

---

[1] Cadwodd KR ymron i hanner cant o lythyrau yn canmol *Y Lôn Wen*, gweler Papurau Kate Roberts, rhwng rhifau 1279 a 1374.

[2] Ar dd. 122–3 o *Y Lôn Wen* ceir disgrifiad o Modryb Neli'r Regal.

[3] Bu R Gerallt Jones yn adolygu *Y Lôn Wen* ar y rhaglen "Y Silff Lyfrau" ar Raglen Cymru'r BBC, nos Fercher, 21 Rhagfyr 1960, rhwng 6.40 a 7.00 pm.

[4] Cyhoeddwyd adolygiad Dafydd Glyn Jones yn *Y Dyfodol* (Papur Myfyrwyr Bangor), cyf. 1, rhif 1, (30 Ionawr 1961), t. 7, lle dywed: "Y mae'r gyfrol hon yn un o'r pethau gorau a ysgrifennwyd yn Gymraeg yn ein canrif ni, ac fe ddylai pob Cymro ei ddarllen lawer gwaith drosodd."

Treuliem oriau ar yr aelwyd yn sôn am yr hen bethau, ac un o'r pethau y mae'n chwith gennyf ar ei ôl yw rhedeg i Lerpwl i edrych am fy mrawd. Bob tro yr awn, treuliem brynhawn cyfan yn mynd dros yr un straeon. Clywais Cassie Davies yn dweud yr un peth am ei theulu hithau.[1]

Yr ydych yn gyson yn eich barn, oblegid fe anfonasoch ataf o'r blaen pan ymddangosodd y darn yna ar dudalennau 122—23 yn *Y Faner*. Fe effeithiodd trymder y blynyddoedd hynny yn fawr arnaf. Mae gennyf lun ohonof fy hun a dynnwyd pan ymadewais ag Ystalyfera, mewn cwmni, ac yr wyf cyn deneued â brân ynddo.[2]

Fe werthodd y llyfr eisoes tua thair mil, a chefais ugeiniau o lythyrau, llawer iawn oddi wrth bobl y mae cyfeiriad at eu teuluoedd yn y llyfr. Mae'n berig bywyd i chi ddweud dim sâl am neb mewn llyfr fel hyn.

Efo'r arian yr wyf yn mynd i Malta ar y dydd cyntaf o Fai — taith a addewais i mi fy hun ers blynyddoedd lawer, ond na fedrais ei fforddio nes imi droi fy 70 mlwydd oed.[3]

Yr wyf yn trefnu i aros ychydig ddyddiau yn Rhufain hefyd. Tybiais y byddai'n rhaid imi fynd ar fy mhen fy hun, ond daw chwaer-yng-nghyfraith imi o Lanberis gyda mi. Ni rydd gymaint o ias pleser imi ag a wnaethai ddeng mlynedd yn ôl.

Gobeithiaf fedru sgrifennu nofel fer iawn cyn y Nadolig, ac wynebu holl wendid ein capeli Anghydffurfiol.[4]

A rhywdro fe hoffwn wneud astudiaeth fanwl o waith Ieuan Gwynedd[5] — bûm yn darllen peth ohono yn ddiweddar, a chael fod ei syniadau ymhell ar flaen i'w oes ar addysg a lle crefydd yn yr ysgolion. Mae o'r un fath â chwi ar yr olaf, a'i gred hefyd yn ddiysgog ar ddysgu plentyn drwy ei famiaith. Mae ei *Gymraes* gennyf, a chredaf fod tystiolaeth ddigon pendant yn y cylchgrawn mai ef a sgrifennai ar goginio a gwaith tŷ ynddo. Digon tebyg mai cyfieithu yr oedd, ond ar ôl y Llyfrau Gleision peth ymarferol iawn oedd cyhoeddi cylchgrawn i ferched.

1   Cassie Davies (1898—1988), y genedlaetholwraig a'r cyn arolygydd ysgolion o Dregaron. Bu KR a Cassie Davies yn gohebu llawer â'i gilydd yn ystod y cyfnod wedi'r Ail Ryfel Byd. Cedwir llythyrau KR ati ymhlith Papurau Cassie Davies yn LlGC, rhifau 107—215, ac y mae'r llythyrau cyfatebol ymhlith Papurau Kate Roberts, gweler y mynegai i gyfrol I o'r rhestr deipysgrif yn LlGC. Ceir portread ohoni yn "Oriel y Blaid", *Y Ddraig Goch* (Mehefin 1934), t. 3, a cheir ei sylwadau ar KR y genedlaetholwraig yn Bobi Jones (gol.), *Kate Roberts — Cyfrol Deyrnged* (Dinbych, 1969), tt. 199—205.
2   Cyfeiriad at lun 34 (t. 23) yng nghyfrol Derec Llwyd Morgan (gol.), *Bro a Bywyd*, o bosibl.
3   Bwriad y daith hon oedd ymweld â bedd ei brawd, Dei, a fu farw yn Ysbyty Milwrol Imtarfa ac a gladdwyd ym Mynwent Filwrol Pieta ar ynys Malta yn 1917. Ceir llun o KR yn eistedd wrth y bedd yn Derec Llwyd Morgan (gol.), *Bro a Bywyd*, t. 45. Cadwyd y llythyrau a fu rhwng KR a'i chwaer yng nghyfraith, Mrs Elena Roberts, Llanberis, ynglŷn â'r daith hon, gweler Papurau Kate Roberts, rhifau 2222—37.
4   Mae'n debyg mai cyfeirio at y bwriad o ysgrifennu *Tywyll Heno* a wneir yma. Ymddangosodd y gyfrol honno ym mis Tachwedd 1962.
5   Evan Jones (1820—52), y gweinidog a'r newyddiadurwr a aned yn Mryn Tynoriad, ger Dolgellau. Gweler *Y Bywgraffiadur* tt. 433—4 a'r *Cydymaith*, t. 310.

Yn wir mae arnom eisiau llyfr hir manwl ar y bedwaredd ganrif ar bymtheg. O ddarllen llyfr Dr R T Jenkins yn ddiweddar, y gwelais hynny.[1]

Be sy gennych chi ar y gweyll rŵan? Gobeithiaf eich bod yn iach beth bynnag.

Fy niolch cywir iawn a'm cofion caredig,

Kate

LlGC 22723D, ff. 150—1ᵛ

179

158, Westbourne Rd
Penarth
8 Mai 1963

Annwyl Kate,

Anfonais at Mrs Roberts i ddweud na ddeuwn i Landudno i annerch.[2] Yr wyf i wedi dweud fwy nag unwaith nad mudiad newydd sy'n rhaid wrtho. Mater politicaidd yw status a dyfodol yr iaith a Phlaid Cymru a ddylai fod yn ymladd y frwydr hon drwy ei changhennau, a thrwy bolisi ymosodol di-ball i orfodi'r iaith ar yr awdurdodau lleol a swyddfeydd y llywodraeth yn yr ardaloedd Cymraeg. Ysywaeth, ymgeisio mewn etholiadau seneddol yw unig neu agos at unig bolisi Plaid Cymru, a rhaglen sosialaidd o fyrddau llywodraethol yw ei rhaglen. Gyda'r bechgyn hyn sy'n torri'r gyfraith ac yn wynebu ar garchar y mae fy holl gydymdeimlad i, ac ynddynt hwy a'u dilynwyr yn unig y mae gobaith. Y mae cynllun Mrs Elen Roberts yn gais i gymryd pwnc yr iaith allan o faes gwleidyddiaeth, a chael yr holl bleidiau i gydweithio. Ond pleidiau seneddol Seisnig ydy'r pleidiau a sicrhau parhad senedd Saesneg Westminster yw amod eu bywyd, amod eu bod. Gan hynny ni allant o ddifri geisio Cymru Gymraeg. Mae'n amhosibl iddynt.

Ofn, ofn, ofn, dyna sy'n peri i'r Cymry o hyd ac o hyd geisio cadw'r iaith yn fater amholiticaidd.

Fy nghofion yn gu atoch
Saunders

Kate Roberts 1416

---

[1] Cyhoeddwyd llyfr R T Jenkins, *Hanes Cymru yn y Bedwaredd Ganrif ar Bymtheg — Y Gyfrol Gyntaf (1789—1843)* gan Wasg Prifysgol Cymru yn 1933, rhif 16 yng Nghyfres y Brifysgol a'r Werin.

[2] Ni chadwyd unrhyw lythyrau am y flwyddyn 1962. Yn ystod y flwyddyn honno fe draddododd SL ei ddarlith enwog *Tynged yr Iaith*, sef Darlith Flynyddol y BBC yng Nghymru am 1962. Yn dilyn y ddarlith honno y sefydlwyd Cymdeithas yr Iaith Gymraeg. Cyfeirir yma at gyfarfod cyhoeddus a drefnwyd yn ystod Eisteddfod Genedlaethol Llandudno 1963 o dan nawdd Undeb Rhieni'r Ysgolion Cymraeg gyda Dr Haydn Williams yn cadeirio, i geisio clymu'r holl gymdeithasau a phleidiau ynghyd mewn ymgais i sicrhau lles a ffyniant y Gymraeg. Ceir adroddiad llawn ar ddalen flaen *Y Cymro* (15 Awst 1963) o dan y pennawd "Pwy sy'n barod i aberthu er mwyn yr iaith?". Mrs Ellen Roberts, Abergele, ysgrifenyddes Cymdeithas Rhieni'r Gogledd, a oedd yn gyfrifol am drefnu'r cyfarfod.

Y Cilgwyn
Dinbych
9 Mai 1963

Annwyl Saunders,

Nid fy amcan wrth ysgrifennu'r gair hwn yw ceisio eich darbwyllo i newid eich meddwl. Dim o'r fath; dim ond ceisio rhoi fy safbwynt fy hun a thrwy hynny ddweud pethau sy'n pwyso ar fy meddwl er pan roesoch eich darlith radio. Prif werth eich darlith oedd ein dychryn a'n deffro. Ond mae arnaf ofn eich bod yn byw ormod y tu allan i'r bywyd Cymreig (os caf ddweud hynny) i wybod â pha fath bobl y mae'n rhaid delio os am achub yr iaith Gymraeg.

Yr wyf yn hollol gydweld â chi mai trwy ddulliau politicaidd y mae ei hachub. Dyna pam yr ymunais â'r Blaid yn y cychwyn. Dyna fy nghredo hyd heddiw. Ond yr wyf wedi darganfod bod cyflwr y Gymru Gymraeg mor druenus fel bod yn rhaid datgysylltu diwylliant oddi wrth wleidyddiaeth. Yr unig beth sy'n cyfri i'r Cymry Cymraeg erbyn heddiw yw arian. Ni yw'r genedl fwyaf materol dan haul. A phe bai Plaid Cymru yn mynd i ofyn am unrhyw beth ym myd diwylliant, fe'i gwrthodid gan bob Cyngor yng Nghymru am mai hi sy'n gofyn. Cymerer yr Ysgolion Cymraeg er enghraifft. Petai Plaid Cymru wedi gofyn am yr ysgolion hyn, ni buasai yr un Ysgol Gymraeg yng Nghymru heddiw. Ond fe ddaeth y syniad yna i ben un sy'n eistedd ar y gwrych yn wleidyddol ac heb lawer o ddim yn ei ben ychwaith. Petaem ni, aelodau o Blaid Cymru yn Ninbych, wedi gofyn am bapurau'r dreth yn Gymraeg fe wrthodasid y peth, ond gan fod aelod o'r Blaid yn Faer eleni,[1] ac yntau wedi mynd ar y Cyngor fel aelod annibynnol, fe'u cawsom, a phethau eraill hefyd. Ac unrhyw beth a enillasom i'r iaith Gymraeg yn y misoedd diwethaf yma, nid trwy'r Blaid y cawsom hwy. Mater o gyfiawnder cyfreithiol oedd y fuddugoliaeth i Gwynfor S Evans yn Rhydaman.[2]

Pan ymladdwyd am Ysgol Gymraeg i Ddinbych, fi oedd yr ysgrifennydd, ac yr oedd yn rhaid imi fod am fy mywyd yn fy nghuddio fy hun a gweithredu o'r golwg. Dyna pam yr awgrymais i ym Mhwyllgor y Rhieni yn y Rhyl ein bod yn cael cyfarfod yn Llandudno. Yr oedd ar rai yno eisiau cael rhai o'r aelodau seneddol i siarad, ac onibai i mi eich enwi chwi, Cledwyn Hughes neu Goronwy Roberts fyddai wedi eu dewis. Cytunent i gyd arnoch chi.

Yr wyf bron wedi anobeithio y gellir achub yr iaith Gymraeg o gwbl oherwydd ein taeogrwydd. Ac eto, bydd lle i godi calon ambell dro fel heddiw, yng nghyfarfod gwobrwyo Ysgol Uwchradd Gymraeg Glan Clwyd, y Rhyl, lle mae tua 400 o blant erbyn hyn, a'r rheiny yn pasio eu harholiadau llawn cystal, os nad gwell, nag ysgolion eraill. Yma, yn Ninbych hefyd, mae'n werth bod yng nghyfarfodydd rhieni yr Ysgol Gymraeg, lle y doir i adnabod pobl sy'n rhoi pris ar eu treftadaeth o flaen elw bydol. Ond ynys

---

[1] Maer Dinbych yr adeg hon oedd yr Henadur Emrys Roberts.
[2] Gwynfor S Evans, Gors-lwyd, Y Betws, Rhydaman. Bu'n Glerc Cyngor Plwyf y Betws am ddeng mlynedd ar hugain. Ef oedd y cyntaf i gael yr hawl i lenwi ei ffurflenni enwebu ar gyfer etholiad lleol yn Gymraeg.

fechan yw honna yng nghanol y môr o Seisnigrwydd sydd yma. Mae digon o bobl tu ôl i gownteri banc a phost yn y dref yma yn medru siarad Cymraeg, ie; pobl ifainc yn siarad Cymraeg a'i gilydd y tu ôl i'r cownteri hynny, ond Saesneg a sieryd y Cymry Cymraeg â hwynt.

Yr wyf yn hollol gytuno â chwi am y bechgyn ieuainc yna sy'n achosi difrod yn Nhryweryn &c,[1] ac yr wyf yn eu cynorthwyo hyd eithaf fy ngallu efo arian, ond yn fy ngweld fy hun yn hollol hunanol yn curo fy nwylo am eu gwaith hwy, a minnau'n gwneud dim fel yna. Wrth gwrs, nid rhaid i'ch cydwybod chwi eich pigo am beth fel yna, fe aberthasoch chi ddigon. Ond mae anesmwythyd mawr ymhlith hen aelodau'r Blaid, pobl fel Meirion Jones, y Bala,[2] sydd wedi gweithio am flynyddoedd maith yn Sir Feirionnydd, heb weld fawr ffrwyth i'w lafur. A barn pawb ydyw mai ar yr arweinyddiaeth y mae'r bai. Nid digon dyn da (beth bynnag yw ystyr hynny), ond rhaid cael dyn a chythraul ynddo a phersonoliaeth. A fedrwch chi ddim rhedeg efo'r cŵn a'r sgwarnog. Yn wir, mae'r sefyllfa'n un dorcalonnus yn enwedig i'r rhai hynaf ohonom. Yr wyf fi yn dal i gredu o hyd mai'r anffawd fwyaf a ddaeth i ran y Blaid oedd dewis W J Gruffydd yn llywydd iddi tra fuoch chi yn y carchar, ac i'r dyn hwnnw wedyn ddyfod allan yn eich erbyn chwi yn Etholiad y Brifysgol. Ond mae un peth fydd yn rhoi boddhad i mi ynglŷn â hynny, sef na wnaeth DJ, Bob Parry na minnau byth ysgrifennu i'r *Llenor* wedyn, a hynny heb i'r un ohonom ein tri ymgynghori â'n gilydd. Ni sylwodd fawr neb ar hynny. 'Dwn i ddim a wnaeth y golygydd ei hun.

Ond rhaid imi dewi rhag eich byddaru. Yr oedd arnaf eisiau dweud y pethau yna, a dyna fo. Mae'r hen amser wedi mynd a'n gobeithion efo fo.

Fy nghofion yn gu
Kate

ON Dylswn ddweud bod llawer o aelodau'r Blaid ar gynghorau, sir a thref, yn y Gogledd yma, ond ni wnant ddim o'u hôl. T O Jones Llysfaen, un o aelodau cyntaf y Blaid yw Cadeirydd Pwyllgor Llyfrgelloedd Sir Ddinbych (aelod o'r Cyngor Sir). Ef yma

---

[1] Difrodwyd trawsnewidydd trydan gan ffrwydrad ar safle cronfa ddŵr Corfforaeth Lerpwl yng Nghwm Tryweryn ar 10 Chwefror 1963. Am arwyddocâd boddi Cwm Tryweryn, gweler *Cydymaith*, t. 588. Carcharwyd Emyr Llewelyn Jones ac Owain Williams am flwyddyn yn dilyn y weithred, a chafodd John Albert Jones o Benrhyndeudraeth ei rwymo i iawn-ymddwyn am gyfnod o dair blynedd am ei ran yntau yn y weithred. Gweler *Y Ddraig Goch* (Ebrill 1963), t. 5; (Mai 1963), tt. 1 a 5; a (Gorffennaf-Awst 1963), t. 7. Anfonodd KR lythyr at Emyr Llewelyn, a cheir llythyr yn diolch iddi am ei "geiriau caredig" ymhlith Papurau Kate Roberts, rhif 1404, lle dywed fod llafurio'n ddygn ac yn ddiflino fel y gwnaeth KR o ddydd i ddydd yn golygu mwy o aberth nag un weithred bendant, ramantus, boed ym Mhen-y-berth neu yn Nhryweryn.

[2] Meirion Jones (m. 1970), brodor o Lithfaen. Bu'n brifathro ysgolion cynradd yn Llandrillo, Dyffryn Ardudwy a'r Bala. Ef oedd "Dewyrth Dei" y comic *Hwyl* ar un adeg ac awdur *Elizabeth Davies 1789–1860* (Caerdydd, 1960) ac *Am Hwyl* (Dinbych, [1967]). Bu'n olygydd y cylchgrawn llenyddol *Meirionnydd*. Ceir nifer o deyrngedau iddo yn *Y Cyfnod*, rhifynnau 13 a 20 Mawrth 1970.

yn cadeirio cyfarfod agor ein Llyfrgell newydd, ac yn siarad Saesneg yr holl adeg. Tua chanol y Cyfarfod dyma'r Cyfarwyddwr Addysg[1] yn codi i siarad, ac yn siarad yn Gymraeg. . . . Dyna godi cywilydd ar y Blaid.

Nid yw ein Maer yn aelod blaenllaw o'r Blaid, mi'r oedd pan oedd o'n byw yn Lerpwl, a digon posibl na ŵyr llawer o'r Cyngor Tref ei fod, ond mae'n gwneud popeth yn ei allu dros y Gymraeg yma; ef yw Cadeirydd pwyllgor yr Ysgol Gymraeg. Ond mae'n gwneud pob dim yn ddistaw iawn. Yntau yn hollol anfodlon ar y Blaid fel y mae.

Nid yw yn ein bwriad o gwbl ofyn i'r pleidiau gwleidyddol, Seisnig na Chymreig, ymuno â ni. Gallaf ddyfalu mai ymuno â'r Mudiad Achub y Gymraeg sy'n bod eisoes a wnawn.

K.

LlGC 22723D, ff. 152–5ᵛ

181

158 Westbourne Rd
Penarth
26 Chwefror 1964

Annwyl Kate,

Diolch i chi am eich llythyr. Tybiais y byddai'r erthygl ar GJW yn dderbyniol gennych gan eich bod chi yn un o'i hen ffrindiau ef.[2] Am Mrs Williams, eich profiad chi yw profiad pawb, felly na ofidiwch, bu'r peth yn ormod o ergyd iddi.[3]

Gwrandewais arnoch drwy'r bocs radio neithiwr ac yr oedd eich llais megis ugain mlynedd yn ôl a'ch deunydd yn dra diddorol.[4] Bûm hefyd yn darllen eich ymddiddan gyda Valentine — a'i gael yn bwysig a thra diddorol. Mae'n syn fel y mae Val yn troi chwarterolyn enwad yn gylchgrawn o bwys a gwerth.[5]

---

[1] Cyfarwyddwr Addysg sir Ddinbych y pryd hwn oedd T Glyn Davies, brodor o Waelod-y-garth a raddiodd mewn Ffrangeg yng Ngholeg y Brifysgol, Caerdydd. Yr oedd yn fab yng nghyfraith i R G Berry. Dechreuodd ar ei swydd yn Nhachwedd 1958. Cyn symud i Ruthun buasai'n Gyfarwyddwr Addysg sir Drefaldwyn. Am bortread ohono, gweler *Y Faner* (30 Hydref 1958), t. 3.

[2] Cadwyd y wahanlith dan sylw ymhlith Papurau Kate Roberts, rhif 3011. Coffâd SL ydoedd i'r Athro Griffith John Williams a fu farw yn 1963. Ymddangosodd y coffâd yn *Morgannwg*, cyfrol VII (1963), tt. 5–10. Ceir nodyn yn llaw SL ar y clawr blaen: "K.R. un o ffrindiau G.J. gyda'm cofion, S."

[3] Cafodd Mrs Elisabeth Williams anhawster mawr i ddygymod â marwolaeth Griffith John Williams ac ymneilltuodd o fywyd cyhoeddus gan ddieithrio oddi wrth ei hen ffrindiau.

[4] Cyfeiriad at ddarlith KR ar Owen Wynne Jones, "Glasynys", a ddarlledwyd ar Raglen Cymru'r BBC, nos Fawrth, 25 Chwefror 1964, rhwng 9.00 a 9.30 pm, yn y gyfres "Gwŷr Llên y bedwaredd ganrif ar bymtheg a'u cefndir". Cyhoeddwyd cyfrol yn seiliedig ar y gyfres o dan olygyddiaeth Dyfnallt Morgan a'i chyhoeddi gan Lyfrau'r Dryw, Llandybïe, yn 1968. Cadwyd copi o'r sgript ymhlith Papurau Kate Roberts, rhif 2655.

[5] Cyhoeddwyd y sgwrs rhwng KR a Lewis Valentine yn dwyn y teitl "Rhwng Dau" yn *Seren Gomer*, cyfrol LV, rhif 4, (Gaeaf 1963), tt. [101]–8. Bu Lewis Valentine yn golygu *Seren Gomer* — cylchgrawn chwarterol y Bedyddwyr — rhwng 1951 a 1974. Ar *Seren Gomer* gweler *Cydymaith*, t. 535.

Ofnaf na orffennaf o gwbl y llyfr a arfaethwn ar Ann Griffiths[1] — am y rheswm syml fod cryn dipyn o waith ymchwil ynglŷn ag ef sy'n gofyn am rai wythnosau yn y Llyfrgell yn Aberystwyth, ac ni fedraf drefnu i ymryddhau i fynd yno am fis. Y mae David Thomas wedi cyhoeddi llyfr difyr a gwerthfawr am ei theulu[2] a synnaf at ei egni mawr a'i ddyfal-barhad ac yntau'n wir mewn oedran go fawr.

Gobeithio'ch bod yn iach — mi wn eich bod yn fywiog!

Saunders

Kate Roberts 1443

182

Y Cilgwyn
Dinbych
19 Mai 1964

Annwyl Saunders,

Ysgrifenasoch lythyr i mi ar y 26 o Chwefror yn sôn am fy sgwrs radio ar Lasynys a'r sgwrs efo Valentine yn *Seren Gomer*. Yr oedd arnaf eisiau anfon i chi ar unwaith i ddiolch i chi am eich diddordeb, ond fel arall y bu, oherwydd gormodedd o waith. Yr oeddwn yn falch iawn eich bod wedi cael y ddau beth yn ddiddorol. Ni'm disgyblwyd i i fod yn ysgolhaig, a'r cwbl a wneuthum i gyda Glasynys oedd chwilota am bethau y gwyddwn i rywbeth amdanynt cyn hynny a rhoi ar bapur naws yr ardal. I mi, yr oedd yn bwysig i bobl gael gwybod enwau tyddynnod a gysylltir â'i storïau, a hen bethau'r ardal megis y caerau Rhufeinig, oblegid pan af fi a Gilbert Williams (sydd dros ei 90 oed) ni fydd neb ar ôl a fydd yn cofio nac yn malio am y pethau hyn. Mi fydd hyn yn help, gobeithio, i rywun fydd yn gwneud astudiaeth ychwanegol at eich astudiaeth chwi o waith y dyn diddorol yma. Fe fydd gwaith i rywun astudio faint a newidiodd ef ar y storïau gwreiddiol; ac yn sicr mae angen chwilio beth fu ei hanes pan oedd dan gwmwl. Gwneuthum yr un peth gyda R Hughes Williams yn *Taliesin*, rhoi pethau ar gof a chadw a fydd yn help i rywrai yn y dyfodol.[3]

Am y sgwrs efo Valentine, y peth mwyaf diddorol ynglŷn â hi oedd inni gael prynhawn cyfan o sgwrsio wrth y tân am bethau tra gwahanol i'r hyn a argraffwyd. Er ein bod yn byw yn yr un sir, anaml y gwelwn ein gilydd, a phan ddigwydd hynny, dim ond rhyw ysgwyd llaw a phum munud o sgwrs fydd hi. Yr oeddwn yn bur nerfus wrth ddweud fy meddyliau, a gwyddwn fy mod ar rai pwyntiau yn brifo Val, oblegid mae ef yn credu mewn pregethu, ac nid wyf fi fawr erbyn hyn. Yn wir mae holl drefn yr

---

[1] Ni chyhoeddwyd cyfrol ar yr emynyddes gan SL ond fe ymddangosodd tair erthygl ganddo ac fe'u hail-gyhoeddwyd ynghyd yn R Geraint Gruffydd (gol.), *Meistri'r Canrifoedd* (1973), tt. 299–324. Ar ddarlith SL ar Ann Griffiths yn Eisteddfod Y Drenewydd 1965, gweler t. 208, nodyn 2, isod.

[2] David Thomas, *Ann Griffiths a'i theulu* (Dinbych, 1963).

[3] "Richard Hughes Williams", *Taliesin*, cyfrol V ([1963]), tt. 5–17.

Anghydffurfwyr wedi mynd yn gas gennyf. Gofynnodd Golygydd *Y Drysorfa* imi am ysgrif,[1] ac ysgrifennais un go blaen i ddweud lle y credaf fi y mae'r drwg. Chwilota am ffeithiau am Lasynys a ddangosodd rai pethau imi. Bydd yr ysgrif yn rhifyn Mehefin neu Orffennaf. A welsoch chi ysgrif Bobi Jones yn y rhifyn diweddaraf o *Diwinyddiaeth* ar y testun, "Addysg i Gaethweision".[2] Fe fyddai o ddiddordeb mawr i chi. Ei gred o ydyw mai addoli Duw yw unig amcan addysg. Credaf mai'r rhifyn diweddaraf ydyw, er nad wyf yn hollol siŵr. Gan Valentine y cefais ei fenthyg.

Un rheswm arall dros yr oedi hwn yw imi brynu eich stori[3] ac yr oedd arnaf eisiau ei darllen cyn sgwennu. Cefais bleser mawr o'i darllen, ond gan fy mod i'w hadolygu i'r *Faner* ni ddywedaf fawr ragor amdani. Llwyddasoch, lle y methodd pawb arall yng Nghymru, i wau'r cefndir i mewn i'r cymeriadau. Hwy sy'n bwysig. Mae rhyw swyn yn y bedwaredd ganrif ar bymtheg i mi; mae aroglau ei cheginau yn fy ffroenau bob amser, er mai ar ei diwedd y ganed fi.

Gwelais DJ a'i glywed yng Nghynhadledd Caredigion Taliesin yn Abertawe.[4] Bydd yn 80 oed rywdro eleni; edrychai'n bur dda, efallai yn rhy writgoch. Bu Siân yn wael iawn yn ddiweddar, wedi cael pwl drwg ar y galon, ond y mae'n well eto. Siaradodd DJ yn rhagorol, heb nodyn o gwbl. Yr oedd y gynhadledd ei hun yn bleser i fod ynddi, oherwydd y gymdeithas hyfryd.

Rhaid imi fynd ati at waith tŷ rŵan. Yr wyf yn dal iddi yn dda iawn, ac yn mwynhau fy mwyd — yn dal i bobi fy mara gwenith fy hun efo gwenith Pentrefoelas. Mae ef a mêl Dinbych yn frecwast cyfoethog. Nid yw coffi'r gwledydd cystal; mae rhywbeth wedi digwydd i hwnnw, mae'n chwerw.

Wel, diolch yn fawr i chi am sgwennu. Ychydig iawn o eiriau canmol a geir y dyddiau hyn; mae pawb yn eich bwrw yn ganiataol. "O .. ia, yr hen K.R., mae hi'n dal i rygnu sgwennu". A diolch i chi am fod yn wahanol.

Yn werthfawrogol
Kate

LlGC 22723D, ff. 156–8ᵛ

1 "Yr Eglwys, y byd a'r wladwriaeth", *Y Drysorfa*, cyfrol 134 (Mehefin 1964), tt. 129–34.
2 Bobi Jones, "Addysg i Gaethweision", *Diwinyddiaeth*, rhif XIV (1963), tt. [53]–64.
3 Cyfeiriad at y nofel fer, 84 tudalen, *Merch Gwern Hywel — Rhamant Hanesiol* a gyhoeddwyd gan Lyfrau'r Dryw yn 1964. Ymddangosodd adolygiad KR ar y gyfrol yn *Y Faner* (25 Mehefin 1964), t. 7.
4 Cynhaliwyd Cynhadledd Caredigion Taliesin yn Abertawe rhwng 1–4 Ebrill 1964. Siaradodd D J Williams ar y nos Iau, 2 Ebrill, a cheir adroddiad llawn o'i anerchiad, "Teyrnged Torf i Lenor", yn *Y Faner* (30 Ebrill 1964), t. [7]. Cafodd D J Williams ei eni ar 26 Mehefin 1885, felly 79 oed a fyddai yn 1964. Bu farw Siân, gwraig DJ, yn 1965.

Y Cilgwyn
Dinbych
23 Mehefin 1964

Annwyl Saunders,

'Rwyf wedi bod yn hir iawn yn sgwennu atoch a'm calon yn llawn gyforiog o ddiolch i chi ar ôl eich ysgrif wych yn y *Western Mail*.[1] 'Rwyf yng nghanol pwl drwg o gricymalau — fy nwylo yn chwydd mawr, a'r wraig sy'n dwad yma i helpu wedi mynd i'r ysbyty i gael gweithred lawfeddygol.

Ni allaf fyth draethu fy llawenydd — fe roes eich ysgrif ysgytwad i mi — ac nid yn unig oherwydd eich gwerthfawrogiad, ond oherwydd i chi sgrifennu yn Saesneg. Mae llawer o bobl yn meddwl mai blydi ffyliaid ydyw pawb sy'n sgwennu yn Gymraeg heddiw. A hefyd am i chi roi sylw i "Teulu Mari."[2] Ni fu llawer o ganmol ar honna. Wyn Griffith, i enwi dim ond un, heb fod yn meddwl llawer ohoni.[3] Nid amcenais at ddychan dwfn, dim ond rhywbeth bach ysgafn chwaraeus. Ni wn i ddigon am y byd a'i broblemau dyrys i ddychanu dim ond y pethau bach wrth fy ymyl. Y pethau bach hynny yw byd a bywyd llawer ohonom

Mwy na dim, diolch i chi am gywiro'r bobl yma sy'n sôn byth a beunydd am yr ymdrech yn erbyn tlodi sydd yn fy ngwaith. Nid tlodi mono, rhaid i ddyn fod ar lawr wedi ildio i fod yn dlawd; ond ymdrech i gael y ddeupen llinyn ynghyd oedd ein ymdrech ni. Dywedodd Miss Enid Pierce Roberts, Bangor, wrthyf ar ôl darllen *Y Lôn Wen* ein bod ni yn cael llawer mwy o bethau na'i theulu hi, ac yr oedd ei thad hi yn ysgolfeistr yn Sir Drefaldwyn. Mae'n debyg y disgwyliai siopwyr i ysgolfeistri dalu eu biliau yn llawn, ac y byddem ninnau'n cael coel hyd y mis nesaf o hyd. Ond bu agos i mi ddweud wrthi nad oedd mam yn crintachu efo bwyd. Caem ni ddigonedd o fwyd plaen da, ond ni fyddai mam byth yn cael dillad newydd.

Beirniadaeth arall gan bobl ddi-weld yw fod fy myd yn gul. Nid mor gul fel y dywedwch chi. Mae pobl yn meddwl am raglenni'r teledu ac eu bod yn delio â'r byd mawr llydan. Nhw sydd yn gul, ac fel y dywedais yn y stori "Penderfynu", y teledu sy'n cyfyngu ar welediad pobl.[4] Mae bywyd plentyn i gyd yn *Te yn y Grug*, fel y dangosodd Roy Lewis mewn adolygiad.[5]

Ar wahân i'ch gwerthfawrogiad yr oedd eich ysgrif cystal â photel o ffisig oherwydd ei digrifwch; fe chwerddais lawer dros *"the donkey is reasoned into pulling it"* Y *"reasoned"* yna sy'n fendigedig, a'r *"naturally"* yn *"where naturally one parks a donkey"*.

---

[1] Adolygiad ar gyfrol KR, *Hyn o Fyd*, a gyhoeddwyd gan Wasg Gee ddechrau Rhagfyr 1963, oedd erthygl SL, "Queen of Welsh writers", a ymddangosodd yn y *Western Mail*. Ceir copi o'r adolygiad ymhlith Papurau Kate Robert, rhif 3006, t. 11.

[2] Ymddangosodd "Teulu Mari" gyntaf yn *Y Faner* (8 a 15 Chwefror a 1 Mawrth 1962), t. 8 bob tro.

[3] Ysgrifennodd Llewelyn Wyn Griffith lythyr at KR ar 6 Ionawr 1964 yn dweud iddo gael pleser mawr yn darllen *Hyn o Fyd* ond mai KR yn unig a fedrai wneud iddo ddarllen stori fel "Teulu Mari". Gweler Papurau Kate Robert, rhif 1437.

[4] Cyhoeddwyd y stori "Penderfynu" yn *Hyn o Fyd* ([Dinbych, 1963]), tt. 76—101.

[5] Roy Lewis, "Plentyn ar goll yn y mynydd", *Y Faner* (16 Gorffennaf 1959), t. 7, a (23 Gorffennaf 1959), t. 6.

Ni welodd neb arall hynyna, neu o leiaf ni ddywedasant hynny. A'r drol a'r mul, ni sylweddolodd neb ychwaith mai gwaelod isaf byw blêr yw trol a mul; safle dyn wedi mynd i hel rags.

Fe ddarllenais ddwy gyfrol gyntaf Madame de Beauvoir[1] — mwynhau'r gyfrol gyntaf yn fawr iawn, a rhannau o'r ail. Mae'n debyg fod fy magwraeth Fethodistaidd (er nad oedd yn rhy gul yn fy hanes i) wedi fy anghyflyru i i fedru mwynhau'r disgrifiadau yna o dai drwg a neuaddau masw. Mae ei byw tali efo Sartre yn beth digon glân. Darllenais adolygiad ar y drydedd gyfrol a deall ei bod yn arswydo rhag henaint. Amlwg nad oes ganddi ddim i syrthio'n ôl arno. Ni welaf fi fod yn rhaid i neb ofni henaint.

Ie, bychan a main iawn yw fy llyfrau i rhagor na'r ddwy a enwasoch.[2] Ond y gwahaniaeth rhwng merched yn sgrifennu yn Lloegr neu Ffrainc, a Chymru ydyw fod yn rhaid i ferch o Gymraes wneud gwaith arall. Mae'n gwestiwn a ydyw'r "Beaver" wedi sgwrio llawr na phobi torth erioed yn ei bywyd. Mae digon o bethau yn y byd i sgrifennu amdanynt a phe gallwn innau eistedd wrth ddesg i sgrifennu trwy'r dydd fe allwn gynnig, beth bynnag, ar sgrifennu llyfrau trwchus. Mae Ivy Compton Burnett yn rhyfeddod ac yn wrthddywediad i'r "beirniaid" yma sy'n dilorni'r llathen sgwar. Mae hi'n gallu dal i sgrifennu am y gegin a'r parlwr yn yr un math o dŷ bob tro, a dweud rhywbeth newydd ymhob nofel. Ac mor hen! Neu mae hi'n edrych yn hen iawn yn ei llun.

Dim diolch i mi fod fy Nghymraeg yr hyn ydyw. Mae fy nghlustiau yn ei glywed o'r gorffennol pell. Yr wythnos y bu llun Glasynys yn y *Radio Times*,[3] bob tro yr agorwn ef ac edrych ar lun Glasynys byddai arnaf eisiau beichio crïo, ac yr oedd yn dda gennyf weld yr wythnos yn dwad i ben, er mwyn cael taflu'r papur. Mae'n debyg mai gormod o'm gorffennol oedd yn dyfod yn ôl i mi. A sôn am hyn, soniwch am lwyth o *aborigines* (wrth sôn am y plant); mae eich greddf yn rhyfeddol, byddaf fi'n meddwl bod effaith hudlath Gwydion ar y rhan yna o'r wlad o hyd; nid yw Caer Aranrhod ddim ond tair milltir oddi wrth fy hen gartref i. Fe fuasai John Cowper Powys yn dal bod y *theory* yna yn gywir.[4] Byddaf yn meddwl bod rhywbeth yn addas iawn fod Glasynys wedi ei gladdu wrth y môr a'r hesg lle y bu Gwydion. Fe ddylech fynd i Landwrog i weld ei fedd.

A ydych yn dyfod i'r Ŵyl Ddrama i Garthewin? Os ydych, a wnewch chi gymwynas â mi, sef dŵad i weld Ysgol Gymraeg Dinbych? Mae ganddynt gyngerdd yn Neuadd

---

1   Cyfeiria SL yn ei adolygiad at weithiau hunangofiannol Simone de Beauvoir (1908—86), yr awdures Ffrangeg a fu'n cynnal perthynas o 1929 ymlaen gyda Jean-Paul Sartre. Fe gyhoeddwyd *Mémoires d'une jeune fille* yn 1958 a *La Force de l'âge* yn 1960. Ymddangosodd y drydedd gyfrol, *La Force des choses* yn 1963 a'r olaf, *Tout compte fait* yn 1972. Ceir darlun o fywyd deallusol Ffrainc rhwng tridegau a saithdegau'r ugeinfed ganrif yn ei gwaith.

2   Yr awdures arall y cyfeiria SL ati yw Ivy Compton-Burnett (1884—1969). Yn ei gwaith hi, sydd yn dibynnu'n helaeth ar ddialog, ceir dadansoddiad treiddgar o gysylltiadau pobl a'i gilydd yng nghartrefi'r dosbarth canol Edwardaidd yn Lloegr.

3   Cyhoeddwyd llun "Glasynys" yn *Radio Times* (20 Chwefror 1964), t. 32.

4   Ceir ysgrif yn dwyn y teitl "Welsh Aboriginals (or the Real Welsh)" yng nghyfrol John Cowper Powys, *Obstinate Cymric — Essays 1935—47* (Carmarthen, 1947), tt. 7—17.

y Dref ar y nos Fercher, Gorffennaf 1, ac fe wn y bydd yn werth ei weld. Yr oedd eu perfformiad o Ŵyl y Geni y Nadolig yn un o'r pethau gorau a fu yn y dref yma erioed, yn ôl tystiolaeth ein gelynion hyd yn oed. Meddyliwch am y pleser a roech i bawb wrth ddyfod i'r cyngerdd.

Rhaid imi dewi rŵan a dechrau ar olchi llestri. Credaf y bydd fy adolygiad ar eich nofel yn *Y Faner* yr wythnos hon.[1]

Llawer iawn o ddiolch am eich teyrnged hael, a'm cofion,

Kate

LlGC 22723D ff. 159—62ᵛ

184

Y Cilgwyn
Dinbych
6 Hydref 1964

Annwyl Saunders,

Mae hi'n hwyr iawn ar y nos, ond rhaid imi anfon gair i chwi i ddweud cymaint o fwynhad a gefais o wrando arnoch yn "Llais y Llenor" heno.[2] Rhaid oedd eich cael chwi i ddehongli Williams Pantycelyn inni. Yr ydym wedi ein amddifadu ar hyd y blynyddoedd o'i wir fawredd fel llenor drwy ganolbwyntio ar ei emynau a'u tynnu allan o'u cysylltiadau. Ac yr oedd eich darlleniad yn fythgofiadwy, yn gafael yn rhywun.

Fe ddarllenodd Derec Llwyd Morgan ei gywydd mor sâl fel na ellid dweud beth oedd ei gwerth, digon i wneud John Morris-Jones droi yn ei fedd.[3]

'Dwn i ddim beth yw eich barn chi am y nofelwyr ifainc yma. Mae eu Cymraeg mor sâl fel y mae'n codi fy ngwrychyn i, a chymerant eu patrymau o Loegr. Ymddengys i mi fel pe baent yn cymryd pensel a phapur a dechrau ysgrifennu, heb erioed ddarllen dim un o'r clasuron Cymraeg. Fe ddysgent lawer am bethau heblaw arddull petaent yn darllen llythyrau Goronwy Owen.

'Rwyf newydd ddarllen *Y Tadau a'r Plant* a chael mwynhad mawr.[4] Mae pawb yno fel yn eich nofel ddiwethaf chwi yn siarad i bwrpas ac yn dangos eu cymeriad. Yr oeddwn yn gyfarwydd â nofelau byrion Twrgenieff cyn hyn.

Gobeithiaf eich bod yn iach ac yn sgwennu. Nid wyf fi'n sgwennu dim rŵan, ag eithrio ysgrifau i gylchgronau. Mae gormod o'r cyfryw heb ddigon o ysgrifenwyr ar eu cyfer. Gobeithiaf allu ysgrifennu llyfr i blant yn fuan, storïau diddorol o lenyddiaeth

---

[1] Cyfeiriad arall at adolygiad KR ar *Merch Gwern Hywel* yn *Y Faner* (25 Mehefin 1964), t. 7.

[2] "Llais y Llenor" — cylchgrawn llenyddol amrywiol a ddarlledwyd nos Fawrth, 6 Hydref 1964, rhwng 9.00 a 9 30 pm ar Raglen Cymru'r BBC, gyda Meirion Edwards yn cynhyrchu. Dywedir yn *Radio Times* am un o'r eitemau: "Bydd Saunders Lewis yn trafod William Williams Pantycelyn yng ngolau cyhoeddi'r gyfrol gyntaf o'i weithiau, dan olygyddiaeth Gomer M. Roberts."

[3] Eitem arall yn y rhaglen oedd Derec Llwyd Morgan yn darllen cywydd o'i waith, "Bwa a Saeth", gweler *Y Tân Melys* (Llandybïe, 1966), tt. 24—5.

[4] Cyhoeddwyd *Y Tadau a'r Plant*, sef cyfieithiad T Hudson-Williams o waith Ifan Twrgenieff, gan Wasg y Brython, Lerpwl, yn Ebrill 1964.

Cymru, gan ddechrau yn y dechrau gyda'r stori am yr hen ŵr yn y Llyfr Du na allai fynd i ymladd oherwydd y rhew a'r eira. Bwriadaf eu hysgrifennu yn yr iaith symlaf posibl i blant o dan un ar ddeg oed. Addewais eu hanfon bob mis i *Drysorfa'r Plant*, golygydd Mrs Eirian Davies;[1] mae hi'n ofni braidd y bydd gormod o sôn am ryfel ynddynt, fel petai'n bosibl cael unrhyw stori o lenyddiaeth Cymru cyn yr ail ganrif ar bymtheg heb fod ynddi sôn am ryfel!

Cofion a diolch
Kate

LlGC 22723D, ff. 163–4ᵛ

185

158, Westbourne Rd
Penarth
8 Hydref 1964

Annwyl Kate,

Diolch i chi'n gynnes am eich llythyr caredig. Mae'n ddigri mor anodd yw hi gan lenorion y Brifysgol weld a chydnabod mawredd y bardd Pantycelyn. Gwelwch y lle bychan sydd iddo yn yr *Oxford Book* — emynau'n unig.[2] Yr wyf innau'n gwbl bendant fy argyhoeddiad mai ef yw'r bardd mwyaf rhwng Tudur Aled a Gwynn Jones!

Fel chithau, ar erthyglau ysbeidiol yn unig yr wyf innau'n gweithio ar hyn o bryd. Rwyf wedi addo sgrifennu bwletin Saesneg am bethau llenyddol Cymraeg i'r *Western Mail* am flwyddyn,[3] ac wedi addo helpu Aneirin Talfan i lenwi dail *Barn* y deufis nesaf, Tachwedd a Rhagfyr[4] — y mae Aneirin ei hunan yn ddigon gwael ei iechyd a chryn faich arno. Mae'n ddrwg gen' i fod Emlyn Evans wedi digio mor sydyn — a gwneud llawer o ddrwg i John Rowlands.[5] Mi fydd, wrth gwrs, brynu gwyllt

---

1 Cyhoeddodd KR gyfres yn dwyn y teitl "Storïau o Lenyddiaeth Cymru" ymhob rhifyn o *Trysorfa'r Plant* yn ystod 1965. Ymddangosodd y stori yn seiliedig ar "Gân yr Henwr" yn rhifyn Chwefror 1965, t. 69. Golygydd *Trysorfa'r Plant* ar y pryd oedd Jennie Eirian Davies (1926–82) a fu'n olygydd *Y Faner* rhwng 1979 a'i marwolaeth yn 1982.

2 Cynhwysir chwech o emynau Pantycelyn yng nghyfrol Thomas Parry (gol.), *The Oxford Book of Welsh Verse* (Oxford, 1962), tt. 299–305.

3 Ceir rhestr o'r erthyglau hyn a gyfrannodd SL i'r *Western Mail* yn D Tecwyn Lloyd, *JSL I*, tt. 376–7.

4 Y ddwy erthygl oedd "Efa Pantycelyn", *Barn*, rhif 25 (Tachwedd 1964), tt. 5+18, gweler *Meistri'r Canrifoedd* (1973), tt. 276–9; a "Saunders Lewis yn ateb Syr Emrys Evans ar bwnc Coleg Cymraeg", *Barn*, rhif 26 (Rhagfyr 1964), t. 33.

5 Ymddiswyddodd Emlyn Evans o fod yn rheolwr Gwasg y Dryw ac o fod yn olygydd y cylchgrawn *Barn*, a gyhoeddid gan yr un cwmni, oherwydd ei fod yn anghytuno â phenderfyniad y cwmni i gyhoeddi *Ieuenctid yw 'Mhechod* gan John Rowlands, Trawsfynydd. Trydedd nofel John Rowlands oedd hi — cyhoeddwyd *Lle Bo'r Gwenyn* yn 1960, *Yn ôl i'w Teyrnasoedd* yn 1963 ac ymddangosodd *Ieuenctid yw 'Mhechod* yn 1965 a'i chyfieithu i'r Saesneg yn 1966 dan y teitl *A Taste of Apples*. Gweler "Yn Erbyn Cyhoeddi Nofel" yn *Y Cymro* (8 Hydref 1964), t. 1. Gweler hefyd bennod 10 "Cwmwl a Heulwen — yn ôl i'r Gogledd" yng nghyfrol Emlyn Evans, *O'r Niwl a'r Anialwch* (Dinbych, 1991). Ar John Rowlands, gweler *Cydymaith*, t. 514.

ar y nofel pan ddaw hi o'r wasg, ond ni chaiff hi chwarae teg llenyddol, a deallaf mai gŵr ifanc tawel a diymhongar swil ydy'r nofelydd. Nis gwelais, ac ni ddarllenais ei nofel gyntaf.

Darllenais nofel Jane Edwards.[1] Wel, Wel! yr wyf i'n parhau i feddwl fod *Y Wisg Sidan* yn un o glasuron ein nofelau ni.

'Does gen' i fawr o newydd. Cafodd fy chwaer-yng-nghyfraith sy'n byw yng Nghaergybi[2] stroc fis Ebrill, a bu raid i Fargred a minnau fynd yno ac wedi rhyw fis ei chymryd hi atom ni yma, ac yma y mae hi, yn gwella'n araf, ond y mae ei nyrsio hi yn faich go drwm ar Fargred sydd hithau dros oed yr addewid.

Fy nghofion atoch yn gu,
Saunders

Kate Roberts 1471

186

158, Westbourne Rd
Penarth
13 Rhagfyr 1964

Annwyl Kate,
Newydd ddarllen eich stori yn *Barn* yr ail waith[3], a meddwl nad drwg o beth fyddai dweud wrthych fy mod yn ei gweld yn gyfrwys ac wedi ei meddwl a'i gweithio o'r dechrau i'r diwedd yn gelfydd iawn — a diolch amdani a Nadolig a blwyddyn newydd dda ar ei hyd i chithau,

Saunders

Kate Roberts 1477

187

Y Cilgwyn
Dinbych
14 Rhagfyr 1967 [*recte* 1964][4]

Annwyl Saunders,
Yr oeddwn wedi meddwl ateb y llythyr a dderbyniais gennych ym mis Hydref ar ei union. Yr oedd yn ddrwg iawn gennyf glywed am eich helbulon chi a Mrs Lewis a bod gennych waith mor galed i edrych ar ôl rhywun gwael; mae nyrsio rhywun wedi cael

---

1   Cyfeiriad at ail nofel Jane Edwards, *Byd o Gysgodion*, a gyhoeddwyd gan Wasg Gomer yn Awst 1964. Ar Jane Edwards gweler *Cydymaith*, t. 176. Elena Puw Morgan (1900–73), oedd awdur *Y Wisg Sidan* a gyhoeddwyd gyntaf gan Y Clwb Llyfrau Cymraeg yn 1939. Cyhoeddwyd *Y Graith*, y cyfeirir ati isod, yn 1943. Ar Elena Puw Morgan gweler *Cydymaith*, t. 409.

2   Miss Grace Gilcriest, athrawes Hanes yn Ysgol Sir Caergybi, oedd chwaer yng nghyfraith SL. Gwelir llun ohoni gyda'i mam yn Mair Saunders, *Bro a Bywyd*, t. 48.

3   Y stori hon oedd "Brwydro efo'r Nadolig. (Dyddiadur Mr. Ifans y siop deganau).", *Barn*, rhif 26 (Rhagfyr 1964), tt. 34–6. Fe'i hailgyhoeddwyd yn y gyfrol *Prynu Dol* (Dinbych, 1969), tt. 97–107.

4   14 Rhagfyr 1967 a geir yn y llythyr, ond mae'n amlwg o gynnwys y llythyr mai i 1964 y perthyn.

stroc yn waith caled iawn, mae eu cyrff yn mynd mor drwm a diymadferth. Ac fel y dywedwch mae nyrsio'n waith caled i rywun sy'n mynd i oed. Gobeithiaf fod gan Mrs Lewis lai o waith erbyn hyn a bod eich chwaer-yng-nghyfraith yn gwella.

Diolch yn fawr i chi am eich llythyr heddiw. Ceisio helpu Aneirin Talfan yr oeddwn i wrth ysgrifennu'r stori yna; mae wedi bod mor garedig wrthyf ers blynyddoedd ac yr oedd yn ddrwg gennyf eich clywed yn dweud yn eich llythyr blaenorol ei fod yn wael. Ni chymer arno wrth siarad ar y teleffon efo mi fod dim o'i le arno, ond sylwais nad yw fel ef ei hun.

Ni cheisiais ysgrifennu dim byd sylweddol, dim ond rhywbeth i ddiddori darllenwyr *Barn*, ond mi ddatblygodd yn wahanol wrth ei hysgrifennu. Bu'n rhaid i'r poli parrot dalu am ei fwyd trwy roi awgrym pwy a ladrataodd y ddol. Tybiais hefyd fod yn well i mi wneud agwedd y siopwr at y Nadolig yn un hollol fydol, yr un fath â'r rhan fwyaf, a pheidio â gwneud iddo fynd i'r Cymun na dim. Credaf imi lwyddo i ddangos mai dyn busnes oedd yntau.

Sgrifennais stori i *Hon* hefyd, un ysgafn am ddau 17 oed yn caru, ond deallaf na fydd *Hon* allan cyn y Nadolig.[1] Ysgrifennais stori â mwy o swmp lawer ynddi i rifyn gaeaf *Y Traethodydd*, am fachgen ifanc yn gadael cartref yn ardaloedd y chwareli i fynd i chwilio am waith i'r Rhondda yn 1912.[2] Wedi disgrifio ei daith i'r stesion gyda'i dad yr wyf, a'i daith yntau wedyn yn y trên, a'i feddyliau ar gael ei dynnu oddi wrth ei wreiddiau. Hynny a sgrifennu ysgrifau &c a'm cadwodd rhag ateb eich llythyr cyntaf.

Soniech am John Rowlands; ie, bachgen swil iawn ydyw; ni ddywed ddim ond "Ie" a "Nage" wrth siarad efo rhywun. Methais i'n glir gael ganddo ddweud dim ond fy ateb. Mae'n fachgen hardd iawn. Prynais ei nofel *Yn ôl i'w Teyrnasoedd*, ac wedi darllen y bennod gyntaf methais fynd ymlaen.

Soniech hefyd am Elena Puw Morgan. Oedd, yr oedd hi'n sgrifennu'n dda. *Y Graith* a gofiaf fi orau, yr oedd honno yn hela rhywun. Y gwall mwyaf ynddi i mi oedd ei bod wedi gadael bylchau ynddi heb eu llenwi — mynd dros amser heb sôn amdano. Mae ganddi afael ar iaith hyfryd Edeyrnion. Mae hi bron yn gripil gan gricymalau, ond yr oedd yn Eisteddfod Abertawe. Deallaf er hynny mai ar gyffuriau y mae hi'n gallu symud. Byddaf yn ei gweld weithiau. Os bydd ganddi amser rhwng dau fws o'r Rhyl i Gorwen bydd yn galw yma. Mae hi'n ddynes fonheddig, ddiymhongar.

Mae eich ysgrif ar Syr Emrys Evans a'r Gymraeg yn taro'r hoelen ar ei phen;[3] yr oedd yn bryd dweud y pethau yna. Mae yna ryw bobl yng Nghymru sy'n cyfrif dynion fel EE yn ddynion doeth am nad oes ganddynt yr iau i sefyll dros ddim byd. Hwy yw'r bobl

---

[1] Ymddangosodd "Poen wrth Garu — stori hen ffasiwn" yn *Hon* (Gwanwyn 1965), tt. [20]—2, a'i hailgyhoeddi yn *Yr Wylan Deg* (Dinbych, 1976), tt. 29—34.

[2] Cyhoeddwyd "Y Daith" yn *Y Traethodydd* (Ionawr 1965), tt. [5]—11, a'i hailgyhoeddi yn *Prynu Dol* (Dinbych, 1969), tt. 71—81.

[3] Cyfeiriad sydd yma at yr erthygl "Saunders Lewis yn ateb Syr Emrys Evans ar bwnc Coleg Cymraeg", *Barn*, rhifyn 26 (Rhagfyr 1964), t. 33. Yr oedd SL wedi ymosod ar Seisnigrwydd Coleg Bangor yn rhifyn Gorffennaf 1964 *Barn* a Syr Emrys Evans, a fuasai'n Brifathro'r Coleg rhwng 1927 a 1958, wedi ei ateb yn rhifyn Awst. Ar Syr (David) Emrys Evans (1891—1966), gweler *Who Was Who*, VI (1961—1970), t. 355.

sy'n cael parch am eu bod yn llyfrgwn. Ymhen ychydig flynyddoedd wedi i Morris farw, cyfarfûm a Syr EE yn rhywle, credaf mai yn Abertawe yn 1950 ydoedd, a Morris wedi marw yn 1946. Gofynnodd EE i mi, "Sut mae'r gŵr?" Cynhyrfais am eiliad, ond medrais fod yn ddigon doeth i ddweud, "Mae o'n dda iawn diolch", a throi i ffwrdd. Mae'r un oed â mi, a'r pryd hwnnw wrth reswm yr oedd yn ieuengach o lawer, a dim esgus ganddo dros anghofio.

Gallwn sgrifennu rhagor ar bynciau fel y Blaid, sy'n bwnc tragwyddol wyrdd erbyn hyn oherwydd yr anniddigrwydd sydd yn ei rhengoedd. Methaf ddeall DJ nad yw byth yn gweld bai ar y Pwyllgor Gwaith a'i harweinwyr. . .

Gobeithiaf fod pethau'n well efo chi. Diolch lawer *iawn* i chi am sgwennu, a bydded i chi a Mrs Lewis gael Nadolig hapus a Blwyddyn Newydd Well.

Fy nghofion
Kate

D. Post Rhagfyr 15
Tad John Rowlands K.[1]

LlGC 22723D, ff. 165—7ᵛ

188

Y Cilgwyn
Dinbych
15 Mai 1965

Annwyl Saunders,

Yr oeddwn wedi meddwl sgwennu atoch yn union ar ôl dŵad adre o Gynhadledd Taliesin, ond ers mis bellach bûm yn mynd i'r gwely am 2am a chodi am 8am oherwydd pwysau gwaith. Newydd wella o oerfel yr oeddwn cyn mynd i'r Gynhadledd, effaith bod mewn bws am deirawr a rhagor ar rosydd Llandegla noson y lluwch eira mawr yna, Mawrth 3, pan oeddwn ar fy ffordd i Lyn Ceiriog.

Soniodd Islwyn Ffowc Elis wrthyf ei fod wedi sgrifennu atoch ynglŷn â'r hyn y bwriedir ei wneud i adfer rhyw gymaint ar fy hen gartref,[2] a dywedodd wrthyf beth oedd eich ymateb. Felly sgwennu i egluro yr ydwyf. Nid wyf yn hollol sicr sut y cychwynnodd y peth, heblaw mai peth i mi yn bersonol ydoedd ar y cychwyn. Yr oedd rhyw Sais a ddaethai'n blentyn cadw i Rosgadfan yn ystod y Rhyfel wedi prynu'r tyddyn, wedi adeiladu tŷ unllawr newydd iddo ef ei hun a gadael i'r hen dŷ fynd â'i ben

---

[1] Crybwylliad am farwolaeth tad y nofelydd John Rowlands.

[2] Cadwyd llythyr oddi wrth Islwyn Ffowc Elis, dyddiedig 7 Medi 1964, ynglŷn â diogelu Cae'r Gors, ymhlith Papurau Kate Roberts, rhif 1466. Aeth Plaid Cymru ynghyd â'r gwaith o sefydlu cronfa i brynu ac adfer y cartref. Ceir llythyrau gan Elwyn Roberts ynglŷn â'r mater ymhlith Papurau Kate Roberts, e.e. rhif 1474, lle dywedir y byddai'r gost yn £300 am yr adeilad ond bod angen oddeutu £1,000 i gwblhau'r gwaith i gyd. Cyflwynwyd Cae'r Gors i'r genedl gan KR ar 1 Mai 1971, gweler "Dr. Kate yn croesawu criw i Gae'r Gors", *Y Cymro* (5 Mai 1971), t. 1. Cadwyd taflen sy'n ymwneud â'r achlysur ymhlith Papurau Kate Roberts, rhif 3019.

iddo. Yn wir, mae'r tir bron wedi dychwelyd i'w gyflwr cyntefig o frwyn a mawndir. Bob tro yr awn i Rosgadfan, (a bûm yno flwyddyn yn ôl yn siarad efo plant yr ysgol, sydd mor Gymraeg â dim a geir yng Nghymru), byddwn yn torri fy nghalon wrth weld yr hen dŷ. Ni allwn ei brynu fy hun, oblegid yr oedd ar y dyn eisiau crocbris amdano, buasai'n rhaid imi godi arian ar y Cilgwyn, ac fe allai hynny yn y pen draw olygu fy mod yn mynd i fyw i fwthyn a gadael y tŷ yma.

Soniais wrth gyfeillion, nid gyda'r bwriad o feddwl cael help — yr oedd rhai wedi bod yno cyn hynny, a gresynu ei weld yn y fath gyflwr. Yn awr yr oedd arnaf i eisiau ei gadw am ei fod yn golygu cymaint i mi yn bersonol, yr un fath ag y buasai unrhyw berson calon feddal arall yn ei ddymuno, ac nid am y buasai'n golygu rhywbeth i'r genedl am fy mod i wedi digwydd bod yn sgrifennu storïau am ryw ddeugain mlynedd. Gwn beth yw fy maint llenyddol yn iawn, a gwn nad yw'r hyn a sgrifennais i yn golygu llawer. Efallai y bydd o ryw werth ryw ddiwrnod os bydd y ffasiwn beth ag iaith Gymraeg yn bod, i bobl wybod sut oedd pobl yn byw ac yn teimlo rhwng 1921 a 1965 — help i haneswyr cymdeithasol yn wir. Erbyn hyn, aeth y peth o'm dwylo i, ac ni fiw i mi ymliw.

Nid yng Nghae'r Gors y ganed fi; yr oeddwn yn $4\frac{1}{2}$ yn mynd yno, ond y 26 mlynedd y buom yn byw yno oedd y blynyddoedd a'u hargraffodd eu hunain ar fy meddwl ac a roes imi ryw ddyhead am ysgrifennu.

Yr wyf yn cael mwynhad mawr o ddarllen eich ysgrifau yn y *W Mail* ar ddydd Sadwrn, a diolch yn fawr i chi am eich cyfeiriadau at fy ngweithgarwch. Y mae'n dda gennyf am yr hyn a ddywedwch am nofel Hydwedd Bowyer heddiw; yr oeddwn yn ei beirniadu yn Llanelli.[1] Dywedais ei bod wedi dirywio ar ôl y traean cyntaf, a beirniedais ei Gymraeg yn eithaf egr. Deallaf fod rhai eraill wedi gwneud yr un peth gyda gweithiau eraill o'r eiddo. Ond amlwg na chymer ddim sylw, ac y mae'n byw yng Nghaernarfon!

Gobeithiaf fod eich helbulon teuluol wedi ysgafnu erbyn hyn, a bod eich chwaer yng nghyfraith yn fwy tebol i wneud rhagor iddi ei hun. Llawer yw helbulon henoed, neu ymylon henoed. Mae gennyf i le mawr i ddiolch fod fy iechyd cystal.

Gyda chofion lu

Kate

LlGC 22723D, ff. 168–9^v

---

[1] Cyfeiriad at adolygiad SL "Ceisio Ateb y Galw", yn y *Western Mail* (15 Mai 1965), t. 8, lle ceir sylwadau ar nofel Hydwedd Bowyer, *Pryfed ar Wydr* (Llandybïe, 1965). Yr oedd KR wedi beirniadu'r gyfrol yng nghystadleuaeth y nofel yn Eisteddfod Genedlaethol Llanelli 1962, gweler *Cyfansoddiadau a Beirniadaethau . . . Llanelli 1962*, tt. 149–50. Ar Hydwedd Bowyer (1912–70), gweler *Cydymaith*, t. 50.

158, Westbourne Rd
Penarth
23 Mai 1965

Annwyl Kate,

'Doedd gen' i ddim hawl i ymyrryd yn y cynllun i brynu'ch hen gartref. Fy unig bwrpas i oedd ceisio cael ychydig arian i chi fedru byw heb orweithio.

Byddaf yn synnu at eich egni a'ch diwydrwydd a'ch dawn dihysbydd. Amdanaf fy hun — papur sâl i sgrifennu iddo yw'r *Western Mail*. Torrwyd paragraff cyfan o derfyn fy adolygiad ar *Flodeugerdd* Bedwyr Jones allan a gadael yr adolygiad ar ei hanner bron.[1] 'Wn i ddim a af i ymlaen, ac y mae'r erthyglau Saesneg ar lenyddiaeth Gymraeg yn dechrau mynd yn fwrn arnaf. Addewais ar y cychwyn eu gwneud am flwyddyn, sef hyd at fis Awst nesaf.

Gwrandewais arnoch nos Sul dro'n ôl yn trafod y celloedd bychain o addolwyr. Yr oedd hi'n drafodaeth ddiddorol.[2] Tybed nad gyda'r Crynwyr neu'r Methodistiaid yn oes Ann Griffiths y mae'ch cydymdeimlad a'ch tueddiad chi?

Sgrifennais i ddrama i Meirion Edwards, "Yn y Trên." Fe gynhyrchwyd y ddrama yng Nghaerdydd heb roi gair i grybwyll hynny i mi na'm gwahodd i'r stwdio.[3] Gwrandewais innau arni gyda dychryn — yr oedd hi wedi ei cham-ddeall a'i cham-actio o'r dechrau i'r diwedd ac wedi ei llwyr ddinistrio yn fy marn i. Yr wyf yn chwerw ddig.

Fy nghofion atoch yn gynnes
Saunders

Kate Roberts 1486

---

[1] Adolygwyd cyfrol Bedwyr Lewis Jones, *Blodeugerdd o'r Bedwaredd Ganrif ar Bymtheg* yn rhan o'r un adolygiad â nofel Hydwedd Bowyer, sef "Ceisio ateb y Galw", *Western Mail* (15 Mai 1965), t. 8, ynghyd â thri chyhoeddiad arall.

[2] Y rhaglen dan sylw oedd rhifyn o'r gyfres "Llais y Lleygwr" a ddarlledwyd ar Raglen Cymru'r BBC, nos Sul, 9 Mai 1965, rhwng 8.20 a 9.00 pm. Pwnc KR y noson honno oedd "Y Sefydliad Cristnogol", cadeirydd y drafodaeth oedd Gwilym Prys Davies a'r cynhyrchydd oedd y Parchedig John Owen Jones. Cadwyd fersiwn llawysgrif a sgript deipiedig o gyfraniad KR i'r rhaglen hon ymhlith Papurau Kate Roberts, rhifau 2658—9.

[3] Darlledwyd y ddrama fer "Yn y Trên" o waith SL fel yr olaf o gyfres o un ar ddeg o weithiau comisiwn gan y BBC yn dwyn y teitl "Comisiwn 1965", nos Fawrth, 18 Mai 1965, rhwng 9.30 a 10.00 pm ar Raglen Cymru'r BBC. Cynhyrchwyd y rhaglen ar y cyd gan Emyr Humphreys a Meirion Edwards a chymerwyd rhan gan Olive Michael, Dewi Williams a Wyn Thomas. Dialog yw'r ddrama, i bob pwrpas, rhwng y gard a theithiwr ar drên rhwng Caerfyrddin ac Aberystwyth ychydig amser cyn cau'r lein honno. Cyhoeddwyd y ddrama yn *Barn*, rhif 34 (Awst 1965), tt. 274—6.

Y Cilgwyn
Dinbych
9 Medi 1965

Annwyl Saunders,

Maddeuwch imi am ysgrifennu ar y papur yma; mae'n haws imi.[1] Yr wyf wedi meddwl ysgrifennu atoch er pan ysgrifenasoch ataf yn niwedd Mai i egluro rhai pethau nas gwneuthum yn ddigon clir yn fy llythyr blaenorol.

Ond yng nghyntaf peth gadewch imi ddiolch i chi, a hynny o waelod calon, am eich darlith ar Ann Griffiths;[2] yn wir diolch claear iawn yw dweud fel yna am y wledd odidog a gawsom, a hynny ar adeg pan mae pob dim bron wedi marw. Gallwn deimlo'r tyndra yn y gynulleidfa, ac am y tro cyntaf medrwn ddeall cynulleidfaoedd y ganrif ddwaetha yn torri allan i orfoleddu. Bûm yn siarad efo'r Tad Illtud Evans ar y diwedd,[3] pan ddisgwyliwn am gyfaill a oedd i fynd â fi adref yn ei gar, a chyd olygem ein dau fod tebygrwydd rhwng AG a Simone Weil.[4] Mewn un peth efallai, sef y profiad o gymdeithas Crist yn ei Ei berson. Ond ni chymerodd SW y llam i gredu'n gyfangwbl, oblegid gwrthododd gymryd ei bedyddio; buasai'n ymresymu rhyw ddamcaniaethau yn rhy hir.

Soniwch yn eich llythyr dwaetha am yr hyn a ddywedais i am y celloedd bychain yn y rhaglen radio beth amser yn ôl. Ni ddefnyddiais i mo'r geiriau fy hun, er fy mod yn eu cyfleu efallai. Ni ellwch goelio faint a gostiodd i mi gymryd rhan yn y rhaglen honno, oblegid daw rhyw swildod drosof wrth sôn am faterion crefydd yn gyhoeddus. Byddaf yn chwysu bob amser wrth feddwl am wneud, er pan oeddwn yn blentyn ac yn crïo yn fy ngwely yn y nos wrth feddwl bod tragwyddoldeb mor hir. Yr ydych yn hollol iawn wrth ddweud fel mae diwinyddiaeth yn cael ei esgeuluso. Ni wn i fawr ddim am y pwnc erbyn hyn; fe wyddwn fwy pan oeddwn yn bymtheg oed, pan orffennais ddysgu'r 'Fforddwr'.[5] Dr Cynddylan Jones oedd yr olaf imi ei glywed yn pregethu ar bynciau

---

1   Nid papur pwrpasol ar gyfer ysgrifennu llythyr a ddefnyddiwyd gan KR ar gyfer y llythyr hwn, ond papur â llinellau, 10 x 8 modfedd, y math a ddefnyddid gan fyfyrwyr.

2   Traddodwyd anerchiad SL i Anrhydeddus Gymdeithas y Cymmrodorion yng Nghapel yr Eglwys Fethodistaidd, Wesley Place, Y Drenewydd, am 4.30 pm, brynhawn Iau, 5 Awst 1965, dan gadeiryddiaeth Syr T H Parry-Williams, Llywydd y Gymdeithas. Cyhoeddwyd yr anerchiad, "Ann Griffiths : Arolwg Llenyddol", yn *Nhrafodion y Cymmrodorion*, 1965, tt. 224–56, a'i ailgyhoeddi yn R Geraint Gruffydd, *Meistri'r Canrifoedd* (1973), tt. 306–18.

3   Y Tad Illtud Evans (m. 1972), un o'r Brodyr Duon, sef aelod o Urdd Dominic, Urdd y Pregethwyr. Bu'n newyddiadurwr cyn ymuno â'r Urdd yn 1937. Golygodd y cylchgrawn *Blackfriars* ar ddau gyfnod gwahanol a chyfrannai erthyglau ac adolygiadau i *Time and Tide*, *The Tablet*, *The Times* a'r *TLS*. Treuliodd y cyfnod 1966–70 yn America. Ceir coffâd iddo yn *New Blackfriars*, cyfrol 53 (Medi 1972), tt. 386–7.

4   Simone Weil (1909–43), Ffrances a chyfrinydd. Dylanwadodd ei syniadau yn fawr ar y ffordd o feddwl yn Ffrainc a Lloegr. Bu farw trwy newynu mewn cydymdeimlad â'i chyd-Ffrancod o dan orthrwm yr Almaenwyr yn ystod yr Ail Ryfel Byd.

5   *Yr Hyfforddwr* — catecism a gyhoeddwyd gyntaf yn 1807, o waith Thomas Charles o'r Bala.

diwinyddol.[1] Dyna pam na soniais i ddim am y dadleuon diwinyddol wrth adolygu eich nofel, *Merch Gwern Hywel*, yr hyn sy'n gyfystyr â dweud na ddylswn fod mor rhyfygus â mentro ei hadolygu. Pan oeddwn i'n blentyn, byddwn yn medru dilyn y dadleuon. Mathemateg oedd fy mhwnc gorau i yn yr ysgol.

O sôn am eich nofel, dylwn ddweud y dylai'r Academi gywilyddio am na roesant eu gwobr i chi am y nofel, ac nid i Alun y Cilie.[2] Mae rhai ohonom, y rhai a bleidleisiodd dros eich nofel chi *yn* cywilyddio, ond nid arnom ni yr oedd y bai, ond ar rai eraill hollol anghyfrifol. Caf sôn wrthych os gwelaf chi rywdro.

Mater arall. Plaid Cymru. Fe aeth penderfyniad o Ranbarth Gorllewin Dinbych i'r gynhadledd fis Awst yn dweud y dylid gwneud mater yr iaith Gymraeg yn fater politicaidd. Y fi a'i cynigiodd ond colli a wnaeth, er i nifer da bleidleisio drosto. Byddaf yn gwylltio wrth DJ weithiau, am ei fod yn ddyn ïe i'r pwyllgor gwaith. Dros y pwyllgor gwaith y pleidleisiodd y tro hwn ac nid dros Ranbarth Gorllewin Dinbych. Mae Plaid Cymru mewn merddwr mawn heb weledigaeth o unman, nac ysbrydiaeth. Mae'r hyn a ddywedant ar faterion economaidd yn iawn, ond nid oes modd cario'r rheiny ymlaen trwy ymladd lecsiynau. Felly, mae eu polisïau yn aros mewn pamffledi. Fe allent wneud rhywbeth dros y Gymraeg heblaw siarad. Yn lle hynny gadewir hynny i fudiadau eraill, a gwrthwynebu lladrata dŵr i bobl Llangyndeyrn.[3] Mae yna ymysgwyd mawr ynglŷn â dysgu Cymraeg rŵan, ac mae'r Ysgolion Cymraeg yn ffynnu. Byddai'n werth i chi ddŵad yr holl ffordd i Ddimbach i weld y gwaith a wneir yn yr Ysgol Gymraeg yma; mae'n anhygoel. Fe gawsant ffugetholiad y llynedd, a byddai'n werth i chi weld eu hareithiau (fe'u cadwyd gan y brifathrawes) a phlant dan un ar ddeg ydynt.

Dywedwch yn eich llythyr nad oedd gennych hawl i ymyrryd ym mater prynu fy hen gartref. Nid oeddwn yn awgrymu hynny o gwbl pan eglurais yn fy llythyr cynt pam y dymunwn gadw fy hen gartref yn hytrach na chael dim arall. Yr oedd gweld Cae'r Gors yn mynd â'i ben iddo wedi mynd yn boen ac yn faich imi ers talwm, a dyma'r unig ffordd hyd y gwelwn i o gael gwared o'r boen oddi ar fy meddwl. Buasai'n well gennyf o lawer, fel y dywedais, fod wedi ei brynu fy hun, ond fe olygasai hynny godi arian oddi ar y Cilgwyn. Efallai y dylswn wneud hynny, ond pe buaswn yn methu talu'r llog fe âi hynny yn boen wedyn. Eich cynllun chi fyddai orau, wrth reswm, i'r Blaid brynu hwn ac i minnau gael byw ynddo yn ddirent tra byddwn. Ond fel y gwelwch, ni fyddent yn medru codi digon o arian i'w brynu, heb imi ei werthu am lai o lawer na'i werth. Ond pe

1   Ar Dr John Cynddylan Jones (1841–1930), awdur pedair cyfrol *Cysondeb y Ffydd*, gweler *Y Bywgraffiadur*, t. 455, a *Y Bywgraffiadur* [2], t. 117.

2   Alun Jeremiah Jones, "Alun Cilie" (1897–1975), un o deulu diwylliedig Y Cilie, Cwmtydu, Ceredigion, gweler *Cydymaith*, t. 304, a thraethawd M.A. (Cymru, Aberystwyth, 1982), Elin Morris Williams, "Teulu'r Cilie — Nythaid o Feirdd Gwlad", yn enwedig tt. 211–45. Y gyfrol a wobrwywyd gan yr Academi Gymreig oedd *Cerddi Alun Cilie* (Abertawe, 1964).

3   Bu ymgyrch fawr tua'r adeg hon i rwystro Cyngor Abertawe rhag boddi rhan o blwyf Llangyndeyrn a chreu cronfa ddŵr yng Nghwm Gwendraeth Fach i ddiwallu anghenion Abertawe. Ar hyn gweler erthygl Gwynfor Evans, "Na Fodded Cwm Gwendraeth" yn *Y Ddraig Goch* (Gorffennaf/Awst 1963), t. 1, a Robert Rhys, *Cloi'r Clwydi — Hanes y frwydr i atal boddi Cwm Gwendraeth Fach, 1960–1965* (Llangyndeyrn, 1983).

gallesid gwneud hynny, fe fuasai gennyf lawer llai o waith. Yr wyf wrthi a'm trwyn ar y maen ddydd a nos er mwyn medru byw rywsut. Yr wyf yn ysgrifennu rhyw betheuach diwerth i raglen "Merched yn Bennaf" y BBC,[1] yn lle fy mod yn ysgrifennu rhywbeth gwell. Onibai am Aneirin Talfan, chwarae teg iddo, ni buaswn yn cael unrhyw raglen o swmp gan y BBC. Ond yr wyf wedi sgrifennu un peth o werth, mi gredaf, yn ddiweddar, sef stori i'r *Traethodydd* nesaf a ddaw allan Hydref 1.[2] Mae'r golygydd yn meddwl hynny hefyd. Ond ni ddaw honno ag arian at fyw.

Yr wyf wedi sgrifennu digon ers blynyddoedd, pethau y medrai'r BBC wneud defnydd ohonynt; ond ar wahân i Aneirin Talfan ac Emyr Humphreys (pan oedd yno) nid oes neb o'r rhai sy'n trefnu rhaglenni heddiw yn gwybod dim am yr hyn sy'n digwydd ym myd llenyddiaeth Gymraeg. Dyma i chi enghraifft. Dwy flynedd yn ôl, pan ddaeth *Hyn o Fyd* allan, fe ddwedodd Nesta Harris wrthyf y buasai'r stori olaf yn y llyfr yn gwneud drama neu raglen deledu. Sgrifennais at Herbert Davies; ni chefais ateb o gwbl. Ysgrifennais wedyn at D J Thomas; atebodd yntau nad oedd y llyfr ganddo, ond y mynnai ei gael, ac y cawn wybod ganddo cyn gynted byth ag y darllenai'r llyfr. Ni chefais byth air. Wedyn sgrifennais at Wilbert Lloyd Roberts; dywedodd yntau nad oedd wedi darllen y llyfr, ond y mynnai ei gael. Rhoes Nesta Harris fenthyg ei chopi hi iddo. Cefais innau ateb oddi wrth W Ll Roberts yn dweud nad oedd ef yn gwneud llawer ynglŷn â dramâu teledu; ac eto y mae. Er crefu a chrefu ni chafodd Nesta Harris byth mo'i chopi o'r llyfr yn ôl. Yr wyf i o'r farn y buasai hanes yr anifeiliaid o'r llyfr yn gwneud drama deledu ddigri. Ac mae'r dynion ifainc yma sy'n ceisio llunio rhaglenni'r BBC rŵan yn anobeithiol.

Do, fe fwrdrwyd eich rhaglen gomisiwn chi; dyna pam nad ysgrifennais atoch ar y pryd; ni ddêellais moni. Yr oedd sŵn y trên yn boddi'r lleisiau, ac nid oedd bosib dweud prun oedd prun o'r ddau lais. Wedi ei darllen yn *Barn* y gwelais ei medr a'i gwerth. Fe gollwyd cyfle gwych i roi inni raglen werth ei chael. Fe fwrdrwyd fy stori innau gan Meirion Edwards,[3] ond nid i'r un graddau, trwy roi dyn â llais bachgen 16 oed i wneud cymeriad bachgen tua 25 wedi cael profiad yn y fyddin, a hynny er i ME ddyfod yma i'm gweld trwy ei gais ef ei hun, i drafod y cymeriadau. Er imi ei gynghori i gael rhywun arall, dewisodd un hollol anaddas. Ni ŵyr y bobl yma beth sydd yn digwydd nac wedi digwydd. Pe cawn i roi rhai o'r pethau a sgrifennais yn y gorffennol ar y radio ni buasai'n rhaid imi bryderu ynghylch talu'r ffordd.

---

[1] Cadwyd pedair enghraifft o gyfraniadau KR i'r rhaglen "Merched yn Bennaf" ymhlith Papurau Kate Roberts, rhifau 2663–6, sef "A oes gormod o fraster yn ein cig?", "Cân a hoffaf", "Costau byw", a "Seisnigo ein Pentrefi". Gwelir dwy enghraifft arall, "Merched tro'r Ganrif" a "Llythyr Agored at Jimmy Edwards" yn *Y Faner* (9 Medi 1965), tt. 2–3.

[2] Y stori oedd "Blodau", *Y Traethodydd* (Hydref 1965), tt. 146–53. Ailgyhoeddwyd y stori yn *Prynu Dol a storïau eraill* (Dinbych, 1969), tt. 57–68. Mae'n debyg mai'r Athro J E Caerwyn Williams oedd y golygydd dan sylw, yr oedd tri golygydd gan *Y Traethodydd* y pryd hwn. Y ddau olygydd arall oedd Y Parchedig J R Evans, Caerdydd, a'r Athro J R Jones, Abertawe.

[3] Darlledwyd stori i leisiau, "Rhyfel", o waith KR, yn y gyfres "Comisiwn 1965", nos Fawrth, 16 Mawrth 1965, rhwng 9.00 a 9.30 pm. Yr actorion oedd W H Roberts, Florence Treen, Ceinwen Jones a Vernon Jones, a'r cynhyrchydd oedd Meirion Edwards. Gweler *Radio Times* (11 Mawrth 1965), tt. 30–1.

Yr wyf yn mwynhau eich adolygiadau yn y *W Mail*, a llawer eraill heblaw fi; yn enwedig fe fwynheais eich adolygiad ar hanes Glyn Davies.[1] Nid oes gennyf amser rŵan i sôn fel y gwahoddwyd Glyn Davies i gyfarfod â nifer ohonom mewn swper yn Ninbych yma pan oedd yn byw yn Llanfairfechan. Ond ar ôl hynny gwelais mai dyn hollol hunanol ydoedd; fe siaradodd amdano'i hun am bedair awr o amser, gan ymffrostio yn ei ddilorniant o John Morris-Jones a J H Davies. Rhodres hollol oedd ei ddynwared o bobl Llŷn yn siarad ac yn rhegi. Rhaid i chi dyfu ynghanol peth felly, ac yr oedd yn amhosibl gwneud dyn Llŷn o Glyn Davies na'i frawd George; rhyw ddiddordeb nawddogol oedd gan y ddau yn y werin. Mae'n well i bawb gadw at y dosbarth y codwyd o ohono.

Pan oeddwn ar *Y Faner* fe anfonodd y Parch Tom Nefyn Williams lawysgrif bywgraffiad o George Davies i mi i'w ddarllen.[2] Yr oedd T Nefyn yn ddyn galluog iawn. Yr oedd ei ddadansoddiad o gymeriad George Davies yn graff; dadleuai mai magwraeth GD, cael nyrsus i'w fagu a cholli cariad ei fam, a'i gwnaeth wedyn mor hoff o gael ei fwytho gan ferched. Ond yr oedd y llyfr yn syrthio rhwng dwy stôl, fel petai arno ofn dweud gormod. Cynghorais ef i ymhelaethu a rhoi inni lyfr mwy a llawnach, ond ni chafodd amser i wneud hynny.

Rhaid imi dewi. Dywedais wrthych fod rhyw ddiffrwythder wedi dyfod i'm llaw dde; dŵr ar y nerf medd y meddyg. Cefais dabledi at hynny ac at y cricymalau sy'n fy mhoeni ar gyfnodau. Wedyn cefais boenau mawr yn fy stumog, a thybiwn mai'r holl dabledi oedd yn eu hachosi. Ond ymddengys nad e; mae rhyw awgrym o friw yna, o'r hyn lleiaf rhaid imi fyw ar lefrith yn unig, dim brechdan hyd yn oed, am ryw hyd, a dyma sydd ar y cerdyn bwyd a gefais. *"Peptic ulcer, strict diet"*. A'r sgrifennu tragwyddol yma sydd wedi ei achosi, y canolbwyntio parhaus.

Gobeithiaf nad wyf wedi eich byddaru; a gobeithiaf hefyd fod pethau'n well efo chi nag y buont. Trueni am salwch Aneirin Talfan; maent wedi ei chael yn arw ers amser bellach.

Amgaeaf gas eich llythyr chi fel y daeth imi o'r post.[3] Rhyw bostmon newydd mae'n rhaid.

Gwelwch fy mod wedi tyfu'n fardd!

Fy nghofion yn gywir iawn

Kate

LlGC 22723D, ff. 170—3ᵛ

1   Ymddangosodd "John Glyn Davies" yn y *Western Mail* (21 Awst 1965), t. 8; adolygiad ydoedd ar gyfrol gweddw JGD, Hettie Glyn Davies, *Hanes Bywyd John Glyn Davies (1870—1953)* a gyhoeddwyd gan Wasg y Brython, Lerpwl, yn 1965. Ar J Glyn Davies gweler hefyd, *Cydymaith*, t. 144.

2   Ar Tom Nefyn gweler t. 86, nodyn 2, uchod. Ar George Maitland Lloyd Davies (1880—1949), gweler *Y Bywgraffiadur* [2], tt. 8—9, a'r *Cydymaith*, t. 141.

3   Ni chadwyd yr amlen.

158, Westbourne Rd
Penarth
12 Medi 1965

Annwyl Kate,

Diolch calon am eich llythyr — yr oedd pob tudalen yn llawn diddordeb ac yr oedd ei gael yn codi f'ysbryd i'n arw, er bod yn ddrwg enbyd gen i glywed eich bod yn cwyno. Peth sobor ydy'r henaint yma! Y tric sy ganddo gyda mi yw gwasgu *bronchitis* arnaf am ryw deirawr bob nos, cyn gynted ag yr af i'r gwely, fel mai prin y medraf anadlu. Yna, wedi llwyr flino, cysgaf — a deffro'r bore cyn iached â'r gog! Ond bob nos, ers pedwar mis. Twt, twt. Ond o leiaf nid ydw i'n byw ar lefrith fel chi. Ni fedrwch chithau fyw'n hir felly. Fe ddylech fynd i orffwys mewn ysbyty preifat am ddeufis, a defnyddio'r gronfa deyrnged i dalu'r gost.

'Doedd gen i mo'r syniad lleia fod cystadlu am wobr yr Academi. Mi adolygais i gerddi Alun y Cilie yn y *Western Mail* yn Saesneg a chanu eu clod yn helaeth;[1] ac felly pan welais roi gwobr yr Academi iddo yr oeddwn i'n llawenhau'n fawr. A dyna oedd yn iawn, wyddoch chi. Ni allai gwobr wneud dim i chi a fi bellach; 'does dim pwynt yn ein gwobrwyo. Ond y mae gwobrwyo Alun y Cilie yn rhoi pleser iddo ef, yn galw sylw at ei lyfr a helpu'r gwerthu, ac yn ennill fy nghlod i i'r Academi. Ond y mae'n drueni nad oes air am y llyfr yn *Taliesin*, cylchgrawn yr Academi — esgeulustod newyddiadurol truenus. Fe ddylai fod yno hanes y gwobrwyo, adolygiad ar y cerddi, llun o'r awdwr, etc. Na, dim gair.

Byddai'n gysetlyd ynof beidio â son am a ddywed'soch am y ddarlith ar Ann Griffiths. Y ffaith yw fy mod i'n ei chael hi'n anodd fy ngoddef fy hun ar ôl y cyfarfod. Mi roddais *arolwg llenyddol* yn y teitl ar y ddarlith, ond y mae pobl yn bwrw mai fy mhrofiadau *i* yw profiadau Ann Griffiths ac mai pregeth oedd y ddarlith. A hynny sy'n fy mlino i'n enbyd. Nid wyf yn hoffi bod yn gymaint o ragrithiwr. Mi fedraf ddeall, mi fedraf ddehongli, ond nid fi piau'r pethau. Ni ddywedaf ond hynny.

Yr wyf yn cael llyfrau Cymraeg a'm talu gan y *Western Mail* bellach am eu hadolygu, ac nid oes gennyf le iddynt ar y silffoedd yma. Byddai'n garedigrwydd eu cymryd oddi arnaf. A oes rhai y byddai'n ddiddorol gennych chi eu cael i'w darllen? Nofelau? Ond cael gair mi anfonaf becyn atoch, a bod hynny o ryw werth.

Cofion caredig iawn,
Saunders

Kate Roberts 1496

---

[1] Ymddangosodd adolygiad SL ar y gyfrol *Cerddi Alun Cilie* yn atodiad llenyddol y *Western Mail* (5 Rhagfyr 1964), t. 4, o dan y teitl *"A member of our older breed"*. Dywed amdano: *"Alun Jones is a master craftsman . . . He knows his language as he knows his fields."* Cyfarchwyd Alun Cilie gan Dic Jones noson y gwobrwyo ac y mae'r Prifardd yn crybwyll clod SL ar ddechrau'r trydydd englyn:

"Nid syndod yw i Saunders — lwyr ddwli
Ar ddiliau ei gwafers . . . ",

gweler Dic Jones, *Caneuon Cynhaeaf* (Abertawe, 1969), t. 64.

Y Cilgwyn
Dinbych
5 Hydref 1965

Annwyl Saunders,

Mae'n ddrwg iawn gennyf fod mor hir heb ateb eich llythyr, a chithau wedi gwneud cynnig mor hael ynddo efo'r llyfrau.

Digon dihwyl y bûm ers tua chwech wythnos. Ie, fel y dywedwch, poenau henaint ydynt — surni yn y stumog, fel petai holl surni oes yn dwad i'r wyneb rŵan. Drwg oedd gennyf glywed am eich *bronchitis;* rhyfedd iawn ei fod yn diflannu cyn y bore. Yr wyf yn siŵr nad ydych yn cysgu ar wely plu; gallai hynny ei achosi (mae gennyf i ddau wely plu o hyd). Os ydych yn cysgu a'ch pen yn isel, gallai hynny ei achosi hefyd.

Nid wyf yn byw yn hollol ar lefrith erbyn hyn, er bod llawer peth na chaf ei fwyta heb gael poen. Ofer fyddai i mi geisio cael dim o'r gronfa i fynd i orffwys i ysbyty. Rhywsut nid oes gorffwys yn fy hanes i. Rwyf fel tegan plentyn wedi ei weindio.

Nid oes bai ar olygyddion newydd *Taliesin* am esgeuluso sôn am Alun y Cilie. Credaf fod deunydd y rhifyn i gyd yn barod cyn penderfynu ar y wobr. Etifeddu deunydd y cyn-olygydd a wnaethant, deunydd digon di-drefn.[1] Ni bu adolygiad o gwbl ar *Tywyll Heno* nac ar *Hyn o Fyd* yn *Taliesin.* Aeth y cyntaf ar goll yn y post meddir; ac er bod y llall wedi ei dderbyn, aeth hwnnw i rywle na wyddai'r cyn-olygydd i ble.

Ni chlywais i neb yn dweud ar ôl eich darlith mai eich profiadau chi oedd profiadau Ann Griffiths, ac ni feddyliais i fy hun erioed bod dim byd yn debyg yn eich profiadau. Ond efallai ei bod yn hawdd i *rai* pobl feddwl hynny, gan mai testun yr emynau a ddehonglech. Ni buasech yn dyfod o Benarth i'r Drenewydd i sôn am fesurau Ann Griffiths. Ac yr oedd llawn cymaint o'r dehongliad yn y ffordd y darllenech yr emynau. Hynny, lawn cymaint â dim, a achosai'r tyndra y soniais amdano yn y gynulleidfa.

Diolch yn fawr i chi am gynnig y llyfrau i mi. Prin yw'r lle gennyf innau, ond os cydsyniwch i mi bigo'r hyn yr hoffwn ei gael, a rhoi rhai o'r lleill i ddau deulu ifanc sy'n dechrau byw, byddaf yn falch o'u cael. Ychydig iawn o lyfrau a brynaf yrŵan. Prynais nofel gyntaf John Rowlands, *Byd o Gysgodion [sic],* a methu ei darllen am fod ei Chymraeg mor sâl;[2] nofel gyntaf Wilson Evans am yr un rheswm.[3]

Yr wyf yn paratoi i sgrifennu ysgrif i *Taliesin* ar Dafydd Elis, Penyfed, Corwen, y bardd a oedd ym Mangor yr un pryd â mi, ac a ddiflannodd yn Salonica yn 1918, nas gwelwyd byth mohono yn fyw nac yn farw.[4] Petawn i'n marw ni fyddai'r wybodaeth sy gennyf gan neb, na pheth o'i waith ychwaith. Mae gennyf chwech o lythyrau oddi

---

[1]   Gwenallt a oedd yn gyfrifol am gyfrolau 1—9 o'r cylchgrawn *Taliesin*, a'r ddau olygydd newydd, o rifyn Gorffennaf 1965 ymlaen, oedd D Tecwyn Lloyd ac Islwyn Ffowc Elis.

[2]   Ail nofel Jane Edwards oedd *Byd o Gysgodion* (Llandysul, 1964).

[3]   Ar Tudor Wilson Evans (g. 1928), gweler *Cydymaith,* t. 204. Teitl ei nofel gyntaf oedd *Rhwng Cyfnos a Gwawr* (Dinbych, 1964).

[4]   Ymddangosodd yr erthygl hon, "Bardd a Gollwyd", yn *Taliesin,* cyfrol XI (1965), tt. 15—27. Gweler hefyd t. 15, nodyn 1, uchod.

wrtho rhwng 1912 a 1915, ac yr wyf am eu rhoi yn llawn. Hefyd mae gennyf awdl fer oddi wrtho yn diolch am flodau, blodau a roddais iddo i'w hanfon i'w gariad a oedd yn glaf mewn ysbyty. Dyma damaid

> "Gloyw eu ne, mal gleiniau ŷnt,
> Ie, blodau nobl ydynt.
> Lliw euraid a lliw arian,
> Lliw hwyr Mai, lliw eira mân.
> Lliw pabi coch, lliw pob cain
> Neu liw rhyfedd Teml Rhufain"

"Cf. Edward Morus. Cywydd y Paun"[1]

Daeth rhyw deimlad rhyfedd drosof wrth fynd trwy'r llythyrau yma heddiw wedi'r holl flynyddoedd. Methu credu, rhywsut, mai fi oedd y person a dderbyniodd y llythyrau, nac imi erioed fod yn ifanc.

Rwyf am sgrifennu at ei chwaer eto i geisio ganddi eu cyhoeddi. Mae hi wedi cael rhyw syniad i'w phen fod cyhoeddwyr yn mynd i wneud arian mawr wrth gyhoeddi ei waith.

Roedd o'n gynghaneddwr gwych pan oedd yn 19 oed, dim ond 25 oedd pan ddiflannodd. Dyma fel y gorffennodd un llythyr ataf "Wel, dyma i chi, yng nghanol Gaeaf oer, Nadolig fis, Feddyliau Dafydd Elis".

Rhaid imi orffen.

A gaf i dalu cludiad y parsel llyfrau, h.y. os byddwch yn eu hanfon?

Cofion caredig iawn,

Kate

LlGC 22723D, ff. 174—6ᵛ

193

158 Westbourne Rd
Penarth
11 Tachwedd 1965 [*recte* Hydref]

Annwyl Kate,

Mae'n dda gen i glywed eich bod dipyn bach gwell. Darllenais y "Blodau" yn y *Traethodydd* diwethaf yma ddwywaith. Mae hi'n gampus ei chrefft a'i chymeriadau a'i hiaith, un o'ch pethau tra rhagorol chi.

---

[1] Cyfeiriad at y cywydd "Y Carw odiaeth caredig . . ." o waith Edward Morris, Perthi Llwydion; gweler Hugh Hughes, *Barddoniaeth Edward Morris, Perthi Llwydion* (Liverpool, 1902), tt. 23—8, yn enwedig tt. 27—8 lle ceir dwy linell ar hugain sy'n defnyddio'r cymeriad "lliw", e.e.:

> ". . . Lliw saffrwm, llysiau effros,
> Lliw dôl yr haf, lliw dail rhos;
> Lliw oleufraith, lliw lifrai,
> Lliw fflam werdd, lliw, a phlu Mai . . .".

Yn awr yr ydw'i wedi pacio llond blwch o lyfrau Cymraeg a chymeraf hwynt yfory i'r stesion i'w danfon atoch yn y trên. Mae'n debyg y cymeran' nhwy o leiaf wythnos i'ch cyrraedd. Chi piau un ohonynt (mae'n g'wilydd gennyf gyfaddef). Cymysg yw'r lleill, ond bod yn help mawr i mi gael eu lle nhw. Os digwydd bod unrhyw un yn eu plith yr hoffech ei ddarllen — da iawn! Am y lleill oll, rhowch y cwbl i'r ddau deulu ifanc yna, a bendith arnynt. Mae'n werth teirgwaith cost y cludo imi gael eu lle nhw. Nid newydd mo'r cwbl.

Yr wyf i'n well o lawer. Bu Margaret a minnau yn Sir Fôn yr wythnos dwaetha yn gweld ei chwaer hi, sy'n awr yn ddall, ac yn trefnu ar ei chyfar. Yr ydym yn rhedeg yno ac yn ôl yn y car ryw unwaith y mis; mae'n ddigon helbulus a'r gaeaf o'n blaen. Bu hi yma gyda ni am agos i flwyddyn, ond ni fynnai aros. Yn awr y mae hi mewn tŷ nyrsio preifat yn y Borth, ond heb fod yn hapus yno.

Gyda llaw — a chyda'ch cennad — nid (*pace* eich llith yn y *Faner*)[1] *laryngitis* yw dolur gwddw. Gall dolur gwddw fod yn ddolur llwnc neu'n *laryngitis* neu'n *diptheria* neu etc! Ac nid *appendicitis* yw cwlwm ar y perfedd! Mae'r termau meddygol yma yn llawer mwy pendant fanwl na'r hen enwau anwyddonol a fu gennym cyn 1914. 'Wn i ddim sut y mae eu Cymreigio heb inni gael ysbyty Cymraeg ac athrawon i drafod afiechydon gyda'r efrydwyr yn y Gymraeg. Ond eich erthyglau achlysurol chi yn *Y Faner* yw braidd yr unig bethau a dâl eu darllen bellach yn y papur anffodus a thlawd hwnnw.

Bydd yn dda iawn gennyf glywed eich bod yn dwad yn gryfach. Brysied y dydd.

Yn gu,
Saunders

Kate Roberts 1498

194

158, Westbourne Rd
Penarth
28 Hydref 1965

Annwyl Kate,
Peidiwch â thafferthu dim ynglŷn â'r bocs llyfrau. Mae stesion Caerdydd yn enwog am oedi a cholli, ac os cyrraedd y bocs cyn pen tair wythnos, bydd yn well na'r arfer. Ac os na chyrraedd o gwbl — wel, pa ots!

Yr wyf yn rhoi heddiw i ddarllen yn ofalus yr Adroddiad ar statws Cyfreithiol yr Iaith Gymraeg.[2]

---

[1] Rhestrwyd y termau hyn ar ddiwedd erthygl KR, "Hen dermau Cymraeg ym myd y gegin", *Y Faner* (7 Hydref 1965), t. 3, dan yr is-bennawd "Ym Myd Salwch". Yr oedd yr erthygl hon eto wedi ymddangos gyntaf ar ffurf sgwrs ar y rhaglen "Merched yn Bennaf".

[2] Cyfeiriad at gyhoeddi adroddiad Pwyllgor Syr David Hughes-Parry, pwyllgor a sefydlwyd yn 1963 gan y Gweinidog Materion Cymreig, Syr Keith Joseph, "i egluro statws cyfreithiol yr iaith Gymraeg ac i ystyried a ddylid gwneud cyfnewidiadau yn y gyfraith." Gwrthododd yr adroddiad y syniad o ddwyieithedd cyfartal, gan gymell egwyddor dilysrwydd cyfartal yn lle hynny.

Y mae Plaid Cymru yn codi cyfog arnaf. Pan ddechreuwyd ar y gwaith yn Nhryweryn y dylasai'r protestio mawr fod, nid i ddathlu colli'r frwydr.[1] Yr wyf yn meddwl o ddifri am sgrifennu pamffled i drafod dyfodol y Blaid. Gwrandewais ar ddarllediad Chris Rees ar y Blaid,[2] ei unig ddadl ef oedd fod y Cymry oll yn erbyn Torïaeth Seisnig a thros Sosialaeth, ac felly dylid ceisio hunan-lywodraeth i Gymru er mwyn sefydlu sosialaeth a dianc rhag y Torïaid sy'n siŵr o ennill yr etholiad nesaf yn Lloegr. Y ddadl fwyaf gwarthus a glywais erioed.

Mi holaf i yng Nghaerdydd am y bocs.

Saunders

Kate Roberts 1499

195

Y Cilgwyn
Dinbych
15 Tachwedd 1965

Annwyl Saunders,

Ymddiheuraf am yr holl oedi yma heb anfon i ddiolch am y llyfrau. Gobeithiaf i chi gael y cerdyn yn dweud iddynt gyrraedd.

Yr wyf yn lladrata amser y bore yma i sgrifennu o flaen y stof yn y gegin; mae hi'n rhy oer i chwimiad. Mae gan DJ stori am ryw borthmon a aeth i weld mochyn a'r gwynegon arno, gan feddwl ei brynu, a dyma a ddywedodd wrth y ffermwr, "'Does dim byd yn *likely* ynddo fe".[3] Teimlaf yn debyg iawn i'r mochyn y dyddiau hyn. Er gwaethaf hynny bûm yn ffilmio am bedwar diwrnod i'r BBC ryw bythefnos yn ôl, tri ohonynt hyd ochrau Moeltryfan, yn dringo tomennydd chwarel, yn edrych i lawr i dyllau chwarel, eistedd â'm traed mewn mwsog gwlyb, sefyll mewn mynwent, &c. Fe aeth â llawer o'm hamser, ond fe roes archwaeth at fwyd imi.[4]

Diolch yn fawr iawn am y llyfrau; maent yn werthfawr i mi a byddaf yn cadw'r rhan fwyaf i mi fy hun; y cwbl bron ag eithrio'r nofelau. Yr wyf yn cadw cofiant Glyn Davies, barddoniaeth G Alban Davies, y llyfrau teithio, y llyfr ar Ghandi, *I'r Lleuad a Thu Hwnt,*

---

[1] Plaid Cymru a arweiniodd y protestio a fu adeg agoriad swyddogol Llyn Tryweryn ar 21 Hydref 1965. Am luniau o'r brotest, gweler *Y Cymro* (28 Hydref 1965), tt. 12–13, *Y Ddraig Goch* (Rhagfyr, 1965), tt. 4–5, a'r *Faner* (28 Hydref 1965), tt. 1+8.

[2] Chris Rees, is-lywydd Plaid Cymru ar y pryd, oedd y cyntaf i draddodi darllediad gwleidyddol Cymraeg ar y radio, ar nos Fercher, 29 Medi 1965, rhwng 6.20 a 6.25 pm. Ceir adysgrif llawn o'r anerchiad o dan y pennawd "Apel Chris Rees" yn *Y Ddraig Goch* (Tachwed 1965), t. 5.

[3] Mae'n debygol iawn mai stori a adroddwyd gan D J Williams ar lafar oedd yr hanes am y mochyn â'r gwynegon.

[4] Ffilmio ar gyfer y rhaglen "Carchar y Ddaear Ddu" yr oedd KR yma. Darlledwyd y rhaglen gyntaf ar deledu BBC Cymru, nos Fawrth, 28 Rhagfyr 1965, rhwng 7.30 ac 8.00 pm, a'i hailddarlledu ar 28 Mehefin 1966. Y cyflwynydd oedd E G Millward a'r cynhyrchydd oedd Aled Vaughan. Ceir erthygl bortread am y rhaglen yn *Radio Times* (23 Mehefin 1966), t. 27.

barddoniaeth Rhydwen Williams, dramâu W S Jones, &c, &c.[1] Nid wyf wedi prynu llyfrau Cymraeg ers tro, dim ond rhyw ychydig, gan fy mod yn gorfod cynilo, a dweud y gwir, gweld ychydig iawn o werth ynddynt. Fe fuaswn yn hoffi talu i chi am y cludiad, ond o'ch nabod, gwn na buasech yn hoffi hynny. Ond a gaf i roi rhywbeth i chi?

Cefais gopi o *Ienctid yw 'Mhechod* (John Rowlands) i'w adolygu i'r *Faner*, ac yn wir, mae'n sâl.[2] Nid oes gan y bachgen y syniad lleiaf beth yw techneg nofel. Cymryd clamp o destun, a cheisio ei drin mewn cyn lleied o dudalennau. Manylu, os manylu hefyd, ar bethau dibwys, megis y ras yn y car. Sôn dim am yr amgylchiadau a arweiniodd i'r sefyllfa, dim ond gair dros ei ysgwydd; athronyddu niwlog ar enaid y pregethwr, heb ddadelfennu o gwbl ei adwaith i'r ffaith ei fod wedi torri rheolau ei enwad. Mae'n amhosibl credu fod y fath bobl yn bod. Ac yn y diwedd, gwrthod wynebu'r sefyllfa, drwy roi thrombosis i'r gweinidog.[3]

Diolch yn fawr i chi am eich geiriau caredig am y stori "Blodau" . . . Pan glywais yr hanes, tybiais y byddai'n gwneud thema stori i rywun fel Caradog Evans, ac yna, pam na wnâi i mi. Ond wrth gwrs; achlysur i stori oedd i mi ac nid thema ynddi ei hun.

Gyda golwg ar y termau meddygol, &c yn *Y Faner*, efallai nad ydynt yn wyddonol gywir, eithr dyna'r termau a ddefnyddiem ni yn nechrau'r ganrif. Credaf fod "dolur gwddw" yn ddigon agos; "diptheria" y galwem ni'r salwch hwnnw, gan ynganu'r *e* yn y dull Cymraeg. Gwn nad yw "cwlwm ar y perfedd" yn disgrifio'r ychwanegiad yn *appendicitis*, ond rhywsut neu'i gilydd fe ddefnyddiwyd y term am salwch Edward VII. Meddwl yr wyf i, fod yn well defnyddio'r hen enwau, ar hyn o bryd beth bynnag, na defnyddio'r geiriau Saesneg sy'n britho pob dim a sgrifennir. Mae gormod ohonynt yn nofel newydd John Rowlands, geiriau fel *byblo*.[4]

1   Soniwyd eisoes am gofiant Hettie Glyn Davies i'w gŵr, J Glyn Davies. Cyfrol Gareth Alban Davies oedd *Baled Lewsyn a'r Môr a cherddi eraill* (Dinbych, 1964). Y llyfr ar Gandhi oedd cyfrol T Glyn Thomas, *Heb Amser i Farw* (Dinbych, 1964) — cyfrol ar Gandhi a Kagawa. Eirwen Gwynn oedd awdur y gyfrol *I'r Lleuad a Thu Hwnt*, cyfrol am y gofod a gyhoeddwyd gan Wasg Gee, Dinbych, ym mis Gorffennaf 1964. Llyfrau'r Dryw, Llandybïe, a gyhoeddodd *Barddoniaeth Rhydwen Williams* yn 1965, a chyhoeddwyd *Pum Drama Fer* o waith W[illiam] S[amuel] Jones, "Wil Sam", yn 1963 gan Wasg y Glêr, Aberystwyth.

2   Ymddangosodd adolygiad KR ar nofel John Rowlands yn *Y Faner* (27 Ionawr 1966), t. 2, yn dwyn y teitl "Nofelydd a gymerodd ormod o gowlaid". Mae KR yn gorffen ei hadolygiad trwy ddweud: "Fe gynghorwn i Mr. Rowlands i beidio ag ysgrifennu am rai blynyddoedd; darllen nofelau a ystyrir yn rhai da, a sylwi ar eu techneg; a phan deimla ar ei galon fod yn rhaid iddo ddweud rhywbeth am fywyd ar ffurf nofel, cymryd thema seml a'i thrin yn gyfartal fanwl."

3   Er gwaetha'r sylwadau beirniadol hyn, fe ddylid nodi i KR (gyda John Gwilym Jones ac Emyr Humphreys) ddyfarnu ail wobr o ddeugain punt i John Rowlands yng nghystadleuaeth y Fedal Ryddiaith yn Eisteddfod Genedlaethol Y Fflint, 1969, am ei nofel *Bydded Tywyllwch*. Dywedodd KR am y nofel honno fod ynddi Gymraeg cyhyrog a bod yr ysgrifennu i gyd yn dda, *Cyfansoddiadau a Beirniadaethau . . . Y Fflint 1969*, t. 109.

4   "Nid oedd golwg o'r *Anglia* erbyn hyn. Byblodd ei deimladau y tu mewn iddo.", *Ieuenctid yw 'Mhechod*, tt. 96–7.

Yr oedd yn dda iawn gennyf glywed eich bod yn well, ond drwg gennyf glywed am eich pryder gyda'ch chwaer-yng-nghyfraith. Tipyn o waith fydd mynd ôl a blaen i'r Gogledd yn y gaeaf, tywydd fel heddiw, er enghraifft; ac ni waeth hynny mwy na mwy, yr ydym yn mynd yn hen ein hunain, ac yn darganfod yn sydyn ein bod yn methu codi pwced lo neu droi gwely. O drugaredd mae fy stumog i'n well o lawer.

Mae'r hyn a ddywedwch am y Blaid yn berffaith iawn. Fe fu rhyw ychydig o brotestio ar y cychwyn ynglŷn â Thryweryn, ond nid oedd yn ddigon. Peth plentynnaidd oedd mynd i orymdeithio hyd strydoedd Lerpwl.[1] Ac ni wneir dim yng Nghlywedog y dyddiau hyn. Bydd y gwaith dŵr yno wedi ei orffen cyn protestio. Mae Gwynfor Evans yn mynd i weld rhywun yn Lerpwl meddir, gan obeithio cael addewid am help i Gymru. 'Does bosib ei fod o'n mynd i dderbyn help o law y gorchfygwr!

Ni chlywais i mo Chris Rees ac ni welais y rhaglen deledu.[2] Gwn na chollais ddim; yn wir bu'n help i mi beidio â cholli nhymer mae'n amlwg.

Rhag ofn nad ydych yn gweld *Y Dyfodol* amgaeaf ef i chi weld ysgrif Emyr Price.[3] Yn wir, mae myfyrwyr heddiw yn llawer mwy plentynnaidd nag oeddynt 50 mlynedd yn ôl; ac am eu Cymraeg, Wel! Mae EP yn traethu meddyliau llawer o bobol ifanc y Blaid heddiw, yn ôl a ddeallaf. Nid ydynt yn barod i roi hanner awr i astudio hanes Cymru, a gweld i ble yr arweiniodd Sosialaeth ni, ac y maent yn meddwl y gellir arwain y proletariat i gymryd diddordeb mewn rhywbeth heblaw ei gyflog a'i bingo.

Mae ein bywyd heddiw yn ddefnydd thema odidog i nofel neu i ddrama, ond ni wêl neb ddim ymhellach na'i drwyn.

Dyma fi wedi cynhesu wrth sgwennu; a rŵan at waith, llnau gratiau, &c.

Gyda llawer iawn o ddiolch a'm cofion

Yn garedig
Kate

LlGC 22723D, ff. 177—80

[1] Digwyddodd hyn ar 7 Tachwedd 1956. Ceir llun o'r orymdaith yng nghyfrol Gwynfor Evans, *Rhagom i Ryddid* (Llandysul, 1964), gyferbyn â th. 48.

[2] Cyfeiriad at y darllediad teledu cyntaf ar ran Plaid Cymru â fu yr un noswaith â darllediad Chris Rees ar y radio, sef 29 Medi 1965, rhwng 9.30 a 9.35 pm, gyda Gwynfor Evans yn cymryd rhan.

[3] "Plaid Sosialaidd Annibynnol i Gymru" oedd teitl erthygl Emyr Price yn *Y Dyfodol* (Papur Myfyrwyr Bangor), (11 Tachwedd 1965), tt. 2+6. Dywedir yno: "Rhaid dileu Plaid Cymru'n gyfangwbl — y mae ei 'delwedd' yn llestair iddi — a chreu Plaid newydd, sosialaidd — sy'n annibynnol o Loegr a'r Blaid Lafur — ac nad oes ganddi ddim cysylltiad â Phlaid Cymru. Buasai cynhebrwng Plaid Cymru er budd i Gymru, ond rhaid ffurfio plaid annibynnol arall i frwydro dros achosion Cymreig. Achos golledig yw Plaid Cymru ond gyda gweledigaeth buasai Plaid newydd, pobl gyffredin yn arddel syniadau sosialaidd, yn ennyn diolchgarwch mwyafrif Cymru — ac yn rhoi statws newydd i'r genedl."

Y Cilgwyn
Dinbych
21 Ionawr 1966

Annwyl Saunders,

'Dwn i ddim a ydych wedi clywed am y brofedigaeth a ddaeth i Valentine. Fe laddwyd ei chwaer, Mrs Hunt, ar y stryd ger ei thŷ yn Llandudno, nos Sul dwaetha.[1] Ni wn ddim o'r manylion, dim ond yr hyn a ddarllenais yn y *Daily Post*. Mynd i wrthdarawiad â char a wnaeth hi. Digon tebyg mai ar ei ffordd i'r capel yr oedd hi, neu ar ei ffordd yn ôl. Ni fuasai dynes 81 oed allan i ddim byd arall ar y fath noson erwin. Y fi sy'n dyfalu hynny.

Sut ydach chi'n dal y tywydd oer yma? Gobeithio nad ydych yn gorfod dyfod i'r Gogledd (Y Borth) y dyddiau hyn. Yr ydwyf i yn iawn hyd yn hyn, er ei bod yn golygu cost a thrafferth i gadw'r tŷ yn gynnes. Ond *mae* o'n gynnes, ac yr wyf yn medru cael help yn y tŷ un bore yr wythnos.

Ni welais hanes Mrs Hunt yn y *Western Mail*. Dyna pam yr anfonaf y newydd, er ei dristed. Gobeithiaf eich bod eich dau yn iach.

Cofion lawer
Kate

LlGC 22723D, f. 181^{r-v}

158, Westbourne Rd
Penarth
24 Ionawr 1966

Annwyl Kate,

Yr oeddych yn wir garedig yn anfon ataf yr hanes am chwaer Valentine. Mi sgrifennais ato ar unwaith. Bu'r tywydd yn arw iawn yma, eira a rhew am ryw bythefnos. Troes at ddadmer dipyn ddydd Sadwrn a doe, ac y mae hynny'n welliant. Yr wyf yn gweithio ar ddrama i Eisteddfod y Bala ac yn meddwl mai ei theitl hi fydd "Cymru Fydd", ond nid wyf yn siŵr eto.[2] Mae'n dibynnu sut y bydd hi'n datblygu.

---

[1] Bu farw Mrs Hannah Hunt nos Sul, 16 Ionawr 1966. Cynhaliwyd yr angladd yng Nghapel Tabernacl (B), Llandudno, ar ddydd Iau, 20 Ionawr, a'i chladdu ym mynwent Pen-y-Gogarth.

[2] Llwyfannwyd y ddrama "Cymru Fydd" am y tro cyntaf yn Eisteddfod Genedlaethol Y Bala, 7—8 Awst 1967, gyda Wilbert Lloyd Roberts yn cyfarwyddo. Cyhoeddwyd *Cymru Fydd* gan Lyfrau'r Dryw, Llandybïe, yn 1967. Gweler "Fe'u gwelir yn y Bala", *Y Cymro* (3 Awst 1967), t. 1, a "Daeth mwg i gymylu 'Cymru Fydd'!", *Y Cymro* (10 Awst 1967), t. 1, lle adroddir hanes y llenni ar dân yng nghefn y llwyfan yn ystod perfformiad cyntaf "Cymru Fydd".

Mae gennyf lyfrau i'w danfon atoch cyn hir, *Arolwg 1965* yn un, a nofel am ryfel 1914—18 gan ryw Emyr Jones; yr wyf yn ei hadolygu hi i'r *Western Mail* y Sadwrn nesaf.[1] Yn fy marn i y mae cryn gamp arni, peth dieithr ddigon y dyddiau hyn.

Gobeithio y cadwch chi'n iach a chynnes drwy 1966,

Yn gu,
Saunders

Kate Roberts 1511

198

Y Cilgwyn
Dinbych
27 Chwefror 1966

Annwyl Saunders,

Lwc garw fy mod wedi anfon gair atoch i ddweud bod y parsel wedi cyrraedd, oblegid yr wyf yn methu'n glir cael amser i sgwennu llythyr 'deche' i neb. Mae gormodedd o waith yn rhoi cricymalau i mi.

Yr oeddwn yn falch iawn o gael y llyfrau. Bydd *Arolwg 1965* yn werthfawr iawn i mi. Dechreuais ar nofel Emyr Jones, a gobeithiaf gael amser i fynd ymlaen. Rhyw ddeng munud cyn mynd i gysgu a gaf i ddarllen. 'Rwyf yn mynd i gysgu os cymeraf lyfr yn fy llaw wrth y tân gyda'r nos. Yr wyf wedi rhannu'r bocsiad cyntaf a gefais gennych. Cedwais rai i mi fy hun, rhoddais rai i'n gweinidog ifanc newydd, a rhai i nith a nai i mi o Fethesda.[2] Maent hwy yn dda am brynu llyfrau Cymraeg, ond nid oedd rhai o'r llyfrau hynny ganddynt. Mae arnaf eisiau rhoi rhai o'r rhai dwaethaf yma i ferch bach fabwysiedig i chwaer a brawd-yng-nghyfraith Miss Ellis, Gwasg Gee. Fe'i llosgwyd yn ddifrifol dri mis yn ôl, ac yn yr ysbyty y mae byth. Tair ar ddeg yw hi, ond yn hoffi llyfrau i rai hŷn.

Nid wyf yn adnabod Emyr Jones; mae pennod gyntaf ei nofel yn darllen yn hollol naturiol.

Soniech am Desmond Healy ddoe; prifathro Ysgol Uwchradd Glan Clwyd, y Rhyl ydyw, bachgen o Sir Benfro.

Mae'n dda iawn gennyf ddeall eich bod yn ysgrifennu drama i'r Bala, bydd yn rhywbeth i edrych ymlaen ato, ac at ein bywyd ein hunain, yn lle'n bod yn cael cyfieithiadau o hyd.

---

[1] *Arolwg 1965*, golygydd D Ben Rees, oedd y llyfr cyntaf mewn cyfres flynyddol a gyhoeddwyd gan Gwmni Cyhoeddiadau Modern, Abercynon. Cyhoeddwyd *Gwaed Gwirion*, nofel Emyr Jones, gan Wasg y Brython, Lerpwl, yn Rhagfyr 1965. Ar Emyr Jones (g. 1914), gweler *Cydymaith*, t. 310. Ymddangosodd adolygiad SL yn y *Western Mail* (29 Ionawr 1966), t. 8, yn dwyn y teitl "Rhyfel 1914—18".

[2] Y gweinidog ifanc newydd oedd Y Parchedig W I Cynwil Williams. Cafodd ei sefydlu yn y Capel Mawr, Dinbych, ddydd Sadwrn, 22 Mai 1965, gweler Papurau Kate Roberts 3013. Y nith a'r nai o Fethesda oedd Catrin ac Idris Williams sy'n byw yn Nhregarth erbyn hyn.

Nid oes gennyf i set deledu, ond os bydd rhywbeth o werth, caf fynd i'w weld at ffrindiau. Clywais mai digon sâl oedd pennod gyntaf *Chwalfa*.[1] Nid yw'r nofel yn dda. Gallasai TRH fod wedi cael ffeithiau moel am Streic y Penrhyn a fuasai'n gwneud gwell nofel. Mae R D Griffith (y diweddar) wedi crynhoi yn fanwl holl hanes y streic honno,[2] pob pwyllgor, pob dirprwyaeth a fu o flaen yr awdurdodau &c, pob cyfarfod. Anfonodd ef i mi i'w ddarllen i Wasg Gee flynyddoedd yn ôl. Fe'm cyffyrddodd yn fwy o lawer na nofel TRH, er mai ffeithiau moel oeddynt. Nid yw cynhyrchwyr y BBC yn gwybod dim am y bywyd yna.

Dechreuais i ar ddrama rhyw dair blynedd yn ôl, ac wedi gwneud tua chwarter o'r act gyntaf methais fynd ymlaen. Gofynnodd Ysgrifennydd yr Academi i mi siarad ar rywbeth sy gennyf ar y gweyll yn y gynhadledd nesaf,[3] a thybiais os addaw-wn, y buaswn yn siŵr o fynd ymlaen. Ond er cael syniad am ei chynllun, nid euthum ddim pellach na gwneud nodiadau ar ei chyfer. "Dau hen ffrind" yw ei theitl; gŵr gweddw a hen lanc, cyfeillion oes, yn byw y drws nesa i'w gilydd; wedi ymddeol o'r chwarel. Merch y gŵr gweddw yn priodi efo bachgen sydd wedi ei droi allan o'r coleg am wastraffu ei amser a methu pasio ei arholiadau, y bachgen yma yn ceisio lladd gwraig sydd wedi dyfod i gadw tŷ i dad ei wraig.

Anghofiais ddweud ymhob llythyr fel y bu i gyfyrder imi o Gaergybi ddyfod yma yn yr hydref. Yr oedd wedi bod yn darllen cofiant i un o hen bregethwyr Brynrodyn, y Groeslon, ac yn hwnnw yr oedd tabl achau John Elias, a'n teulu ninnau. Yr oedd hen nain fy nghyfyrder a minnau yn gyfnither i John Elias.

Nid wyf yn fodlon o gwbl eich bod yn talu cludiad y llyfrau. Mae'r llyfr stampiau yma wrth fy ymyl, a rhof hwy i mewn.

Fy niolch mawr a chofion
Kate

LlGC 22723D, ff. 182—4ᵛ

---

1 Darlledwyd addasiad o'r nofel *Chwalfa* (Aberystwyth, 1946) o waith T Rowland Hughes ar deledu'r BBC yng Nghymru mewn wyth pennod rhwng 22 Chwefror a 12 Ebrill 1966. Ceir erthygl yn gefndir i'r gyfres gan Gwenlyn Parry, "Streic Fawr y Penrhyn", yn *Radio Times* (17 Chwefror 1966), t. 27.

2 Cyfeiriad at R[obert] D[avid] Griffith (1877—1958), brodor o Gwm-y-glo a fagwyd ym Methesda ac a fu ar droad yr ugeinfed ganrif yn gweithio yn Chwarel y Penrhyn. Symudodd i Hen Golwyn yn 1928 a chysylltir ei enw â hanes canu cynulleidfaol yng Nghymru. Cyhoeddodd gyfrol ar y pwnc yn 1948. Cedwir ei lawysgrifau yn Adran y Llawysgrifau, Llyfrgell Coleg y Gogledd, Bangor. Y mae'r gwaith ar Streic Chwarel y Penrhyn yn eu plith: R D Griffith 1470, sy'n cynnwys chwe phennod o ymdriniaeth ar y pwnc, ac R D Griffith 1471—9, sy'n ddrafftiau o'r gwaith. Cyfrannodd nifer o erthyglau ar gerddoriaeth a cherddorion i'r *Bywgraffiadur*, *Y Goleuad*, *Y Drysorfa* a'r *Cerddor*. Cyhoedddwyd coffâd iddo yn *Y Faner* (6 Tachwedd 1958), t. 6.

3 Cynhaliwyd Cynhadledd Taliesin rhwng 13 a 16 Ebrill 1966 yng Ngholeg Addysg Morgannwg, Y Barri. Ysgrifennydd yr Academi ar y pryd oedd Euros Bowen. Ceir adroddiadau o'r gynhadledd gan KR yn *Y Faner* (5 Mai 1966), t. 5, a (2 Mehefin 1966), t. 4.

158, Westbourne Rd
Penarth
16 Medi 1966

Annwyl Kate,

Diolch i chi am eich llythyr a ddaeth heddiw. Erbyn hyn yr wyf wedi gwella'n dda ac wedi ail-gychwyn adolygu i'r *Western Mail* yr wythnos hon.[1] Ni hoffaf adolygu o gwbl, rhaid darllen cynifer o bethau sâl, ond dywedodd Miss Beti Rhys wrthyf fod fy adolygiadau yn helpu ei busnes hi a thybiais, os felly, y gallent helpu parhad llyfrau Cymraeg — a dyna ail-gychwyn, o leiaf am dipyn eto.

Paratoi darlith, y gyntaf o gyfres er cof am GJW ac i ddwyn ei enw, y bûm i er pan ddeuthum adre o'r ysbyty.[2] Trwy lwc yr oeddwn wedi gorffen fy nrama i Eisteddfod y Bala cyn fy nharo'n wael. Nid wyf wedi edrych arni er pan anfonais hi i'r ysgrifennydd tua chwe mis yn ôl. Yn wir, rwy'n hwyrfrydig i'w darllen hi rhag ofn imi ei gweld yn druenus a dechrau ail-weithio arni. Rydwyf wedi addo golygu gwaith Ann Griffiths i Wasg y Brifysgol, a rhaid imi gychwyn ar hynny wedi imi orffen gyda'r ddarlith yma. Bydd adolygu i'r *Western Mail* yn llyncu llawer o'm hamser. Mae'n amheus iawn gennyf a sgrifennaf i ddrama fyth eto. Ond mi hoffwn fedru cyhoeddi "Excelsior," "Problemau Prifysgol" a "Cymru Fydd," yn un gyfrol gyda'i gilydd, gan eu bod yn trafod Cymru heddiw ac yn cloi fy ngwaith dramayddol.[3] Efallai y gwnaf i hynny ar fy nghost fy hun, os medraf fforddio. Dyw dramâu ddim yn gwerthu'n dda mewn llyfr.

Dyna fi wedi sôn digon amdanaf fy hunan. Rydych chithau'n gweithio'n rhyfeddol ac mewn llawer cylch, praw eich bod yn well eich iechyd nag y buoch ac yn llawn mor fywiog eich athrylith. Hir y parhaoch felly a bendith arnoch.

Yn gu
Saunders

Kate Roberts 1528

---

[1] Ymddangosodd "Artist ym Mharadwys", sef adolygiad ar lyfr Ifan Gruffydd, *Tân yn y Siambar* (Dinbych, 1966), yn y *Western Mail* (24 Medi 1966), t. 6.

[2] Traddodwyd y ddarlith hon yng Ngholeg y Brifysgol, Caerdydd, ar 25 Tachwedd 1966, a'i chyhoeddi ar ffurf llyfryn — *Gramadegau'r Penceirddiaid* (Caerdydd, 1967).

[3] Ni wireddwyd y syniad o gyhoeddi cyfrol gyfansawdd. Ymddangosodd *Cymru Fydd* yn 1967 wedi ei chyhoeddi gan Lyfrau'r Dryw, a'r ddrama *Problemau Prifysgol* gan yr un wasg y flwyddyn ddilynol. Cyhoeddwyd *Excelsior* gan Wasg Christopher Davies, Abertawe, yn 1980.

158 Westbourne Rd
Penarth
29 Tachwedd 1967

Annwyl Kate,

Diolch i chi am sgrifennu. Mae'n dda iawn gennyf eich bod yn iach ac yn brysur. Bydd yn anrhydedd cael copi o'ch nofel. Mae sôn amdani ac am gyfieithu gan Wyn Griffith yn *Y Faner* heddiw.[1]

Peidiwch â sgrifennu i ddweud dim am *Cymru Fydd!* Mae gennych amgenach gwaith i'w wneud, a dyma'r Nadolig a'i ruthr wrth y drws. Yr wyf i eisoes yn darllen ar gyfer drama arall sy'n troi yn fy meddwl ers tro. Yr unig drafferth yw bod y fygfa yma, os dyna'r gair iawn am *asthma*, yn dyfod tua'r nos a'm gyrru i'r gwely; ac yn y nos, tan ganol nos neu un, y bu'n arfer gennyf weithio erioed. Rhaid imi ddysgu gweithio'r bore! A'r unig waith (ar ôl ymddeol o ddarlithio) a wnaf i yn y bore yw glanhau a gosod y tân i Fargred, yn union fel John Rhys yn fy nrama, mewn hen ddillad a *beret* am fy mhen rhag y lludw.

Yn iach
Saunders

Kate Roberts 1555

158 Westbourne Rd
Penarth
Pnawn dydd y Nadolig 1967

Annwyl Kate,

Daeth eich nofel gyda'r post brynhawn Iau.[2] Yr oeddwn i ar ganol gwaith go gynhyrfus sy'n llyncu 'mryd a'm hamser — drama arall. Ond ddydd Gwener rhoddais bopeth heibio ar ôl swper ac ymroi i *Tegwch y Bore*. Mae hi'n hanner awr wedi tri rwan, dydd Llun y Nadolig. Rydw i wedi gorffen y darllen mawr, ac wedi cuddio deigryn fwy nag unwaith.

Mae llawer iawn o'ch bywyd chi yn y nofel, ac mi fydd hi byw ac yn bwysig oherwydd hynny. Mae'r darlun o'r cefndir cyn y rhyfel yn werthfawr yr un modd, ac yn hanesiol bwysig. Ond yr hyn sy'n *greadigol* bwysig yw'r astudiaeth o ofid a chariad Ann, a'r frwydr rhwng Bobi a Richard yn ei meddwl a'i chalon hi, rhwng y gorffennol a'r dyfodol, y teulu oedd a'r teulu a fyddai. Peth prin yw diffuantrwydd llwyr mewn nofel yn Gymraeg. Fe'i ceir yma.

---

[1] Cyfeiriad at y golofn "Ledled Cymru" yn *Y Faner* (30 Tachwedd 1967), t. 4, sydd yma, yn crybwyll bod *Tegwch y Bore*, nofel o waith KR, ar fin ymddangos cyn y Nadolig, a bod Llewelyn Wyn Griffith yn paratoi cyfieithiad Saesneg o'r gyfrol *Te yn y Grug*.

[2] Cyhoeddwyd *Tegwch y Bore* gan Wasg Christopher Davies, Llandybïe, yn Rhagfyr 1967. Ymddangosodd y nofel gyntaf rhwng 1957 a 1958 fesul pennod bob wythnos yn *Y Faner*.

Mae un peth yn codi tipyn ar fy nghalon faleisus i, sef gweld eich bod chi bron mor ddi-weld â mi fy hunan wrth gywiro proflenni. Ond na faliwch ddim, y mae pob cam-brint mor olau â'r dydd ac nid oes siawns i neb gam-ddeall. Felly does dim ots. Fy niolch mawr am y nofel. Llythyr oddi wrth David Jones[1] a'r nofel hon yw'r ddau beth mawr a ddaeth imi'r Nadolig hwn.

Blwyddyn newydd dawel a diofn fo'ch rhan chi.

Yn gu,
Saunders

Kate Roberts 1561

202

Y Cilgwyn
Dinbych
22 Ebrill 1968

Annwyl Saunders,

'Rydw i wedi chwerthin a chwerthin yn ddistop, a diolch am rywbeth a wna i rywun chwerthin y dyddiau di-ddim yma, dyddiau pan mae digalondid fel llen dros fywyd, heb weledigaeth gan neb.

Diolch yn fawr am eich drama,[2] mae hi'n odidog; nid dwli mohoni, os nad dwli ydyw'r gwir. A diolch i chi am gofio amdana i. Mae pobl yn anghofio hen bobl, ac yn mynegi syndod ein bod yn fyw o hyd. "Diar, ydi hi'n fyw o hyd, 'roeddwn i'n meddwl i bod hi wedi marw ers talwm?" Dyna'r agwedd. Yr ydych chi yn fyw iawn beth bynnag. Roedd y pregethwr yn y Capel Mawr nos Sul y Pasg yn disgrifio eich darlith chi ar Ann Griffiths yn y Drenewydd — yn gelfydd iawn hefyd. Sôn a wnaeth o am y penillion dwaetha hynny a ddyfynasoch.

A ydych chi'n meddwl y caiff *Problemau Prifysgol* ei chwarae? Cael fy siomi yn yr actio y byddaf i o hyd, yn yr ynganu bron yn fwy na dim. Rhyw hanner Cymry sy'n actio.

Mae eich rhagymadrodd yn ddiddorol. Ni fyddaf i byth yn gwybod beth i'w wneud wrth ysgrifennu sgwrs mewn stori, ac yn methu gwneud rheol i mi fy hun.[3] Ond

---

1 Bu SL a David Jones (1895–1974), y bardd a'r artist, yn gohebu â'i gilydd rhwng 1948 a 1974 ac y mae'r ohebiaeth honno ar gadw yn LlGC. Cyfeirir yma at lythyr, dyddiedig 3 Rhagfyr 1967, sef llawysgrif LlGC 22724E, ff. 50–1v. Mae'r llythyr yn cynnwys llun a dynnwyd â phensilau lliw o gapel Trillo Sant, Llandrillo-yn-Rhos. Ar David Jones gweler *Cydymaith*, tt. 305–7.

2 *Problemau Prifysgol* yw'r ddrama dan sylw, fe'i cyhoeddwyd fis Ebrill 1968 gan Lyfrau'r Dryw, Llandybïe.

3 Yn ei ragymadrodd i'r ddrama mae SL yn sôn bod gan bob Cymro uniaith cyn y ddau ryfel byd ddwy iaith — iaith ei fro a'r iaith lenyddol. "Yn fy marn i, yr ail iaith fyw hon, yr iaith lenyddol Gymraeg, yw'r unig gyfrwng posib i theatr cenedlaethol ac i ddrama genedlaethol. Sicr iawn fod yn briodol defnyddio'r ffurfiau ystwythaf arni, y ffurfiau sy'n gyffredin iddi hi a'r tafodieithoedd . . . .Ond y mae'r duedd sy ar gerdded heddiw i ddifrïo'r iaith lenyddol ac i frolio 'Cymraeg Byw', megis petai hithau'n Gymraeg marw yn gam enbyd â hanes ac yn drychineb o golled."

'ddown ni byth i ben os ceisiwn ni wneud sgwrsio yn hollol yr un fath ag y sieryd pobl. 'Rwy'n credu mai gadael i'r darllenydd ei ddehongli yn ei feddwl yw'r gorau ac ysgrifennu'n llenyddol — dweud *pethau* ac nid *petha*. 'Dwn i ddim.

Beth a ddyfyd yr adrannau Cymraeg yn y Brifysgol am eu cymharu ag ysgol feithrin? Dwn i ddim am yr addysg a roir yn y Brifysgol yn awr, ond gwn fod dysgu Cymraeg yn yr ysgolion uwchradd yn sâl ddifrifol. Dyna a glywaf o bobman, a phlant yn casáu'r wers Gymraeg. Mae'n rhaid bod rhywbeth o'i le ar yr adrannau addysg yn ein colegau hefyd, os yw'r athrawon a droir allan ganddynt yn methu cyfrannu addysg fel y dylid.

Ond rhaid imi dewi. Diolch yr wyf, nid yn unig am yr anrheg, ond am eich gweledigaeth ar ein bywyd. Yr ydym i gyd yn haeddu'r fflangell.

Yn gu iawn,
Kate

LlGC 22723D, ff. 185—6ᵛ

203

158 Westbourne Rd
Penarth
5 Medi 1968 [*recte* Mehefin][1]

Annwyl Kate,
Diolch am eich llythyr caredig. Yr wyf i'n ddig wrthyf fy hun am imi gytuno i'r cyfarfod yma yng Ngregynog.[2] Gorfod gwrando ar bum darlith arnaf i fy hun! Does dim synnwyr yn y peth, ac yn wir pan gytunais i yr oedd y cynllun yn dra gwahanol a'r Cwmni Theatr Cymraeg i actio darnau o'r dramâu. Buasai hynny'n ddifyr.

A, wyddoch chi, fe roes J O Jones fy enw i i lawr ar y rhaglen i draddodi'r ddarlith agoriadol! Ond dyma nogio, ac addo yn lle hynny ddarllen drama radio newydd sydd i'w darlledu gan y BBC fis Hydref.[3]

Yr wyf mewn helyntion politicaidd truenus y dyddiau hyn — yr wyf yn gweld Plaid Cymru'n dirywio'n echrydus, a J R Jones, Abertawe, yw fy unig gymorth i.

Yn gu
Saunders

Kate Roberts 1587

---

[1] 5/9/1968 a geir gan SL yn y llythyr ond mae'n debyg mai Mehefin yw'r dyddiad cywir.

[2] Yn ôl dalen flaen *Y Faner* (11 Gorffennaf 1968), "Saunders Lewis i drafod", yr oedd SL wedi cytuno i fynychu Ysgol Haf Lenyddol Breswyl yng Ngregynog, wedi ei threfnu gan J O Jones o Gymdeithas y Celfyddydau yng Ngogledd Cymru, i drafod ei ddramâu. Ceir llun o SL a rhai o aelodau'r ysgol haf yn Mair Saunders, *Bro a Bywyd*, t. 99. Dywedir yno mai yng Ngorffennaf 1968 y cynhaliwyd yr ysgol haf, ond mae'n debyg mai rhwng 6 ac 8 Medi 1968 y cynhaliwyd hi. Y siaradwyr eraill oedd Dafydd Glyn Jones, Bruce Griffiths a Glanffrwd James.

[3] Cafwyd darlleniad dramatig o'r ddrama radio *Y Cyrnol Chabert* gan SL yn ystod Ysgol Haf Lenyddol Gregynog 1968. Drama wedi ei sylfaenu ar stori gan Honoré de Balzac ydyw. Fe'i darlledwyd gyntaf ar 19 Rhagfyr 1968 ar Radio 4 (Cymru) a'i hailddarlledu ar 13 Mawrth 1970, ac nid ar 5 Mawrth 1970, fel y dywedir yn *Y Cyrnol Chabert a 1938 — Dwy ddrama gan Saunders Lewis* (Pen-y-groes, 1989), t. 7.

158 Westbourne Rd
Penarth
18 Rhagfyr 1968

Annwyl Kate,

Mae'n gas gen' i'r Nadolig, mae'r rhuthr yn ffiaidd. Ond mae'n bleser cael llythyr gan hen ffrind, a phleser mawr oedd eich llythyr chi heddiw. Nid ydych yn dweud dim am eich iechyd, a gobeithiaf fod hynny'n arwyddo'n dda. Hyd yn hyn mi gefais innau aeaf gwell lawer na'm disgwyl a'r asthma'n ddof ryfeddol.

Ceisio cadw'r Blaid ar yr hen lwybrau oedd f'amcan i yn *Barn*.[1] Nid yw'r to presennol o arweinwyr hyd yn oed yn gwybod mai peidio â mynd i senedd Llundain oedd polisi gwreiddiol y Blaid. Nid ydynt yn darllen pamffledi na llenyddiaeth y Blaid pan oedd D J Davies a Noelle Davies a minnau'n gweithio ar bolisi cydweithredol.[2] Y maent yn cael eu holl syniadau oddi wrth y papurau sosialaidd Saesneg. Sosialwyr Seisnig ydynt a hunan-lywodraeth i Gymru yn gwt i hynny. Dyna sy'n fy mhoeni i. Mi bwysleisiais i hynny yn "Excelsior" rai blynyddoedd yn ôl. Ond ni chyhoeddwyd y ddrama honno. Wel, blwyddyn newydd dda i chithau heb boen corff a heb ormod o boen meddwl.

Yn gu
Saunders

Kate Roberts 1592

158 Westbourne Rd
Penarth
5 Mehefin 1969

Annwyl Kate,

Maddeuwch nodyn byr o ateb. Mae'n amhosib imi dderbyn eich gwahoddiad,[3] 'dydy fy iechyd i ddim fel y bu, ac ni wn o ddiwrnod i ddiwrnod a fedraf wneud diwrnod o waith neu beidio. Onibai am hynny buaswn reit falch o'r cyfle i ddweud fy meddwl am

---

1   Cyfeiriad at yr erthygl "Hunan-lywodraeth i Gymru", *Barn*, cyfrol 72 (Hydref 1968), t. 314.

2   Yr oedd Dr D[avid] J[ames] Davies (1893–1956) a'i wraig, Dr Nöelle Davies (1899–1983), yn ddau o bileri'r Blaid Genedlaethol yn ei blynyddoedd cynnar. Ceir erthygl bortread arnynt adeg cyhoeddi *Can Wales Afford Self-Government?*, gweler *Y Ddraig Goch*, (Awst 1939), t. 16. Ar D J Davies gweler hefyd erthygl Dr Ceinwen H Thomas yn Derec Llwyd Morgan (gol.), *Adnabod Deg* (Dinbych, 1977), tt. 140–53. Ceir teyrngedau iddo gan SL, Gwynfor Evans a Wynne Samuel yn y *Welsh Nation* (20 Hydref 1956), t. 4, a chan D J Williams yn *Y Ddraig Goch* (Tachwedd 1956), tt. 1+6. Trosglwyddwyd papurau'r ddau i LlGC yn dilyn marwolaeth Dr Noëlle Davies yn 1983.

3   Mae'n amlwg fod y llythyr yn cynnwys y gwahoddiad wedi mynd i golli. Fel y gwelir o'r llythyr dilynol, gwahoddiad i siarad am Emrys ap Iwan ydoedd. Mae'n bosibl mai cangen tref Dinbych o Blaid Cymru a oedd yn trefnu'r cyfarfod.

agwedd y Blaid tuag at yr iaith a thuag at egwyddorion cenedlaetholdeb. Ond gwrthod sy raid.

Yr oedd yn hyfryd gweld eich llawysgrifen mor gain a disigl ag erioed.

Yn gu,
Saunders

Kate Roberts 1617

206

Y Cilgwyn
Dinbych
15 Tachwedd 1969

Annwyl Saunders,

Mae'n ddrwg iawn gennyf fod heb ateb y llythyr a gefais gennych amser maith yn ôl, ynghylch dyfod i siarad ar Emrys ap Iwan. Gallaf ddeall eich rhesymau dros wrthod yn hawdd. Byddai mam yn arfer dweud bod rhyw biff ar rywun o hyd wedi mynd yn hen.[1] Nid eich bod chi yn hen. (Dwn i ddim byd beth yw ystyr y *biff* yna). Drwg gennyf eich bod yn cael y pyliau yna, a gobeithio yr ânt yn llai.

Bu'n rhaid gohirio'r cyfarfod, oherwydd anawsterau hysbysebu ar adeg gwyliau, a disgwyliwn ei gael adeg Gŵyl Ddewi a Valentine i siarad.

Y rheswm imi oedi ateb ydyw, imi gael damwain hegar dri mis i ddoe. Syrthiais wrth olchi'r feranda a thaflu fy ysgwydd o'i lle. Rhuthrwyd fi i'r ysbyty yma, ac oddi yno i'r Rhyl lle y rhoddwyd hi'n ol. Bûm mor sâl fel y bu'n rhaid fy nghadw yno drwy'r nos. Bu fy mraich mewn sling am fis, ac ni fedrwn wneud dim. Ond bu cymdogion ac eraill yn garedig iawn wrthyf. Mae fy mraich dipyn gwell; af i'r ysbyty yma ddwywaith yr wythnos i gael y lamp &c. Ni allaf wneud popeth yn y tŷ eto, ond gallaf wneud gwaith ysgafn. Mae'n debyg imi fod yn lwcus i beidio â chael *pneumonia*. Medrais gywiro proflenni fy llyfr newydd o storïau byrion sydd i fod allan cyn y Nadolig.[2]

Gwelwch nad yw fy llawysgrifen fel y dywedwch yn eich llythyr, ond mae'n well nag y bu. Mae eich un chi yn gadarn a disigl fel erioed, ei chlirder yn hyfryd i'w ddarllen.

Gobeithiaf fod eich iechyd yn well a'ch bod yn cael hamdden i ysgrifennu. Oes, mae eisiau sôn wrth y Blaid beth yw ei hagwedd at yr iaith. Peth arall sy'n fy ngwylltio i ydyw, y canmol ar y nifer sy'n ymuno o'r newydd â hi, ac eto maent heb arian. Amlwg nad yw'r aelodau newydd yn cyfrannu dim, ac mai'r hen rai sy'n cynnal y Blaid yn ariannol. Dim ond punt yr un gan yr holl aelodau fuasai'n ei rhoi ar ei thraed.

Cofion lawer
Kate

LlGC 22723D, f. 187^{r–v}

---

1 biff o "piff" = pwl byr o salwch neu chwerthin, cf. "piffian chwerthin", gweler *Geiriadur Prifysgol Cymru* ac O H Fynes-Clinton, *The Welsh Vocabulary of the Bangor District* (1913), t. 428.
1 Y gyfrol a oedd i ymddangos cyn y Nadolig oedd *Prynu Dol a storïau eraill* o Wasg Gee, Dinbych.

158 Westbourne Rd
Penarth
22 Tachwedd 1969

Annwyl Kate,

Fe ddaeth eich llythyr, a minnau ar gychwyn i Lundain. Dyna'r sut y mae'r ateb hwn i ddiolch yn gynnes amdano braidd yn ddiweddar.

Mynd yr oeddwn i Lundain yn bennaf i weld fy hen ffrind David Jones. Y mae Cyngor Cymreig y Celfyddydau wedi gofyn imi sgrifennu llyfr *Saesneg* ar ei fywyd a'i waith![1] Yr ydw i'n barod ar dro i sgrifennu erthygl yn Saesneg, ond y mae llyfr yn fy nychryn. Nid ydw i wedi gwneud hynny er pan oeddwn yn efrydydd yn y coleg, sef *A School of Welsh Augustans*.[2] Ac nid da gennyf roi blwyddyn i Saesneg. Y trwbl yw bod David Jones yn hen gyfaill, yn gyfoed, yn wael ei iechyd — ac yn awyddus am imi wneud hyn. Byddai gwrthod yn ei frifo. Rydw i mewn tipyn o bicil!

Ond mae'n bryd imi ddweud mor ddrwg ydy gen i'r newydd i chi fod mor wael ar ôl eich damwain. 'Chlywais i ddim gair amdano tan eich llythyr . . . . Gobeithio y mendiwch chi'n gysurus cyn y Nadolig. Does dim yn blino dyn fwy na phoen corff. Mae'n chwanegu digalondid at henaint. Ond bydd gweld eich cyfrol newydd yn ei siwt orau yn sirioli pythefnos i chi! Tua hynny o leiaf y bydd y diddanwch yn para i mi.

Un diwrnod i mi fy hun, megis, a gefais i yn Llundain. Rhoddais bedair awr i arddangosfa Claude Lorrain yn y Hayward Gallery, — Rhufain a'r wlad o'i chwmpas yn yr ail ganrif ar bymtheg a'r bywyd dynol yno yn freuddwyd o harmoni dan ffurfafen sy'n oleuni a glesni.[3]

Wedyn, mi es i ddrama Arthur Miller, *The Price*, darlun o deulu yn Manhattan heddiw,[4] mor groes i ddelfryd Claude ag y mae'n bosib i ddim fod.

---

[1] Mae'n debyg mai cael gwahoddiad i gyfrannu cyfrol yn y gyfres *Writers of Wales* a wnaeth SL. Cyhoeddwyd cyfrol ar David Jones yn y gyfres honno yn 1975, ond René Hague oedd yr awdur. Cyhoeddodd SL ddwy erthygl ar David Jones yn 1972, sef "Two Letters from David Jones", *Mabon*, cyfrol I, rhif 5, tt. 15—25, a "David Jones' Inscriptions", *Poetry Wales*, cyfrol 8, rhif 3, tt. 56—9.

[2] Cyhoeddwyd *A School of Welsh Augustans — Being a study in English Influences on Welsh Literature during part of the 18th century* ar y cyd gan Hughes a'i Fab, Wrecsam, a chyhoeddwr o Lundain yn 1924.

[3] Claude Lorrain (1600—82), arlunydd Ffrengig sy'n enwog am ei dirluniau gorffenedig lle gwelir natur a bywyd gwledig wedi eu delfrydu.

[4] Arthur Miller (g. 1915), dramodydd Americanaidd a gofir am *Death of a Salesman* (1949) a *The Crucible* (1953). Am destun *The Price* (1968), gweler *Arthur Miller's Collected Plays, volume II* (London, 1981), tt. 293—373. Yn y ddrama mae'r dramodydd yn dilyn thema euogrwydd a chyfrifoldeb i'r hunan ac i eraill drwy astudio tyndra'r berthynas rhwng dau frawd. Cyflwynwyd y ddrama gyntaf yn Theatr Morosco, Efrog Newydd, ar 7 Chwefror 1968. Pan agorodd y ddrama yn theatr y Duke of York, Llundain, ar 4 Mawrth 1969, Arthur Miller ei hunan a oedd yn cynhyrchu. Ceir adolygiad ar y cynhyrchiad hwnnw a welodd SL gan Charles Marowitz yn *Plays and Players*, cyfrol 16, rhif 7, (Ebrill 1969), tt. 52—5.

Mae gan Miller ddawn i sgrifennu comedi a chreu cymeriad hoffus-ddigri, ond mae'n mynnu bod o ddifri a gweld bywyd yn drasiedi — ac i mi y mae'r cwbl o hyn ganddo yn ffuantus.

Fy nghofion atoch yn gynnes,
Saunders

Kate Roberts 1627

208

158 Westbourne Rd
Penarth
Nos Sadwrn, 20 Rhagfyr 1969

Fy Annwyl Kate,

Prynais eich llyfr fore ddoe a daeth eich copi rhodd gyda'r post prynhawn. Felly medrais anfon copi'r bore yn rhodd Nadolig i'm cyfnither yn Amlwch. Bu Eric Malthouse yn ffônio ddwywaith i ofyn fy marn ar ei ran ef yn y llyfr.[1] Yr wyf newydd sgrifennu ato yn dweud beth a hoffaf a pha beth nas hoffaf. Chwarae teg iddo, fe luniodd lyfr go arbennig. Yr oeddwn wedi darllen y cwbl o'r blaen oddieithr y stori olaf.[2] Yr oedd eu darllen oll o newydd neithiwr a heno yn hyfryd o brofiad. Y mae ynddynt hefyd benodau o hunan-gofiant sy'n ddwys ac y sy'n bwysig i ddeall llyfrau eraill o'ch gwaith. Mae'n rhyw gysur i mi gofio mai fi oedd y cyntaf i sgwennu amdanoch a chyhoeddi eich bod yn llenor o athrylith arbennig — a hynny, os cywir fy nghof, cyn i chi gasglu'r straeon cyntaf yn llyfr.

Peidiwch â phoeni i ateb y llythyr yma. Ei amcan yw diolch yn frwd am y llyfr a dymuno i chi gael gwared o'ch poen cyn hir a chael blwyddyn newydd o iechyd a thawelwch, a chyn hynny Nadolig atgofus.

Yn gu,
Saunders

Kate Roberts 1636

---

[1] Eric Malthouse (g. 1914), brodor o Erdington ger Birmingham a myfyriwr yn Ngholeg Celf a Chrefft Birmingham. Bu'n ddarlithydd ac wedyn yn uwch-ddarlithydd yng Ngholeg Celf Caerdydd rhwng 1944 a 1973, gan fyw ym Mhenarth, sy'n esbonio'r cysylltiad â SL. Ymddeolodd yn 1973 a symud i Gernyw. Ef oedd yn gyfrifol am gynllunio *Prynu Dol* (1969). Dywedodd mewn catalog arddangosfa o'i weithiau a gynhaliwyd yn Oriel, Caerdydd, rhwng 15 Ionawr a 7 Chwefror 1981: "*Prynu Dol inspired by Kate Roberts stories, endeavours to express their strange character. The use of non-figurative imagery, emphasising the atmosphere of a story, is a very unusual but, I think, a very legitimate method. The use of realistic imagery is, I think, too positive and usurps the readers' imagination.*" Ef hefyd a oedd yn gyfrifol am gynllunio cyfrol Emyr Humphreys, *Ancestor Worship* (1970).

[2] "Dau Hen Ddyn" yw'r stori olaf yn *Prynu Dol*. Cafodd ei chyhoeddi gyntaf yn *Barn*, rhif 50 (Rhagfyr 1966), tt. 36—7+39.

Y Cilgwyn
Dinbych
7 Mawrth 1970

Annwyl Saunders,

Dylwn fod wedi sgrifennu cyn hyn i ddweud pa mor falch ydwyf fod Cyngor y Celfyddydau wedi eich anrhydeddu.[1] Dylent fod wedi gwneud cyn hyn. Gobeithio y cewch nerth ac iechyd i fwynhau'r arian. Ni waeth beth a ddwedo neb, mae arian ambell dro yn gysur. Maent yn gysur heddiw, beth bynnag, pan mae pob dim mor ddrud. Cael y mymryn dros ben yw'r fendith a ddaw oddi wrthynt.

Er pan glywais oddi wrthych o'r blaen collasom ein hen gyfaill D J.[2] Bu fy nhu mewn yn crynu am ddyddiau wedi clywed am ei farw sydyn. Eto fe gafodd fynd fel y dymunai, yn ei hen gartref. Nid fel y dymunech chi efallai ("Na ladd fi megis ci"). Yr oedd yn ddyn arbennig iawn — ni cheir ei debyg am hir, ac yr oedd llawer o'i nodweddion yn dyfod o'r pridd y codwyd ef arno. Y rhyfeddod yw i un o'r bedwaredd ganrif ar bymtheg asio mor dda efo'r oes hon, a chadw nodweddion ei fywyd bore yr un pryd.

Trefor Morgan yntau, dyn arbennig iawn, anghydffurfiwr y Blaid, hollol wahanol i DJ, ac eto yn Gymro cywir. Druan o'i briod a'i blant.[3]

Diolch yn fawr am eich llythyr amser y Nadolig, ac am eich geiriau caredig am fy llyfr. Yr ydych yn hollol iawn, am ychydig iawn o amser y pery'r diddordeb ynddo.

A ydych wedi darllen llyfr y Parch Gomer Roberts ar Howel Harris?[4] Mwynheais i ef yn fawr iawn, a theimlaf y dylai fod wedi cael rhywfaint o wobr gan Gyngor y Celfyddydau. Mae wedi gweithio arno am 40 mlynedd ac wedi rhoi llyfr diddorol inni, nid ysgolheigaidd efallai, ond llyfr sy'n rhoi portread byw o'r dyn.

Gobeithiaf eich bod yn cael gwell iechyd rŵan. Mae fy ysgwydd i yn gwella o'r diwedd, ac mae fy iechyd cyffredinol yn iawn. Nid wyf yn crwydro fawr ddim, a methais ddyfod i'r cyfarfod anrhydeddu. Yr oeddwn i fod i fynd i Gaerfyrddin, yr un diwrnod, ond nid euthum. Mae'r trenau mor anhwylus, a phe buaswn wedi bwriadu mynd, buasai'r tywydd wedi fy rhwystro. Mae'r eira'n ddrwg yma.

---

[1] Cyflwynwyd gwobr arbennig o £700 gan Gyngor Celfyddydau Cymru i SL am ei gyfraniad i lenyddiaeth Gymraeg. Cyhoeddwyd y newydd yn *Y Cymro* (25 Chwefror 1970), t. 26, dan y pennawd "Anrhydeddu nofelwyr a beirdd 1969".

[2] Bu farw D J Williams, nos Sul, 4 Ionawr 1970, yn ei hen gapel yn Rhydcymerau, funudau yn unig ar ôl iddo annerch mewn Cyngerdd Cysegredig.

[3] Bu farw Trefor Morgan yn Ysbyty Pen-y-bont ar Ogwr ar 3 Ionawr 1970, yn 55 oed. Sefydlodd Ysgol Breswyl Gymraeg Glyndŵr ym Mhen-y-bont, ac ef oedd sefydlydd a chadeirydd Cwmni Yswiriant Undeb Cyf. Bu'n ymgeisydd seneddol dros Blaid Cymru. Gadawodd weddw, Mrs Gwyneth Morgan, a phedwar o blant. Ceir teyrnged iddo gan Dafydd Iwan yn *Tafod y Ddraig*, rhifyn 28 (Ionawr 1970), tt. 2—3.

[4] *Portread o Ddiwygiwr (Darlith Davies 1968)* oedd cyfrol Gomer M Roberts ar Howel Harris. Fe'i cyhoeddwyd gan Lyfrfa'r Methodistiaid Calfinaidd, Caernarfon, yn 1969.

Soniech am *Y Faner* mewn llythyr beth amser yn ôl. Cytunaf. Yr unig un y caf i flas arno yw Alun Page.[1] Mae o yn meddwl, beth bynnag. Da gennyf ddeall y byddwch yn ysgrifennu i *Dafod y Ddraig*.[2]

Fy llongyfarchion a'm dymuniadau da

Kate

LlGC 22723D, f. 188[r–v]

210

158 Westbourne Rd

Penarth

18 Rhagfyr 1971

Annwyl Kate,

Dyma'ch llythyr chi a'r llyfryn gyda'i luniau ohonoch yn cyrraedd heddiw.[3] Lluniau hapus hefyd; mi ddarllenaf y llyfryn heno. Newydd da yw bod eich iechyd yn dal yn weddol. Byddaf yn eich clywed ar y radio o bryd i bryd; ni bu gennyf erioed set deledu; mae'ch llais chi'n para'n hyfryd sionc.

'Does gen 'i ddim newydd sy'n werth llythyr. Nid wyf wedi sgrifennu dim y tâl sôn amdano ers chwe mis. Ond dyma Lorraine Davies echdoe yn eiriol arnaf am raglen i ddygwyl Dewi nesaf ac yr wyf yn ildio ac yn addo cydweithredu, er bod y BBC yn gwbl groes i bob dim y tybiaf i y dylai ef fod.[5]

Gwelsoch fod Aneirin Talfan wedi colli ei wraig. Mae ganddo gyfeiriad at hynny yn ei erthygl yn y *Western Mail* heddiw.[6] Yr oedd hi'n un annwyl ac yn wraig fedrus ym mhob gwaith tŷ. Bydd yn galed arno hebddi, er iddo weini arni am fisoedd.

---

[1] Y Parchedig Alun Page (1920–90), brodor o Faesteg a gweinidog gyda'r Annibynwyr yn Noc Penfro, Sgiwen, Pen-y-groes a Chapel y Priordy, Caerfyrddin. Yr oedd yn golofnydd pur gyson yn *Y Faner* a'r *Tyst*. Gweler *Y Blwyddiadur 1991*, tt. 114–15, a choffâd Ieuan S Jones iddo yn *Y Faner* (3 Awst 1990), t. 5.

[2] Cyhoeddodd SL "Englynion y Clywed" yn *Tafod y Ddraig*, rhifyn 18 (Chwefror 1969), t. 1, a chyfres yn dwyn y teitl "Helbulon y Mis", *Tafod y Ddraig*, rhifyn 30 (Mawrth 1970), tt. 13–14, rhifyn 31 (Ebrill 1970), tt. 13–14, rhifyn 32 (Mai 1970), tt. 7–8, a rhifyn 33 (Mehefin+Gorffennaf 1970), tt. 9–10.

[3] Methwyd ag olrhain y llyfryn y cyfeirir ato yma. Ni wyddys am lyfryn darluniadol ar KR a gyhoeddwyd ddiwedd 1971.

[4] Nid ymddengys fod SL wedi llunio drama ar gyfer Lorraine Davies erbyn Gŵyl Dewi 1972. Fodd bynnag, darlledwyd rhaglen nos Fercher, 1 Mawrth 1972, ar Radio 4 (Cymru), rhwng 8.15 a 9.25 pm, yn dwyn y teitl "Rhai Cyfoedion Llenyddol 1920–1970". Disgrifir y rhaglen yn *Radio Times* (24 Chwefror 1972), t. 39, fel a ganlyn: "Detholiad personol o farddoniaeth a rhyddiaith a baledi'r hanner-canrif ddiwethaf gan Saunders Lewis. Bydd yn siarad ac yn darllen y farddoniaeth o flaen cynulleidfa yng Nghanolfan y BBC Caerdydd. W H Roberts a Wyn Thomas fydd yn darllen y rhyddiaith a Meredydd Evans yn canu'r baledi."

[5] Bu farw Mari, gwraig Aneirin Talfan Davies, (*née* Mary Ann Evans), ar 4 Rhagfyr a'i chladdu ar 9 Rhagfyr 1971. Cyhoeddwyd "Gwyl y llawenydd tangnefeddus" gan Aneirin Talfan yn y *Western Mail* (18 Rhagfyr 1971), t. 7.

Y mae gen 'i edmygedd mawr o fechgyn a merched Cymdeithas yr Iaith — yr unig fudiad cenedlaethol yng Nghymru heddiw; ond yn wir y mae Puritaniaeth y Gymdeithas yn fy syfrdanu i. Dewis y Nadolig i ymprydio! Myn het! Y tro cyntaf yn holl hanes y Gristnogaeth.[1]

Wel, Nadolig diympryd i chithau a blwyddyn newydd wrth eich bodd.

Saunders

Kate Roberts 1682

211

158 Westbourne Rd
Penarth
1 Mehefin 1972

Annwyl Kate,
Bu Aneirin Talfan ar y teleffon y bore yma gyda neges oddi wrthych chi yn gofyn a ddown i i Eisteddfod Dyffryn Clwyd yn 1973 i roi anerchiad. Y mae hyn yn amhosib. Y mae addo unrhyw beth chwe mis ymlaen yn fwy lawer nag a fedraf neu a fentraf mwyach. Yr wyf yn hen ŵr methiantus ac y mae anadlu'n normal am ddiwrnod yn fwy o gamp nag a fedraf.

Clywaf newyddion hapus galonogol amdanoch chi, a'ch bod wedi mendio'n rhyfeddol, ac yr wyf yn darllen llithoedd gennych yn fynych yn *Y Faner*. Ardderchog!

A bendith arnoch
Yn gu,
Saunders

Kate Roberts 1715

212

158 Westbourne Rd
Penarth
Nos Fercher, 21 Mawrth 1973

Annwyl Kate,
Dyma'ch llythyr chi yn fy nghyrraedd y bore yma a stori'r Wylan yn *Y Faner* gyda'r un post.[2] Byddai'n hyfryd gennyf fod yn y cyfarfod yng Nghaerdydd nos Wener i'ch

---

[1] Yr oedd saith o aelodau Cymdeithas yr Iaith yng ngharchar dros y Nadolig, 1971. Cynhaliwyd ympryd o hanner dydd ddydd Gwener, 24 Rhagfyr, hyd hanner dydd ddydd Llun, 27 Rhagfyr, yng Ngholeg Bala-Bangor, Bangor, er mwyn dangos cefnogaeth iddynt. Gweler *Tafod y Ddraig*, rhif 43 (Rhagfyr 1971), t. 13.

[2] Cyhoeddwyd y stori "Yr Wylan Deg" yn *Y Faner* (23 Mawrth 1973), t. 5, a'i hailgyhoeddi yn y gyfrol *Yr Wylan Deg* (Dinbych, 1976), tt. 75—7.

cyfarch a llawenhau yn eich adferiad.[1] Ni fedraf, ond bydd Mair fy merch, sy'n un o'ch edmygwyr lu, yno. Y mae fy ngwraig yn wael, wedi bod yn beryglus sâl, ond yn raddol fendio, a 'fi ydy'r nyrs a'r cog a'r gwas tŷ, ac ni allaf ei gadael.

Byddaf yn darllen pob dim a welaf yn y papurau amdanoch, ac felly mi wyddwn am eich ail godwm. Ond diolch fyth, yr ydych o stoc go wydn.

Camgymeriad y papurau yw fod fy mhenblwydd i ddydd Iau dwaetha. 'Fydda' i ddim yn bedwar ugain tan fis Hydref, os cyrhaeddaf i hyd at hynny.[2] Ond pa wahaniaeth! Fel chithau, yr ydwyf yn dal ati i sgwennu rhyw dipyn o hyd. Ac y mae dewrder bechgyn a merched ifainc Cymdeithas yr Iaith — er gwaethaf eu Cymraeg bratiog yn *Nhafod y Ddraig* — yn ennill fy edmygedd i'n llwyr. Nid cwbl ofer fu'n hymdrechion cynnar ninnau.

Gobeithio y cewch chi groeso mawr yng Nghaerdydd nos Wener.

Yn gu iawn,
Saunders

Kate Roberts 1799

213

[1973]

[SL yn anfon gwahanlith "Bawcis a Philemon" at KR.[3]]

Annwyl Kate,

Anfonaf hwn atoch i ddangos fy mod i'n fyw ac yn meddwl amdanoch yn fynych. Gobeithio eich bod chithau mewn cyflwr go lew a heb lawer o boen. Does dim eisiau cydnabod hwn!

Saunders

Kate Roberts 3021

---

[1]   Cyfeiriad at gyfarfod a gynhaliwyd yng ngwesty'r Royal, Caerdydd ar 23 Mawrth 1973 gan Gyngor Celfyddydau Cymru i wobrwyo llyfrau gorau 1972. Enillodd KR dri chan punt am ei chyfrol *Gobaith a storïau eraill* (Dinbych, 1972). Ar 15 Mawrth 1973, yn yr un gwesty, anrhydeddwyd SL pan gyflwynodd Syr Ben Bowen Thomas gopi o gyfrol Alun R Jones a Gwyn Thomas, *Presenting Saunders Lewis* (Cardiff, 1973) iddo.

[2]   Cafodd SL ei eni ar 15 Hydref 1893.

[3]   Ymddangosodd "Bawcis a Philemon" yn *Trivium*, cyfrol VIII (1973), tt. 37—9, a'i hailgyhoeddi gyda dau gywiriad yn R Geraint Gruffydd (gol.). *Cerddi '73* (Llandysul, 1973), tt. 77—81, ac eto yn R Geraint Gruffydd (gol.), *Cerddi Saunders Lewis* (Caerdydd, 1992), tt. 50—2.

158 Westbourne Rd
Penarth
5 Ebrill 1974

Annwyl Kate,
Diolch yn gynnes iawn am eich llythyr. Nid wyf i'n mynd i Lanbedr tan fore Llun.[1] Mi af i Gaerfyrddin brynhawn Sul yn fy nghar modur, ac aros yno noswaith, ac wedyn ymlaen i Lanbedr i draddodi fy mhapur a dychwelyd adref yn y prynhawn. Fel yna rydw i'n credu y medraf ymdopi'n o lew. Ond efallai mai arwydd o wendid meddwl henaint yw fy mod i wedi addo.

Mae heddiw yn wir *fel* dydd o Ebrill — hanner awr wedi deg y bore ydy hi rwan a minnau'n sgrifennu, ac y mae'r haul yn ennill yn erbyn y niwl oer a'r awyr uwchben yn mynd bob deg munud dipyn dyfnach glas, ac y mae ceiliog mwyalch o fewn tair llath imi, yr ochr arall i'r ffenestr, naill ai'n lladd pryfed yn y berth neu ynteu'n ystyried nythu yno. Mae gen i wraig sydd, lle bynnag y bydd hi, yn siarad wrth yr adar ac y maent hwythau yn ei deall hi ac yn ateb yn eu dull eu hunain, a chlosio ati.

Buoch yn ddoeth yn cael gwared o dân glo. Fi sy'n gwneud y tanau yma — dau dân glo yn y gaeaf — ac mi wn beth yw'r llwch a'r lludded. Yr wyf am bostio hwn cyn canol dydd fel y caffoch chi ef yfory'r bore.

Fy nghofion cynnes iawn atoch,
Saunders

Kate Roberts 1820

158 Westbourne Rd
Penarth
13 Chwefror 1976

Annwyl Kate,
Dyma ddydd eich pen blwydd a chyhoeddi'r *Wylan Deg*. Yr wyf i ddoe a heddiw yn darllen y gyfrol, a newydd orffen "Yfory ac Yfory," campwaith a gem o stori.[2] Y mae'r llyfr i gyd yn drysor a'r Gymraeg ar ei disgleiriaf drwyddo. Ei addfedrwydd call sy'n fy synnu a'm swyno i.

Nid oes eisiau ateb y nodyn hwn, ond rhaid imi'ch llongyfarch a diolch amdanoch.

Yn gu,
Saunders

Kate Roberts 1870

---

[1] Cyfeiriad sydd yma at SL yn mynd i Lanbedr Pont Steffan i draddodi darlith i'r Academi Gymreig, ddydd Llun, 8 Ebrill 1974. Testun y ddarlith oedd "Gyrfa Filwrol Guto'r Glyn" ac fe'i cyhoeddwyd yn J E Caerwyn Williams (gol.), *Ysgrifau Beirniadol IX* (Dinbych, 1976), tt. 80—99, a'i hailgyhoeddi yn Gwynn ap Gwilym (gol.), *Meistri a'u Crefft* (Caerdydd, 1981), tt. 107—23.

[2] Cyhoeddwyd y gyfrol *Yr Wylan Deg* (Dinbych, 1976) i nodi pen blwydd KR yn 85 oed ar 13 Chwefror 1976. Argraffwyd "Yfory ac yfory" yn *Y Faner* (21 Rhagfyr 1949), t. 5 ac eto yn *Yr Wylan Deg*, tt. 55—60.

Penarth
20 Rhagfyr 1978

Annwyl Kate,

Dyma ddymuno i chi Nadolig tawel a blwyddyn newydd heb boenau mawr.

Hyfryd oedd darllen eich stori fer yn *Y Traethodydd* dwaetha.[1]

Yn gu iawn,
Saunders

Kate Roberts 1905

Y Cilgwyn
Dinbych
8 Mawrth 1983

Annwyl Saunders,

Bûm yn hir iawn yn sgwennu atoch i'ch llongyfarch ar y ddoethuriaeth.[2] Yr wyf yn falch iawn fod Prifysgol Cymru wedi gwneud ei dyletswyd o'r diwedd.

Gobeithio fod eich iechyd yn well.

Yn y gongl yr wyf i. Ni allaf sefyll ar fy nhraed na cherdded heb help. Mae gennyf nifer o ferched yn edrych ar fy ôl, ac yr wyf yn medru darllen.

Cofion cynnes atoch eich dau
Kate

LlGC 22723D, f. 189

[1] Cyfeiriad at y stori "Pryder Morwyn", *Y Traethodydd* (Hydref 1978), tt. [182]—5. Fe'i hailgyhoeddwyd yn y gyfrol *Haul a Drycin a storïau eraill* (Dinbych, 1981), tt. 9—15.

[2] Cynhaliwyd seremoni anarferol yng nghartref SL ddydd Gwener, 18 Chwefror 1983, pan gyflwynwyd iddo radd DLitt er anrhydedd Prifysgol Cymru gerbron Mrs Lewis, ei ferch Mair, ei ddwy wyres, llond dwrn o gynrychiolwyr y Brifysgol a'r Barnwr Dewi Watkin Powell. Wrth ei gyflwyno dywedodd yr Athro A O H Jarman: "Nid gormod yw dweud mai gyda'i waith ef y mae pob beirniadaeth ddiweddar ar ffurf a chynnwys y traddodiad llenyddol yn cychwyn. . . . Nid oes amheuaeth nad iddo ef y perthyn y lle blaenaf ymhlith dramawyr yr iaith Gymraeg. Y mae'r Brifysgol heddiw yn anrhydeddu prif lenor Cymraeg ei gyfnod." Am adroddiad am y seremoni gweler "Anrhydeddu 'prif lenor Cymraeg ein cyfnod'", *Y Cymro* (1 Mawrth 1983), t. 5, lle dywedir "Ar gais personol Dr Saunders Lewis terfynwyd y seremoni gyda gweddi gan yr Esgob D Mullins." Cawsai SL gynnig gradd DLitt er anrhydedd yn 1959 gan Brifysgol Cymru, ond fe wrthododd y pryd hwnnw. Ceir llythyr ganddo yn esbonio ei resymau yn *Barn*, rhif 18 (Ebrill 1964), t. 166. Wrth ysgrifennu at y Prifathro J S Fulton i wrthod y radd, meddai: *"It is an honour that I must decline. As a Welsh writer I consider that the policy of the University of Wales is contributing heavily and steadily to the destruction of the Welsh Language and all its secular literature. Until that policy changes, and changes radically, it would be inconsistent with all I have ever professed to accept an Honorary Degree from the University of Wales."* Mae'n mynd ymlaen i awgrymu troi Coleg Llanbedr Pont Steffan yn goleg cyfrwng Cymraeg, a'r Gymraeg yn iaith swyddogol ei senedd. Hwyrach mai gweld gwelliant yn y ddarpariaeth i ddysgu trwy gyfrwng y Gymraeg erbyn 1983 a wnaeth i SL newid ei feddwl ynglŷn â derbyn y radd.

158 Westbourne Rd
Penarth
Deau Cymru
14 Mai 1983

Annwyl Kate,

Cyn ysgrifenu atoch rhagor gadewch i mi ddiolch i chwi am eich eich llythyr caredig. Gwelwch syt siap sydd arnaf fi. Ni cheisiaf eich trafferthu ychanaf. Ond mae gwybodd eich bod yn fyw yn gysur.[1]

Yr eiddoch o hyd a thra byddaf
Saunders

Kate Roberts 2002

Bu farw Kate Roberts ar 4 Ebrill 1985

Bu farw Saunders Lewis ar 1 Medi 1985

---

[1] Mae sillafu'r llythyr hwn a chryndod y llaw yn amlygu effeithiau henaint.

MYNEGAI

Mae'r llythyren 'n' yn golygu nodyn godre ar y tudalen a nodir.

Roads of Destiny, 5n.

Robert ap Gwilym Ddu *gweler* Williams, Robert.

Roberts, Catrin (*mam KR*), 8, 21, 23, 31, 42, 48, 52, 54, 62, 71, 73, 74, 77, 94, 95, 98, 99, 100, 109, 110, 111, 127, 128, 129, 135, 136, 177.

Roberts, David Francis, 100.

Roberts, David Owen (*Aberdâr*), 11, 14.

Roberts, David Owen ('*Dei', brawd KR*), 76, 94, 104n, 192n.

Roberts, E Meirion, 164.

Roberts, Elena (*Llanberis*), 42n, 51, 167, 192.

Roberts, Ellen (*Abergele*), 193.

Roberts, Elwyn, 205n.

Roberts, Emrys, 194n, 196.

Roberts, Enid Pierce, 199.

Roberts, Evan (*Pen-y-groes, Arfon*), 74n.

Roberts, Evan Owen (*brawd KR*), 42, 43, 45, 51, 124, 167.

Roberts, Gomer Morgan, 201n, 230.

Roberts, Goronwy, A.S., 194.

Roberts, Goronwy (*nai KR*), 52.

Roberts, Hamlet, 74.

Roberts, Hugh Jones, 74.

Roberts, Hywel D, 120n.

Roberts, Jane (*hanner chwaer KR*), 48n.

Roberts, John (*hanner brawd KR*), 51n, 127n, 167, 189–90, 192.

Roberts, Maggie (*Bootle*), 127n.

Roberts, Mai, 51n, 53, 57.

Roberts, Mary (*hanner chwaer KR*), 48n.

Roberts, Megan (*nith KR*), 52.

Roberts, Nesta, 58, 69.

Roberts, O M, 123.

Roberts, Owen (*hanner brawd KR*), 48n, 70, 75.

Roberts, Owen (*tad KR*), 23, 42, 52, 65, 66, 70, 71, 74, 88, 94.

Roberts, Priscie (*Deiniolen*), 57, 68.

Roberts, Richard Cadwaladr (*brawd KR*), 32, 70n, 167, 174.

Roberts, Robert (*Y Sgolor Mawr*), 131, 132,

Roberts, W Eilian, 158.

Roberts, W H, 210n, 231n.

Roberts, W Jones, 114n.

Roberts, Wilbert Lloyd, 210, 219n.

Roderick, Abiah, 57n.

Rolling Stones, 5n.

Rowlands, Catrin Lloyd, 186n.

Rowlands, John, 202–3, 204, 205, 213, 217.

Royde-Smith, Naomi, 88.

Russell, George W (*A E*), 64.

Rwsia, 61n, 119n.

Rye (*Caint*), 188–9.

Rhagom i Ryddid (1964), 218n.

"Rhai Cyfoedion Llenyddol 1920–1970" (*rhaglen radio*), 231n.

Rhigolau Bywyd (1929), 17n, 31n, 32n, 37n, 61n, 62, 63, 100, 108, 126n.

Y Rhigos, 24n, 40n.

"Rhiwafon I" (*casgliad o gerddi RWP*), 168n.

Rhiwbeina, 50, 53, 54, 55, 56, 57, 59, 60, 64, 65, 67, 70, 71, 75, 77, 80, 81.

Y Rhondda, 14, 44, 83n, 88, 89, 91, 92, 95n, 97n, 101, 103, 105, 118, 143, 204, *gweler hefyd* Tonypandy, &c.

Rhosgadfan, 1n, 6, 8, 9n, 20, 22, 24, 32n, 42, 51, 54, 56, 65, 74, 79, 88, 109, 110, 127, 135n, 136, 142, 167, 174n, 205–6.

Rhosllannerchrugog, 117.

Rhostryfan, 32n, 48, 98n, 108, 110, 114n, 134, 197.

Rhufain, 192, 228.

Rhuthun, 196n, 232.

Rhwng Cyfnos a Gwawr (1964), 213n.

"Rhwng Dau" (*cyfweliad*), 196n.

"Rhwng Dau Damaid o Gyfleth" (*stori*), 37, 38.

Rhydaman, 194.

Rhydcymerau, 230n.

Rhydychen, 33n, 87n.

Rhydymain, 163n.

Rhyddfrydwyr, 34n, 37, 38n, 98n, 133n.

"Rhyddiaith Saunders Lewis" (*erthygl*), 164n.

"Rhyfel" (*drama radio*), 210n.

"Rhyfel 1914–18" (*adolygiad*), 220n.

Y Rhyl, 114n, 168n, 174n, 175, 194, 204, 227, *gweler hefyd* Ysgol Uwchradd Glan Clwyd.

Rhys, Beti, 177, 191, 222.

Rhys, Edward Prosser (*Euroswydd*), 14n, 17, 21, 36, 37, 39, 42, 44, 45, 56, 57, 73, 102, 113, 120n, 129, 130, 131, 132, 133, 186.

Rhys, Ernest, 114n.

Rhys, Huana, 34.

Rhys, James Ednyfed (*Ap Nathan*), 177n.

Rhys, Robert, 209n.

Rhys, Siôn Dafydd, 148.

The Sacred Tree (1926), 85n.

Salisbury, 189.

Salonica, 18, 213.

Samuel, Dewi, 40n.

Samuel (*née Rees*), Olwen, 40.

Samuel, Wynne, 124n, 226n.

San Steffan, 68n, 226.